VINDOBONA
VERLAG SEIT 1946

W0304784

Bibliografische Information der Deutschen Nationalbibliothek:
Die Deutsche Nationalbibliothek verzeichnet diese Publikation in der Deutschen Nationalbibliografie.
Detaillierte bibliografische Daten sind im Internet über http://www.d-nb.de abrufbar.

Alle Rechte der Verbreitung, auch durch Film, Funk und Fernsehen, fotomechanische Wiedergabe, Tonträger, elektronische Datenträger und auszugsweisen Nachdruck, sind vorbehalten.

Für den Inhalt und die Korrektur zeichnet der Autor verantwortlich.

© 2012 Vindobona Verlag

www.vindobonaverlag.com

Rüdiger Lenz

DIE FRATZE DER GEWALT

Versuch einer Aufklärung

für
Susanne, Karsten, Corina

»Ein Baum, der fällt, macht mehr Krach, als ein Wald, der wächst! So lautet eine alte tibetanische Weisheit. Unsere Wahrnehmung wird von »fallenden Bäumen« dominiert - von dem, was gewaltig ist, was schnell passiert, was uns bedroht.
Unsere ganze Geschichte ist voller fallender Bäume: Krieg und Zerstörung ...
Doch dann wundern wir uns, dass es trotz all dieser Zerstörung immer noch Leben und Vielfalt auf dieser Erde gibt. Wir erkennen daraus, dass es der »wachsende Wald« ist, auf den es letztlich ankommt. Er ist es, der das Leben fortführt - langsam und vielfältig, ganz unauffällig und doch beständig.
Lasst uns nicht im Getöse der Zerstörung das langsame Entfalten des Neuen übersehen!« HANS-PETER DÜRR

INHALTSVERZEICHNIS 7

VORWORT

»Wie würden wir reagieren, wenn ein irakisches Spezialkommando auf dem Gelände von George W. Bush landen würde, ihn ermordet und dann seine Leiche in den Atlantik wirft?« NOAM CHOMSKY

In der Nacht, in der OSAMA BIN LADEN ermordet wurde, saß US-Präsident OBAMA mit seinem präsidialen Stab im ›Situation Room‹ des Weißen Hauses und fixierte gebannt den Bildschirm.
Angespannt verfolgte er die Jagd auf BIN LADEN. Außenministerin CLINTON hebt erschrocken die Hand vor den Mund: *Erhält in diesem Moment BIN LADEN den Todesschuss? Beobachtet der Friedensnobelpreisträger BARACK OBAMA, der Präsident der USA, mit seinem Stab die von ihm befohlene Tötung eines Menschen vor den Augen von dessen Kindern?*
Hier zeigt sich die Fratze der Gewalt: *Wie tief ist die Menschheit gesunken, dass dies möglich ist? Ich bin entsetzt! Wie erkläre ich die Situation dieses Bildes meinen Kindern? Kann ich das überhaupt?* Und dann erinnere ich mich an die Worte dieses Präsidenten, als er den Friedensnobelpreis entgegen nahm, da sagte dieser Mann schon damals, Zitat: »Es wird Zeiten geben, in denen Nationen - allein oder gemeinsam - den Einsatz ihres Militärs nicht nur für nötig halten, sondern auch für moralisch gerechtfertigt. (...) Ich kann die Augen nicht vor den Bedrohungen für das amerikanische Volk verschließen. Es steht fest: das Böse existiert in der Welt. Zu sagen, dass der Einsatz des Militärs manchmal nötig ist, ist kein Aufruf zum Zynismus. (...) Und selbst dort, wo wir auf einen teuflischen Feind stoßen, der sich an keine Regeln hält, glaube ich, dass die Vereinigten Staaten von Amerika die Fahnenträger in der Kriegsführung bleiben müssen. Das unterscheidet uns von unseren Gegnern. Das ist der Quell unserer Stärke. Deshalb habe ich Folter verboten. Deshalb habe ich angeordnet, das Gefangenenlager Guantánamo zu schließen. Und deshalb habe ich Amerikas Verpflichtung bestätigt, sich an die Genfer Konventionen zu halten.« Zitat Ende.

Ich konnte Präsident Obama schon damals nicht glauben. Er ist zwar der Präsident der USA, aber er hat nicht die Macht zu tun und zu lassen, was er da alles gesagt hat. Nehmen wir seinen Satz: »Deshalb habe ich Folter verboten und deshalb habe ich angeordnet Guantánamo zu schließen«. OBAMA hat bis heute Guantánamo nicht geschlossen und er wird auch nicht die berühmt berüchtigte *School of the Americas* in Fort Benning in Georgia schließen, eine wahrlich unheimliche ›Bildungseinrichtung‹. Das Motto an dieser Schule könnte nämlich lauten: Wir lieben die Gewalt, denn wir foltern!

Dort und vorher bis 1984 in Panama City finden wir die Wurzeln der Gewalttätigkeiten der US-Folterskandale. In mittlerweile zugänglichen Schulungshandbüchern wurden die Studenten dieser Schule - Militärs und Polizeioffiziere aus der gesamten ›westlichen Welt‹ - in zahlreichen dieser ›verschärften Verhörtechniken‹ unterwiesen, die dann auch nach Guantánamo und Abu Ghraib exportiert wurden. Solche Techniken sind: Gefangennahme in den frühen Morgenstunden, um den Schock zu erhöhen, das Überstülpen einer Kapuze, Reizüberflutung - durch Brüllen und laute Musik, Schlaf- und Essenentzug, Erniedrigungen aller Art, erzwungene Nacktheit, Isolationshaft und Schlimmeres, wie beispielsweise ›waterbording‹. 1996 räumte Präsident CLINTONS ›Intelligence Oversight Board‹ ein, dass der in den USA produzierte Ausbildungsstoff stillschweigend, Zitat: »die Exekution von Guerillakämpfern, Erpressung, körperliche Misshandlungen, Nötigung und unzulässige Gefangennahme dulde«, Zitatende. CLINTON ließ zwar die Schule schließen, sie wurde jedoch wenig später unter dem Namen ›Western Hemisphere Institute for Security Cooperation‹ weitergeführt.
Einige der Absolventen dieser Schule haben bald nach der Rückkehr in ihre Heimatländer, die schrecklichsten Verbrechen und Menschenrechts-verletzungen auf dem südamerikanischen Subkontinent während des vergangenen halben Jahrhunderts begangen mit Zehntausenden von Toten und Gefolterten, dem systematischen Raub von Babys der ›Verschwundenen‹ beispielsweise in der argentinischen Diktatur von 1976 - 83, die Morde an Erzbischof OSCAR ROMERO oder an mehreren Jesuitenpriestern in El Salvador und nicht

zu vergessen: Abertausende von Ermordeten durch Todesschwadronen in Nicaragua, Guatemala, El Salvador, Irak und Afghanistan. *Amnesty International* hat in seinem 2001 veröffentlichten Buch *Ein abscheuliches Geschäft: das Geschäft der Folter* darauf hingewiesen, dass »Folterer nicht als solche geboren werden: sie werden von jemandem dazu erzogen, ausgebildet und unterstützt«. In diesem Buch wurde die *School of the Americas* als eines der führenden ›Instruktionszentren‹ bezeichnet.

Soviel zu Präsident OBAMA`s Verbot von Folter und Gewalt. OBAMA sagt in seiner Friedensnobelpreisrede aber auch, dass er »Amerikas Verpflichtung bestätigt, sich an die Genfer Konventionen zu halten«. Herr OBAMA weiß aber auch, dass das internationale Embargo gegen den Irak schon einige Jahre andauerte, als die damalige amerikanische Außenministerin MADELEINE ALBRIGHT 1996 gefragt wurde, *ob ihr der damit verschuldete Tod von 500.000 Kindern unter fünf Jahren, die Aufrechterhaltung dieses US-Waffenembargos im Irak wert gewesen sei. Was glauben Sie, hat die Außenministerin Ihres Landes zu der Ermordung von 500.000 Kindern unter fünf Jahren gesagt?* **»Ja, wir denken es ist den Preis wert«**, das war die Antwort dieser Politikerin. Zeigte sich mit dieser Antwort nicht auch die Fratze der Gewalt? Muss ich da nicht fragen: *sind das nicht womöglich Kriminelle, die uns da regieren, unverantwortliche Zyniker der Macht?*

Und was geschah, als Präsident BILL CLINTON 1998, bloß auf den Verdacht hin, dass die Medikamentenfabrik Al Shifa im Sudan, Waffen produzieren könnte, diese durch schweres Bombardement in Schutt und Asche legen ließ? Was machte dieser US-Präsident als sich herausstellte, dass er das einzige pharmazeutische Werk weit und breit in Grund und Boden bombardiert hatte? Hat er sich entschuldigt? Hat er die Fabrik wieder aufgebaut? Hat er als erstes sofort Ersatzmedikamente zur Verfügung gestellt? Nichts von alledem! Mit dem traurigen Erfolg, dass - wir können da nur schätzen - zuerst Hunderttausende von Menschen, bis heute wohl Millionen, an Malaria, Schlafkrankheit und anderen Erkrankungen, die in der Region vorherrschen, krepiert sind. Von wegen: »sich an die Genfer Konventionen zu halten« - Herr OBAMA!

Und hier noch ein paar Anmerkungen zu folgendem schwerwiegenden Redesatz OBAMAS: »Es wird Zeiten geben, in denen Nationen - allein oder gemeinsam - den Einsatz ihres Militärs nicht nur für nötig halten, sondern auch für moralisch gerechtfertigt«.
Nehmen wir den 11. September 2001. *Ja, das war ein schreckliches Verbrechen mit unglaublichen 3000 Toten.* Aber es war juristisch nichts anderes als eine Straftat und eine solche muss von Polizei, Justiz und vielleicht auch von Geheimdiensten aufgeklärt werden und dann können Gerichte die Schuldigen aburteilen, das ist in jedem demokratischen Staat so. Aber es geht nicht an, wie GEORGE W. BUSH es tat, einfach zu sagen, dass die USA jetzt Afghanistan angreifen werden, weil er, BUSH, weiß, dass die Schuldigen für den 11. September in Afghanistan sitzen, vor allen ein gewisser OSAMA BIN LADEN. Er, BUSH, hätte dafür die Beweise. Aber weil er die Quellen schützen müsse, könne er nicht sagen, woher er das weiß. Die Kriege die BUSH angefangen hat und die Sie, Herr OBAMA, jetzt weiterführen, können nie ›moralisch gerechtfertigt‹ sein - einfach weil sie illegal und völkerrechtswidrig sind, Herr OBAMA.
BALTHAZAR GARZÓN, der höchste spanische Untersuchungsrichter, schrieb damals in der spanischen Zeitung *El Pais*, Zitat: »Dass man eigentlich die Sicherheitsdienste, Geheimdienste und die Polizei der USA zur Rechenschaft hätte ziehen müssen, weil sie versäumt haben das Massaker zu verhindern«, und GARZÓN fährt dann fort: »Ich nehme an, dass sich das wirkliche Ausmaß dieser Verantwortung früher oder später herausstellen wird und dass dann entsprechend dem Ausmaß dieser Katastrophe die Konsequenzen gezogen werden«, Zitatende.
Dann fielen Anfang Oktober 2001 schon die Bomben auf Kabul und später auf ganz Afghanistan. Und niemand in den europäischen Ländern empörte sich und fragte: ***Welche geschichtliche Entwicklung steckte eigentlich hinter diesem Terroranschlag auf die Twin-Tower?*** *Warum sprach niemand die verbrechensreiche Verkettung der USA durch die Jahrhunderte an? Oder wenigstens die, der letzten 5-6 Jahrzehnte? Die vielen Menschenrechtsverletzungen der Genfer*

Konvention? Kein Staatsmann reflektierte darüber, dass allein in den letzten 60 Jahren von den USA in Latein- und Mittelamerika und überall in der Welt weit über zweihundert Militärinterventionen ohne UN-Mandat durchgeführt worden waren. Niemand stört sich bis heute daran, dass durch Anleitung des US-Geheimdienstes CIA zwischen 1949 und 1987 etwa sieben Millionen Menschen getötet worden sind. Wer weiß schon, dass Mitarbeiter von Untersuchungsausschüssen des US-Kongresses eine Mordliste der US-Geheimdienste erstellt haben? Daraus geht klar hervor, dass diese US-Dienste zwischen 1949 und 1991 mehrere ausländische Staatsmänner entweder umgebracht oder umzubringen versucht haben, darunter nach Berichten des US-Kongresses den kubanischen Staatschef Fidel Castro allein 8-mal.

Herr Obama, es wäre schön, wenn Sie den Essay der bekannten, indischen Schriftstellerin ARUNDHATI ROY kennen würden, die fragte am 28.09.2001 in der *Frankfurter Allgemeinen Zeitung*: »Wer ist OSAMA BIN LADEN?« und gab dann selbst die Antwort:, Zitat: »BIN LADEN ist das amerikanische Familiengeheimnis. Er ist der dunkle Doppelgänger des amerikanischen Präsidenten. Der brutale Zwilling alles angeblich Guten und Zivilisierten. Er ist aus der Rippe einer Welt gemacht, die durch die amerikanische Außenpolitik verwüstet wurde, durch ihre Kanonenbootdiplomatie, ihr Atomwaffenarsenal, ihre unbekümmerte Politik der unumschränkten Vorherrschaft, ihre kalte Missachtung aller nichtamerikanischen Menschenleben, ihre barbarischen Militärinterventionen, ihre Unterstützung für despotische und diktatorische Regimes, ihre wirtschaftlichen Bestrebungen, die sich gnadenlos wie ein Heuschreckenschwarm durch die Wirtschaft armer Länder gefressen haben. Ihre marodierenden Multis, die sich die Luft aneignen, die wir einatmen, die Erde, auf der wir stehen, das Wasser, das wir trinken, ja sogar unsere Gedanken.« Und ROY ergänzt wenig später, dass Präsident BUSH den Völkern der Welt ein Ultimatum gestellt hat, als er sagte: »Entweder ihr seid für uns, oder ihr seid für die Terroristen« und dann sagt Frau ROY klar und deutlich: »BUSH offenbart eine unglaubliche Arroganz. Kein Volk will eine solche Wahl treffen, kein Volk braucht diese Wahl zu treffen und keines sollte gezwungen werden, sie zu treffen.« Zitat Ende.

Und Deutschland? Deutschland erklärte sich unter Rot-Grün, also Kanzler GERHARD SCHRÖDER und Außenminister JOSCHKA FISCHER vollkommen und kritiklos solidarisch mit den Vereinigten Staaten von Amerika, so als ob sie die Lügerei um den völkerrechtswidrigen Angriff gegen Afghanistan nicht gekannt hätten.
Immer hat man Deutschland in sogenannte ›humanitäre Kriege‹ hinein gelogen, auch in den Kosovokrieg. Da haben Außenminister FISCHER und sein Gefolge unter Rot-Grün uns erklärt, *dass wir im Kosovo ein neues Auschwitz verhindern müssten.* Verteidigungsminister SCHARPING präsentierte in der WDR-Sendung *Es begann mit einer Lüge* noch einmal den ›Hufeisenplan‹, von dem damals jeder bereits wissen konnte, dass er niemals existiert hat und dass man so die NATO zur Luftunterstützung der albanischen UCK bereitstellte und in Rambouillet so verhandelte, dass kein Serbe den Vertrag am Ende unterschreiben konnte. Das alles, weil US-Präsident BILL CLINTON diesen Krieg wollte, weil die USA das geostrategisch wichtige Kosovo haben wollten, so wie sie später aus diesen geostrategischen Gründen auch Afghanistan wollten. Herr OBAMA weiß das nur zu gut und auch ihm ist egal was diese Gewalttätigkeiten kosten, an Menschenleben und an Geld. Allein Deutschlands Rüstungsetat beträgt jährlich dreißig Milliarden Euro, das sind über 82 Millionen Euro pro Tag, die wir da verpulvern. Die USA verschwenden jedes Jahr sogar über vierhundert Milliarden Dollar plus Zusatzhaushalte von oft 80 oder gar 100 Milliarden Dollar. ***Die USA geben mehr für Rüstung aus, als die halbe Welt!*** Alles nur um ihre Hegemonialansprüche für den globalisierten Kapitalismus durchzusetzen. Und da stehen wir heute. Deshalb haben wir auch eine NATO-Osterweiterung gebraucht. Und deshalb belügt man uns täglich, indem man das eine Erfolgsgeschichte nennt.

Als uns US-Präsident GEORGE BUSH Senior 1991 erklärte, wir hätten den ›Kalten Krieg‹ gewonnen, gab es keinen europäischen Politiker, der ihn gefragt hat, was der Preis dafür war. Der Preis waren unter anderem fünfzig Millionen Menschen, die jedes Jahr in der so genannten Dritten Welt verhungerten - jedes Jahr fünfzig Millionen Menschen! Und dann hören wir auch noch die deutschen Grünenpolitiker sagen: *Aber wir müssen eine zuverlässige berechenbare Außenpolitik haben. Wir dürfen aus der Nato nicht heraus.* Aber was ist, wenn wir erkennen müssen, dass wir eigentlich inzwischen womöglich einer kriminellen Vereinigung angehören? Wenn wir uns eingestehen müssen, dass wir da hineingeschlittert sind! Ist es da nicht ein Verbrechen, wenn wir in so einem Verbund bleiben? Müssen wir da nicht einen Schlussstrich ziehen und sagen: »Raus aus der Nato! Raus aus Afghanistan!«

Was machen solche Gewaltkriege aus Menschen, möchte ich gern HERRN OBAMA, den Friedensnobelpreisträger fragen, der seit er US-Präsident ist, weitere 30.000 Soldaten nach Afghanistan geschickt hat. Die US-Army hat heute schon mehr als Hunderttausend Soldaten mit posttraumatischem Stresssyndrom. Menschen, die jetzt aus dem Ruder laufen, weil ihnen gelehrt wurde jede Grenze zu überschreiten. Wenn man einmal tötet, gibt es kein Halten mehr. Solche Menschen überschreiten alle Hemmungen. Sie werden zu Tötungsmaschinen, weil sie alles was furchtbar ist, mit System lernen mussten, mit Gefühllosigkeit, mit Zerstörung jeden Mitleids. Und dann kommen solche Menschen aus Kriegen nach Hause, die von all dem, was sie tun sollten und tun mussten, kein Wort mehr sagen dürfen. Ehefrauen erkennen ihre Männer nicht mehr wieder, weil aus ihnen Fremde geworden sind. ***Wie heilen wir Menschen, die nicht durch das, was man ihnen zugefügt hat, sondern durch das, was sie anderen zufügen mussten - durch die Fratze der Gewalt - traumatisiert wurden?***

Die USA marschieren unter dem Mäntelchen ›Freiheit und Demokratie‹ zu bringen, in sogenannte Schurkenstaaten ein, indem sie behaupten, diese Staaten hätten Massenvernichtungswaffen. *Ist ein solches Land aber nicht selber ein Schurkenstaat, wenn es einen Angriffskrieg gegen ein Land mit Uranwaffen führt, die sich nun immer mehr selbst als Massenvernichtungswaffen herausstellen, weil sie noch viele Jahre nach ihrer Anwendung, die Menschen, die dort leben, sterbenskrank machen und die Umwelt kontaminieren.* Oder wie sollte man sonst ein Land nennen, dass bei der Aburteilung der Nazischergen in Nürnberg noch gesagt hat, »dass ein Angriffskrieg das größte internationale Kriegsverbrechen ist, weil ein solcher Krieg alle Verbrechen in sich vereint« und jetzt führt dasselbe Land solche Kriege?! »Herr Präsident OBAMA, sind solche völkerrechtswidrigen, schmutzigen Kriege »moralisch gerechtfertigt?« Meinten Sie dieses ›Böse‹, wenn Sie in Ihrer Friedensnobelpreisrede sagten: »Es steht fest: das Böse existiert in der Welt.«? Herr OBAMA, wissen Sie nicht: »Krieg ist überholt, Krieg ist obsolet!« Als Friedensnobelpreisträger sollten sie verhandeln, nicht bomben und nicht systematisch töten lassen.

Das Buch *Die Fratze der Gewalt* von RÜDIGER LENZ ist voll von solchen gewalttätigen, unfassbaren Geschichten. Es ist ein höchst wichtiges Buch, es gibt Anstöße zu einem dringend notwendig gewordenen kritischen Denken. Denn zur Freiheit des Menschen gehört es den eigenen Kopf zu benutzen. Dieses Buch von RÜDIGER LENZ ist ein Anlass dies noch mehr zu tun.

Köln, den 06. Mai 2011
FRIEDER WAGNER
Journalist und Filmemacher

WOHIN DIE REISE GEHEN SOLL

»Wenn Menschen, die eine gleiche Erziehung genossen haben wie ich, die gleichen Worte sprechen wie ich und gleiche Bücher, gleiche Musik, gleiche Gemälde lieben wie ich - wenn diese Menschen keineswegs gesichert sind vor der Möglichkeit, Unmenschen zu werden und Dinge zu tun, die wir den Menschen unserer Zeit, ausgenommen die pathologischen Einzelfälle, vorher nicht hätten zutrauen können, woher nehme ich die Zuversicht, dass ich davor gesichert sei?« MAX FRISCH

»Es gilt erst mal ein Bewusstsein des Missstandes zu schaffen. Jetzt nicht gleich zu fragen: Gib doch die Antwort! Ein DUTSCHKE *will keine Antwort geben. Das wäre genau wieder die manipulative Antwort, die ich nicht zu geben bereit bin. Denn was soll es bedeuten, als Einzelner Antworten zu geben, wenn die gesamtgesellschaftliche Bewusstlosigkeit bestehen bleibt - die muss durchbrochen werden, dann können Antworten gegeben werden.«* RUDI DUTSCHKE

»WAS IST DAS BÖSE IN SICH SELBST?«

Diese Frage beschäftigt mich schon mein ganzes Leben: Warum sind manche Menschen so unsagbar grausam und böse? Dieses Buch behandelt das Böse im sozialen und politischen Wesen der Menschen. Es ist ein Buch, dass das wichtigste Problem der Menschheit darstellt, aufdröselt und Wege daraus aufzeigt: die Entwicklung der Gewalt im Kind zum Jugendlichen und Erwachsenen Menschen, die der politisch motivierten Psychopathie (Pathokratie) und wie Gewaltverhalten ganz und gar gebrochen werden kann.
Dieses Buch ist der erste Versuch eines Tätertherapeuten, das Böse der Menschenrasse zu entblößen. Dies geschieht aus Verhaltenstherapeutischer Sichtweise.

Fernab von den Diskussionen in den Medien und der breiten Öffentlichkeit gibt es zahlreiche Experten, die sich dem Thema Gewalt in der Praxis stellen. Diese Arbeiten ergeben eine Fülle an Informationen und Erkenntnissen, die in den Medien so gut wie nie Verbreitung finden. Sie werfen ein etwas anderes Bild auf Gewalt und den Möglichkeiten, ihr vorzubeugen. Dies einer breiteren Öffentlichkeit zugänglich zu machen ist der Grund, warum ich dieses Buch geschrieben habe. Es beschäftigt sich ausführlich mit unseren Weltbildern *für* und *gegen* Gewalt und ihren Schlupflöchern, durch die Gewalt fast unsichtbar Teil unserer Gesellschaft werden konnte. Diesen Faden sichtbar zu machen, ist ein Anliegen dieses Buches.
Der Leser wird hier in allgemein verständlicher Sprache über die Zusammenhänge komplexer humanpsychologischer, sozialpsychologischer und globalkriegerischer Gewalt aufgeklärt. Im Mittelpunkt dieses Aufklärungsversuches steht **die Psychologie der Täter**, wie auch die Mechanismen, die den Strategien des *Militärisch-industriell-informatischen-Komplexes* (die biopolitische Maschine) unterworfen sind. Denn dieser Prozess formt derzeit immer intensiver auch alle gesellschaftlich politischen Strukturen und ist somit maßgeblich auch dafür verantwortlich, wie jeder Einzelne sein Integrationspotenzial kreativ oder zerstörerisch zur Stabilisierung von Lebensqualität einsetzt.

Wir haben ein Schubladen-Denken im Umgang mit Gewalt entwickelt, dass uns ein falsches und einseitiges Bild über Gewalt und ihre Ursachen geformt hat. Die Medien bestimmen zu einem überragenden Teil, welches Bild in der Öffentlichkeit darüber vorherrscht. Und dieses Bild zeichnet ein sorgenfreies Bild darüber, wie Gewalt auszusehen hat. Es ist ein für viele Menschen höchst angenehmes Bild, da es suggeriert, man selbst lebe in einem relativ gewaltlosen Winkel dieser Welt und im eigenen Umfeld sei Gewalt kein unmittelbares Thema. Gewalt Ist nur dann eln Thema, wenn dle elgenen Kinder zur Schule gehen, denn da sorgen die Gewalt und die drohende Amokgefahr für Angst bei denen, die nie mit Gewalt konfrontiert werden. Folglich glaubt eine nicht unerhebliche Mehrheit an eine Lösung dieses Problems, die jedoch niemals eine echte Lösung aus Sicht zahlreicher *ungehörter* Experten darstellen kann; woran auch zahlreiche Talkshow-Politiker ihren unrühmlichen Anteil tragen. Denn sie lassen Gewalt stets aus der Sicht einer Opferfalle ins Bewusstsein der Öffentlichkeit eindringen und schließen dadurch alle Gewaltformen aus, die im eigenen unmittelbaren Gefühlsraum nicht vorhanden sind. Hier aber irren sich fast alle, denn allein durch unsere *Kultur der Zivilisation* entstehen die schlimmsten Formen der Gewalt - weltweit, für die unsere eigene Haltung zur Ignoranz dieser Bestie verantwortlich ist.

Das Gesamtbild der Gewalt zum Thema von Diskussionen zu machen ist ein gesellschaftliches Tabu. Warum das so ist, wird deutlich, wenn man versteht, wie sich der Kreis der Gewalt zu einer Fratze verdichtet: Wir alle sind nämlich die Teile, aus der ihr Antlitz stets neu zusammengefügt wird. Anders formuliert: *Unsere Weltbilder formen diese Fratze der Gewalt, indem wir alle unsere Haltungen zu einem Weltbild festzurren, das die Säulen unserer Zivilisationskultur ausmacht. Ein zügelloser, neoliberaler Kapitalismus ist unser Kriegsversprechen für die andere Seite dieses Globus und der Wettbewerbsvorteil der globalen Elite, den sie uns als einen postmodernen Hurra-Patriotismus im Inneren unserer Haltungen verkaufen.* Wer etwas gegen dieses vornehmlich europäisch-westliche Weltbild zu sagen wagt, ist ein Kommunist, ein Idiot, ein Faschist, ein Antisemit, ein Verschwörungsfanatiker, ein verblödeter Spinner, ein weltfremder Dummschwätzer, ein Nestbeschmutzer, ein Feind in den eigenen Reihen oder ein gesellschaftlicher Störenfried.
Durch diese Verzerrung der Realität entstehen erst die vielen Gewaltszenarien in Schule, bei Minderjährigen und viele Formen von Zivilisationskrankheiten, die im Hintergrund durch Angstprozesse genährt werden. Dies alles wird geleugnet *auf Teufel komm raus!* Diesen Mechanismus zu durchschauen und ihn ins Bewusstsein des Lesers zu rücken, ist ein weiterer Grund, der mich antrieb, dieses Buch zu schreiben.

Das Leben jedes Einzelnen ist viel zu wunderbar, viel zu kostbar, als das man es mit einer Wegstrecke zerstört, für die es eine viel angenehmere Alternative gibt. Die Alternative wäre ein an seinen Potenzialen sich orientierender Einzelner, was zu einer sich an ihren Potenzialen orientierenden Gesellschaft werden könnte; das aber scheint vom Establishment nicht gewollt. Begibt man sich auf eine Reise zu seinen Ressourcen, um dann auf seine Potenziale zu stoßen, entsteht im eigenen Kopf eine gänzlich andere Welt.

Wir messen unsere Politiker stets daran, wie clever sie sich uns gegenüber verhalten, eine nicht enden wollende Welt mit unendlichen Ressourcen und Rohstoffen zu erklären, an dessen Versprechen längst *Wohlstandskriege* des Westens gegen den Rest der Welt geschlagen werden. Hier hin zu schauen und etwas zu ändern bleibt nur noch wenig Zeit.
Der Mensch ist dabei, *seine* Kreisläufe des Lebens zu zerstören. Ich meine hiermit keineswegs die große Umweltlüge von dem durch uns Menschen verursachten Klimawandel, sondern erheblich größere und umfassendere nicht wieder gut zu machende Schäden an den Kreisläufen des Lebens selbst. In diesen Schädigungen zeigt sich das Grundübel aller Gewaltformen. Doch ist zu befürchten, dass wir dort nicht hinschauen wollen. Weil wir Bildung und Erziehung nicht in den Rahmen einbinden, uns das Wichtigste über uns selbst zu vermitteln: *Wir sind nur ein Teil und nicht das Ganze!*

In der öffentlichen Diskussion wird oft der Kernfrage aus dem Weg gegangen: Was ist Gewalt *in sich selbst*? Sind die DARWINschen Prinzipien von Kampf und Selektion in unserer sozialen Welt, als modernes Body-Fitness- und Mentaltraining getarnt, tatsächlich die Motoren für alle Prinzipien in der Evolution und damit auch für uns, für unsere Kultur? So weit entfernt die letzte Frage für unser Thema vielleicht anmuten könnte, so wichtig und entscheidend ist deren Beantwortung auf das Verständnis unserer Gewaltkultur im Ganzen. Ist es wirklich so, dass ein jeder nur dann von sich und seinem Ich überzeugt sein darf, wenn er sich ständig an seine Leistungsgrenze treibt, um seine ›Ressource Arbeitsplatz‹ zu sichern?

Viele über ihren Tellerrand denken könnende Biologen haben in den letzten Jahren ein etwas anderes Bild über Leben und Evolution gezeichnet, als es die Schulbücher DARWINscher Prägung aufgezeigt haben. Eine Zusammenfassung derlei faszinierender Denkrichtungen findet sich in dem wegweisenden Buch von ANDREAS WEBER mit dem bezeichnenden Titel *Alles fühlt - Mensch, Natur und die Revolution der Lebenswissenschaften.* Es scheint, dass wir mit unserer Vorstellung von ›Kämpf Dich durch dein Leben‹ einem Irrtum aufgesessen sind, den wir heute teuer bezahlen müssen.

Gewalt ist das Ende einer Kette von Ereignissen, an der viele weitere Verhaltensweisen wie die Vorboten einer Katastrophe sichtbar werden. Doch wir schauen einzig zum Endergebnis und glauben, nur an ihm Maßnahmen festmachen zu können, am Gewalttäter selbst. Solch ein Vorgehen wird zwar immer wieder als ›Gewaltprävention‹ verkauft, ist aber gar keine. Prävention wäre Vorbeugung, Gewalttäter-Therapie wäre eine Maßnahme, um Gewalt *im* Täter in den Griff zu bekommen. Gewalt während ihres Aufkommens zu bewältigen wäre Deeskalation. Konflikte sind für die meisten Menschen Auseinandersetzungen und damit Kampf oder Krieg, was ebenfalls Humbug ist, denn *Kampf/Krieg sind Formen der Gewaltübetragung* - die Schaffung eines künstlichen Rahmens, um Gewalt zu entfalten und damit sind beide ein Mittler von etwas ganz anderem, dessen Kernübel im Inneren des Menschen und nicht auf den Schlachtfeldern irgendwelcher Heldengeschichten fußt. Konflikte sind das genaue Gegenteil von Kontrolle im Sinne der Kontrolltheorie in der Psychologie. Dies alles wird ständig durcheinandergewürfelt und deren Gegenhandlungen allesamt als Gewaltprävention *vermarktet.* Ich habe sehr häufig von ausgebildeten Therapeuten oder Trainern erfahren, dass sie erst über die *praktische* Kenntnis des Nichtkampfprinzips und dessen Möglichkeiten verstanden haben, was Deeskalation, Gewaltprävention oder eine Antigewalttherapie eigentlich darstellen kann; obwohl sie von namenhaften Instituten schon dazu ausgebildet waren. Das hat mich anfangs mehr verblüfft als sie.
In der Menschheitsgeschichte ist und war Gewalt stets ein aktuelles Thema. Gewalt erscheint in der Familie als Vernachlässigung, als seelischer und sexueller Missbrauch und Misshandlung. Als kriminelle Tat sowie im Krieg, in Massakern, als Folter, als bewusst inszenierte *Operation unter falscher Flagge,* als *Präventivkrieg,* heutzutage als *Präemptivkriege* im Irak und in Afghanistan und in der Verfolgung von Menschen. Während die schweren kriminellen Vergehen von Straftätern über die Jahrzehnte in ihrer Häufigkeit konstant

bleiben, beunruhigt uns derzeit die Zunahme der *Beziehungsgewalt* und der Fremdaggression ganz besonders, die sich mit einer Verrohung der Beziehungs- und Sozialkultur in den westlich industrialisierten Ländern in Verbindung bringen lässt.
Das Muster, das in uns Menschen die unterschiedlichsten Formen der Gewalt verursacht, ist in einem hohen Maße immer das Gleiche. Wir unternehmen hier den Versuch, den Ursachen von Gewalt nachzugehen und ihr fraktales Gesicht aufzuzeigen.

Dieses Buch ist kein Fachbuch über Therapie- oder Trainingsmöglichkeiten im Umgang mit Gewalttätern. Sondern ein Buch, das sich der *Aufklärung* über das Gesamtthema der Gewalt widmen will, sich dabei an den *gesunden Menschenverstand* richtet und sich gezielt an den politischen Teil in uns wendet, den wir den *mündigen Bürger* nennen. Dazu unternehmen wir eine chirurgische Reise mitten in die *Gewalt-Hotspots,* um uns herum, in sie hinein, um dann zu ihren Lösungen zu gelangen. Diese sind allerdings sehr banal und fordern nur zu *mehr Menschlichkeit und Mitgefühl zu sich selbst* auf.

Den Bogen, den dieses Buch zu Anfang aufspannt und dann, nach und nach zu einem Kreis verdichtet, ist in seinen Einsichten ein Bild über Gewalt, das viele Leser unangenehm berühren könnte. Daher, frei nach IMMANUEL KANT: **»Habe Mut, Dich Deines Verstandes zu bedienen.«** Denn von seiner umsichtigen Gebrauchsanweisung hängt die Freiheit eines jeden Einzelnen ab. Freiheit ist ein Selbstverständnis, das aus den Folgen anerzogener und im Gehirn verankerter Haltungen entsteht.

Wir werden uns in diesem Buch ausführlich dem Thema der Gewaltentstehung und der Gewaltverankerung in unserem menschlichen Verhalten beschäftigen. Dabei wenden wir uns immer wieder den neusten Ergebnissen der Hirnforschung, der Psychologie, der Soziologie und der Pädagogik zu. Nicht unerheblich sind auch die praktischen Erfahrungen und Ergebnisse von mir, die ich seit zehn Jahren Einzel- und Gruppentrainings mit Gewaltstraftätern, Psychopathen, Soziopathen, mit Serientätern abhalte und sie therapiert habe; soweit dies überhaupt möglich ist. Hierin unterscheide ich mich von all denjenigen, die zwar hervorragend über das Böse referieren, aber niemals mit dem Bösen im Menschen in Berührung kamen.

Schauen wir uns zu Beginn einmal an, was gebahnt werden könnte, damit sich Defizite soweit es eben geht, einschränken ließe und Potenzial entwickelt werden kann.

ERSTER TEIL

GEWALTNEIGUNGEN ENTSTEHEN

Hier erfahren wir viel über Gewalt und über psychische Unreife. Wir lernen hier, wie sich das Einmaleins der Gewalt zusammensetzt, wie sich im Gehirn Konflikte bilden, was ein Konfliktkampfungeist ist, dass wir der Aggressivität sogar Gutes abgewinnen können, dass Gewalt eine Lösung ist und dass auch wir oft in unseren Gewaltneigungen feststecken. Wir erkennen hier auch, welche Dinge zueinander finden müssen, damit sich der Gewalttäter von selbst erschafft.

TRIPLE B: ICHSTÄRKE vs. ICH-SCHWÄCHE

»Der Blick auf Fehlverhalten bei jungen Menschen ist heute ein fast ausschließlich pädagogischer geworden, entwicklungspsychologische Argumentation findet kaum Beachtung. Dabei sind die Erkenntnisse der Entwicklungspsychologie vor allen anderen geeignet, Erklärungen und Lösungsansätze der sich zeigenden Probleme zu finden. Scheinbar unerklärbares Verhalten von Jugendlichen, das pädagogisch/medizinisch therapiert wird, kann entwicklungspsychologisch von den Ursachen her erklärt und damit an der Wurzel angegangen werden.« MICHAEL WINTERHOFF, ISABEL THIELEN

Folgen wir zunächst den Vorbedingungen einer gut gelingenden ›psychischen Ausreifung‹, damit wir erkennen können, wie es kommen konnte, dass immer mehr Jugendliche körperliche und geistige Defizite besitzen und diese hauptsächlich in Gewaltverhalten kanalisiert werden. ›Nachreifungsprozesse‹ in Form von Therapien werden heutzutage als Wachstumsmarkt in der Kinder- und Jugendpsychologie verstanden, weil Kinder und Jugendliche immer mehr ›psychische Entwicklungsverzögerungen‹ in Form von Gewalt- oder selbstschädigendem Verhalten ausbilden.

Beziehungsbindungen, bedeutungsvolle Erlebnisse und **Bewältigungsstrategien** erfahren Kinder und Jugendliche immer weniger als einen gesunden ›Ausreifungsprozess‹ über die Familie *und* in der Gesellschaft, weil sie schon sehr früh in Beziehungen zu ihren Eltern die ›persönlichen Elternkonflikte‹ ausgleichen müssen und daraus ein selbstschädigendes Verhalten für ihre eigene Zukunftsplanung ausprägen. Gewalt über ›nicht selbst erkennende Konfliktanteile‹ lassen solche Jugendliche später als ›nicht ausbildungsreif‹ und auch immer öfter als therapieresistent abrutschen. Wie es dazu kommen kann, wollen wir in diesem Kapitel ergründen.

Wenn ein Mensch auf die Welt kommt, bringt er vier Erfahrungen mit, auf die er sich zunächst beruft. *a)* Er ist aufs Tiefste mit seiner Umgebung, seiner Mutter, verbunden und kann *b)* nicht ohne die Beziehung zu ihr überleben. Auf die Welt gekommen macht er zum ersten Mal die Erfahrung, dass er die *Beziehungsbindung* auf Gegenseitigkeit überprüft und *c)* Angebote macht, die seine Bedeutsamkeit stärken: Es schreit zunächst und will ein Bedürfnis damit äußern. Schafft es die Mutter die Sprache zu verstehen, dann setzt es ihr Baby an die Brust. Die Bedeutsamkeit wandelt sich sofort in ein angenehm positives inneres Bild beim Neugeborenen um, denn *d)* zum ersten Mal hat es erfahren, dass es ein Bedürfnis bewältigt hat. Es ist von ungeheuer elementarer Bedeutung für die Entwicklung eines Menschen, dass sich diese drei Erziehungs- und Bildungsangebote zu einem Band verdichten. Aber auch die Gesellschaft sollte dafür Sorge tragen, dass ihre Mitglieder diese drei Bänder niemals aus den Augen verlieren. Diese Drei (**Beziehungsbindungsdichte, Bedeutsamkeitserleben** und **Bewältigungskompetenz** - ***Triple B***) sind die Grundnahrungsmittel eines jeden menschlichen Gehirns und sind ausschlaggebend für die Entwicklung einer stabilen und ausgereiften, gesunden Psyche. *Werden einem jungen Menschen diese drei Grundnahrungsmittel für die Ausreifung seiner gesunden Psyche entzogen, dann könnte seine Seele den Motor zum Bösen entwickeln und später auch anlassen.* So gut wie alle Gewalttäter haben diese drei Angebote schon sehr früh nicht erfahren können - aus welchen Gründen auch immer, und ein Mangel dieser drei Grundnahrungsmittel der Seele sind dafür verantwortlich, dass sich antisoziales Verhalten im Menschen festsetzt und Teil des Bösen wird.

SCHULE IST DOOF

Wenn die Hirnforschung für etwas ganz grundsätzlich Neues in den Wissenschaften steht, dann dafür: Es gibt kein Handeln, kein Denken, keinen Traum, nichts, das nicht an Gefühle gekoppelt ist. *Das Fühlen ist grundsätzlich das Wesen des Gehirns.* Das Trennen der Gefühle von unserem Denken und Handeln ist eine Kulturleistung,

die wir unseren Kindern auch heute noch durch Erziehung und Pädagogik beibringen.
Alles, was uns berührt, was uns unter die Haut geht, sind Erfahrungen und ist Lernen. Durch das dabei entstehende Gefühl gelangt die Bedeutung in die Erfahrung hinein. Es bildet sich eine Haltung zu diesem Prozess und bewertet damit das Erfahrene in seiner Bedeutsamkeit. So lernt unser Gehirn. Ist die Erfahrung bedeutsam, dann wandert die Erfahrung ins Gedächtnis und wird so ein Teil unserer Persönlichkeit. Ist die Erfahrung bedeutungslos, merkt das Gehirn sich eine solche Erfahrung nicht.
Weil so viele in der Schule die Erfahrung gemacht haben, Schule sei blöd, haben sie auch gleichfalls die Erfahrung gemacht, dass Bildung Blödsinn sei. Das pädagogische Dilemma ist dabei Folgendes: *Dort, wo ich etwas erfahre, lerne ich auch immer etwas.* Egal, ob das nun gut oder weniger gut ist. Beim passiven Lernen, dem Frontalunterricht, machen viele die Erfahrung, dass Lernen ohne Bedeutung abläuft. Es spielt dabei keinerlei Rolle, ob sie das ihnen Aufgetragene überhaupt in Beziehung zu etwas Bedeutungsvollem begreifen, oder ob es ihnen *schnurzpiepegal* ist, was ihnen da aufgetragen wird. So entsteht Lernzwang und beim Lernzwang entstehen negative Gefühle: *Schule ist doof - Bildung ist doof.* Das ist die Kulturleistung, die wir fertiggebracht haben. Was dabei im Gehirn der Menschen verankert wird, ist die Haltung: *Ich selbst kann den Lernprozess gar nicht gestalten, und ob es mir von Bedeutung ist oder nicht, ist allen egal. Ich bin ein Pflichterfüller von Lerninhalten, die ich auswendig lernen soll und nach denen ich mein Handeln auszurichten habe.* Daher sprechen wir ja auch in diesem Sinne nicht von Bildungslust, sondern von der Schulpflicht - sie erzieht zu Pflichterfüllern und nicht zu Potenzialentfaltern. Somit ist klar, dass es auf unser Mitdenken, auf unser Mitgestalten und Mitwirken gar nicht ankommt. Die Bedeutsamkeit ist eine Ressource in der Bildung, die wir aus den Schulen gejagt haben.

AUF DER SUCHE NACH STARKEM HALT

Kinder, denen es an emotionaler Sicherheit fehlt, haben ein großes Interesse daran, diese Sicherheit zeit ihres Lebens irgendwie wieder herzustellen. Emotionale Sicherheit, Vertrauen oder Bindungsqualität im Kindesalter zu erlangen, lässt unser Gehirn optimal entwickeln. Sie erweckt das Interesse an der Welt, an motorischer Orientierung, an der Stärkung der Wahrnehmungsfähigkeit, an das Vertrauen zu sozialen Bindungen außerhalb des Elternhauses. Dies stabilisiert und verfestigt im Kind die Neugier auf die Welt.
Klappt die Entwicklung von emotionaler Sicherheit im Kind nicht, dann versucht es dies zu kompensieren. Dann spezialisieren Kinder ihre Aufmerksamkeit auf die Suche nach dem Helden, dem Starken, dem Haltbietenden - nach Stärkung ihrer individuellen Ichschwäche. Es sucht dann nur nach solchen Erfahrungen und häuft sich ein entsprechendes Wissen nur dafür an, um in der eigenen Schwäche stark zu werden und sich über die Optimierung dieser Schwäche aufzuwerten und sich bei Ihresgleichen zu behaupten. Auch in der gesamten motorischen Entwicklung versuchen sie sich stark kraftstrotzend und schlagfertig in Richtung Unbesiegbarkeit zu trainieren. Auch ihr Neugierverhalten ist stark diesen Zielen untergeordnet. Sie erfassen nur diejenigen, die stark, kräftig, schlagerfahren oder irgendwie als unerbittlich gelten könnten.
Jemand der unsicher ist, der Angst hat, Bindung zu verlieren, der ist nur schwer dafür zu begeistern, was um ihn herum noch alles geschieht. Ein solcher nimmt die Umwelt nur aus seiner Perspektive der Not und der Angst, auch noch sich selbst zu verlieren oder völlig zu entgleiten, wahr. Wie groß diese innere Sicherheit ist, hängt davon ab, wie viele innere Ressourcen bisher entwickelt sind.

WENN DIE FACKEL DES WACHSTUMS ERLISCHT

Für ein inneres Wachstum ist es wichtig, dass man ständig nach einem Umgang mit *der Welt da draußen* strebt. Wie offen gehen wir mit ihr um, wie lernfähig bleiben wir und wie gut lernen wir, unsere inneren Netzwerke zu nutzen und unsere Potenziale daraus zu entfalten? Potenziale oder Ressourcen sind nicht bloße Intelligentmacher. Potenziale und Ressourcen bestimmen letztendlich die Gabe, mit sich selbst umzugehen und ein gutes Leben zu führen. Jeder Mensch sollte Vertrauen zu sich selbst, zu seinem Körper ebenso, wie zu seinen geistigen Fähigkeiten entwickeln können. Er sollte wissen, dass er für seine Gemeinschaft einen wichtigen Beitrag leisten kann. Er sollte seine Bindungssicherheit soweit gestärkt haben, dass er das Gefühl dafür nicht verliert, mit der Familie, dem Partner, den eigenen Kindern, den Freunden, den Arbeitskollegen verbunden zu sein. Die Grundlage der Bindungssicherheit sollte das Vertrauen auf Andere sein, die einem helfen, wenn man selbst nicht mehr weiter weiß.

Innere Haltungen und Überzeugungen zu entwickeln, die zu inneren *Leitbildern* werden, lässt eine *Orientierung* auf sich selbst entwickeln. Erst hier bekommt der Mensch das Gefühl und die *Sicherheit*, dass das eigene Leben sinnvoll ist. Diese drei wichtigen Ressourcen, *Leitbilder, Orientierungen* und *Sicherheit* helfen uns, komplexe Ordnungen in unser Verhalten zu bringen und einen Zustand der Gelassenheit in unserem Gehirn zu festigen. Wenn irgendetwas schief geht, bricht also nicht gleich alles zusammen, sondern man fordert sich erneut, die Lösung zu finden. Diese Unruhe im Gehirn, die sich auf das Verhalten vieler Kinder und Jugendliche überträgt, wird häufig für ADS/ADHS gehalten und diagnostiziert - was es aber gar nicht ist. Das Gehirn ist ständig damit beschäftigt, verlässliche Strukturen, Muster und Regeln aufzusaugen, mit denen es sich gut leben lässt. Es ist häufig auch die fehlende Ordnung im Gehirn, die Kinder unruhig, zappelig oder anstrengend auf Erwachsene reagieren lässt.

Leider ist es aber so, dass unsere Gesellschaft die starke Persönlichkeit nicht fördert, weil ihr die schwache Persönlichkeit angenehmer ist und ihr besser gehorcht. Die schwache Persönlichkeit sucht Halt bietende Anker in der Werbung, im Superstar, in den Bildschirmmedien, durch Markenartikel, im Konsum von immer mehr Unnützem - immer nur über Informationspakete, die sie im Außen, nie im Innen zu finden glaubt. Denn ihre Erfahrung ist ja gerade die, dass sie weder im eigenen Inneren noch bei ihren Hauptbezugspersonen diesen Halt finden konnte.

Wichtig ist hier auch, zu verstehen, dass erst die Bewertung einer Situation das dafür entsprechende Verhalten erschafft. Daher können ein und dieselbe Situation für eine gestärkte Person ganz anders empfunden werden, als für eine geschwächte Person. Wie die haltbietende Struktur eines Menschen wird, hängt davon ab, welche Beziehungserfahrungen gemacht wurden. Solange man selbst in Beziehung zu sich und zu anderen bleibt, wird der Mensch wachsen und sich immer stärker auch nach anderen Bindungen umsehen. Bricht die Beziehung zu sich selbst ab, wird sich der Mensch nicht weiter entwickeln können. Brechen die Beziehungen zu den anderen auch noch weg, passiert das Gleiche und die Haltlosigkeit beginnt und kompensiert sich im Suchen nach Halt zu vermeintlich starken Ersatzhandlungen oder Ersatzsubstanzen. Denn es gilt Ruhe im eigenen Gehirn herzustellen. Lässt man beide Beziehungsmöglichkeiten gar nicht mehr zu, erstarrt das Verhalten zur Welt (das Verhalten friert ein) und man entwickelt sich rückwärts gerichtet zu den inneren Systemen im Gehirn, die einem mehr Halt bieten können. Und das sind die alten Muster, die wir vor Jahrmillionen gebraucht und verfestigt haben und mit dem Begriff des ›Faustkeilprinzips‹ gut umschrieben sind. Jetzt wird die äußere Umgebung für das Innere der eigenen Welt als Feind oder Gegner dieses Einfrierungsprozesses wahrgenommen und in allem und zu allem eine Verteidigungs- oder Angriffshaltung verfestigen. Die Angst vor allem wird größer und sie übernimmt schließlich alles Verhalten. So wird die ganze Welt, alle Veränderungsaufforderung als ein Angriff gegen diesen archaischen Halt aufgefasst und die Wahrnehmung nur noch in diesen kümmerlichen Sichtweisen interpretiert.

ICH BIN ZU DOOF

Wenn Kinder und Jugendliche häufig Belastungen erfahren an denen sie scheitern, dann führen solche gescheiterten Bewältigungserfahrungen zu großen Selbstzweifeln und verfestigen sich zur Unlust, Lösungswege für anfallende Probleme selbst ausprobieren zu wollen. Es verfestigt sich dann zusätzlich noch eine negative Erwartungshaltung zu allen neuen Problemen und man erlernt *Vermei-*

dungsstrategien für Bewältigungsstrategien zu halten. Angst und Selbstzweifel dominieren dann das eigene Selbstbild und um dem inneren Stress über lang oder kurz zu entgehen, entwickelt man dann dadurch Haltungen, die zu selbsterfüllenden Prophezeiungen werden.

Bei diesen selbsterfüllenden Prophezeiungen spielen ebenfalls dieselben Hirnmechanismen eine unterstützende und bahnende Wirkung, wie die, die auch beim positiven Lernerfolg eine große Rolle spielen - und das ist das Fatale daran. Menschen bilden über ihr emotionales System Nervennetze aus, die das Selbstbild auf solche Haltungen und Erwartungen formen. Und damit verstärken sich die Nervennetze, die dafür zuständig sind, sich mit einem solchen Selbstbild ständig auch selbst zu identifizieren. Ein Kind, das sagt: »Ich weiß doch, ich bin zu doof für Deutschunterricht«, kann dies durchaus mit dem Brustton der Überzeugung sagen und dabei sogar Glücksgefühle empfinden (ausschütten). Auch dies ist eine *ersatzbefriedigende Bewältigungsstrategie*. Der Psychologe nennt eine solche Strategie eine *maladaptive Bewältigungsstrategie*. Wir Menschen sind so konstruiert: *Komme was auch immer wolle,* eine Bewältigungsstrategie muss entwickelt sein und zwar passend auf jedes noch so kleine oder große Problem. Entweder der Mensch entwickelt eine Konfliktlösungsstrategie, die ihm seine Lebensqualität zu steigern hilft, oder er entwickelt Schein- und Ersatzlösungen, so genannte maladaptive Bewältigungsstrategien, um das Gefühl eines positiven Lernerfolges zu erreichen.

All diese Selbstzuschreibungen, *ich bin zu doof, mich liebt keiner, ich bin eine Pfeife, ein Nichtsnutz,* sind nicht angeboren. Sie beschreiben auch nicht die Möglichkeiten eines Hirndefekts. Sondern: Zu solch einem Menschen wird man zu einem großen Teil schon als Kind gemacht *und in die Haltungen dazu hineingeschupst*. Wenn man sein Versager-Ich für sich selbst hält, wird es sehr schwer, aus der Versagensangst wieder alleine herauszukommen. Wirklich schlimm wird es für solche Menschen, die diesen Teil dann für ihr eigenes ganzes Selbstbild halten. Denn Ersatz- und Scheinlösungen haben einen ganz gravierenden Nachteil: Sie verengen die Sicht zur äußeren Welt und zum inneren Repertoire und sorgen damit dafür,

dass die eigenen Verhaltensentwicklungen dort stehen bleiben, wo die Scheinlösungen begannen. Maladaptive Strategien bewirken das genaue Gegenteil von adaptiven Strategien. Adaptive Bewältigungsstrategien sind dem Problem zugewandte, offene, angepasste Strategien und lassen die Ressourcen optimieren und die Potenziale entfalten; sie sorgen letztlich für eine Optimierung der eigenen Ichstärke und bilden dann die starke Persönlichkeit heraus.
Wenn Menschen aus diesem natürlichen Lernprozess herausfallen, dann liegt dies niemals an den eigenen Genen. Es liegt an den übergeordneten Mustern, Systemen und Haltungen, an die man sich anzupassen hatte. So entstehen Haltungsschäden. Alleswisser, Besserwisser und Neunmalkluge, eben Klugscheißer, können aus dem lustvollsten jungen Menschen einen Menschen machen, der irgendwann damit aufhört, an sich und seine eigenen inneren Fähigkeiten zu glauben. Der Spaß am Lernen, der bei jedem Kind sehr groß ist, wird somit zerstört und damit auch die Lust an Bildung.

NEUGIERVERHALTEN STÄRKEN

Kortisol, ein Stressor im Gehirn, der bei Angst vermehrt ausgeschüttet wird, lässt bei Unlösbarkeit des aufkommenden Problems die Nervenfortsätze einfahren. Kortisol destabilisiert sozusagen die einzelne Nervenzelle und verhindert das Aufkommen von Netzwerken und damit von Lernen ganz allgemein. Unlösbare Probleme oder Situationen sind daher Gift für das Gehirn. Jeder vierte Schüler hat Angst vor der Schule. Das heißt auch, jeder vierte Schüler lernt nichts und sollte erst einmal erlernen, mit seiner Angst besser umzugehen. Oder, Schule sollte lernen, mit der Angst der Schüler besser umzugehen, in dem sie anfängt zu verstehen, warum so viele Schüler überhaupt Angst vor der Schule bekommen. Schwere Traumatisierungen führen sogar zu Schrumpfungsprozessen im Gehirn. Unkontrollierbare Herausforderungen führen auf Dauer zur Destabilisierung der gesamten Gehirnleistungen. Diese zeigen sich im Körper, am Verhalten und im sehr begrenzten Gebrauch der Ressourcen im eigenen Gehirn. Eine Vielzahl aller Krankheiten hat ganz sicher hier ihren Ursprung, an mangelnder Bewältigungsfähigkeit, die

fälschlicherweise oft auch als fehlende Konfliktfähigkeit verstanden wird. Auch kann der eigene Lebensplan zu einer unkontrollierbaren Herausforderung werden, wenn man gewisse Erwartungen an das eigene Leben gesetzt hat, nach etlichen Jahren nun aber ganz woanders steht und damit nicht zurechtkommt. Auch solche Prozesse können zur »Erlernten Hilflosigkeit« führen. Ein Phänomen, das unter Jugendlichen und arbeitslos gewordenen Erwachsenen enorm zunimmt. Ein erwachsener Mensch, der von seinen Kollegen bewundert und geachtet wird, kann ganz plötzlich in ein Tief gelangen, aus dem er so ohne Weiteres gar nicht mehr herausgelangt.
Dopamin, ein für unser Neugierverhalten maßgebliches Hormon, kann bei andauernder Befriedigung des Neugierverhaltens im Zellkern Botenstoffe einschleusen, die dann die Zelle beauftragen, bestimmte Gensequenzen zu aktivieren. Damit ist Neugier einer der wichtigsten Prozesse im Menschen, die Wachstumserfahrungen stabilisieren, Veränderungen herbeiführen und Potenziale auslösen können. Erfahrungen, die einem unter die Haut gehen, sind solche Prozesse. Das Neugierverhalten schon im Kindesalter zu stärken bedeutet immer, ein Mittel gegen die Angst parat zu haben.
Beziehungen zweier Menschen verändern Gene, wenn die Beziehungen Wachstumsprozesse anregen - gute Beziehungen tun das laufend. Wenn wir Herausforderungen erfolgreich bewältigen, wird unser ›dopaminerges System‹ aktiviert. Unsere Erwartungen werden dann allein, weil sie positiv ausfielen, belohnt und das Neugierverhalten dadurch automatisch gestärkt. Dies erzeugt Lust auf neue Herausforderungen und das Selbstvertrauen wächst. Über das Ausüben der Tätigkeit befindet man sich dann in einem Gefühl des völligen Aufgehens, dessen Zusammenwirken man ›Flow‹ nennt. So funktioniert erfahrungsbedingtes Lernen, wenn das, was gelernt werden sollte, auch gelernt wird. Lernen ist nichts anderes als Erfahrungen machen zu können, die im Gefühl des völligen Aufgehens enden. Diesen Flow im Kind zu stabilisieren kann nicht allein die Aufgabe von Pädagogik sein, sondern ist *Zentralaufgabe der Eltern*. Aber genau das ist ein weiteres pädagogisches Dilemma. Eltern fordern dies nämlich von Schule, weil sie selbst mit ihrem eigenen Leben viel zu beschäftigt und manchmal auch viel zu bequem gewor-

den sind, sich zusammen mit ihren Kindern dafür abzumühen. Begeisterungsfähige Eltern erzeugen in ihren Kindern ständig eine Neugier und Bereitschaft auf gemeinsame Unternehmungen. Eltern oder Pädagogen, denen das mit Kindern oder Jugendlichen gelingt, sind selbst immer auch begeisterungsfähige Vorbilder, denen es gelingt, ihre Freude und Begeisterung auf die Kinder oder Jugendliche zu übertragen.

DIE VERMEIDUNG DER BEQUEMLICHKEIT

Kommt es im Leben darauf an, es möglichst bequem zu haben? »Ist dies«, so fragt sich GERALD HÜTHER, »für das Gehirn eine gute Überzeugung? Hilft das bei der Strukturierung des Gehirns? Vielleicht ist es viel besser, wenn wir viel mehr Probleme hätten. Wir wollen alle perfekt sein. Ist das gut? Wäre es nicht viel besser, wenn wir eine Fehlerkultur entwickelt hätten, die es uns möglich macht, aus unseren Fehlern zu lernen, weil wir sie dadurch auch zugeben könnten.« Brauchen wir eine Konfliktlösungskultur oder sollten wir weiterhin unseren Kindern beibringen, sich spitze Ellenbogen anzueignen?

Hundezüchter haben sich vor ein paar Jahren gefragt, wie man einen gut optimierten Hund bekommen könnte. *Was macht einen guten Hund aus? Wie können einzig die inneren Ressourcen des Hundes kultiviert werden und was bewegt einen Hund dazu, seine Potenziale möglichst früh zu entfalten?* Vieles wurde versucht, doch nichts brachte großen Erfolg. Bis zu dem Tage, als sie die Zeit maßen, die neugeborene Hunde benötigten, um beim Säugen satt zu werden. Dabei stellten sie fünfzehn Minuten fest. Dann nahmen sie Stillflaschen und stachen in drei Nuckel drei unterschiedliche Löcher hinein. Ein Loch war exakt so groß, wie das der Mutter, an denen die Welpen fünfzehn Minuten saugten und dann satt von ihr herabfallen konnten. Das nächste Loch war doppelt so groß, damit die Welpen in knapp siebeneinhalb Minuten satt werden konnten. Das dritte Loch wurde nur halb so groß gemacht wie das erste Loch, sodass sie ungefähr dreißig Minuten brauchten, um nach dem Säugen von ihrer Mutter abzufallen. Es wurden die Hunde am intelligentesten und haben das festeste Potenzial in kürzester Zeit entfalten können, denen man das kleinste Loch zum satt Werden gab; das Loch *muss* klein sein, will man einen guten Hund bekommen. *Wer schon früh Probleme bekommt, reizt seine Ressourcen weit aus und entfaltet schon früh Potenzial.* Die Herausforderungen sollten so groß wie möglich sein und sie *müssen* sich dabei im Rahmen der Bewältigung befinden. Sie dürfen nicht zu klein sein, denn dann gibt man sich nicht genug Mühe. Sie dürfen jedoch auch keinesfalls so groß sein, dass sie nicht bewältigt werden können.

Und was machen wir? Wir grenzen unsere Kinder von aller Art von Problemen ab und lassen sie keineswegs in einem Umfeld groß werden, in dem sie Herausforderungen meistern können. Im Grunde genommen stellt alleine dieses Experiment die gesamte Pädagogik und auch unser Verständnis von Wohlstand und erzieherischer Einflussnahme auf den Kopf. Alles, was schwierig ist, wird Kindern häufig viel zu früh abgenommen. So werden sie ihre Ressourcen und Potenziale nicht auszureizen erlernen und jammernd vor dem Wohlstand stehen, weil sie ihn nicht als Wohlstand sondern als Weltverständnis wahrzunehmen erlernen. Kinder können auch auf diese Weise missbraucht werden, nämlich durch dauerhafte Verwöhnung. Dieses Erleben wird dann zur Vorstellung über die Welt, *wie sie zu sein hat.* Zu Rechten, die im Übermaß angehäuft werden, damit man sich davon freisprechen kann, Probleme des eigenen Lebens selbst lösen zu müssen, weil man es nämlich, entgegen der allgemeinen Meinung in unserer Gesellschaft, auch kann. Sehen wir uns ein weiteres Beispiel an:

In Argentinien leben Wildesel und Hausesel. Die Wildeselpopulation besteht jedoch aus ehemaligen Hauseseln, die den Bauern entwischt sind und in der argentinischen Wildnis heimisch wurden. Nun haben Hausesel nicht viel zu tun. Sie tragen Lasten von hier nach dort und leben ansonsten im Stall oder auf eingezäunten Wiesen. Sie bekommen zu essen, werden ab und an gestriegelt und medizinisch versorgt. Rennen Hausesel den Bauern davon und schließen sich den Wildeseln an, so kann man Bemerkenswertes dabei herausfinden. Solche ehemaligen Hausesel verändern nämlich mit der Zeit ihre Gehirne und zwar dramatisch - *zu ihren Vorteilen.* Solche Esel bekommen größere Gehirne. Sie bauen ihre Ressourcen weit aus, werden also intelligente Esel und entfalten dadurch auch eine Menge Potenzial, das man bei den Hauseseln vergeblich sucht. Der Unterschied, so haben Hirnforscher herausgefunden, liegt im unterschiedlichen Nutzungsgebrauch der Gehirne beider Eselsorten. Wildesel bewältigen Probleme, müssen sich innerartlich sozial auseinandersetzen, wollen sich paaren, strengen sich an und müssen ihr Essen suchen. Hausesel nutzen ihre Gehirne sehr eingeschränkt und haben daher auch ein etwas kleineres Gehirn. Die unterschiedlichen Nutzungsbedingungen beider Eselsorten verändern ihre Gehirne.

Was aber ist es im Wesentlichen, das die Gehirnstimulation und das Gehirnwachstum bewirken? Es ist das Bewältigen von ganz alltäglichen Lebensproblemen, die wir das ganz normale Eselleben nennen würden. Der Hausesel ist immer satt und gebraucht sein Gehirn nur für relativ eingefahrene Situationen. Der Wildesel aber muss sein Leben nach Eselart organisieren können. Das hält ihn wach und macht ihn aktiv im Gebrauch seiner Ressourcen, die dadurch wiederum zu Wachstum angeregt werden und sein Gehirn vergrößern. Was aber folgt aus dieser Eselei? Wenn man sein Potenzial nutzen will, dann muss man als Hausesel hinaus in die weite Welt und seine eigene Natur zum Denken, Fühlen und Handeln herausfordern, sie in Einklang mit der Außenwelt bringen. Hören wir noch einmal dem zu, was GERALD HÜTHER ganz prägnant dazu resümiert: »Kinder unter Daueraufsicht, die immer nur an der Hand von Erwachsenen umhergeführt werden, gleichen Haustieren, Stalleseln, die das Leben in der Freiheit nicht mehr kennen. Aus der Hirnforschung wissen wir, dass unter diesen Bedingungen die Ausreifung des Gehirns nicht optimal gelingt. Das Gehirn bleibt eine Kümmerversion dessen, was daraus hätte werden können.« HÜTHER bringt hier etwas ganz Wesentliches treffend auf den Punkt, nämlich Folgendes:

DAS GEHIRN LIEBT PROBLEME

Wir alle haben genetisch bedingte Muster in unseren Gehirnen, die unsere Gehirne nicht zu Lernorganen machen, sondern zu ›Anknüpfungsorganen‹. Im strengen biologischen Sinn ist das Gehirn aller

Lebewesen ein Anknüpfungsorgan und *kein* Lernorgan. Das Gehirn aller Lebewesen macht permanent Erfahrungen und knüpft über seine schon gemachten Erfahrungen die Muster an, die auf die schon gemachten Erfahrungen passen. Jeder befindet sich auf einen solchen Weg durch sein Leben. Das ist ein Paradigmenwechsel über die Auffassung von unseren Gehirnen, der in seiner Dramatik noch gar nicht von den pädagogischen Systemen erfasst und verstanden wurde und auch in der breiten Öffentlichkeit noch nicht angekommen ist. Lernen bedeutet demnach nicht etwa, dass wir irgendetwas erlernen sollten, sondern individuell dabei nach dem Vorgehen sollten, was zu dem zuvor Erfahrenen auch passt und sich anknüpfen lässt. Schon in den neun Monaten der Schwangerschaft, seit der Befruchtung, knüpfen die Zellen und später das Gehirn des Fetus unentwegt an vorherige Einflüsse an. Leben ist ein ständiger Anknüpfungsprozess und endet damit, dass die Möglichkeiten zum weiteren Anknüpfen nicht mehr gegeben sind. Je mehr nun seit der Geburt angeknüpft wurde, desto reichhaltiger wird das Spektrum der Lösungsanreize werden, durch die man dann immer fester und stärker wird. Ein ichgestärkter Mensch ist daher immer auch ein Mensch, der Probleme als Chancen versteht, noch gefestigter zu werden.

Wenn ein Mensch etwas findet, das nicht zu seinen Vorstellungen passt, dann tut er lieber so, als ob er es nicht gesehen hat (Neglect), wenn zu den erlernten Fähigkeiten neue Anforderungen hinzukommen, die nicht angeknüpft werden können. Wenn Erwartungen von anderen auf einen selbst zugetragen werden, die man nicht erfüllen kann, Gefühle entstehen, die einen verletzen, dann befinden wir uns in einer psychischen Belastungsprobe. Sie führt uns geradewegs zur Angst und diese erfüllt uns dann mit Stress. Die Frage, ob es sich um kontrollierbare oder unkontrollierbare Herausforderung handelt, ist einem selbst schnell klar. Kontrollierbare Herausforderungen werden immer mit unserem Stirnhirn gemeistert. Unkontrollierbare Herausforderungen werden immer von den oberen Hirnschichten nach unten hin selektiert und bewältigt. Je nachdem, ob jemand nun Konflikte gut oder nicht so gut bewältigen kann, wandert die Lösungssuche immer weiter nach unten, bis die ganz al-

ten Programme letztlich die Oberhand bekommen. Das kann unter Umständen bis in die Hierarchie des Stammhirns gehen, wo nur noch überlebensnotweniges Verhalten abgespult wird und bewusste Prozesse nicht mehr stattfinden können.
In wie weit ein Mensch seine Netzwerke zur Bewältigung anfallender Probleme ausgebaut und stabilisieren konnte, der Psychologe nennt dies den ›Coping-Apparat‹, sich darin schult und trainiert, Herausforderungen annimmt oder an ihnen regelmäßig scheitert, hängt in allererste Linie davon ab, wie dieser Mensch in Beziehung zu Beziehungen steht. Unlösbare Herausforderungen werden in der Bewältigungssuche über die unterschiedlichen Hirnorgane im Gehirn transportiert. Die Hirnerregung breitet sich blitzartig in die emotionalen Hirnbereiche (limbisches System) aus, was dadurch langsam beginnt, in Unordnung zu geraten. Dadurch kommt dann der ganze Körper in Unordnung, das Herz-Kreislaufsystem, das Immunsystem, der Magen-Darm-Trakt und das Hormonsystem. Wenn das alles durcheinandergerät, dann breitet sich Angst aus. Diese Angst wird immer schlimmer und man lässt sich dann von der Angst leiten. Diese *Biologie der Angst* greift immer und damit auch immer bei denen, die ihre Probleme gut zu meistern erlernt haben. Sie meistern sie jedoch nur aus einem einzigen Grund besser:

Weil sie durch ihre zahlreichen Erfahrungen im Leben immer etwas abrufen konnten oder ihnen jemand beistand, der mit einem zusammen diese Herausforderungen gemeistert hat. Dadurch wurde die Herausforderung stets kontrollierbar und das Großhirn setzte sich immer weiter durch. Es bekam die Oberhand über die alten und durchsetzungsfähigeren Systeme im Gehirn. Dadurch werden die dabei aktivierten Verschaltungen gefestigt und gebahnt. Was heißt, dass sich Nervenzellen andocken, miteinander besser kommunizieren, weitere Nervenbahnen sich mit diesen Nervenzellverbänden verschalten, ihre Übertragungskapazität gemeinsam vergrößern, ihre Übertragungsgeschwindigkeit beschleunigen, damit ihr spezifisches Nervennetz stärken, es flexibler und belastbarer wird, sich vergrößert und dann immerfort den Ton angibt, sobald Probleme nahen. Dadurch erst drängen solche Nervennetze dem Gehirn ihr

Verhalten auf, was dazu führt, dass man Lösungen fast wie im Schlaf findet.

Der dabei entstehende emotionale Prozess des Stresses ist nötig, um Bahnungserfolge überhaupt zu erlangen. Wer zu cool seine Probleme löst, kann seine Nervennetze nicht stabilisieren. Es braucht ein gewisses Maß an erregter Konfliktlösungsbereitschaft, damit das emotionale System über bestimmte Verstärker (Dopamin, Serotonin) Globalisierungseffekte im ganzen Gehirn auslösen kann. Gewissermaßen erzwingt das Gehirn dadurch, bei sich zu sein, eine hohe Achtsamkeit des gerade stattfindenden Prozesses erlebbar werden zu lassen und dabei die ganze Aufmerksamkeit auf den gerade stattfindenden Prozess *bewusst* zu richten. Hierbei werden unsere Haltungen geboren. So lernt der Mensch, Probleme als Chancen für die Steigerung seiner Lebensqualität zu nutzen. Wer also zu cool seine Probleme zu verarbeiten sucht, der löst sie am Problem vorbei.

LÖSUNGSFINDUNG IM GEHIRN

Ganz unten auf der Leiter der Entwicklung unseres Gehirns, im Stammhirn, liegen die programmgesteuerten Konzepte des Überlebens - das Konzept des Selbsterhaltes. Sie übernehmen alles Verhalten, wenn überhaupt gar keine Strategien zur Bewältigung der anfallenden Lebensprobleme vorhanden sind. Hier haben genetische Programme genau festgelegt, wie was abzulaufen hat: *Kampf, Flucht, Erstarren.* Über dem Stammhirn befinden sich Hirnstrukturen, die die Anfänge von Lernprozessen möglich machen. Dort ist nicht alles genetisch reglementiert. Das gesamte *Prägungsverhalten*, alles *Verknüpfungserleben* und auch das *gestaltwahrnehmende Erlernen* haben hier ihre Ursprünge. Diese Lernprogrammierungen sind häufig entwicklungsspezifisch besonders aktiv, was heißt, dass diese Form des Erlernens von wichtigen Prozessen in jungen Jahren stabilisiert werden. Später, im Erwachsenenalter, bereitet es uns oft recht viel Mühe, verpasste Programmierungserfahrungen anknüpfen zu können, die in der Kindheit leichter zu stabilisieren und zu bahnen gewesen wären.

Danach steigen wir eine weitere Stufe hinauf und gelangen zu dem, was uns ausmacht. Nämlich unsere zeitlebens lernfähige Großhirnrinde, den *Neo-* oder *Isokortex* - unsere gesamte Großhirnrinde. Alle zuvor entstandenen, stammesgeschichtlich viel älteren und dadurch auch durchsetzungsstärkeren Hirnstrukturen, liegen unter unserem Großhirn. Die Möglichkeiten, die das Großhirn besitzt, auszureizen und sich auf es zu konzentrieren, fallen niemand einfach so zu. Es zu füllen ist harte Arbeit und es benötigt Selbstdisziplin und Ausdauer bei Kindern und Jugendlichen, aber auch bei ihren Eltern und Erziehern. Da das Großhirn und das Stirnhirn entwicklungsgeschichtlich erst vor sehr kurzer Zeit entstanden sind, drängen uns alle älteren Gehirnstrukturen ihre Vormachtstellung im Fühlen, Denken und Handeln auf. Alle Werbung, alle politische Lobby, alle Marketingkonzepte versuchen nun, unsere tiefer liegenden und älteren, durchsetzungsfähigeren Strukturen in unseren Gehirnen anzusprechen. Denn wir alle verfallen ihnen erheblich leichter, als dass wir uns über Vernunft lenken lassen. Würden wir uns deutlicher und ausgeprägter auf unsere Stirn- und unsere Großhirnstrukturen stützen, unsere Welt und all unsere Realitätsmuster sähen ganz anders aus.
Über unserer Großhirnrinde dominiert ein weiterer Teil. Es ist die Informationsflut der äußeren Welt, die unser Gehirn wie ein Schwamm aufsaugt, sie verarbeitet und sich damit anfüllt, ohne dass wir das bewusst bemerken.

DAS GEHIRN BILDET SICH SEINE EIGENE WELT

Die Gene bringen ein Gehirn hervor, das schier unbegrenztes Potenzial in sich birgt. Über die Stärkung der zahlreichen Ressourcen entstehen dann erst die individuellen Potenziale. Jedes Gehirn ist individuell entwickelt und insofern besitzt jeder Mensch ein anderes Gehirn. Gehirne passen sich an die übergeordneten Muster, Regeln und Strukturen an. An Kulturen ebenso, wie an die jeweiligen Gesellschaften, in denen wir aufwachsen. Dieses übergeordnete Muster ist der jeweilige Geist, der die Grenzen der Potenzialentfaltung und auch die Herausbildung der Ressourcen einschränkt oder entwickelt und auch lenkt. *Das Gehirn bestimmt zu einem überragenden Teil selbst, was aus ihm wird, nicht der Mensch, denn der Mensch ist Teil seines Gehirns.* Das Familiensystem, in das ein Kind hineinwächst, lässt sein Gehirn auf eine bestimmte Weise Erfahrungen machen. Und somit auch bestimmte Ressourcen entwickeln, womit dann wiederum auch nur bestimmtes Potenzial entfaltbar wird. Das Gehirn ordnet sich und stellt sich auf diese Weise auf die Anforderungen ein, in denen es groß wird. Auch der Körper ist für das Gehirn ein übergeordnetes System. So wie wir unseren individuellen Körper wahrnehmen, so entwickelt das Gehirn die Ressourcen dazu. Jeder Mensch entwickelt seinen individuellen Körper und damit auch sein individuelles Körperempfinden. Das Gehirn ist ein Organ, dass als oberstes Prinzip den Selbsterhalt und die Unversehrtheit seines Trägers als Überlebensplan in sich birgt und dafür sorgt, dass dies auch so bleibt. Es hat seinem Besitzer nie auch nur eine einzige Möglichkeit des Mitgestaltens an diesem Überlebensplan angeboten, weil es dies besser weiß, als sein Träger, der Mensch. Folglich: Das Ich und sein Bewusstsein sind Werkzeuge der Natur.

So gibt es tatsächlich Patienten mit Allergien und anderen schwereren Krankheiten, die nach einem Ausfall des Erinnerungsvermögens und nachdem sie wieder zu Bewusstsein kamen, ganz plötzlich auch keine Allergien und auch keine schweren Krankheiten mehr hatten. *Das Gehirn bildet die gesamte sie selbst betreffende Realität in sich ab,* die es von allen Seiten bekommt. Ziele, Ideale, Kulturen, Körper, transgeneratives Wissen, Einstellungen, Haltungen und unsere Werte sind als übergeordnete Muster für unsere Gehirne mindestens genauso wichtig, wie die Gene, die nur das Potenzial in unseren Gehirnen ermöglichen, nicht aber den Inhalt des Potenzials darstellen. *Die übergeordneten Muster bilden die Nahrungsangebote für die Optimierung der Ressourcen und die Entfaltungsbereitschaft der Potenziale in unserem Gehirn.* Den Nährwert bestimmen wir allesamt durch unser Verhalten und durch das, mit dem wir in Wechselbeziehung über unsere Aufmerksamkeit stehen. Die zugrundeliegenden Muster in unseren Gehirnen bestimmen gar nicht, zu was wir uns entwickeln oder zu wem wir werden. Dies bestimmen immer die übergeordneten Muster, die Familie, die Kultur und die Gesellschaft, das politische System.

HIRN AN - HIRN AUS

Sie liegen im Hirnscanner, eine Videobrille um den Kopf geschnallt, einen Steuerknüppel in der Hand und fahren in einer Computersimulation Auto. Nach einiger Zeit geht der Computer aus und die Fahrt ist vorbei. Sie setzen die Brille ab und legen den Steuerknüppel aus der Hand. Nach einer kurzen Pause folgt das gleiche Spiel wie zuvor. Nur dass man Ihnen nun sagt, dass MICHAEL SCHUMACHER den Wagen fährt und Sie als Beifahrer mitfahren. Nach einiger Zeit ist das Experiment vorbei. Der Hirnforscher zeigt Ihnen die Aktivität Ihres Gehirns in beiden Situationen und Sie kommen ins Staunen. Beim ersten Experiment, wo Sie selber fuhren, da zeigte Ihr Hirn nur einen kleinen Fleck an Aktivität, obwohl Sie das Gefühl hatten, dass Sie hoch konzentriert und hochaufmerksam gefahren sind. Nun zeigt Ihnen der Forscher Ihre Hirnaktivitäten, als Sie Beifahrer waren und Sie können es nicht glauben. Fast Ihr gesamtes Gehirn ist in voller Erregung, doch Sie hatten das Gefühl, das Sie nicht viel erlebt hatten. Um Ihnen zu erklären, was der Hirnforscher mit diesem Experiment aufzeigen möchte, versucht er Ihnen mit wohldosierten Worten zu erläutern, dass sie Teil eines weit angelegten Experimentes sind, bei dem es um die Globalisierungsfunktionen des menschlichen Gehirns geht und um die Bereitschaft der Ressourcenoptimierung im Gehirn ganz allgemein. Sie sagen daraufhin, dass Sie ihr Potenzial beim Fahren ganz ausgeschöpft haben und der Forscher entgegnet Ihnen darauf, dass das Gegenteil der Fall war. Während Sie gefahren sind, haben Sie sich aufs Fahren spezialisiert und alles andere in Ihrem Gehirn ausgeschaltet. Während Sie jedoch als Beifahrer mitgefahren sind, haben Sie Ihr Gehirn bestmöglich an Ihre Aufmerksamkeit optimiert. Fachidioten, so sagt der Forscher dies nun unverblümt, nutzen nur einen ganz kleinen Teil ihres Gehirns. Wenn wir sehr konzentriert etwas angehen, geht unser Gehirn fast vollständig aus. Kreativität gelingt aber nur, wenn wir unser Gehirn, soweit dies eben möglich ist, anschalten und loslassen von aller Anspannung.

Dieses Experiment, das man vielfach mit weiteren Experimenten in der Hirnforschung untermauern konnte, zeigt auf sehr dramatische Weise auf, dass wir bisher vollständig auf dem Holzweg waren und Fachwissen und Fachkönnen komplett überbewertet haben. Bildung, wie wir sie bisher immer als selbstverständlich angenommen haben und auch beigebracht bekamen, fußt auf dem Prinzip des minimalen Hirnbenutzens, der *Stabilität von Kümmernis*. Spezialisten sind Menschen, die etwas hervorragend können. Die Hirnforschung aber zeigt auf, dass solche Menschen ihr Hirn gar nicht optimal nutzen und dass dieses Spezialistentum nur eine Kümmerversion dessen darstellt, was aus Menschen werden könnte, nutzten diese ihre Gehirne global. Dadurch, dass wir tagtäglich mit einem solchen Hirnmodus unterwegs sind, überlasten wir auf Dauer unser Gehirn, werden krank, bekommen ein Burn-out-Syndrom und viele anderen stressbedingten Krankheiten. Und jetzt wird die Tragweite eines solchen Experiments auch klarer: Wir erlernen solche Sichtweisen als das rechte Maß in Bildung, Arbeit und dem Zeitmanagement in Familie. Wir alle sind auf unsere Weise Spezialisten und sind mit einer solchen Haltung auch unterwegs.
Die große Aufmerksamkeit die Seminare oder Workshops haben, bei denen diese Lasten von einem abfallen, weil man loslassen und Globalisieren darf, bei denen man Achtsamkeit zu sich selbst erfährt, ist nichts anderes als genau diesen Hirnzustand herzustellen, der der normale Hirnzustand ist. *Wu wei* nennen das die Chinesen. Deshalb haben auch so viele geistreiche Menschen ihre bedeutendsten Einfälle nicht dort gemacht, wo sie konzentriert an etwas arbeiteten. Sondern dort, wo alle Last von ihnen abfiel.

ANGST VOR DER ANGST

In der Angst, einer Situation nicht mehr gewachsen zu sein, kann kein handlungsbietendes Muster mehr abgerufen werden. Solche Muster sind aber für strategisches Planen, für Nachdenken über das Vorgefallene, für Lösungsstrategien sehr wichtig. Angst blockiert unser Stirnhirn, wo all diese handlungsbietenden Muster abgerufen werden können. Übermannt uns die Angst, blockieren wir diesen

Teil unseres Gehirns und die Hierarchie des Gehirns nimmt sich selbst in die Pflicht. Je weniger wir für die Angst Bewältigungsstrategien entwickeln, desto weiter sucht sich das Gehirn Lösungen weit unterhalb unserer menschlichen Möglichkeiten: Angriff, Flucht, Erstarren. Alles, was beispielweise mit einer *Angriff ist die beste Verteidigungshaltung* (Präemptivkrieg oder Präemptivkampf - vorbeugende Angriffe) gemanagt werden kann, sind archaische Bewältigungsprogramme und damit die für uns leichtesten Lösungs- und Bewältigungsstrategien überhaupt. Fluchtprogramme wären Verdrängungsstrategien aller Art. Gerade wir Männer beherrschen diese vormenschliche Form der Bewältigung sehr gut. Erstarren wäre auch eine archaische Bewältigungsstrategie, bei der man alles einfach über sich ergehen lässt - worauf Frauen oft zurückgreifen.
Die Grundlage einer Therapie gegen die Angst wäre, wieder Vertrauen zu schaffen in sich selbst, zu den Anderen und zur Welt ganz allgemein. Vertrauen lässt die Angst verschwinden, und wenn die Angst verschwunden ist, dann erst können Areale im Gehirn genutzt werden, die für andere Lösungswege offen stehen. Beispielsweise Deeskalation, Kooperation, Dialog, Resonanz, Diskussion *ohne Recht haben zu müssen,* neue Beziehungen einzugehen, Lenkung der Aufmerksamkeit auf globale Sichtweisen, Eroberung neuer Verhaltensweisen, Bindungssicherheiten aufbauen etc.. Sinn aller Therapien gegen die Angst ist es, nicht in die »*Erlernte Hilflosigkeit*« zu entgleiten, sondern, dem was man tut, Sinn und Bedeutsamkeit zuschreiben zu können. Nur so lässt sich das tiefe innere Bedürfnis danach, dass man mit allem verbunden ist, ausleben und Zusammenhalt und Kohärenz entwickeln. Das Gefühl, das man in dieser Welt zurechtkommt, ist das, was uns gesund hält. Demoralisierung und die aus ihr erfolgende komplette Hilflosigkeit dem eigenen Lebensplan gegenüber, hält den Menschen krank und lässt ihn innerlich und äußerlich zerfallen. Dies führt dann zu den gesamten Angststörungen, zu den unterschiedlichsten Formen der Depression und in die Auflösungen aller möglichen Halt bietenden Strukturen.
Die Weltgesundheitsorganisation WHO hat prognostiziert, dass alle Störungen, die durch Angst bedingt sein können, in den nächsten zehn Jahren massiv nach oben schnellen werden. Dazu gehören vor

allem alle Formen der Depressionen, worunter auch alle Formen der Sucht gehören. Da in der Psychotherapie keine anerkannte Therapie gegen Gewalt existiert, werden Gewalttäter fast ausschließlich gegen Depression therapiert, weil sie auch unter starken Depressionen leiden. Die Depression ist aber nur Teil der Gewaltsucht. Es gelingt zu wenigen Menschen, das Gefühl des Gehaltenseins zu entwickeln. Jemand, der als Erwachsener nicht weiß, wozu er auf der Welt ist, kann dies auch seinen Kindern nicht beibringen. Deshalb überschwemmt uns auch der Markt der Erziehungsratgeber so immens mit gut gemeinten Ratschlägen, die nur die wenigsten anwenden können. Viele denken, dass in Büchern beschrieben steht, wie man mit den Problemen der eigenen Kinder und der gemeinsamen Freizeit, umzugehen habe. Es ist die Qualität der sich entwickelnden Beziehungsbindung, die über alles entscheidet. Sie kann nur von den Eltern auf die Kinder übertragen werden.
Sehr viele Konsumgüter sind an unserer Fähigkeit angepasst, maladaptive Bewältigungsstrategien zu entwickeln. Hauptsache ist, dass über das Produkt in unserem Gehirn ein anderer Film über unsere Gegenwart angeschaltet wird. Glück, so wird das in unserer Gesellschaft propagiert, hat nur derjenige, der sich etwas leisten kann. Und sich etwas leisten zu können bedeutet in Wahrheit, sich einen Glücksartikel für Glücks- und Erfolgsmomente zu kaufen, die die gegenwärtige persönliche Lage überbietet und von ihr ablenkt. Damit hat auch gleichfalls nur derjenige Glück und Erfolg, der Ersatzstrategien für sein wahres unbefriedigtes Glück sucht. Eine immer häufiger gerade bei jungen Menschen etablierte Form der Ersatzstrategie ist Gewalt.

All das, was wir bisher beschrieben haben und worauf es ankommt, wenn man seinen eigenen Kindern einen guten Start ins Leben ermöglichen will, ist bei ihnen, den Gewalttätern, schief gelaufen. Um zu verstehen, wie ihr Bild der Ichschwäche aussieht und wie sich dieses Bild immer weiter formt, beginnen wir in den nächsten vier Kapitel herauszulösen, wie sich das Böse immer weiter durchzusetzen vermag. Wir kommen dabei jedoch nicht umhin, auch uns darin wiederzuerkennen und das Prinzip der Gewalt dabei umfassender zu verstehen. Gewalt, so meinen viele, beginnt mit aggressivem

Verhalten. Nun, das ist nur die halbe Wahrheit. Hätten diejenigen Recht, die das behaupten - und das ist heute die Mehrheit -, dann würde sich die gesamte Evolution in einem buchstäblichen Gewaltchaos schon lange vor der Zeit des Homo sapiens sapiens selbst vernichtet haben.

AGGRESSIVITÄT,

NUR ETWAS BÖSES?

»Macht über mich bedeutet Frieden, Macht über dich bedeutet Krieg.« MICHAEL HEILEMANN

»Einem jeden dünkt sein Weg sei recht. Doch der Herr prüft die Herzen.« BIBEL, Sprüche 21,2

Vor 35 Jahren schrieb KONRAD LORENZ in seiner ›Naturgeschichte zur Aggression‹, dass die aggressivsten Lebewesen die er beobachten konnte, Barsche seien. Sie würden sich in ständiger Kampfbereitschaft befinden und ihre aggressive Haltung gegenüber allem und jeden mache sie zu den angriffslustigsten Lebewesen auf diesem Planeten.

Erst kürzlich favorisierten Verhaltensforscher eine Haiart zum aggressivsten Lebewesen. Noch in der Gebärmutter beginnen die Embryonen untereinander damit, sich gegenseitig zu verspeisen und so bleibt nur einer, der *aggressivste* und *angriffslustigste* Embryo, am Leben und wird geboren. Nach seiner Geburt verfährt dieser Hai genauso weiter und greift alles an, was ihm vor sein Maul gelangt.

Aus Sicht der Verhaltensbiologie besitzt Aggressivität einen ganz anderen Stellenwert als ihn beispielsweise Pädagogen, Sozialarbeiter, Erzieher oder Therapeuten für sich einnehmen.

Aggressivität ist ein recht guter Indikator für die Evolution und er steht für Fortschritt, Wachstum und ein ›über sich hinaus wachsen wollen‹, welcher als Motor in jedem Lebewesen fest einprogrammiert ist. Aggressivität, dessen Wortstamm aus den lateinischen Begriffen **›aggredior→aggredi→aggredere →ad-gredere‹** hervorgegangen ist, ist schlichtweg ein *Grundprinzip von Entwicklung* und entspricht im biologischen Sinn dem Wandel der Arten in der Evolution.

Aggressivität meint seinem Wortstamm nach: Ein ›Herangehen an etwas‹ im Sinne eines ›Sich Annäherns‹, des ›Vorwärtsgehens‹, des ›Herangehens an eine Grenze‹, des ›Darauf-Zugehens‹, ›etwas Neues beginnen‹, ›etwas ergreifen‹, ›ein initiatives Herangehen an eine Aufgabe‹. Dies meint der ursprüngliche lateinische Wortsinn von ad-gredere. Der Wortstamm von Aggressivität ist somit an etwas *konstruktiv kreatives* gebunden. Ad-gredere würde in unserer Zeit übersetzt so etwas wie eine ›Optimierung von Ichstärke‹ im Sinne einer Potenzialentfaltung bedeuten. Kooperativität scheint als ein *primäres Gesetz des Lebens* hierin, in dem was ad-gredere meint, begründet zu liegen.

Unabhängig davon gilt es jedoch als unumstößlich, dass die aggressivste Lebensform, die je diesen Planeten bewohnt hat, *wir*, der ›Homo sapiens sapiens‹ sind. Es gibt im gesamten Tierreich keine Spezies, die mit der zerstörerischen Seite ihrer Aggressivität so wütet, wie der Mensch. Nur er zerstört den Ast, auf dem er sitzt, so gnadenlos und wider besseres Wissen. Er tut dies, als habe er eine zweite Erde im Ärmel, derer er sich sicher weiß, wenn er sein Raumschiff Erde, das er derzeit zerstört, verlassen müsste.

GRENZEN ÜBERWINDEN

Durch alle Lebewesen fließt ein aggressiver Impuls, der sie zu mehr als sie schon sind, antreibt. Dieser aggressive Impuls ist der Anstoß für den Wandel des Lebens, für ein ›über sich hinaus Gelangen‹ und sich für einen eigenen Entwicklungswachstum auszurichten, der stets an eine Erhöhung von Lebensqualität gekoppelt ist. Ohne diesen aggressiven Impuls würden die Evolution und alle Entwicklungen still stehen. Das ist der Grund dafür, warum wir aggressiv *sind.*
Fasst man das zusammen, dann ist Aggressivität ein Verhalten, das ständig versucht ist, über sich selbst hinauszuwachsen. Das versucht, sich selbst nicht als Grenze für seine Bedürfnisse und Lebensplanung zu verstehen. Als wäre das Leben im eigenen Wesen nicht vollständig oder nicht ganz erfüllt von etwas. Noch verstehen wir die darin liegenden Zusammenhänge nur wenig, da wir den Begriff der Aggressivität fast ausschließlich mit Gewalt gleichsetzen und

gewohnt sind, ihn auch nur mit Zerstörung zu verknüpfen. Wir haben uns diese einseitige Betrachtungsweise zu einer allgemeinen Antiaggressionshaltung angewöhnt. Wir finden diese Haltung auch vollkommen normal und hinterfragen sie im Alltag nicht. Daher ist es uns fast unmöglich geworden, die dahinter liegenden biologischen Gründe zu erfragen und in Erziehung oder Bildung einzubinden.

Der Mensch ist also versucht mehr zu werden, als er im Grunde selbst schon ist. Alles, was ihm dazu Ansporn, Anreiz und eine Handlungsabsicht gibt, wird mit aggressiven Impulsen ummantelt. Aggressivität ist somit auch ein kooperativer Akt und zwingt zum Handeln, zur Selbstbehauptung im Sinne von Selbstwirksamkeit. Ein Selbstwirksamkeitskonzept kann über zerstörerische Aggressivität oder über konstruktiv kreative Aggressivität bestimmt und gesteuert werden, denn Selbstwirksamkeit ist immer auch an Aggressivität gekoppelt. Aggressivität ist eine Voraussetzung für kreatives und fortschrittliches Wirken. Seinem Wesen nach bedeutet Aggressivität, *neue Verbindungen einzugehen, seine eigenen Grenzen zu überschreiten und zu überwinden.* Das Aggressivitätsprinzip der Natur ist, dass jedes Lebewesen sich selbst nicht als Grenze sehen soll, sondern an sich wachsen soll. Heute benutzen wir den Begriff der Aggressivität zumeist im Verbund mit gewalttätigem Verhalten: Aggressivität *ist* Gewalt, sagen wir. Das jedoch stimmt überhaupt nicht.

Viele Pädagogen, denen ich begegnet bin, sind der Überzeugung, Aggressivität sei etwas, das mit Gewalt gleich zu setzen sei. Auch in anderen Sozialberufen und in der Gesellschaft ganz allgemein, hat sich eine solche oder ähnliche Auffassung über Aggressivität durchgesetzt. Das Ursprüngliche der Bedeutung von Aggressivität können wir am deutlichsten im Sport beobachten. Sportler müssen zum Ursprung von ad-gredere zurück, um Leistungen erlangen zu können, die sie über sich selbst hinauswachsen lassen. Ohne ein solches Verhalten wird ein Wettkampfsportler keine nennenswerten Erfolge für sich verbuchen können. Im Sportlerjargon wird gesagt: »Nach dem Spiel ist vor dem Spiel«. Dies sagt vortrefflich aus, was mit adgredere gemeint ist und zu welchen Fähigkeiten uns positive Aggressivität bringen kann. Im sportlichen Wettkampf entfaltet sich die eigene Aggressivität und lässt sich kreativ konstruktiv kanalisieren. Sport kann demnach als die Schule der positiven Aggressivitätsentfaltung im Menschen angesehen werden. Wobei man bei so manchem Profisport dann wieder Zweifel bekommen kann.

Aggressivität kann sowohl Schlimmes anrichten, wenn sie nicht schon früh bei uns Menschen in die richtigen Bahnen gelenkt wird. Sie kann jedoch auch Gutes bewirken und positive Entwicklungen fördern oder in Gang setzen. Wichtig ist einzig, dass ad-gredere schon bei Kindern in eine konstruktiv kreative Richtung gelenkt werden sollte. Geschieht dies nicht, dann werden sich die einfachen und durchsetzungsstärkeren, an zerstörerischer Aggressivität gebundenen Hirnareale durchsetzen. Sie werden dadurch ein umfassendes ›Gewaltaffektverhalten‹ erwirken und dieses auch neuronal abspeichern und immer wieder als solches abrufen. Das bedeutet, dass Nervenverbände im Gehirn dazu immer stärker und größer werden. Somit steigt dann das Verhaltensvolumen für die Empfänglichkeit von Zerstörung, Gewalt und Asozialität immer mehr an. Man erkennt dies daran, dass solche Jugendliche sich *ideal* als von konstruktiv kreativen Impulsen gelenkt angeben, sich aber *real* von zerstörerischen Impulsen leiten und lenken lassen. Den Unterschied dazu erkennen sie selbst oftmals nicht und werden in ihren Sichtweisen sogar noch darin bestärkt, wenn auf ihr reales Verhalten zu lange verständnispädagogisches Knowhow eingewirkt hat. Drängt man Gewalttäter ihre Handlungen und Taten zu reflektieren, dann folgen stets Argumente aus ihren Idealselbsten, die sie jedoch nicht in Handlung setzen können. Dies liegt daran, dass die dafür gebahnten Nervennetze in ihren Gehirnen nicht vorhanden oder nur ansatzweise ausgebildet sind. Ziel von Erziehung und Bildung sollte auch sein, diesen Unterschied zu erkennen und schon früh Sorge dafür zu tragen, dass eine vermehrt konstruktiv kreative Aggressivität die Entscheidungsfindung bei jungen Menschen dominiert. Solange jedoch die Bahnungserfolge darin bestehen, dass sie sehr viele zerstörerische und kriminelle Taten vollführen können, stets ein Auge zugedrückt wird und noch eins und noch eins, kann ihnen auch nicht klar werden, dass es irgendwann einmal eine Grenze gibt. Vielleicht erst am Ende ihres Weges - im Vollzug. Viele Menschen, die nicht mit Gewalttätern und dem sich daran anschließenden sozialen Mechanismus von Staat, Land und Kommune vertraut sind, reagieren zumeist sehr überrascht darauf, wenn sie erfahren, dass Gewalttäter zahlreiche Gewalttaten begehen können, bevor sie selbst zur Rechenschaft gezogen werden.

Das, was für die Therapie mit Gewalttätern gilt, sollte auch für die mit solchen Jugendlichen arbeitenden Erziehern gelten: »Versprechen kannst Du vieles - wir wollen mal sehen, ob Du das auch in Dein Verhalten umsetzen kannst, denn nur daran werde ich Dich bemessen«. Es kommt nicht darauf an was man sagt, sondern einzig darauf, wie man handelt, denn: *Jede Handlung ist ein Beweis dafür, was Du wirklich willst.* In England gilt daher das Sprichwort: *Die kürzeste Antwort ist die Tat.*

Erziehung, Bildung und Therapie haben dort eine gemeinsame Wurzel, wo sie *wirkliches Tun* verlangen und ein bloß daher gesagtes *»ich will ja, aber...«* als eine Schutzbehauptung entlarven. Denn, wer behauptet, etwas nicht zu können, der sagt eigentlich nur, dass er bis hierher in seinem Leben noch nicht gegangen ist. Je höher der eigene Grad an Ichschwäche anwächst, desto vehementer wird ein Idealselbst aufgebaut und verteidigt.

Diese *Laissez-faire-Haltung* in den sozialpädagogischen Berufen ist schwer zu durchbrechen, da sie gar nicht mehr hinterfragt wird. Das Traurige daran ist, dass Erwachsene, also Vorbilder, beide Seiten der Aggressivität bei Kindern und Jugendlichen hervorbringen können. Unsere Sozialsysteme optimieren häufig über zu viel Verständnis eine Gewöhnung an zerstörerischer Aggressivität bei jungen Tätern, weil ihnen die Kenntnis fehlt, dass sie es zwar gut meinen, es aber genau dadurch eben schlecht machen. Intelligenz, Bildung und Erfahrung bemisst sich nicht an einer Minimalisierung der eigenen Gehirnbenutzung, sondern an einer maximalen Nutzung der im Gehirn liegenden Ressourcen und Potenziale, damit Erfahrungen selbst in höchstmögliche Effizienz gewandelt wird und im Gehirn vielschichtigste Nervenverbände miteinander in Kooperation gelangen. Bildung und Erziehung sollten sich nicht davor scheuen, dies auch abzuverlangen.

Wie richtet ein Mensch sein Aggressionspotenzial aus? Wie versteht er es, diese Impulspotenz sinnvoll in die richtigen Bahnen zu lenken? Diese Fragen zu beantworten ist erheblich wichtiger und interessanter, als Aggressivität allein im Fokus von Gewalt zu betrachten. Denn solche Fragen lenken unsere Interessen in Richtung der Ressourcen und nicht, wie allgemein üblich, allein in Richtung der Defizite oder an der Straffälligkeit aus. Diese Umorientierung würde auch die Methoden verändern, die bisher in Sozialtherapien angewendet werden. Dort versucht man vor allem die Frustrationstoleranz (Aggressionshemmung) zu stärken. Um jedoch Rückfälligkeit so gering wie möglich zu halten, benötigen junge Täter einen *Rucksack voller Angebote und Möglichkeiten.* Dieser kann jedoch nur aus dem bestehen, was an eigenen Ressourcen vorhanden ist oder erweckt wurde. Die einzige Möglichkeit, ein Leben ohne Gewalt zu leben ist die, sich seiner Ressourcen zu bedienen.
Die Hirnforschung sagt dazu: *Gehirne strukturieren sich in Abhängigkeit von ihren Nutzungsbedingungen.* Das, was Du machst, was Du erlebst oder welchen Wegen Deiner Aufmerksamkeit Du folgst, zu dem wird und formst Du *Dein* Ich.

POSITIVE AGGRESSIVITÄT

Jemand hat den Wunsch aus seinem Leben etwas zu machen, etwas zu erreichen. Nehmen wir an, dieser Jemand ist jung und verliert seinen Wunsch nicht aus den Augen. Er bemüht sich, lernt viel und setzt sich zielgenau mit den einzelnen Schritten für seinen großen Wunsch auseinander. Vater und Mutter bringen ihm bei, Schritt für Schritt vorzugehen. Das geht Jahr für Jahr so und dieser Jemand lernt dabei, dass nicht immer alles so funktioniert, wie er sich das selbst gewünscht hat. Doch weiß er jetzt, dass er nur erfolgreich sein kann, wenn er Fehlschläge *nicht* als eine persönliche Niederlage deutet und wenn er gelernt hat, dass er hinfallen kann, doch selbst immer auch wieder aufstehen sollte. Auch lernt dieser Jemand, dass erst die Wiederholungen die Ausdauer erschaffen, die er benötigt, um sein Ziel auch zu erreichen. Das Ende dieser Geschichte ist, dass diesem Jemand das alles niemals gelungen wäre, wenn er nicht sein

konstruktiv kreativ aggressives Verhalten für sein sinnstiftendes Ziel genutzt hätte.
Wer erfolgreich werden will, dem muss klar sein, dass er Erfolg nicht über ein antiaggressives Verhaltensspektrum erlangen kann. Vielmehr sollte ein Mensch, der Erfolg anstrebt, schon sehr früh in seiner Kindheit und vor allem in seiner Jugend erleben können, wie man sein Aggressionspotenzial für seine eigenen Interessen auch bahnen kann. Keiner Generation ist damit geholfen, dass man ihr zu verstehen gibt, dass Aggressivität nur und ausschließlich etwas Zerstörerisches darstellt.

In der Sprache der Konfliktbewältigung können wir sagen: *Aggressivität ist Ichexpansion. Zerstörerisch kriminelle Ichexpansion* pervertiert die kulturbedingten sozialen Regeln des Miteinanders, bleibt aber ein Maß für all diejenigen, die diese Regeln wiederum als eine Einschneidung ihrer Interessen verstehen. *Kreativ konstruktive Ichexpansion* setzt auf Kooperativität der inneren mit den äußeren Ressourcen, um eigene Potenziale zu entfalten und ist damit immer auch eine *Optimierung von Ichstärke*.

In Schule und Politik wird oft lapidar gesagt, dass man lehren sollte das Lernen zu lernen. Dahinter verbirgt sich die Tatsache, dass Menschen ihre Chancen im Leben in Eigenverantwortung zu diesem Bewusstsein erreichen können und dass dazu das Entwickeln von Kreativität unerlässlich ist. Wie aber gehen *wir* mit positiv besetzter Aggressivität um? Ganz einfach: Wir schweigen uns über sie aus.

NEGATIVE AGGRESSIVITÄT

Zerstörerische Aggressivität ist in der Tat ein großes Problem in der heutigen Zeit. Und ich vermute, dass wir die Spitze dieser Form der Aggressivität, die immer mit Gewalt, Asozialität und kriminellem Verhalten einhergeht, im sozialen Miteinander noch nicht erreicht haben. Das explosionsartige Auftreten von zerstörerischer Aggressivität in den letzten fast zwanzig Jahren gerade unter jungen Menschen ist auch der Grund dafür, dass sich so viele unterschiedliche Antigewaltprojekte und Sozialtrainings etablieren konnten. Wenn Aggressivität positiv wie auch negativ besetzt werden kann und wir wissen möchten, wieso sie zum Guten wie zum Schlechten ausreifen kann, dann fragen wir uns doch einmal, worin für eine solche Unterscheidung die Ursachen liegen? Wie wird bestimmt, ob Aggressivität kreativ konstruktiv oder zerstörerisch in Verhalten umgesetzt wird? Die Antwort auf diese Frage ist eigentlich recht einfach: Es kommt auf das Fortschreiten von Lebensqualität beim Menschen und dem Ganzen, der Gesellschaft, an. Darauf also, ob sich der Mensch zunächst in sich selbst finden und zu seinen nächsten Bezugspersonen eine Bindungsbeziehung aufbauen und stabilisieren konnte. Und auch auf die vorhandenen Integrationsprozesse der Gesellschaft, die sie für sich als Ganzes akzeptiert und diese bei ihren Bürgern als Verhaltensnormen und Gesellschaftsidentifikation widergespiegelt sehen will. Kann sich der Mensch zu ihnen positiv entwickeln, oder schafft er es aufgrund von Störungen in der eigenen Entwicklung nicht, diesen Ansprüchen gerecht zu werden, so desintegriert er sich von diesen Normen und gilt als von der Norm abweichend. Das Ausblühen von negativer oder positiver Aggressivität ist also nicht allein durch den Menschen selbst bedingt. Seine Gesellschaft erzwingt auch durch ihre Beschaffenheit die möglichen Normen und Probleme von Aggressivität. Beide, Mensch und Gesellschaft, sollten zueinanderpassen und sich gegenseitig widerspiegeln können. Denn beides sollte ein Gleichgewicht im Menschen ergeben können, damit er sich in seiner Welt geborgen fühlt und sich in ihr verwirklichen kann. Ignoriert aber die Gesellschaft die Anlagen und Wünsche ihrer Bürger, so erschafft sie automatisch zerstörerische Aggressionspotenziale großer Gruppen, die sich auch gegen die Gesellschaft richten und zuspitzen können. Umgekehrt würde sie dann dafür sorgen, dass sich ein hohes kreatives Integrationspotenzial ergeben würde, wodurch die Gesellschaft im Ganzen stark profitieren könnte. Vorbedingung für eine kreativ orientierte Gesellschaft ist, dass sie Kreativität im Einzelnen Menschen auch fördern sollte und sich dazu auch ausrichtet. Es scheint unfassbar, aber das Gegenteil ist in unseren Regelschulen der Fall. Kreativität lässt sich aus Bildungslust fördern, doch wird die Lust an Bildung in Schulen systematisch zerstört. Dieses Spiel beider für- oder auch gegeneinander nennen Soziologen ›Integrationsprozesse‹ bzw. ›Desintegrationsprozesse‹.

Desintegrationsprozesse sind immer ein flächendeckender Motor für negative Aggressionspotenziale in der Gesellschaft.
Wie eine Gesellschaft geformt ist und wie sich dadurch dann die Menschen in ihr zu formen haben, ist ausschlaggebend dafür, wie sich die in den Bürgern liegenden Aggressionspotenziale zur Entfaltung bringen *lassen*. Lebewesen, also auch der Mensch, sind keine zielgerichteten Automaten. Sie sind wachstumsfordernde Organismen, die in Anpassung an das gegebene Außenmilieu ihre Ressourcen anpassen und ihre Potenziale nutzen.

KANN ICH WOLLEN WAS ICH WILL?

Wer wirklich zerstörerische Aggressivität in konstruktiv kreative Aggressivität wandeln will, der wird nicht umhinkommen, vornehmlich ›ichkonfrontative Stile‹ zu nutzen. Das liegt einzig und allein genau daran, dass solchen Kindern und Jugendlichen über Jahre hinweg nur Verständnis für deren Unfähigkeit entgegengebracht wurde. Doch hat man sie genau dadurch eben darauf geprägt, *auf immerwährendes Verständnis für ihre Taten,* die sie dadurch immer weiter zu optimieren erlernen konnten. Sich vor dieser Tatsache zu verschließen ist vielerorts Gewohnheit geworden. Sich nicht davor zu verschließen fördert Gewaltprävention im großen Maße.
Das Erschreckende daran ist, dass mir bisher kein Bildungs- Kultus- oder Schulminister im persönlichen Gespräch sagen konnte, dass er um derlei Sachstände keine Kenntnis besitzt. Sie alle wissen darüber genauestens Bescheid, doch geschieht gar nichts - außer einer sich wiederholenden Parole an Wahlkampftagen, solche früher und länger hinter Gitter zu bringen. In Wirklichkeit ist fehlender politischer Handlungswille, fehlendes politisches Gewaltpräventionsbewusstsein an dieser Misere größtenteils mit Schuld. Denn es obliegt einzig der Landes- und der Staatsführung seine Integrationsprozesse zu entwickeln und voranschreiten zu lassen. Bei den Sozialdiensten fehlt es an Einsicht, ihr Verständnis zu rationalisieren, sich nicht von persönlichen Emotionen ausgebuffter Gewaltverherrlicher auf einen weiteren und einen weiteren und noch einen weiteren Versuch einzulassen. Mir scheint, als würden die Verständnispädagogik und die

antiautoritären Erziehungsstile bei den Verantwortlichen eine Gummimoral entwickeln lassen, an dessen Ende viele Opfer die Zeche solcher Inkonsequenz zu zahlen haben. Aus Bequemlichkeit verwahren wir uns der Selbstdisziplin, uns für eine friedfertige Gesellschaft einzusetzen, da der Frieden das uns lieb gewonnene Täterprofil des Kampfes einkreist und uns dessen Verherrlichung entwöhnt. Dies will niemand einsehen und sich dafür einsetzen, weil es das eigene Weltbild zum Aufgeben zwingt. »Ich will für meinen Wohlstand und meine Lebensqualität *kämpfen*«, ist der Hurra-Patriotismus, mit dem wir alle groß werden.

Jede Handlung ist ein Beweis für ein wirkliches Wollen. Und jede Handlung weist auf eine innere Haltung hin. Daher ist das eigene Tun immer der beste Beweis für das, was man selbst wirklich will. Kann ich denn überhaupt wollen, was ich will? Diese Frage zeigt uns auf, dass wir oft etwas tun, das wir nicht wollen können, aber irgendetwas in uns dies dann doch will, unser Unbewusstes. Zu über fünfundachtzig Prozent, so meinen Hirnforscher, bestimmt dieses unbewusste Wollen unseren bewussten Willen und zwingt ihn zu rechtfertigen, was das Bewusstsein nicht wollen würde, wäre es sich darüber tatsächlich bewusst. Gefragt, wieso wir das tun, was wir soeben getan haben, fabulieren wir vernunftbetonte Gründe in unser unbewusstes Wollen hinein und rechtfertigen dadurch unser Verhalten. Das haben zahlreiche neurobiologische Tests auf verblüffende Weise nachweisen können.

Wollen wir tatsächlich Frieden - *darauf will ich jetzt hinaus,* dann sollten wir das auch mit unseren Handlungen beweisen können. Doch was wir mit unseren Handlungen tagtäglich beweisen, das sind unsere inneren Haltungen zur Kampfgesellschaft. Kampf, Gewalt und eine zerstörerisch aggressive Expansion sind unsere Haltungen, die durch einen ›Gewaltungeist‹ den Geist des Friedens längst überholt haben. Die Macht unserer Wirkkraft für Gewalt, - unsere ›Wirkmächtigkeit‹, wie Hans-Otto Thomashoff in seinem Buch *Versuchung des Bösen* anmerkt, ist zu einem ›Ungeist‹ für zerstörerische Haltungen in fast jedem System geworden. Weil wir nicht wissen können, was wir wollen wenn wir unbewusst etwas tun, interpretieren wir unseren Willen zur Handlung einfach dazu - und sind davon felsenfest überzeugt, es mit unserem bewussten Willen und unserer bewussten Vernunft getan zu haben. Wirkliches Wollen hat immer auch die Haltung dazu entwickelt. Wirkliches Wollen bezieht sein Verhalten immer aus sich selbst heraus und mehrt im eigenen Umfeld genau das, für was die eigenen Haltungen stehen. Haltungen entstehen aus Erfahrungen, durch oft wiederholte Handlungen und aus Erkenntnis gewinnenden Prozessen im eigenen Umfeld.

LEBENSBLÖDHEIT – PSYCHISCHE UNREIFE

Zerstörerische Aggressivität tötet die Sehnsucht des Lebens und die Liebe des Lebens nach sich selbst ab. Hoher Empathieverlust oder der unvollständige und nur im Ansatz vorhandene Umgang mit sich und seinem wahren inneren Selbst, ist die Wohlwollensgrenze aus der heraus zerstörerisch aggressiv besetzte Menschen sinnlose Zerstörung anrichten. Sie halten alle genau so klein, wie sie sich selbst als klein und unfähig erkennen. Wobei solche eben über sich selbst das genaue Gegenteil aussprechen. Weil sie für sich ihr Ideal zum eigenen Selbstbild konstruieren, es aber real nicht sind. Alles was diese wahrnehmbare Selbstbildgrenze zu überflügeln vermag, ist ihnen Grund genug, es mit zerstörerischer Sprache, Gestik und Handlung zu zerquetschen und es aus ihrem Umfeld, ihrer Subkultur, zu verbannen. Zu ihrer Beziehungsnähe ziehen sich eben solch Denkende und ebenso handelnde hin und verbinden sich zu einer Gruppendynamik, aus der heraus ein großer Gruppenzwang auch jeden Einzelnen zu einer monotheistischen Person modelliert, aus der sie sich nur begeben kann, wenn man mit ihr ganz allein in Beziehung tritt. Dort wird man dann ihrer Talente gewahr und ihren tief liegenden Wünschen, sich konstruktiv kreativ einbringen zu wollen, was sie sehr häufig schon über Jahre versuchen. Überlässt man jeden Einzelnen dann wieder seiner Subkultur, so wird sie aus ihm wieder bloße Desorientierung zur Realität erzwingen. Alle anderen sind aus dem Blickwinkel der jeweiligen Subkultur betrachtet Nährboden dafür, dass es ihnen, ihrer Familie und ihren Freunden nicht so gut geht. Die eigene Schuld, *sich selbst nicht zu versuchen*, wird stets in eine Schuld umgekehrt, an der die Anderen die Hauptrollen zu spielen haben. Der Film heißt: *Das Opfer und der Sündenbock - schuld sind immer die Anderen.* Da die Anderen sie in ihr Realselbst überführen möchten. Je näher man sie an ihr Realbild und an unsere Realgesellschaft bringt, desto konfrontativer nimmt man ihnen gleichwohl ihr Idealbild und ihre Idealgesellschaft, die Subkultur, das Getto. In *ambulanten* Therapietrainings liegt genau hier eine nicht zu unterschätzende Schwierigkeit, da sie bisher von den sozialen Systemen bloß gebauchpinselt wurden und nie wirklich jemand mit ihnen Klartext gesprochen hat oder ichkonfrontativ umgegangen ist. Für viele Jugendliche kommt das Therapietraining zu spät, weil sie sich an Überschreitungen gewöhnt und sich darauf geprägt haben. Unsere Sozialsysteme drücken leider viel zu lange beide Augen zu.

Dass sich die Anderen, denen es erheblich besser geht, auf den Hosenboden gesetzt haben, sich selbst vielfach bis zum Äußersten gezwungen haben und sich für nichts zu schade waren, darauf kommen solche Lebenspessimisten leider nicht. Deshalb ist es ihnen fast unmöglich, durch Erkennen und Vergleichen mit anderen, ihre eigene Lage richtig einzuschätzen. Sie verhalten sich ihrer Gesellschaft gegenüber als omnipotente Wisser und Handler. Doch in Wahrheit sind sie unfassbar ungebildet und besitzen nur sehr geringe sozialemotionale Intelligenz und Empathie. Geradezu frühkindlich eingeschnappt reagieren sie jedoch, verbietet man ihnen einen Wunsch oder drängt man sie dazu, ungewohntes Erleben auszuhalten. Ihre Frustrationsgrenze ist niedrig und damit ist ihr Gefühl, sich wehren zu müssen auf fast alles anzuwenden, was Menschen untereinander eigentlich nicht zu dieser Haltung zwingt. Da Unbildung nichts über die Intelligenz eines Menschen aussagt, nur, dass er einen Umgang mit seinen Ressourcen und Begabungen überhaupt nicht pflegt, kann man nicht pauschal davon ausgehen, dass Gewalt dumm macht. Gewalt *hält* dumm und sie macht *lebensblöd.* Im Einzelgespräch erfährt man, dass die Mehrheit von ihnen zwar dumm handelt, aber nicht dumm ist. Mit Einsicht fördernden Appellen kommt man bei ihnen nicht weit. Man sollte sie bewegen. Bewegen dazu, sich von kreativ konstruktiver Aggressivität lenken und leiten zu lassen; von schöpferischer Kraft und eigener Wachstumsbereitschaft, damit sie anfangen, an sich selbst zu glauben und an ihrer konstruktiv kreativen Kraft wachsen können. Nicht nur in Schule sollte dies als Ziel festgeschrieben stehen, sondern auch im Vollzug.

AGGRESSIVITÄT NUTZEN

Die Natur der Menschen besteht aus zwei Seiten ein und derselben Medaille der Aggressivität. Beiden liegt die Kraft der positiven Aggressivität zugrunde. Denn Aggressivität ist ihrem Wesen nach positiv, da sie im freien Menschen Kreativität und Wachstumsbereitschaft mobilisiert. Aggressivität ist ein inneres Muster in allen Lebewesen, das sie dazu antreibt, im eigenen Lebensprozess voranzuschreiten. Sie ist der Motor aller Optimierung und allem Streben nach einem glücklichen und zufriedenen Leben. Leider wird Aggressivität nicht als Motor rundweg positiver Eigenschaften gesehen. Sondern sie wird einseitig als Motor für Gewalt aufgefasst, was Aggressivität gar nicht ist. Aggressivität *dient* nicht dem Bösen. Sie kann dazu führen, dass man Kreativität und Wachstum in einem zerstörerischen Sinne auslebt. Verantwortlich dafür ist jedoch nicht die Aggressivität, als vielmehr der dafür als Ursache auszumachende innere Konflikt, wie wir noch sehen werden. Zerstörerische Aggressivität kann grundsätzlich wie auch kreativ konstruktive Aggressivität in jedem Menschen gebildet werden. Nicht der Bildungsstand unterscheidet die Wahl der Seiten, sondern die Lebenserfahrung, die Erziehung, die Bildung, die Integrationsprozesse der Gesellschaft und die Benutzung der Ressourcen im Menschen.

Deshalb ist und war zu allen Zeiten das begehrenswerteste Gut der Mächtigen immer das Gehirn der Menschen gewesen. Werbung will nichts anderes als *Ihr* Gehirn für ein bestimmtes Bedürfnis zu gewinnen. Wer unsere Bedürfniswelt besitzt, besitzt alles. Psychologie und Neuromarketing sind die Sehnsuchtsstifter dieses teuflischen Missbrauchs in allen Bereichen geworden. Das Bedürfnis beispielweise Kriege dem US-amerikanischen Volk schmackhaft zu machen lässt sich das Pentagon jährlich 30 Milliarden US-Dollar kosten.

Das Bedürfnis, einen Kampfjet zu fliegen und Bomben auf Menschen zu richten, den Knopf dabei zu drücken, die Explosionen zu sehen, dann abzudrehen, auf der Basis ankommen und heldenhaft darüber zu berichten, wird dadurch nicht besser, nur weil eine Autorität dies verantwortet.

Der Psychologe STANLEY MILGRIM hat dazu in den 1960er-Jahren in einem spektakulärem Experiment (Milgrim-Experiment) nachweisen können: Die Verantwortung liegt nicht im Befehl allein, auch nicht nur bei der Autorität die zur Ausübung von Grausamkeit befiehlt. Jeder Mensch ist zur Menschlichkeit in all seinen Handlungen verpflichtet und auch selbst dafür verantwortlich, Menschlichkeit einzuhalten. Jeder Einzelne kann, allein durch Gehorsam, zu einem Teil des Bösen geraten, wenn er seine eigenen Schwächen dazu nicht durchschaut oder nicht durchschauen will. Eines Tages werden die Menschen dies anders sehen und die Psychopathie darin laut aussprechen können. Noch verhöhnen wir die Bedingungslosigkeit des Friedens und manipulieren die Bedürfnisse junger Männer, damit sie sich als Helden feiern können und nicht als Täter ihre Gewissen belastet sehen. Weil wir die beiden Seiten der Aggressivität zu einer einzigen Seite manipulieren und das Gute an ihr für ein Sakrileg am Bösen halten; auch das ist Marketing - an der Wortmarke Aggressivität.

Aggressivität ist zuallererst eine positive Kraft, die uns die Motivation schenkt, uns über unseren Horizont hinaus zu wagen - in ein unbekanntes Land. Aggressivität kann auch als eine zerstörerische Kraft missbraucht werden, die sich dadurch ausdrückt, die Bewohner dieses unbekannten Landes entweder zu Sklaven zu machen, oder auszurotten, weil sie den habgierigen Bedürfnissen im Wege stehen. Positive Aggressivität hat die Kraft, eigene Welten zu ergründen, positive Bedürfnisse zu zentrieren und dabei innere Potenziale zu entfalten. Aggressivität ist auch eine Ressource, mit deren Hilfe wir unbekannte Potenziale zu neuen Ideen zusammenfassen können. Ohne positive Aggressivität gäbe es all die Menschen nicht, die Gutes für die Menschheit erreicht haben.
PAUL WATZLAWICK sagte: »Alles Verhalten ist Kommunikation.« Und damit meinte er auch, dass Gewalt Kommunikation ist. Das stimmt, werden Sie jetzt sagen. Aber warum sagen dann noch immer sehr

viele Sozialtherapeuten, dass Gewalt keine Lösung sei? Gewalt ist eine Form der Kommunikation, mittels der ein Gewalttäter seine Bedürfnisse mitteilt - und damit ist Gewalt für ihn eine Lösung, die ein inneres Bedürfnis widerspiegelt. Aber welches?

GEWALT IST KEINE LÖSUNG!

»UND WAS, WENN DOCH?«

Briefwechsel zwischen Wilhelm Reich und Alexander Sutherland Neill:

R.: Lieber Neill. Der Durchschnittsmensch ist zwar bereit für die Ideen irgendeines anderen zu sterben, wenn ihm jemand sagt, es sei erforderlich, aber er ist nicht bereit nur das kleinste Stückchen Risiko für sich selbst und seine eigenen Ideen auf sich zu nehmen.
N.: Lieber Reich. Die Trägheit der Massen ist entmutigend. Wieviele Soldaten einer Armee sind wohl überzeugt? Soldaten beklagen sich zwar, aber meist nur über geringfügige Dinge. Wann aber werden alle Soldaten dieser Welt die eine große Frage stellen: Wohin führt das alles?
R.: Lieber Neill. Wir sind uns ja immer in dem Punkt einig gewesen, daß es nicht so sehr der Inhalt eines freien Lebens ist, der für uns Bedeutung hat, sondern die Angst vor der Freiheit. Es würde zweifellos keine Probleme mit der Freiheit geben, wenn nicht die Menschen und die Kinder Angst vor ihr hätten, und sie sich nicht nach Führung und Autorität sehnen würden.
N.: Mein Lieber Reich. Wir sehen jetzt die Ergebnisse dessen, was wir Erziehung nannten und was bloßes Lernen von Dingen war, auf die es nicht ankommt. Die Erziehung der Gefühle wurde völlig vernachlässigt, wenn sie nicht bewusst repressiv war. Daher die Leichtigkeit, mit der ein Hitler seine Millionen von emotional ausgezerrten Männern dazu bringt, ihre Gefühle in Blut und Grausamkeiten auszuleben.
R.: Lieber Neill. Es ist der unterdrückte Mensch selbst, auf den alle Verantwortung ruht. Nicht auf Stalin, nicht auf Hitler und nicht auf irgendeinem anderen,

außer ihm selbst. Diese Einsicht ist äußerst unpopulär und wird mich, wie ich fürchte, teuer zu stehen kommen.

Sie kennen das vielleicht auch. Da sind Sie auf einem Seminar und der Trainer bläut Ihnen ein: »Gewalt ist keine Lösung!« Das Seminar war sehr gut, Sie gehen zufrieden und mit vielen neuen Ideen zur Arbeit und erzählen ihren Kollegen begeistert von Ihren neuen Erfahrungen, die Sie dort machen konnten. Ein Kollege, der nicht am Seminar teilnehmen konnte, fährt Ihnen mitten ins Wort und fragt selbstredend: »Gewalt ist keine Lösung!? Doch! Gewalt ist eine Lösung! Nämlich für denjenigen, der Gewalt ausübt. Für den ist es immer eine Lösung.« Sie sind stumm und denken darüber nach. Und schon kommen die ersten kopfnickenden Zustimmungen in Richtung Ihres Kollegen und es werden immer mehr. Denn Ihr Kollege sieht das ganz richtig, doch Sie ebenfalls. Nur sehen Sie beide das aus unterschiedlichen Perspektiven. Natürlich *darf* Gewalt keine Lösung sein und es müsste demnach richtig heißen: **›Gewalt darf keine Lösung sein‹**. Und natürlich *ist* Gewalt für Gewalttäter eine Lösung. Nämlich eine Lösung im Sinne einer Scheinlösung für das gegenwärtige Problem.

MACHTFANTASIEN VERWALTEN

Wer Gewalt an einen anderen Menschen ausübt, übt auch einen faschistisch geprägten Verhaltenszug aus. Dem Opfer wird die Freiheit zur Selbstbestimmung komplett genommen, da ein durch Zwang hergestellter Bezug zum Täter fabriziert wird. Der Täter bestimmt somit über das Opfer. Das Opfer ist gezwungen, die Handlung an sich zu ertragen, da es dem Gewalttäter nicht entkommen kann. Gewalt hat auch etwas mit ›walten‹ zu tun. Früher waltete ein Herrscher über ein bestimmtes Gebiet. Er beherrschte es mit seinen Vorstellungen und Machtfantasien und seinem alleinigen Recht, zu wirken. Wem das nicht passte, der wurde mittels Gewalthandlungen gezwungen, sich seinem Willen zu beugen. Macht berechtigt

zum alleinigen Wirken. Gewalt ist ein Mittel der Machtausübung. Diese dient einzig dem Herstellen zweckgebundener Interessen beim Gewalttäter, die aus einer Vielzahl ganz unterschiedlicher Bedürfnisse zusammengesetzt sein können.
Gewalttäter üben auch in ihrem Umfeld ein ähnliches Ritual über Gewalt aus. Sie walten über ihren Bezirk oder über ihr Umfeld mittels Gewalt. Denn Gewalt ist auch eine Sprache, eine Kommunikationsform zur Unterdrückung mittels Terror - *mir könnte es genau so ergehen wie dem Opfer.* Gewalt erzeugt Angst bei denen, die in demselben Umfeld eingebunden sind, in dem der Gewalttäter mit Gewalt seinem Machthunger nachgeht. Hat ein Schläger sich zu einem Gewalttäter gemausert, dann reicht oftmals eine Androhung von Gewalt bei seinen zukünftigen Opfern aus, um über sein Umfeld zu walten. Wir nennen das Terror.

Am einfachsten umschreibt man Gewalt als eine Kraft mit zwingender *Auswirkung* beim Täter und einer brutalen *Einwirkung* beim Opfer. Dadurch entsteht ein Beziehungsgeflecht, das vor allem beim Opfer sehr nachhaltig auf den Körper und die Psyche einwirkt. Das Opfer trägt die Last dieser Einwirkungen noch lange mit sich, weil sie sich in ihm körperlich und seelisch eingelagert haben. Der Täter setzt sich über entsprechende Bagatellisierungen über das Empfinden des Opfers hinweg. Dies ist eine Täterstrategie, die den Täter zur Loyalität mit sich und seinen Taten zwingt. Dadurch muss er sich selbst nicht über das, was er tatsächlich angerichtet hat, identifizieren, sondern kann sich weiterhin über seine Machtfantasien aufwerten: *Der Andere ist schuld, ja sogar der Täter, denn er hat so blöde geguckt, ihn angemacht, oder ihn angerempelt.*

Beim Menschen hat Gewalteinwirken immer auch psychische Konsequenzen, die bis zur Ausprägung starker Traumen führen können. Traumen führen immer zur Schädigung des Nervengeflechtes und sind daher nicht wieder umkehrbare Schäden am Bewusstsein und der Psyche der Betroffenen. Sie können als Spätfolge der Gewalteinwirkung auch zu selbstschädigendem Verhalten beim Opfer führen. Auch können Traumen bewirken, dass ein zuvor recht bodenständiger Mensch den gesellschaftlichen und familiären Halt vollkommen verliert. Dies liegt daran, weil vielen Opfern durch ihr Gewalterlebnis das Vertrauen zur Gesellschaft genommen wird und sich die Person nur noch selten aus dem Haus traut. Es befürchtet, *in jedem Moment könnte mir wieder etwas Grausames geschehen.*

Es ist sehr wichtig, sich über diese Zusammenhänge klar zu werden, denn führt man sich einmal den Gesamtkontext von Gewalt vor Augen, so wird man feststellen, das selbst die Androhung von Gewalt schon eine Gewaltausübung darstellt: *Er wird mir etwas antun wenn ich nicht gehorche.*

Wer über Gewalt *waltet*, der übt auch Macht aus und verwaltet sie. Wer dabei wirksam ist, der konzentriert Macht auf sich und befriedigt eigene Bedürfnisse; zwar kurzfristig aber wirkungsvoll. Wer Macht auf sich konzentriert, hat nicht das Gefühl, ihm fehle es an eigener Wirksamkeit. Gewalt ist auch eine Strategie, um sich einen möglichst hohen Status in der eigenen Subkultur anzueignen. Durch häufigen Gewaltgebrauch entsteht ein individuelles ›Ichentfremdungs-Syndrom‹, das den Täter für andere als lebensblöd erscheinen lässt. Sein Gang, seine Sprache, seine Emotionen, seine Gestik, seine Bewegungen, seine Logik, sein Benehmen, seine Überzeugungen, seine Beziehungen, sein Erscheinungsbild, seine Ausdrucksweise, seine Aufmerksamkeits- und Bildungsverweigerung machen aus ihm ein Wesen, das stark an den Frühmenschen, nicht aber an den heutigen Menschen erinnert. Das zeigt, dass er seine inneren Ressourcen nicht nutzt und sie auf ihre Minimalfunktionen heruntergefahren hat.

Der Gewalttäter missbraucht seine Opfer auch oft mittels Terror, Erpressung, Freiheitsentzug, Unterdrückung, Verletzung und Angst, um sich in seinen Gewalthandlungen vor dem Opfer aufzuwerten. Dies gelingt dem Gewalttäter über das Erleben seiner Erniedrigungen beim Opfer. *Es winselt, es jammert, es fleht ihn an, es befolgt seine Anweisungen und bittet ihn, sein Leben zu verschonen.* In diesem Sinne übt der Gewalttäter Macht über andere aus und befriedigt seine Macht über das Zusammenschlagen, Niedertreten und Verhöhnen des Opfers. Der Gewalttäter kompensiert sein Verhalten, er staut Aggressivität in sich auf und wird dadurch noch leichter reizbar. Auch diese Kompensation ist Teil seiner ›Verhaltenssucht Gewalt‹. Er fädelt alles Verhalten seiner Opfer immer so für seine

Vorteile ein, dass ihm genügend Gelegenheiten geboten werden, ständig seine Aggressivität zu kompensieren und über Gewalt zu kanalisieren. Es ist fast aussichtslos für ein *typisches Opfer*, aus dieser Täterstrategie zu entkommen. Oftmals wählt er sich auch einen Beruf aus, durch den er sein Aggressions- und Gewaltpotenzial kompensieren und kanalisieren kann und fällt so in der Gesellschaft nicht mehr als Schläger oder Gewalttäter negativ auf. Er bleibt jedoch in Sachen Konfliktbewältigung in seiner weiteren Entwicklung starr und baut sich auch ein dementsprechendes Umfeld auf, das ebenfalls so denkt wie er.

VERHALTENSSUCHT GEWALT

Der Gewalttäter weiß oftmals instinktiv und sehr genau, was er seinen Opfern angetan hat - er *will* wirksam sein. Und er weiß, dass das, was er tut, nicht richtig ist. Denn er kennt die Medienberichte, die Filme und die Langzeitwirkungen der Opfer. Das schafft in ihm jedoch nicht Reue, sondern Spiegelungseffekte für seine Befriedigungsgier. Er weiß: *Das kann ich - das habe ich bewirkt - das kann ich auch weiterhin bewirken, und wenn ich will, dann haben alle vor mir Angst.* Dieses omnipotente Gefühl bestätigt in ihm auch sein Gefühl von Allmachtfantasien. Zum Einen weiß er, dass man auch ohne Gewalt erfolgreich sein kann. Zum Anderen weiß er auch, dass das was er tut, eine Erfolgsstrategie ist, die ihn ständig in einen Konflikt mit der Gesellschaft bringt. Dies mag er persönlich als Erfolg betrachten, weil er dadurch wichtig erscheint - alle kümmern sich um ihn, der Rechtsanwalt, der Richter, vielleicht schon der Psychologe, der Sozialarbeiter, der Lehrer, der Ich-Stärke-Trainer oder der Nichtkampf-Therapeut. Doch irgendwie würde er gerne auf ruhige Weise erfolgreich werden.
Zum Einen darf er sich vor seiner Subkultur keine Charakterschwächen eingestehen und zum Anderen muss er vor seiner Gruppe seine Identität bestmöglich den dort geforderten Mustern und Verhalten (Kodex) anpassen. Dies schafft Zwietrachtgefühle in ihm selbst und diese sind sein Multiplikator, sein Gewaltkompressor, die in ihm seine zerstörerische Aggressivität immer wieder aufs Neue zur Ent-

ladung zwingen. Er weiß, dass er vor der Gesellschaft versagt hat und nur in seiner Gruppe Geltung erlangt. Und so kommt es immer wieder und auch immer schneller zu Entladungen, die er über verbale oder körperliche Gewalt ausdrückt, weil dieser innere Zwiespalt seine zerstörerische Aggressivität vervielfacht. Bei einigen Gewalttätern kann genau dieser Zwiespalt zu einer starken Persönlichkeitsstörung, einer Psychose, führen. Im entwicklungspsychologischen Sinn handelt es sich, grob gesagt, auch um eine *Identitätsfindungskrise in der Pubertät*. Diese Krise wird auch als Ich-Verwirrtheit (Desorientierung), als Abweichung von der Norm (Asozialität), als Liebesentzugssyndrom (Deprivation) oder als kriminelles Verhalten (Delinquenz) beschrieben; im Volksmund sagt man dazu allgemein *asoziales Verhalten*, was aber unzureichend ist, will man dem Kernübel der Gewaltsucht ein Bild zeichnen und etwas in der Hand haben, was Gewalt mindert oder gar auflöst.

Egal was andere sagen oder welches Verständnis man ihm gegenüber bekundet, der Gewalttäter ist auf Dauer nicht zu bremsen. Er entwickelt sich vom unbequemen Kleinkind zum auffälligen Schüler, zum Schulschläger, zum Gewaltausteiler, dann zum ausgereiften Gewalttäter mit kriminellem Biss und letztlich zum Gewaltstraftäter. Und wenn alles schief läuft, auch noch zum Serientäter. Irgendwann in dieser Kette wird sein Wille zum Gewaltausteilen zur Sucht, zu einer gewalttätigen Verhaltenssucht und er erkrankt intensiv an dieser Sucht. Seine Symptome sind vielfältig, von Fall zu Fall recht unterschiedlich und vor allem vereinen sich bei ihm sehr häufig mehrere Krankheitsbilder zu einem großen Krankheitskomplex mit extremen Verhaltensanomalien. Dieser recht umfangreiche Symptomenkomplex könnte, würde er rechtzeitig erkannt werden, viel früher auch verhindert werden können. Doch wird er nur von den wenigsten präventiv als ein komplexes Geschehen mit Entwicklungscharakter erkannt. Die *Verhaltenssucht Gewalt* wird erst sehr spät erkannt und ist dann nur schwer heilbar. Zu lange und zu intensiv hat sich der Täter an den unterschiedlichen Möglichkeiten in unserer Gesellschaft für Gewalt optimieren können.

Die Straffälligkeit oder seine unangepasste Orientierung ist nicht das Hauptübel dieser Sucht, sondern Teil seines Symptoms; das zu

erkennen sollte in Sozialarbeit, Pädagogik und Psychologie gestärkt werden. Denn allein an der Straffälligkeit sich orientierende Tätertherapien können aus diesen Gründen (einer Unkenntnis bei den Experten, dass es sich dabei tatsächlich um eine Sucht handelt) nur sehr geringe Wirksamkeit erreichen. Akzeptierten wir dies, so würden wir solchen erheblich besser helfen können, als dies heute noch geschieht. Gewaltauffällige Kinder und Jugendliche werden heute von Menschen betreut, die von dem Krankheitsbild nur einen recht oberflächlichen Kenntnisstand besitzen: den Lehrern, dem sozialpsychologischen Dienst, den Sozialpädagogen, den Erziehern und Sozialarbeitern. In der Psychologie fehlt ein solches Krankheitsbild bis heute und es wäre für die praktische Therapie notwendig, sich für ein solches Krankheitsbild einzusetzen.
Für die meisten Gewalttäter beginnt der Weg der Gewalt mit sechs oder acht Jahren, also im Grundschulalter. Werden die Täter mit vierzehn oder sechzehn Jahren als echte Gewalttäter erkannt, kommt schon fast jede Hilfe zu spät und sie landen dann für Jahre im Vollzug. Die Mittel und die Erkenntnis zur Früherkennung, sie fehlen einfach Allenortens und sie werden auch sehr häufig aus Kompetenzangst ignoriert. Bevor Täter in den Vollzug kommen, durchlaufen viele von ihnen ein Sozialtraining, das als letzte Hürde zum Vollzug eingesetzt wird. Nicht etwa, weil dies der richtige Weg ist, sondern, weil Experten oftmals ein zu geringes Wissen um praktische Erfahrungen mit solchen Tätern und ihrer Verhaltenssucht mitbringen. Wir beobachten dabei, dass die Trainingsresistenz der Teilnehmer von Jahr zu Jahr immer mehr anwächst und dass immer häufiger zu beobachten ist, dass immer mehr Teilnehmer echte seelische Krankheiten aufweisen, die in der Psychiatrie stationär therapiert werden sollten. Wo aber Sozialarbeitern oder Pädagogen dieser Blick fehlt, kann auch nicht entsprechend empfohlen werden. Die Verantwortung, Gewalt vorbeugend zu begegnen, wird nicht ausreichend wahrgenommen.
Steht ein Mensch in einem Suchtverhalten, so ist es für diesen stets normal, sich so zu verhalten, wie er sich verhält. Er selbst ist nur in den seltensten Fällen wirklich in der Lage, sich und sein Verhalten zu objektivieren und seine Selbstzerstörung anzuerkennen.

PSYCHISCHE UNREIFE IM KLASSENZIMMER

»Man kann vielleicht nicht oft genug und deutlich genug darauf hinweisen, dass es sich hierbei nicht um ein bewusstes »Blocken« dieser Jugendlichen handelt, auch nicht um im Umfeld erlernte Strategien. Ihnen ist nicht ausreichend bewusst, dass ihr Verhalten sie in die Irre führt und ihr weiteres Leben negativ beeinflusst. Sie sind in Selbstbildern fixiert, die denen von Kleinkindern entsprechen. In diesen sind sie die Bestimmer und müssen keine Beeinflussung von außen dulden.« MICHAEL WINTERHOFF, ISABEL THIELEN

»Unterricht können wir auf unserer Schule nur noch sehr begrenzt abhalten. Die Mehrheit der Schüler dort können einem Normalunterricht gar nicht mehr folgen. Die hören einem nicht zu und sind im Klassenzimmer nur noch mit sich selbst beschäftigt. Würde man auf richtigen Unterricht bestehen, man würde von denen jeden Tag entweder bis zur Weißglut gereizt werden, bis aufs Übelste beleidigt oder gar selbst durch sie mit Gewalt konfrontiert werden. Im Grunde besteht der Unterricht für uns Lehrer oft nur noch darin, den Schülern zu Gefallen zu sein, damit man unbeschadet wieder aus der Klasse kommt. Rütli war gestern? - Rütli ist heute, überall! Und es ist keineswegs ein Türken- oder Araberproblem. Es ist ein Problem der Arbeiterklasse geworden. Die Politik ignoriert das Problem vollkommen. Die antiautoritären Methoden oder das immerwährende Verständnis Gewaltschülern gegenüber optimiert sie nur noch weiter, sich über Gewalt mitzuteilen. Solche werden zu Helden von den anderen erklärt. Aus Angst, selbst Opfer zu werden oder aus Gruppenzwang, weil man sonst keine Freunde hat. Laut Medizin haben die Jungs fast alle ADHS. Den Mädchen hingegen wird Borderline attestiert. Das ist bei den Mädchen in Mode gekommen und viele schauspielern sich in das Borderlinesyndrom hinein, um cool auf die Schlägermädchen zu wirken. Die werden dann zu Alpha-Heldinnen erklärt und legitimieren sich darüber, in dem sie lauthals über sich behaupten, sie repräsentierten die neue Emanzipation der Frauen. Die wissen gar nicht, was Emanzipation und Frauenrechte sind. Der Schulhof ist voll von solchen psychisch gestörten Mädchen, doch keiner erkennt das. Als Lehrerin bist du da vollkommen überfordert, weil du ja keine Psychologin bist. Aber auch rein menschlich betrachtet sind wir mit so einer Fülle von Soziopathen einfach überfordert. Beschäftigt man sich intensiv mit denen, landet man schnell an seinen Grenzen. Die Kraft hat man einfach nicht, weil es zu viele geworden sind und auch immer mehr werden. Mehr als die Hälfte aller Schüler auf unserer Schule haben deutliche psychische Störungen, aber das kümmert anscheinend niemanden. Weder die Eltern noch die Lehrer. Ich sehe das so, dass man solche Schüler einfach auf der Hauptschule aufbewahrt, weil weder in der Psychiatrie noch den Jugendanstalten für so eine Fülle an jungen Menschen Plätze frei wären; also bleiben die bei uns oder den Sonderschulen und Heimen. Somit wird Schule mit Straftätern konfrontiert, die dort eigentlich gar nicht hineingehören. Langsam jedoch gelangen die auch in die Realschulen, weil wir gar keine Kapazitäten mehr freihaben. Alles, was nicht in die Norm passt, das wird in den Regelschulen nach unten gedrückt. Gymnasiasten, die zwar klug sind aber nur wenig Benehmen an den Tag legen, kommen in die Realschulen, dann in die Haupt- und, wenn nichts mehr geht, auch schon mal in die Sonderschulen - das ist das neue Regelschulproblem. Sozialemotionale Kompetenzen und Empathie sind zu den neuen großen Selektionsschrauben in Bildung geworden. Und wenn man genau hinsieht, dann ist das ein gesamtgesellschaftliches ›Erziehungs- und Bildungsproblem‹, gepaart mit einer völlig falschen pädagogischen Unterrichtslehre. Auch Schule macht aggressiv! Das Modewort unter Schülern für Schule ist ›Bildungs-KZ‹ geworden. Das sollten wir ernst nehmen und nach den wahren Ursachen schauen. Doch das will weder Schule, noch Schulbehörde oder Ministerium. Eltern haben immer weniger Zeit für ihre Kinder, weil unser Wirtschaftssystem von beiden Elternteilen verlangt, einer Arbeit nachzugehen. Dadurch verwahrlosen viele Kinder im Wohlstand, weil sie über Bildschirmmedienkonsum erzieherisch geparkt werden. Mal im Ernst: Welches Kind will schon eine Beziehung zu seinem Fernseher oder PC oder der Spielekonsole aufbauen? Das ist doch nur Ersatz für die fehlende Bindungsbeziehung Mama und den fehlenden Papa«, sagte mir eine Lehrerin einer Gesamtschule.

Die Lebensblödheit Gewaltjugendlicher nimmt rasant an Umfang zu und sie umfasst nicht bloß schlechte Schulabschlüsse oder eine starre Bildungsverweigerung. Jugendliche Gewalttäter können immer weniger auf sich selbst, ihre Lebenszukunft und auf die sie umgebende Kultur eingehen. Sie sind nicht mehr bloß in ihren Leistungen zur Leistungsgesellschaft hin verarmt, sondern leben immer mehr ein rein selbstbezogenes (autistisches) Leben gegenüber den ganzen Kulturangeboten und erschaffen selbst gewaltbejahende Kulturgüter in Musik, Printmedien und Sprache. Sie müssen nicht bloß mehr das Lernen lernen, sondern lernen, dass sie überhaupt und ganz prinzipiell irgendetwas im Sinne einer selbstständigen Handlung und Haltung, ihrer Umwelt und ihrer Lebensplanung gegenüber lernen müssen.

Immer umfangreichere Desintegrationsprozesse und das Aufwachsen junger Menschen in einem entsprechenden Umfeld, das der Gewalt positiv zugewandt erlebt wird, üben auf Gewalt einen Entwicklungsprozess aus. Dadurch werden Gewaltformen als Ausdruck der Hilflosigkeit kulturell übernommen und über unterschiedlichste Traditionen gepflegt. Man könnte dies mit dem Begriff einer ›generativ-prokulturellen Gewaltentwicklung‹ bezeichnen. Es ist eine Tatsache, dass sich Gewaltgenerationen entwickelt haben, deren Bereitschaften zur Konfliktbewältigung sehr karg bis gar nicht ausgebildet sind. *Gewalt unter Jugendlichen unterliegt also in ihrer Anwendung und Umsetzung einem kulturellen Entwicklungsprozess, bei dem die nachkommenden Generationen die Gewalthandlungen vorangegangener Generationen zu optimieren tradiert haben.* Dadurch entstehen auch neue soziopathische, bisweilen auch neue psychopathische Ausdrucksformen der Gewalt. Die Immunität therapeutischer oder trainingsintensiver Möglichkeiten gegen Gewalt wächst bei Gewaltjugendlichen immer mehr an, weil eine Vielzahl solcher Maßnahmen davon ausgehen, dass Gewalt sich nicht von Generation zu Generation weiterentwickeln könnte; sie irren sich gründlich, da sie annehmen, Gewalt unterliege einem statischen Muster. Das auffällige Problem solcher Konzepte ist ihre durchweg gängige Praxis der Pädagogisierung. In vielen Trainings erlebe ich in Nachbesprechungen, Evaluationen und Supervisionen immer wieder psychologische Kenntnislücken bei den Trainern und sie sind oft sehr verblüfft, wenn man ihnen die teilnehmenden Gewalttäter psychologisch etwas näher bringt. Die Psychologie der Täter ist oft der blinde Fleck in den Sozialprogrammen vieler Konzepte.

IGNORANZ STÄRKT GEWALT

Unsere Kultur hat Idole der Gewalt zu den Ikonen ganzer Schlägergenerationen gemacht. Porno- und Pöbelrapper verbreiten gewaltverherrlichende Texte abscheulichster Art und werden, weil sie einen Wirtschaftswachstum erzeugen, in den Markt integriert. Sie werden hofiert und gelangen sogar in die Regenbogenpresse. Es ist unglaublich aber wahr: Wir kultivieren auf diese Weise eine Gewaltverherrlichung und vermüllen die Gehirne mehrerer Generationen junger Menschen und wundern uns dann, wenn Jugendliche solche Texte in die Tat umsetzen und ihre Einstellungen zur Gewalt immer mehr kultivieren wollen. Erniedrigung, Vergewaltigung und Verstümmelungen sind schon fast normale Stufen der Gewalt geworden. Der Trend jedoch geht zur Folter und dem Cyber-Bullying, wobei dann gezielt menschenverachtendes gewalttätiges Verhalten *erzwungen* und dann gefilmt wird. Das Ergebnis davon wird dann im Internet veröffentlicht und ist der Renner unter psychisch unreifen Jugendlichen.

Wenn wir das Jugendgewaltproblem weiterhin ignorieren wie bisher (*geredet wird viel, getan wird fast nichts*), werden junge Menschen zukünftig häufiger in der Psychiatrie betreut werden müssen. Ich würde einen solchen Zustand für einen ›Missbrauch der Politik am Menschen‹ halten und ihn als eine gezielte Unterlassung des Notwehrrechts und der Notwehrhilfe werten. Denn der Staat und die Gemeinschaft haben die Pflicht dort zu helfen, wo die Schwächsten der Gesellschaft immer schwächer werden. Das Bildungsniveau sinkt in den Regelschulen immer weiter ab - durch Gewalt. Man kann sagen, dass in Schulen die Bildungsaufmerksamkeit durch eine Gewaltaufmerksamkeit abgelöst wurde. Nun mag es den einen oder anderen Leuchtturm geben, doch in der Mehrheit versagt unser *Regelbildungssystem* und es verkommt zu einem Gewaltsystem. Nicht

etwa, weil wir das Problem der Schulgewalt nicht sehen wollen, sondern, weil wir das Gewaltproblem unserer Gesellschaft fast vollständig ignorieren. Es ist unser Bildungssystem das die Arbeitslosigkeit mitverursacht und mitproduziert. Das will niemand zugeben und schon gar nicht öffentlich aussprechen.
Schule kann das Gewaltproblem der Kinder und Jugend gar nicht lösen. Weil die für die Bildung Verantwortlichen noch immer von dem Märchen überzeugt sind, dass Gewalt nur schlicht und einfach eben ein ungezogenes Verhalten ist, sich das Problem sowieso rauswächst und dass mit einer auf Gewaltprägung optimierten Jugend nichts geschieht, dass weiterer Beachtung wert wäre. Sie denken, *das geht bald weg, das ist nichts Schlimmes, vielleicht so etwas wie ein leichter Husten im Gehirn.* Schule versagt dabei, präventiv einzugreifen fast komplett, weil es zu viele Schüler geworden sind, die ihre Probleme auf ihre Mitwelt übertragen. Wenn man sich die Gesamtprozedur, wie Gewalt den Täter erschafft, einmal vor Augen führt, dann wird einem klar, dass man solche weder über verständnispädagogische Maßnahmen, noch über antiautoritäre, wohlmeinende Appelle von ihrem Drang, Böses zu tun, ins Gegenteil wandeln kann. Das jedoch liegt nicht daran, weil die Verständnispädagogik oder die antiautoritären Erziehungsstile falsch wären, sondern schlicht und einfach daran, dass beide Stile bei Gewalttätern nicht zur Wirkung kommen können. Doch wer Gewalt zwecks Ausübung eigener Wirksamkeit benötigt, und ansonsten nichts weiter kann, um *sich selbst zu feiern und zu loben*, bei dem werden gut gemeinte Erziehungsstile nichts weiter bewirken. Gewaltjugendliche haben sich ein wortreiches und ihren Logiken entsprechendes Kommunikationsgerüst aufgebaut, dass derlei Verständniskommunikation *ad absurdum* führt, und zwar über eine Optimierung *submissiver Dominanz* gegenüber ihren Betreuern, mit der sie die Sozialstationen auszuhöhlen verstehen. Jeder der mit ihnen therapeutisch oder trainingsintensiv arbeitet, hat mehrfach erfahren, dass Gewalttäter in dieser Hinsicht stark optimiert sind und dass ihnen genügend einfällt, um erwachsene Gesprächspartner in Diskussionen zu verwickeln, die ihre Umorientierung nach ihren erlernten Logiken sinnlos erscheinen lassen.

Gewalt zu ignorieren, Zivilcourage nicht hinreichend zu schützen bedeutet auch, dass sich die Gesellschaft nicht zutraut, eigene Werte zu verteidigen und somit zu schützen.

GEWALTOPTIMIERUNG

Pädagogen lernen in ihrem Studium nichts über deren Berufsrealität: Konfliktbewältigung und Konfliktlösungen für körperliche und mentale Prozesse. Richtig angesetzte Gewaltprävention würde frei nach CICERO sagen: ›Wehret den Anfängen‹ und ich setze dem voran: Erkennet die Anfänge. Denn auch das ist ein großes Problem von Gewalt: intelligente Täter zu erkennen, die sich aalglatt durch das System lancieren können. Ich meine solche Täter, die der Gruppe nicht bedürfen, die, die sich ihren Problemen gegenüber ausschließlich selbstbezogen Verhalten. Sie fallen dadurch auf, dass sie sehr schnell den Anschein erwecken, aufgeben zu wollen. Damit testen sie jedoch bloß die Grenzen zwischen sich, dem Betreuer/Therapeuten und dem System der Sozialstationen *(wie weit werden sie mit mir gehen?),* sowie die außersozialen Systeme des Rechtes, um ihr selbstbezogenes Verhalten daran zu optimieren. Sie werden als sehr lieb bezeichnet. Frauen reagieren stark über ihr Mutterherz auf sie. Das ist ihr Schutzwall, den die cleveren Täter schon früh als eine Mauer der Sicherheit um sich und ihre Taten herum aufbauen. Männern gegenüber, die sie therapieren oder die versuchen, in ihre Psyche einzudringen, verhalten sie sich äußerst wortkarg, schnell trotzig und sie spielen ihnen gegenüber schnell die *beleidigte Leberwurst.* Sie steigern ihre Trotzigkeit gegenüber Männern derart an, dass sie sie in eine von ihnen inszenierte Auseinandersetzung locken und dann so tun, als trage der Mann daran alleinige Schuld. So werden sie diese Männer oft auch schnell los. Dies setzen sie geschickt in Szene und wissen, dass sich schon irgendein Mutterherz ihrer annimmt. Frauen sagen dann zu solchen Männern: »Du bist zu hart zu ihm, lass mich das machen.« Lässt man das zu, dann hat der Junge gewonnen und er wird sich weiter optimieren können. Weil solche Kinder und Jugendliche überdurchschnittlich intelligent sind, werden sie gefährlicher und fallen durch das Raster.

Wodurch sie für viele weiterhin unsichtbar bleiben und sich unbemerkt optimieren können.
Ich werde nie den Eindruck vergessen, den ich bekam, als ich die Akte meines ersten jugendlichen Gewaltstraftäters zur Einsicht bekam. Sie war schwer, dick und unzählige Fälle wurden dort in Akten verwahrt. Ich dachte damals und denke das auch heute noch, *wieso ein junger Mensch so viel Übel anstellen darf, bevor die Sozialsysteme mit ihm wirklich ernst machen?* Nur die Sozialsysteme können *vorbeugend* auf Gewalt einwirken, nicht die Justiz.
In einem BILD-Interview vom 23. November 2010, bei dem BILD den Altkanzler HELMUT SCHMIDT auf die Frage antworten ließ *Was läuft bei der Migration schief, Helmut Schmidt?, entgegnete er unter anderem:* »Was wir am stärksten in den Griff bekommen müssen, ist die Ghettobildung, die sich fortsetzt in den Schulen und in den Klassen. Auch die Jugendstrafjustiz ist in keinem guten Zustand - bei Zuwanderern wie bei Deutschen! Das Buch von Kirsten Heisig zeigt, dass viele Jugendrichter viel zu spät, zu milde und zu verständnisvoll urteilen. Strafen müssen „auf dem Fuße" folgen, sonst werden sie von Jugendlichen nicht ernst genommen und zum Teil bewirken die Verhältnisse im Strafvollzug dann noch zusätzlichen Schaden.« Ersetzen wir anstelle des Wortes Strafen das Wort Maßnahmen, so bin ich mit dem Altkanzler einer Meinung: *Maßnahmen müssen auf dem Fuße folgen!* Das nämlich tun sie nur zu selten.
Die Karrieren von Gewaltstraftätern werden von unserer Gesellschaft mitverursacht, weil wir viel zu spät einschreiten. Die Karrieren vieler Gewalttäter werden jedoch auch von unseren Sozialsystemen mitgestaltet; dies mag teils bewusst, aus Ignoranz, teils unbewusst, aus Mangel an Kenntnis und aus Desinteresse geschehen. Gerade weil der Gewalt nicht früh genug, also präventiv, entgegnet wird, eskaliert das Gewaltproblem auch immer weiter. Und irgendwann in dieser Kette glaubt der Wähler dann den großen Unsinn von der früheren Strafe und den längeren Verwahrzeiten im Justizvollzug. Gewalt als Verhaltenssucht wird man im Vollzug nicht los. Dort wird sie in den meisten Fällen eher gefestigt und weiter optimiert. Nur mit den Mitteln der Vorbeugung können wir die Gewaltsucht Jugendlicher verhindern helfen. Der Satz: »Gewalt wächst sich

ab dem fünfundzwanzigsten Lebensjahr (kriminalstatistisch betrachtet) ja sowieso raus«, dürfen wir nicht gelten lassen. Denn er verhöhnt die Opfer, deren Traumen oder körperlichen Einschränkungen keinesfalls *rauswachsen* können. Hier würde ich eher vom *nachhaltigen Einlagern* und Reinwachsen sprechen. Gewalttäter optimieren sich zu Gewalttätern und werden somit Gewaltexperten in der jeweiligen Kultur, in der sie lernen, ihr Verhalten auf Gewalt zu fixieren.

OPFERSCHUTZ?

Gewaltdelikte werden oftmals so von der Rechtsprechung gehandhabt, dass Opfern viel zu spät geholfen wird. Ich habe vielen misshandelten Frauen und Männern geholfen und habe unfassbare Ignoranz vom Rechtssystem miterleben müssen. Opfer müssen erst in Brunnen liegen - das ist tatsächlich in der Mehrheit der Fälle so. Auch wird sich häufiger um die Täter bemüht, als um die Opfer. Traumatherapie ist eine sehr intensive und zeitaufwendige Therapie. Sie liegt auch nicht jedem Therapeuten, da sie Schicksale und Erlebnisse offenbart, mit denen man nicht nach Hause kommen sollte. Nicht jeder Therapeut kann das, zu Hause abschalten und den Kummer der Traumatisierten Arbeit sein lassen. Das ist schwer und erfordert viel Erfahrung und Kenntnis. Zumal die Traumatherapie von den Krankenkassen auch nicht sonderlich attraktiv honoriert wird; auch das hat mit Gewalt zu tun. Denn es lässt sich viel eher mit Tätertherapie Karriere gestalten, als mit Opfertherapie. Und dies, da fast jeder Täter auch Opfer von Gewalt wurde - *wie passt das zueinander?* Tatsache ist auch, dass viele *Opfer von Schulgewalt* zu Tätern werden *müssen*, weil ihnen auf Dauer kein Schutz vor den Tätern gewährt wird und die Täter weiter machen können, wie zuvor.

Opfer gelangen in die Notaufnahme, zum Notarzt. Sie werden chirurgisch betreut und müssen oftmals um ihr Leben kämpfen. Viele bleiben behindert, entstellt oder sind in ihrer Vitalität eingeschränkt. Und: Kein Netzwerk hilft ihnen. Für Täter gibt es Fördergelder, Netzwerke, gut organisierte Therapien und sogar ein starkes

Mitgefühl für deren zumeist schlimmes Leben als Opfer ihrer Erziehung. Es gibt viele Frauen, die männlichen Gewalttätern im Vollzug Liebesbriefe schreiben, obwohl sie den Täter gar nicht kennen. Auch in den unterschiedlichsten Sozialtrainings für Gewaltstraftäter gibt es immer wieder Mitarbeiterinnen, die sich in einen der Täter *vergucken*. Auch gibt es viele sehr enge Beziehungen zwischen jugendlichen Tätern und weiblichen Betreuerinnen; das will niemand hören, es ist aber eine Tatsache mit beschämendem Ausmaß. Klar, es mag eine tief liegende Anlage in vielen Frauen verankert sein, sich einen Beschützer für sich und die Familie zu wünschen und den Verlierertyp zu meiden, den, der Schwäche zeigt. Nichts davon hält man den Opfern, den Verlierern zugute. Oft sind sie ganz alleine mit ihrem Leid und ihrer Situation. Der »Weiße Ring« ist eine der ganz wenigen Organisationen für Opfer. Gewalttäter haben damit Erfahrung. Sie wissen oft sehr genau, wie unser Rechtssystem auf sie reagiert und das hilft ihnen, planvoll vorzugehen und ihre Opfer über einen langen unerträglichen Zeitraum zu tyrannisieren und zu traumatisieren. Jemand, der noch nie Opfer von Gewalt wurde, wird sich nicht vorstellen können, welcher Bruch damit im eigenen Leben einhergeht.
Der Satz: *Gewalt ist keine Lösung* zeigt die Hilflosigkeit vieler Trainingskonzepte auf, sich nicht tief und interdisziplinär genug mit dem Thema der Gewalt beschäftigt zu haben. *Gewalt ist keine Lösung*, ist ein Satz, der einer utopischen Vorstellung entspricht und so etwas wie ein *sozial weißwestiger Imperativ* sein möchte. Wenn Gewalt keine Lösung für die eigenen Probleme sein kann, dann sollten wir auch wissen, was denn an ihrer Statt für Alternativen entwickelt oder erzogen werden sollten. Auch wenn einige Trainer dies seit Jahren über ihre Konzepte anpreisen, so darf als gesichert gelten, dass wir erst heute beginnen zu begreifen, was überhaupt eine *Entfaltung des menschlichen Potenzials* ist und was dafür in Bewegung geraten sollte. *Aus der Sicht unserer Gehirne stellen Erziehung und Bildung ein und denselben Prozess dar. Unsere Nervenzellen unterscheiden nicht zwischen diesen beiden.*

Wie entscheidet ein Mensch, ob er Gewalt und nicht soziale Kompetenz als Möglichkeit seines Strebens nach Lebensqualität einsetzt?

Gewalttäter tanken in ihrer Erziehung ein für sie charakteristisches Konfliktpotenzial, dass sie im Laufe ihrer Entwicklung zum Erwachsenen als Haltung zur Gesellschaft und zu sich selbst zu spezialisieren erlernen. Dieses Konfliktpotenzial entwickeln nicht nur Gewaltstraftäter. Wir alle entwickeln unsere ganz eigenen Konflikthaltungen und leben diese auch aus. So entstehen Konflikte - im eigenen Kopf. Sie sind das Wesensmerkmal, wie weit ein Mensch sich seinen Problemen öffnet, sie verdrängt oder sie anderen anlastet, um selbst boshaft zu handeln.

DIE VERBINDUNG ZUM BÖSEN: VOM KONFLIKTKAMPFUNGEIST

»Gewissenskonflikte gibt es in Wirklichkeit nicht, denn, was einem das Gewissen sagt, ist eindeutig. Der Konfliktcharakter wohnt vielmehr den Werten inne.« VIKTOR E. FRANKL

»Der Arzt soll die Kraft und die Natur der Krankheit im Ursprung suchen, denn den Rauch vom Feuer sollen wir nicht löschen, sondern allein das Feuer.« PARACELSUS

»Ein Konflikt, der in einem bestimmten Lebensalter ausgekämpft wurde, lässt regelmäßig eine Spur im Wesen zurück. Diese Spur verrät sich als Charakterverhärtung.« WILHELM REICH

MUTTERS GEBURTSTAG

Michael ist ein erwachsener Gewalttäter, den ein innerer starker Konflikt seit seiner Kindheit regelmäßig dazu zwingt, andere und sich selbst zu verletzen. Mir viel bei ihm auf, dass er immer dann Probleme mit Gewalt lösen wollte, wenn Feiertage nahten. Vor allem kurz vor Familienfeiertagen teilte er regelmäßig Gewalt aus. Mir fiel auch auf, dass er besonders kurz vor dem Geburtstag seiner Mutter in Mutlosigkeit und Resignation seinem Leben gegenüber verfiel und unverhältnismäßig oft zu seiner Frau sagte, *sie sei wie seine Mutter und er es mit ihr nicht aushalten könne.* Regelmäßig zog es ihn dann in eine Kneipe. Er besoff sich und kam übel zugerichtet, am nächsten oder übernächsten Morgen wieder nach Hause. Dort weinte er bitterlich und flehte seine Frau um Verzeihung an. Sie verzieh ihm oft. Doch es wurde immer schlimmer. Auch vor den Kindern schrie er seine Frau nun völlig zusammenhangslos an und beschimpfte sie mit Fäkalsprache. An Weihnachten, Ostern oder kurz vor Muttertag hatte er sich nicht unter Kontrolle. Bis er

wieder zuschlug. Diesmal schlug er sie so sehr, dass sie Todesängste bekam. Blutüberströmt fiel sie ins Bett und er kniete sich zu ihr: »Oh mein Gott, was habe ich nur getan. Das darf doch keiner mit dir machen!« Dann fiel er in einen tiefen Schlaf. Jetzt zog seine Frau die Reißleine und verließ ihn mit den Kindern. Am schlimmsten verhielt er sich, wenn der Geburtstag seiner Mutter anstand. Wenn er sie mit seinen Kindern und seiner Frau besuchte, verhielt er sich seiner Frau und den Kindern gegenüber wie eine *tickende Zeitbombe*. Schon ein paar Tage nach der Trennung zog eine Freundin bei ihm ein und alles schien zunächst wunderbar - bis der Geburtstag seiner Mutter anstand. Da hat er seine Freundin verprügelt, dann rausgeschmissen und gesagt, *sie sei wie seine Mutter, unerträglich geschwätzig, nervig und rechthaberisch. Sie mache ihn aggressiv.* Es fällt nicht schwer nun anzunehmen, dass sein innerer Konflikt zu seiner Mutter und seine Gewalttaten irgendwie in Beziehung zueinanderstehen. Eins aber scheint völlig klar: Seine Gewaltausbrüche hatten nichts mit den Personen zu tun, an denen er Gewalt auslebte. Sein Zorn, seine Wut galten seiner Mutter. Sein innerer Konfliktkampf führte dazu, dass er mit niemandem eine echte Beziehung eingehen konnte. Denn sein innerer Konflikt dominierte sein Handeln, Fühlen und Denken fast komplett. Kurz vor dem Geburtstag seiner Mutter hatte die Mutter seiner Kinder einen Traum, von dem sie mitten in der Nacht aufwachte. Sie erschrak, weil sie im Traum die Trennung von Michael und seiner jetzigen Freundin erlebte und aufgewacht zu sich sagte: »Seine Mutter hat ja morgen Geburtstag!« Am selben Morgen rief er sie wegen der gemeinsamen Kinder an und erwähnte währenddessen ganz beiläufig, dass er seine Freundin gestern rausgeschmissen habe. Sie antwortete daraufhin: »Das war ja klar. Morgen hat deine Mutter Geburtstag«. Er erwiderte fragend darauf: »Was hat denn meine Mutter damit zu tun!?«
Es ist von hoher Wichtigkeit, den wahren Konflikt in einem Gewalttäter bloßzulegen, um überhaupt nachhaltige Veränderungen im Täter zu erwirken und ihn von seiner Gewalt zu befreien.

ZERSTÖRERISCHE ELTERNKONFLIKTE

Benjamin ist sechzehn Jahre und im Heim gelandet. Sein Vater schläft heute unter der Brücke, wie er sagt. Wie es dazu kam? Benjamin und sein jüngerer Bruder wurden fast tagtäglich von ihrem Vater massiv und brutal verprügelt. Der Vater schlug mit der Faust, den Füßen und mit Holzstangen auf seine Söhne ein. Auch deren Mutter wurde von ihm misshandelt. Benjamins Geschichte hört sich an, wie eine aus den Filmstudios Hollywoods. Oft kam es auch vor, dass der Vater seine Söhne zusammenschlug, sie am Bett ihrer Mutter festband und dann auf ihre Mutter einschlug, sodass sie sich nicht mehr bewegen konnte; *sie sollten zusehen, wie er sie zusammenschlägt und vergewaltigt.* Benjamin hat auch eine Schwester. »Die ist sechsundzwanzig Jahre und vor zwei Wochen gestorben - an Drogen«. Dabei lacht er, als hätte er einen Witz erzählt. »Die hat sich immer mit meinem Vater verbündet. Sie trank mit ihm, ging mit ihm in Kneipen und so. Eines abends, da haben mein Bruder und ich uns vorgenommen, ihn beim Wecken am nächsten Morgen zusammenzuschlagen und abzuhauen. Kaum war er im Zimmer, um uns zu wecken, prügelten wir mit einem Baseballschläger und einer Eisenstange so doll auf ihn ein, dass wir dachten, wir hätten ihn totgeschlagen. Er war blutüberströmt und zuckte nur noch. Dann rannten wir beide aus dem Haus und versteckten uns. Wochen später lauerten wir ihm dann draußen auf und schlugen ihn wieder fast tot. Das war einfach für uns beide, da er besoffen war und gar nicht wahrnahm, dass wir das waren.«

Warum aber landete Benjamin nun in der Trainingstherapie? Weil er sich immer nur an Jüngeren vergreift, sie zusammenschlägt und das für einen Witz hält. Ich überlasse es dem Leser selbst festzustellen, wie der innere Konflikt Benjamin dazu antreibt, es seinem Vater gleichzumachen. Auf die Frage, was er denn heute von seinem Vater halte, antwortete er: »Ich hoffe, der verreckt bald.« Benjamin konnte keinerlei Bezug seiner Taten mit denen seines Vaters herstellen, die eine Brücke seiner Gewaltgewohnheiten unübersehbar macht. Benjamin ist durch seine familiären Gewalterlebnisse traumatisiert. Seinen Handlungen merkt man die stete Dominanz von Flucht oder Kampf an. Daher ist er entweder stark zurückhaltend

oder offen wie ein Buch und körperlich sehr nervös und zappelig - was seine ihn betreuenden Erzieher fälschlicherweise für ADHS halten.
Bei Traumen ist es typisch, sich stark emotionalisierend zu entscheiden, da eine Prägung im emotionalen Gehirn, vor allen den Mandelkernen, Handlungsabsichten überproportional in solche Schwankungen zwingt. Dieses Ungleichgewicht überfordert die eigenen Vernunftgründe und unterwandert verstandeszentrierte Handlungsabsichten stark. Die Umwelt wird oft nur als Bezug zum Erlebten wahrgenommen, da sie das verdrängt Erlebte in unkontrollierbaren Schüben über Auslöser, so genannte ›Trigger‹, in Beziehung zu real erlebten Ereignissen *zwingen*. Dies liegt an der Architektur unserer Gehirne, nicht am gesteuerten Willen des Traumatisierten. Hierdurch können zahlreiche weitere Wahrnehmungsstörungen entstehen.
Da ich mit jedem Gewalttäter auch fall- und persönlichkeitsanalytisch arbeite, hat sich bei mir der Verdacht erhärtet, Benjamin könne sich zu einem Gewalt-Serientäter entwickeln. Benjamin ist ständig versucht, die Grenzen aller Systeme auszureizen, um dann festzustellen, man könne ihm ja gar nichts. Seine Omnipotenz ist sehr stark ausgebildet. Das ist nicht untypisch für das, was er erlebte und was er aus Selbstschutz heraus gezwungen war, zu tun - seinen Vater halb totzuschlagen. Väter stehen für Schutz und sind grenzgebietend. Sie sind Halt bietend und spenden Trost und Stärke. Das musste er als sein Sehnen und Verlangen zum Vater gleich mitzerstören, als er ihn halb totschlug. Aber dennoch steht er in Beziehung zu seinem Vater, weil er von ihm abstammt. Tötet er ihn, tötet er einen Teil von sich selbst. Wie kompensiert er das? Indem er seine Vatersehnsucht mit dem echten Vater spiegelt und Taten begeht, die sein Vater auszeichneten - Wehrlose zu verprügeln. Dadurch erhält er seine Beziehung zum Vaterbild aufrecht, merkt aber nicht, dass er dadurch sein eigenes Opfer geworden ist und noch immer das seines Vaters bleibt. Denn hier greifen Spiegelungseffekte: All die Verhaltensaspekte, die Benjamin als Sohn von seinem Vater in Erwartungshaltungen eingelagert hat, erzwingen in ihm eine Wut, die wie eine ›Verhaltensschleife‹ immer wieder aufs Neue einen Höhepunkt

erlangt, sobald er durch andere junge Menschen diese Verhaltensaspekte repräsentiert sieht. Diese will er in sich selbst zerstören, da sie ihn an den schmerzlichen Verlust an seinen Vater erinnern. *Wenn er Jüngere verprügelt, will er sein Vaterverlangen (die Schutzglocke) in sich selbst zerstören.* Daher radiert er es bei anderen aus; er radiert seine Erinnerung an seine Verlustempfindungen aus. Er zerstört all diese Funken in seiner Umwelt, denn die Erinnerungen daran schmerzen ihn so sehr, dass sie sein Verlangen nach seinem Vaterideal, den Feind in seinem eigenen Geist und Leib, darstellen - dies ist sein Konfliktkampfungeist-Potenzial. So wird man zu dem, was man selbst hasst. Hieraus können sich sehr starke seelische Krankheiten entwickeln.

Einmal kam er zu mir und meinte: »Das alles hier, das bringt doch gar nichts. Ihr wisst nicht, wer ich bin und was ich tue.« Daraufhin versuchte ein Erzieher mit verständnispädagogischem Feingefühl ihm klar zu machen, dass das doch nichts Schlimmes sei, wenn dem so wäre. Genervt von dem, steigerte sich Benjamin in seine frühkindliche Omnipotenz hinein und danach stellte ich mich so dicht vor Benjamin, dass sich unsere Nasen fast berührten. Ich sagte sanft zu ihm: »Klar doch, ich weiß, wer du bist und was du bist. Aber das ist doch egal. Wichtig ist, dass du weißt, wer du bist und was du bist. Denn nur du kannst das alles ändern, nicht wir. Wir sind nur das Rezept.« Jetzt wurde er wütender, was ich beabsichtigte, und schrie: »Ihr wisst gar nichts über mich, gestern Abend ...«, da unterbrach ich ihn mit noch sanfterer Stimme und fuhr fort, »gestern Abend hast du wieder die fünf-Jahre-Jüngeren verprügelt. Stimmt's? Du hast ihnen befohlen, dir, der du selbst noch ein kleines Würstchen bist, zu gehorchen. Hast du dich dabei ausgezogen oder sollten sich die anderen etwa dabei ausziehen? Ich weiß alles über dich, Benjamin. Und weißt du, was du über dich noch gar nicht weißt? Du bist wie dein Vater! Oh nein! Ich glaube, du bist noch ein viel brutalerer Mistkerl, als es dein Vater ist, denn du fängst ja jetzt schon damit an. Du bist dabei, dich zu verbessern und von Mal zu Mal wagst du mehr, stimmt's? Dieses Gefühl. Immer kommt es wieder - und diese Bilder. Egal wie oft und wie stark oder wie viele Jungs du verprügelst. Du wirst diese scheiß Ohnmacht dir selbst gegenüber einfach nicht los. Sie wird sogar von Mal zu Mal größer. Wie oft noch willst du deinen Vater zusammenschlagen und doch immer nur die Unschuldigen dabei treffen!? Wie oft noch?! Wie lange willst du noch genau das in dir wach halten und es in dir konservieren!? Du hältst ihn, deinen Vater, hier drin gefangen.« (dabei berühre ich mit meiner offenen Hand seine Brust und deute auf sein Herz). Jetzt flossen Tränen seine Wangen herunter, seine Schultern senkten sich und er wurde ganz ruhig. Ich sprach nun energischer und fester zu ihm. »Du kannst das hier alles meinetwegen für einen Witz halten - nur du entscheidest. Entscheide dich dafür, wie dein Vater zu werden. Dann aber verschwinde aus meinen Augen und aus diesem Training hier und wandere freiwillig in den Vollzug. Du, ganz allein du, hast aber auch noch eine andere Karte in der Hand. Es ist dein Joker. Du fängst endlich damit an, zu begreifen, dass wir dir hier eine Freikarte in dein neues Leben schenken können, dass dir eine unschätzbare Möglichkeit bietet, dich von der Gewalt loszusagen. Nur eins musst du dann jedoch bereit sein zu tun: *Du musst von deinem Vater loslassen* - dabei, und das verspreche ich dir hiermit, werde ich dir helfen. Lässt du nicht von deinem Vater los, dann wird dir niemand, nicht mal du selbst, dir jemals helfen können, nicht zu werden was dein Vater schon ist. Lass los von deinen Rachegedanken an deinen Vater und deinen Wiedergutmachungen für deine Mutter. Du kannst das Geschehene nicht wieder rückgängig machen. Solange du das jedoch glaubst, solange wirst du dich in deinen Vater verwandeln und Schlimmeres anrichten, als er je tat. Er beherrscht dich noch immer - lass los von ihm und deiner Wut zu ihm.« Benjamin fiel in sich zusammen und heulte bitterlich. Am nächsten Morgen kam er eilend zu mir und wollte unbedingt alles über das Nichtkämpfen wissen.

KONFLIKTKAMPFOBJEKT KIND

Es ist eine Sache über etwas zu lügen, das dem Menschen nicht so wichtig ist. Eine Lüge jedoch, die den Kern der eigenen Identität betrifft, ist etwas vollkommen anderes.

Pascal ist ein jugendlicher stadtbekannter Künstler, der außergewöhnliche Fähigkeiten im *Graffiti* besitzt. Er war deswegen sogar schon in New York, um mit den dortigen Größen Kontakt aufzunehmen. Doch gehört er auch zu den brutalsten Schlägern, die auf seiner Schule waren. Er gab zu, etwa zweihundert Schlägereien angezettelt zu haben - nur sechsundvierzig Opfer wagten, eine Anzeige gegen ihn aufzugeben. Es ist aktenkundig, dass er häufig so lange auf seine Opfer schlug, bis seine Fäuste bluteten oder Finger brachen. Er selbst macht einen recht sympathischen Eindruck, ist intelligent, zuvorkommend und äußerst humorvoll. Bei unserem ersten Gespräch hielt er mir sein Mobiltelefon hin und ich sollte dem Text eines *Pöbelrappers* zuhören, den er mir als sein Lieblingssong und als sein Idol präsentierte. Als Zweijähriger kam er zu seinen Großeltern, weil sich seine Eltern trennten und seine Mutter ihn nicht bei sich wohnen lassen konnte. Seine Großeltern, die er selbst als seine Eltern bezeichnet, haben ihn großgezogen. Zu seiner Mutter hat er einen guten Kontakt und er will auch demnächst zu ihr ziehen. Kommt man jedoch auf seinen Vater zu sprechen, verdunkelt sich zunächst seine Mine, dann senkt er seinen Kopf nach unten und schaut mit seinen Augen schräg nach oben. Seine Stimme wird nun ernst, jeglicher Humor verschwindet und man merkt ihm an, dass um seinen Körper herum ein Stahlkorsett bis in seine Seele drückt. Er spricht jetzt nicht mehr, sondern er schlägt die Worte aus seinem Mund: »Dieser Scheißkerl! Der hat mich im Stich gelassen! Nie war er da!« Auf die Frage, was er denn jetzt, in diesem Moment machen würde, wenn sein Vater durch die Tür käme, antwortete er, »den würde ich sofort totschlagen.« »Was hat dein Vater denn gemacht, dass Du so auf ihn reagierst.« Ich war aufs Schlimmste gefasst. »Wie gemacht?! - nichts, er war nie da, den schlag ich tot«, fluchte er. »Hat er sich denn mal bei Dir gemeldet oder lebt er im Ausland?«, bohrte ich weiter. »Einmal hat er bei mir angerufen. Ich fragte, wer denn am Telefon sei und er sagte, ich bin es, Dein Vater. Da habe ich sofort aufgelegt. Mit dem spreche ich nicht, niemals!«

Alle möglichen Fragen um seinen Vater herum konnte er nicht beantworten, denn er kannte seinen Vater überhaupt nicht. Er hatte keinerlei Erfahrung oder Kontakt mit ihm - aber seine Mutter. Und die hat ihm, seit er zwei Jahre jung war, alles Mögliche über seinen Vater erzählt, was aus ihrer Sichtweise stimmig erschien, nicht aber aus der, die Pascal selbst hätte machen können, hätte er seinen Vater erlebt.

Als ich einen Kontakt mit seinem Vater organisierte, glätteten sich die Wogen, der Zorn, die Wut und die Vorurteile Pascals zunächst sehr zögerlich. Auch war sein Interesse an seinem Vater eher gering, doch mit der Zeit normalisierte sich das Verhältnis und Pascals Zorn seinem Vater gegenüber löste sich auf.

Der Vater hatte regelmäßig um Kontakt ersucht, doch die Mutter verhinderte ihn. Wovon Pascal bis zur Therapie gar nichts wusste. Auch hat Pascals Vater Briefe an ihn geschrieben und Geschenke zum Geburtstag und zu Weihnachten geschickt - nichts kam bei Pascal an. Seine Mutter verhinderte den Kontakt wo, wann und wie sie nur konnte. Pascal, dem Jugendamt und vielen weiteren Personen gegenüber sprach sie immer sehr verächtlich über den Vater. Sie bezichtigte ihn, Dinge getan zu haben, die den Vater ganz sicher bei jedem Kind als den leibhaftigen Teufel erscheinen lassen würde.

In der Entwicklungspsychologie vertritt man die These, dass Kinder ihre Beziehung zum Vater über die Beziehung, die die Mutter mit dem Vater pflegt, übernehmen und dadurch erst nach und nach eine eigenständige bindungsfähige Beziehung zu ihm aufbauen können. Auch die Beziehungs- und Verhaltensforschung bestätigt dieses Bild von der sich entwickelnden Beziehung der Kinder zu ihren Vätern. Die Beziehung der Kinder zu ihren Müttern ist in einer naturgemäßen Vorteilsbeziehung eingebunden, da eine beiderseitige Bindungsbeziehung schon im Mutterleib beginnt. Väter bedürfen also einer guten Beziehung zur Mutter, die es den Kindern erleichtert, ihre Väter schnell so anzunehmen, wie sie sind. Eine gute partnerschaftliche Beziehung ist für die Kinder ein nicht zu unterschätzender Entwicklungsmotor für ihre eigenen Bindungsbeziehungen zu den Eltern und zu anderen. Aber auch, und das erscheint mir wichtig zu sein, zu sich selbst - als vollständig angenommene und geliebte Person.

In der Psychologie ist dieses Phänomen seit den 1980er Jahren bekannt und es ziert die Familiengerichte in einem ungeheuerlich häufig vorkommenden Maße. Man nennt es offiziell ›Parental-Alienation-Syndrom PAS‹. Auf Deutsch: Elternfeindbild-Syndrom. Häufig nach einer Trennung der Eltern von Müttern gezielt eingefädelte Kampagne gegen den Vater, um Kränkungen und Verletzungen zu kompensieren und den Mann mit dem zu verletzen, was ihn am stärksten trifft - den erzwungenen Kontaktentzug der Kinder über die Mutter und den dabei vielfach und mit hoher Intensität unterstützendem Bemühen der Jugendämter, des Rechtssystems und der Öffentlichkeit (durch komplette Ignoranz). Dabei wird das Vaterbild auf lange Sicht zerstört, das Schuldprinzip einseitig betont und das Verhältnis sowie der Kontakt des Kindes zum Vater und umgekehrt fast vollkommen zerrüttet. Diese Handlungen zielen *gegen* den Vater, treffen aber im Besonderen die noch nicht entwickelte Psyche des Kindes, was solchen Müttern völlig egal und oftmals auch nicht bewusst ist. Sie instrumentalisieren ihre Kinder gegen den Vater - für ihre innere Konfliktstandfestigkeit und projizieren damit große und lang andauernde Konflikte in die Seele ihrer Kinder zur Vaterbeziehung hinein. Denn das Kind kann weder berücksichtigen noch kann es einsehen, dass die Mutter und nicht der Vater den Kontakt zerstört und Geschichten erfindet, die bewusst eine langfristige Trennung des Kindes vom Vater zum Ziel hat. Auch spielt auf Dauer die verloren gegangene Bindungsbeziehung Kind-Vater/Vater-Kind solchen Müttern in die Hände. Hierbei wird die Loyalität der Kinder zur Mutter gestärkt und zum Vater aufgegeben, weshalb man auch hier von einem Loyalitätskonflikt spricht. In vielen Fällen des ›Umgangsboykotts‹ kann von einem *seelischen Missbrauch* (Gehirnwäsche beim Kind) ausgegangen werden, der aus psychologischer Perspektive mit sexuellem Missbrauch gleichzusetzen ist. Denn oft wird bei PAS den betreffenden Kindern in ihre Entwicklungen so nachhaltig eingegriffen, wie bei sexuellem Missbrauch, also nicht wieder gut zu machend, zerstört. Die Opfersymptomatik wie auch die allgemeine Opferstatistik zeigen erschreckend auf, dass PAS-Kinder signifikant zu Opfern an körperlicher, sexueller und autoaggressiver Gewalt werden. Sie füllen immer häufiger die Gesamtopferstatistik wie auch die der Gesamttäterstatistik.

Es gibt durchaus Unterschiede im Ausüben des Umgangsboykotts seitens der Mütter, wobei auch sexueller Missbrauch oftmals als Waffe gegen den Vater vor Gericht angegeben wird, um das Gerichtsurteil stark für die Interessen der Mutter auszurichten. Oder beim väterlichen Umgang das Kind zur Übernachtung gegeben wird, die Mutter plötzlich bei der Polizei anruft und dort die Anschuldigung macht, der Vater habe ihr angezeigt, dass er sich *mit ihrem Kind* umbringen wolle, was natürlich völlig aus der Luft gegriffen ist. Es wirkt ziemlich eindringlich auf ein Kind, wenn es eine Verfolgung mit der Polizei im Auto des Vaters miterlebt und dieser dann am Umgang gehindert wird. Auch die Zeit spielt für solche Mütter. Denn Familiengerichte benötigen lange, um Entscheidungen *für* die Kinder zu treffen, beide Elternteile gleichermaßen zum Kontakt zu berechtigen und auch zu verpflichten. Pascals Vater hat das Familiengericht bemüht, weil die Mutter jedweden Kontaktversuch schon im Keim erstickte. Dort konnte er sagen, was er wollte. Man glaubte ihm nicht, weil die Mutter ihn diffamierte und sich als geschundene Frau und Mutter darzustellen behaupten konnte. Auch beim Jugendamt glaubte man ihm kein Wort. Er legte mir drei Anzeigen der Staatsanwaltschaft vor, die die Mutter und das Jugendamt wegen Steuerhinterziehung gegen ihn, bei der zuständigen Staatsanwaltschaft erhoben hatten. Zwar haben die Untersuchungen der Steuerfahnder, der Polizei und eine Lohnpfändung bei seinem Arbeitgeber ergeben, dass er keinerlei Steuern hinterzogen hat, doch die damit verbundene jahrelange Zermürbung hat ihn seelisch stark mitgenommen und auch traumatisiert. Erst bei Prozessende, nach eineinhalb Jahren, sahen das Jugendamt, der psychologische Gutachter und auch das Gericht es als erwiesen an, dass die Mutter das Kind für ihre Interessen missbraucht hatte - auf Kosten der Beziehungsbindung des Kindes zum Vater. Doch waren die inneren Schalter bei Pascal von der Mutter umgelegt worden (Gehirnwäsche) und er wollte von sich aus keinen Kontakt mehr zum Vater. Der damals untersuchende Psychologe fand darüber hinaus bei Pascal damals eine psychosomatische Störung vor, wobei Pascal schon beim Hören des Wortes Papa geschwollene Mandeln und Fieber bekam. So wehrte sich sein Körper nicht gegen den Vater, sondern gegen das Zerrissensein zwischen den Eltern und des damals verordneten Verbotes der Mutter, die Beziehung zum Vater aufrecht zu halten.

Als der *Pöbelrapp* mit Pascals Lieblingslied zu Ende war, fragte ich nach dem Titel. »Das ist BUSHIDO und der Titel heißt *Reich mir nicht deine Hand*«.

DAS KONFLIKTPRINZIP

Konflikte sind am jeweiligen Ur-Problem orientierte Ereignisse, die stark ichbezogenen und ichstrukturierenden Charakter aufweisen. In ihnen findet eine Kampfentwicklung statt, die aus der Sicht eines Konfliktverursachers von äußeren Akteuren abhängt und durch sie gestaltet wird. Ein Konflikt wird immer durch *innere* Konfliktbezüge, dem sogenannten Konfliktkampf, begleitet und durch Kampfhaltungen befüttert. Die Kampfaktionen spiegeln die innere Wirklichkeit und die Selbsttäuschung des Verursachers wider - seinen spezifischen Konfliktkampfungeist. Mit dem Begriff des Ungeistes sind negative Haltungen gemeint, die den Konflikt von innen antreiben und ihn nach außen tragen. Diese können physisch, psychisch oder durch beides gestaltet werden. Die inneren Beziehungen zu den negativen Konfliktkampfhaltungen stellen die tragfähige Säule des nach außen gerichteten Konfliktspiels dar. Ein Opfer wird immer als Rechtfertigungsgrund dieses inneren Konfliktkampfungeistes missbraucht, um das nach außen gerichtete Konfliktmodell des Täters zu gestalten. Ein Konflikt mag für das Opfer Verlust bedeuten. Für den Täter hingegen stellt er einen Gewinn dar. Diese Konkretisierungen modellieren in Wahrheit die innere Feindbildstruktur, die nach außen hin einen Feind *in persona* erschafft. Dieses Feindbild, dass nach außen in eine x-beliebige Person, dem Konflikt-Opfer, hineinprojiziert wird, ist hauptsächlich durch die Ichdiffusion des Konflikt-Täters charakterisiert, dass zu seinem Selbstbild und um seine Identität herum konstruiert ist. Das Konfliktprinzip spiegelt ein für viele undurchschaubar wirkendes und handelndes Prinzip im individuellen Ich des Täters wider.

Beide Konfliktseiten können aus ganz unterschiedlichen Interessen heraus Konfliktparteien werden. Doch das Gesamtereignis hat im-

mer einen inneren Bezug, auf den sich beide Parteien beziehen und sich gegeneinander bedingen.
Auch kommt es sehr häufig vor, dass ein Konflikt von einer Seite absichtlich konstruiert wird und dann für bestimmte Zwecke herhalten soll. Daher kann er auch zu dauerhaften Auseinandersetzungen führen und sogar Unbeteiligte mit hineinziehen, die mit der Ursache des Konfliktes anfänglich nichts zu tun hatten; vor allem in der Politik oder in Scheidungen wird häufig so verfahren.

LOYALITÄTSKONFLIKTE UND VERSCHWÖRUNGEN

Bei einem Konflikt geht es häufig nicht nur um einen bloßen Kampf, bei dem Aggressionen in Gewalt gewandelt werden, sondern um ›konzeptuale Interessenvertretung‹ mittels Gewalthandlungen über innere Zwänge. Gewalt wird in einem Konflikt sehr gezielt eingesetzt. Er kann, im Gegensatz zu einer bloßen Gewalttat, intelligent und clever vollzogen werden, sodass der Konfliktverursacher mit Überraschungsmomenten auftrumpft oder über vorzeitige Propaganda eine ›Täter-Opfer-Umkehr-Politik‹ betreibt und das eigentliche Opfer für die Unbeteiligten zum Täter modelliert wird - Mobbing. Der Konfliktverursacher verstärkt sodann über ein *moralisches Bündnis mit Unbeteiligten* die Aktionen des Täters. Somit zentrieren der Täter und die Unbeteiligten, die Zaungäste (Konfliktgemeinschaft), das wirkliche Opfer immer mehr in den Fokus zum Täter. Die Überzeugungstaktik ist die: *Glaubst du etwa daran, dass er/sie mir das nicht angetan hat?* So inszeniert der wirkliche Täter seine Verschwörung gegen das Opfer und alles verkehrt sich in sein Gegenteil. Das Opfer wird zum Täter gemobbt und der Täter bekommt alle Unterstützung, die man ihm nun als Opfer gewährt. Im Militär nennt man einen solchen Vorgang eine ›Operation unter falscher Flagge‹ und seine Strategie einen ›Inside Job‹. Man erzwingt quasi einen Loyalitätskonflikt gegen den vermeintlichen Gegner, um Fakten zu konstruieren, die einen konstruierten Feind ins Leben rufen. Gewiefte Täter gehen auch so vor, um sich der Unterstützung Vieler sicher zu sein. Diese Vielen zeigen Betroffenheit, artikulieren Empörung, zeigen Verbundenheit und nehmen somit an, man schütze und unterstütze ein wirkliches Opfer. Nur: Das vermeintliche Opfer ist hierbei der wahre Täter. Die Strategie im Loyalitätskonflikt ist es, sich selbst durch Inszenierungen und Propaganda zum Opfer zu machen, damit nun gegen den anderen öffentlich nachhaltig gehandelt werden kann. Denn nur, wenn dem Täter dies gelingt - eine Verschwörung gegen das wahre Opfer zu inszenieren, kann er seine Interessen auf Kosten der Gesundheit und manchmal auch des Lebens des wahren Opfers bedingungslos durchsetzen.

Die gefährliche Waffe in einem Loyalitätskonflikt ist: *moralische Bündelung der eigenen Interessen über äußere Botschaften an die Zaungäste, um eine Mehrheitsmeinung zu schaffen, die dem wirklichen Opfer alle Möglichkeit einer Verteidigung im Vorhinein entzieht.* Die Unbeteiligten werden über Hörensagen informiert und geschickt zu Bündnispartnern des eigentlichen Täters benutzt und wie eine ›Konfliktressource‹ ausgeweidet. Die Unbeteiligten, die nun zu Beteiligten werden, bleiben über die wahren Motive dieses monströsen Spiels in Unkenntnis, fördern aber den Niedergang des vermeintlichen Täters mit, gerade weil er sein Glaubwürdigkeitskonto bei den Beteiligten im Vorhinein verspielt hat. Es ist wie in KAFKAS *Prozess,* wo im Vorhinein der Ausgang schon fest steht. Die Verteidigung wirkt nun für die Zaungäste wie eine vom wahren Opfer inszenierte Verschwörungstheorie gegen den wahren Täter, der durch seine Erläuterungen der *Fakten* nun zum *Verschwörer gegen die Mehrheitsmeinung* gerät. Dabei passiert stets etwas Merkwürdiges. Anstatt nun vielleicht kritisch die Standpunkte abzuwägen, verhärten sich die Fronten immer deutlicher: Je intensiver das wahre Opfer seinen Stand des Sachverhaltes darlegt, desto intensiver wird es von allen anderen zum Täter und Verursacher des Konflikts wahrgenommen. Seine Verteidigung wird zur Verfestigung seiner eigenen Anklage missbraucht, damit die Mehrheitsmeinung stabil bleibt. Denn die Zaungäste unterliegen ihren Emotionen, den Vorgang so zu verarbeiten, *als ob sie selbst dabei die Betroffenen sind - Mitgefühlsmissbrauch*.

In Russland gibt es ein Sprichwort: *Wer am lautesten schreit, lügt.* Auch in der psychologischen Praxis, der Mediation in Schulen oder der Sozialtherapie, wird häufig auf solche Strategien nicht näher eingegangen, weil die Täter über submissive Angebote ihre wahren Hintergründe zu verschleiern erlernt haben. Fast aussichtslos wird es, wenn Therapeuten oder Sozialpädagogen solche Strategien für undenkbar halten und nicht wahrnehmen können, dass sie vom Täter instrumentalisiert und zum Bündnispartner modelliert werden. Solche Therapeuten oder Sozialpädagogen meinen es wirklich gut. Doch deren Unkenntnis im Umgang mit der ›Psychologie der Täter‹ lässt sie blind werden. Das Spektrum der submissiven Dominanz erlaubt dem Täter das Herstellen solcher Loyalitätsstrukturen. Sie weisen auf die Ressource, derentwegen sie solche Strukturen inszenieren. Die Ressource führt zur Konfliktursache (*Cui bono*) und damit immer auch zum wahren Konfliktverursacher.

Ein Konflikt ist vornehmlich durch bewusstes Zuführen seines Spannungsbogens gekennzeichnet, durch Taktik, Cleverness und einen starken Willen zur Kontrolle des Konfliktausgangs durch den Konfliktverursacher; ein Konflikt ist immer ressourcenzentriertes Handeln und die Ressource, um die es im Konflikt geht, führt zum seelischen Motiv des Konfliktverursachers. Betrachtet man nun die Konfliktsituation und die jeweilige Ressource systemisch, und dann, was es hieße, wenn eine Kooperation zwischen Ressource und Konfliktpartei bestünde, dann hält man den Schlüssel der seelischen Zustände, die den Gesamtkonflikt verursachten, in den Händen; hierin verbirgt sich dann auch das Lösungsmoment für eine Kooperation der Parteien. Leider geht man in Schule, Sozialarbeit oder Erziehung nur äußerst selten mit einer solchen Sichtweise schlichtend in den Konflikt ein und versteht auch nur sehr schwer, dass man zur Konfliktbewältigung solchen Einfühlens fähig sein könnte. Viele glauben, *wenn man nur genügend über Konfliktlösungen versteht, dann könne man auch Konflikte lösen.* Diese Auffassung trifft zwar die Theorie, doch in der Praxis nutzt sie wenig, wenn nicht das Verständnis auf den Konflikt selbst konzentriert wird. Wer von Konfliktlösungen etwas verstehen will, der sollte zuallererst etwas über Konflikte verstehen, bevor er sich an Lösungs- oder Bewältigungswege wagt.

Ein Gewalttäter kann einen inneren Konflikt mit sich selbst haben und diesen Konflikt unbewusst auf einen anderen Menschen projizieren, damit er sich in eine Auseinandersetzung mit ihm bringt, die zum Ziel hat, diesen inneren Zustand zur Gestalt werden zu lassen. Das Therapieren von Menschen mit einer antisozialen Persönlichkeitsstörung ist schwieriger, wenn sie ihr Können derart verfeinerten, dass sie schon öfters Therapeuten und die Justiz hinters Licht führen konnten und ihnen dadurch sogar Vorteile für ihre antisoziale Störung entstehen.

CHAOS IM KOPF

Nur wenn ein Täter seine inneren Konflikte bewältigt, kann er sie von sich selbst auch ablösen. Das ist Grundvoraussetzung auch für jede gelungene seelische Therapie. Jeder Konflikt, der irgendwie und irgendwo erzeugt wird, verhält sich dementsprechend seelisch anhaftend. Alle Außenbedingungen, die zur Entfaltung eines Konfliktes mobilisiert werden, sind Verfestigungen einer Hilflosigkeit, die zur Entschlüsselung der wahren Hintergründe für den Konflikt dienen können, wenn man sie nur genau genug wahrnimmt und sie zu entschlüsseln weiß. Zuschauer (Zaungäste) des Konfliktes werden oft miteinbezogen in die Konstruktion der ›Außendarstellung des Konfliktes‹ und helfen dadurch sehr häufig, die Verzerrung der wahren Hintergründe zu einer plausiblen Erklärung für den Täter zu untermauern. Der intelligente reifere Täter lässt seine Zaungäste sehen und verstehen, was sie sehen und verstehen sollen. Mehrheitsverhältnisse sind dem Konfliktverursacher ungeheuer wichtig, damit er sich ins rechte Licht rücken kann. Ein Dauerkonfliktverursacher wird danach seine Freunde aussuchen und in der angeheirateten Familie den Eindruck vermitteln, dass er ja ganz OK sei. Serientäter lösen nach ihrer Enttarnung oftmals den ›*Was der!?*-Effekt‹ aus. Ein Gewalttäter mag Opfer seiner Erziehung sein, niemals aber ist er auch ein Opfer der eigenen Gewalthandlungen, darin ist er Täter. Nimmt man einen Konflikt so, wie ich ihn hier zu beschreiben versuche, dann ist die Außenwirkung *nur scheinbar* völlig abgeschnitten von der inneren Haltung zum Verursacher. Die Außenwirkung hat stark konstruierenden Charakter und spiegelt das ›Binnenproblem des Täters‹ wider. Wir sollten sehr vorsichtig sein, wenn Menschen eine solche Außenwirkung benötigen, um einen Konflikt zu transformieren. Da nur wenige einen Konflikt wirklich auch durchschauen können, kann ein Gewalttäter sich hinter seiner immer besser werdende ›Konfliktkonstruktion‹ verstecken und seine Außenwirkung dabei verändern, wie ein Chamäleon, ein Oktopus oder ein Wandelndes Blatt ihr Äußeres.

INTEGRATIONSPROZESS FÜR EINE KONFLIKTLÖSUNGSKULTUR

Wir alle empfinden es als völlig normal, Konflikte zu haben, sie zu verursachen und die Mehrzahl von ihnen nicht lösen zu können. Wer von uns hat seit frühester Kindheit erfahren und gelernt, wie man Konflikte wirklich löst? Wer begegnet seinen Konflikten mit der notwendigen Achtsamkeit? Und wer besitzt die Courage, sich selbst nach dem Verursacherprinzip zu durchschauen und sein Verhalten demgemäß vorbeugend zu verändern? Weil wir so wenig von eigener Konfliktbewältigung verstehen, haben wir uns einen künstlichen Berg abstrusester Rechtsnormen und Gesetze erschaffen. Auch hier projizieren wir unsere Konfliktstandfestigkeit auf ein Außen - auf die Gerichte.

Wo wir ein Bewältigungsschema für Konflikte in unserer Gesellschaft suchen, wir suchen überall vergebens. Was wir daher brauchen, das ist ein ›Integrationsprozess für eine Konfliktlösungskultur‹. Von klein auf sollten wir erlernen, wie wir unsere Konflikte bewältigen können. Auch braucht es dafür zunächst einmal ein Bewusstsein dafür, dass wir Probleme im Umgang mit unserem eigenen Leben haben und eben dadurch ständig Konflikte gegen uns selbst produzieren, die wir, um sie nicht lösen zu müssen, nach außen tragen. In der Mehrheit gehen wir derart schlecht mit Konfliktlösungen um, dass wir wirklich erst dann zugeben, dass uns unsere Probleme um den Schlaf bringen, wenn es eigentlich schon viel zu spät ist. Oft erst dann, wenn uns unsere Konflikte den ganzen Tag dirigieren und wir uns schon lange von ihnen herumkommandieren lassen. So ist die psychologische Praxis noch immer für viele ein Ort, wo man hingeht, *wenn man nicht mehr so ganz richtig tickt.* Den größten Arbeitsumfang, dem ein Praxispsychologe jedoch nachgeht, ist der, Konflikte zu lösen. Er nennt dies die Kontrolltheorie. Fast jede praxisbezogene psychologische Theorie basiert darauf, dass der Mensch die Kontrolle über sich auch *bei sich* haben sollte - zu jeder Zeit, ein Leben lang. Eigentlich ist heutzutage die Erkenntnis, das Leben Problemlösen ist, völlig banal. Umso erstaunlicher ist es, dass wir in unserer Kultur fast vollständig darauf verzichten, Konfliktlösungen in Bildung und Erziehung einzubinden.

Im Laufe des eigenen Lebens verlieren wir die Kontrolle über uns und unserer Lebensgestaltung immer mehr aus den Augen. Das liegt daran, weil wir uns immer mehr und mehr von äußeren Zwängen leiten lassen. Bis diese äußeren Zwänge schließlich uns leiten. Solche Zustände füttern unseren Konfliktkampfungeist und lassen ihn fortan hungrig werden. Was zur Ausprägung einer gefestigten Konfliktstandfestigkeit mit zahlreichen Konflikthaltungen führt. Diese übernimmt nun unsere Beziehungen zur Realität. Unsere Vergangenheit wird uns wichtiger als unsere Gegenwart und von Tag zu Tag entgleiten uns unsere Vorsätze immer mehr. Ist es nicht komisch und tragisch zugleich, dass wir genau ein solches *vor uns her leben* das ganz normale Leben nennen und das dabei der Kampf eine ganz zentrale Rolle spielt.

Gewalt wäre als Verhalten vollkommen nutzlos, würde sie sich nicht über ein bestimmtes Milieu mitteilen können. Gewalt braucht die Konstruktion des Kampfes, den Ring, innerhalb dessen sie sich ganz und gar entfalten kann. Ohne diese Bühne des eigenen Konfliktkampfungeistes, könnte niemand sein Gewaltverhalten auf andere übertragen. Entweder werden Konflikte gelöst, was schwierig und oft auch sehr zeitaufwendig ist, da mit der Lösung der eigenen Konflikte auch eine Änderung in den eigenen Haltungen einhergeht - und damit erst im Verhalten. Oder man benutzt seine Konflikthaltungen dazu, sie anderen in die Schuhe zu schieben, um Vorteile im sozialen und materiellen Ranking zu bekommen. Um letzteres zu bekommen benutzen die meisten Menschen den Kampf und sind oft davon überzeugt, dass er gut und richtig eingesetzt, auch völlig legitim sei. Wir nennen ihn den guten Kampf. Jeglicher Kampf aber ist Unsinn und er macht uns blind für seine Alternative, die Kooperation.

ZWEITER TEIL

BESTIE MENSCH

Nun ist es an der Zeit, den Finger in die Wunde zu legen. Vieles was allseits geleugnet wird, was ein Tabu in unserer Gesellschaft darstellt, worüber wir nicht reden können, dürfen, sollen - oder zum Schweigen verordnet wurden, was in den allgemeinen Diskussionen über Gewalt verschwiegen wird, dem schauen wir nun direkt in ihre boshafte Fratze hinein. Wir lernen hier nun die Verhaltenszüge kennen, die maßgeblich zur Pathokratie führen können, zur politischen Ponerologie, der Herrschaft des Bösen als politische Doktrin.

DER UNSINNIGE GLAUBE VOM KAMPF

»Zu den Irrtümern, die sich bis heute gehalten haben, zählt Charles Darwins Grundannahme, die Evolution habe Konkurrenz, Kampf und Selektion zum zentralen Impetus lebender Systeme gemacht, und alles, was die lebende Natur entstehen lasse, müsse in diesem Rahmen gesehen werden. Diese Grundannahme beruht auf der unzulässigen Übertragung eines ökonomischen, auf Konkurrenzkampf und Profitstreben basierenden Denkens auf die belebte Natur. Darwins Modell übersieht die grundlegende Bedeutung des am Anfang aller Biologie stehenden Phänomens der Kooperation.« Joachim Bauer

»Habgier und Wettbewerb sind nicht das Ergebnis eines unveränderlichen menschlichen Naturells. Habgier und Angst vor Knappheit werden in Wirklichkeit erzeugt und verstärkt. Die direkte Konsequenz ist, dass wir miteinander kämpfen müssen, um zu überleben.« Bernard Lietaer

KAMPFINSZENIERUNGEN

Um seine gewalttätigen Absichten und Allmachtfantasien in die Tat umzusetzen, kann der Mensch nun, zumindest in der Mehrheit aller Gewalttäter, nicht einfach drauf losschlagen. Deswegen entwickelt er vorab eine Rechtfertigung seiner Absichten und er verbindet diese mit Legitimationsstrategien für sein Gewaltverhalten. Er versucht zunächst sein Opfer mit Beleidigungen zu locken, um dessen Wehrhaftigkeit zu testen und sein Ziel zu erreichen. Gelingt ihm das, dann nimmt er unmittelbar diese Gegenwehr zum Anlass, sein Opfer in die Position des Täters für das Gesamtszenario zu modellieren. Über rechtfertigende Bagatellisierungen findet eine

Täter-Opfer-Umkehr statt. Während des Ablaufs solcher Strategien verfolgt der Täter aber noch eine weitere, bisher von vielen Therapeuten und Trainern unbemerkte Strategie, die hohe Aufmerksamkeit verdient. Um zerstörerisch aggressive Potenziale auf einen Anderen zu übertragen, bedarf es eines Gewaltübertragungsmediums. Dieses Übertragungsmedium ist *der Kampf.* Es ist vollkommen egal, ob es sich dabei um einen verbalen Schlagabtausch, um einen Streit über das bessere Wissen, um eine Gewalttat gegen die Unversehrtheit oder um einen kriegerischen Akt handelt, ob als Erstschlag inszeniert oder als Präventivangriff getarnt: es ist ein ›Kampfszenario‹ das benötigt wird, um die eigenen Interessen über Gewalt durchzuhauen. HITLERS Buch *Mein Kampf* kann hier als Beispiel dafür dienen, dass dort der Kampf als Inszenierung gewalttätigen oder kriegerischen Verhaltens beabsichtigt und in Szene gesetzt wird.

Um die nötigen Mittel zum Erreichen einer inneren Entlastung zu legalisieren, geschieht Folgendes: Der Täter aktiviert über eine hormonelle Zufuhr sein Belohnungssystem, dass bei jeder Gewalttat die eigene Kampfhandlung legitimiert und dadurch auch selbst bestätigt. Dies hat zur Folge, dass die Synapsen in den entsprechenden Nervenverbänden immer stärker nach Befeuerung eines solchen Ereignisses aus sind, um noch größere Nervenverbände zu bilden und weitere anzudocken - *Optimierung der Gewaltsucht.* Im Klartext: Es organisiert sich ein zur Wahrnehmung und dem Erkenntnisgewinn bezogener Prozess zur Gewalt über Kampf, Legitimation und Bagatellisierungsstrategien, die einen Regelmechanismus dazu im Gehirn manifestieren und zur Entfaltung bringen. Das Dilemma für Erzieher oder Therapeuten ist, dass es sich bei der Stabilisierung dieses Regelmechanismus um einen kognitiv sehr nachhaltigen Prozess handelt: Der Mensch ist nun fest davon überzeugt, dass Kampfkönnen für sein Selbstbild und seine Identität sehr wichtig sind. Alle Stabilisationsfaktoren dieses Kampfkönnens, die im Laufe des Lebens eines noch jungen Gewalttäters seine Taten zu verfestigen helfen, wirken wie ein großes Optimierungsangebot in seinem Gehirn, das diesen vermeintlichen Erkenntnisgewinn wieder auf sich selbst zurückwirft. Dieser auf sich selbst zurückwirkende Prozess ist das, was mit dem Wort Kampf gemeint ist. Der Kampf bündelt Aggressivität,

Gewalt und Konfliktstandfestigkeit zu einem Ziel der Wahrnehmung zusammen. Und damit ist der Kampf der Klebstoff von Aggressivität, Gewalt und Konfliktstandfestigkeit im Täter. Dies macht den Kampf zu einem kognitiven Mittel des Täters und damit - ergo - zum ausschlaggebenden Bindeglied für Therapie. Nur an dieser Stelle, an der Hinderung zum Kampf, kann der Täter dazu angeleitet werden, *sich selbst zu überreden,* andere Verhaltensabsichten als Kampf einzusetzen. Bisher ist dies nicht der Fall, weil der Prozess des Kämpfens in der Tätertherapie überhaupt keine Beachtung findet. Der Kampfprozess ist mit dem verbunden, was wir ›Prägung auf den Erfolg‹ nennen. Daher ist es auch so immens wichtig, niemals auf den Eskalierer einzugehen, wenn er versucht, einen Kampf zu organisieren. Denn geht man auf ihn ein, wird naturgemäß ein Zweikampf folgen, *durch den sich der Täter von Zweikampf zu Zweikampf immer intensiver auf Gewalterfolg ausprägt.*

In der Gewaltprävention sprechen wir bisher jedoch sehr ungenau von einem Konflikt *beider* gegeneinander. Es ist außerordentlich wichtig, hier zunächst von einem aufgezwungenen Kampf zu sprechen, als von einem Konflikt beider gegeneinander. Denn wir vermischen dadurch wesentliche Merkmale des Täters mit dem Opfer, die die Tat oft zuungunsten des Opfers verzerrt. Zunächst einmal sollte gelten: »Niemand darf Gewalt als Bewältigungsstrategie einsetzen - egal mit welcher Rechtfertigung«. Wer den Kampf begonnen hat, ist auch zunächst einmal der Verursacher des Debakels. Wer sich dem Angriffstäter entziehen will, ist Verteidigungsopfer.

DER ZWEIKAMPFPLAN

Wir alle schleppen unsere jeweilige ›Kampfhaltung‹ tagtäglich mit uns herum. Auf der Arbeit, in der Familie, in der Freizeit, im Urlaub, in der Schule, im Verein. Würden auch wir uns unserer alltäglichen Legitimationsstrategien selbst bewusster werden, wir könnten uns der oben erläuterten Kenntnisse nicht ohne die Sorge um eine andere Haltung dazu entziehen. Denn die Mechanismen dazu sind in den Gehirnen *aller* Menschen angelegt; nicht bloß in denen von

Gewalttätern. Sie pervertieren diese Anlagen jedoch bis zum Äußersten.
Beim Zweikampf können wir von den fünf Ebenen der ›Bindungseskalation‹ sprechen. Denn der Zweikampf hat zum Ziel, die Eskalation an verschiedene Effekte zugunsten des Täters zu binden:

- Innere Bedürfnisse sind über lange Zeit unbefriedigt und lassen zerstörerische Aggressivität anstauen.
- Das Entwickeln und der Ausbau von Bewältigungsstrategien zum Zweck der Steigerung von Lebensqualität sind nicht entwickelt. Probleme bleiben daher ungelöst. Ein Aufstauen der Konflikte beginnt sich zu verfestigen und Eskalationsabsichten werden dauerhaft konkretisiert. Dies modelliert den jeweils individuellen Konfliktkampfgeist im Menschen. Er festigt Haltungen im Menschen, Strukturen zu inszenieren oder sie als solche wahrzunehmen, die ein von außen auf ihn einwirkenden Konflikt konstruieren. In Wahrheit ist er selbst der Urheber und Konstrukteur seiner Konflikte.
- Ein künstliches Erschaffen eines Gewalt übertragenden Milieus wird stellvertretend in Szene gesetzt. Wobei der Eskalierer penibel darauf bedacht sein wird, seine Täterposition mit der einer Opferposition zu vertauschen. Der Zweikampf ist das Ziel der Handlungsabsichten des Täters, weil er nur im Zweikampf sein Erfolgserlebnis für sich verbuchen kann. Eskalierer benutzen und missbrauchen ein ›Zweikampfszenario als Waffe‹ gegen ihre Opfer. Er modelliert hier das Opfer zum Täter und sich zum Verteidiger, zu Jemanden, der sich immer nur verteidigen muss, weil die anderen ihn ja ständig angreifen.
- Selbstwirksamkeit ist das Ziel der Handlungsabsichten. Legitimationsbestätigung der eigenen Handlungen ist die Ernte, die man dadurch einfahren möchte, um in der entsprechenden Subkultur Status zu erlangen.
- ›Kampf als Verdrängung innerer Konfliktlösungsabsichten‹ ist das Eisen, aus dem alle Schwerter geschmiedet sind, mit denen Gewalttäter rücksichtslos jeden bedrohen und angreifen, der ihnen als Legitimationsgrund willig erscheint. Der Zweikampf ist die ultimative Strategie, in der der Täter seine Rechtfertigungsgründe

zu perfektionieren sucht. Daher steht der Zweikampf auch im Mittelpunkt aller Kampfkünste und der Selbstverteidigung, sich gegen den Schläger zu positionieren. Selbstverteidigung ist die Perfektionierung des Zweikampfkönnens aus der Absicht heraus, sich aus einem erzwungenen Kampf zu lösen und diesen unversehrt zu überstehen.

Dieses Zweikampfkönnen, so glaubt man im Kommunikationsmanagement und in Führungskräftetrainings, sei nun außerordentlich wichtig und zielführend. Doch das Gegenteil ist der Fall. Zweikampfperfektion führt lediglich zur Nullsummenspielehaltung, zum *totalen Konfliktkampfungeist.* Mit der von mir entwickelten *Mathematik des Selbsterhaltes* konnte ich nachweisen, dass Zweikampfkönnen dem Nichtkampfkönnen weit unterlegen ist, wenn es um die Beibehaltung des Selbsterhaltes und der Unversehrtheit geht. Sogar eine Steigerung der Vitalität und Erhöhung der Lebensqualität ist durch Nichtkampf besser möglich, als über Zweikampfstrategien.

In Kriegen finden wir Regelmäßigkeiten, Muster und Strukturen wieder, die wir auch im Handeln von Gewalttätern erkennen können. Dies liegt an unseren Gehirnen. Die Subkultur von Gewaltgangs können wir mit politisch motivierten Verschwörungsclans gleichsetzen und kommen so zu ähnlichen seelischen Krankheiten. Nur mit dem Unterschied, dass wir mordende Politiker oft zu Helden verklären, obwohl sie den Serienmördern gleichzusetzen sind. Viele Politiker legen sehr viel Wert darauf, dass sie ihr Volk in Sicherheit wähnen und die Nation schützen wollen. Serientäter handeln ebenfalls in dem Sinne, dass sie für ihre Opfer eine Sicherheit inszenieren, aus der es ihnen im Vorhinein unmöglich wird, zu erahnen, dass sie mehr und mehr bedroht werden und Bedürfnissen folgen, durch die ihr Leben in große Gefahr gerät. Alle drei Typen, Gewalttäter, Faschist und Serientäter inszenieren ein Milieu, aus dem heraus ihre Opfer nur zu spät erkennen, dass sie manipuliert und für fremde ›Konfliktkämpfe‹ missbraucht werden. Sie alle sind jedoch Glieder ein und derselben Kette, die durch innere unbefriedigte Haltungen, zusammengesetzt ist. Das letzte Jahrhundert war ein Jahrhundert der monströsesten Serientäter aller Zeiten: ADOLF HITLER, JOSEF STALIN, MAO ZEDONG, HIROHITO und TALÂT PASCHA, dem als erster Politiker

in der Menschheitsgeschichte (vonseiten Russlands) *Verbrechen an die Menschlichkeit* vorgeworfen wurde, weil er den Holocaust an den armenischen Volksstämmen angeordnet hat. Der Zweikampfplan besteht darin, Bedürfnisse durchzusetzen, bei denen es vollkommen egal ist, dass Mittel eingesetzt werden, die den Zweck heiligen. Die Auswirkungen auf andere sind den Inszenierern des Zweikampfplans völlig egal, weil sie ihre Opfer damit in eine Falle locken, aus der sie ihre Befriedigungen realisieren. Wichtig ist, dass sie dafür stets einen Gegner, einen äußeren Feind konstruieren. Den Rest erledigen Rechtfertigungsgründe und Legitimationsstrategien.
In diesem Sinne können wir Kampfmobilisierung, Kampfinszenierung oder Kampfverursachung als eine *Abkürzung gesetzter Ziele in der Zeit* betrachten. Denn würde man die Dinge ohne Kampf für sich zu erlangen suchen, man würde dafür mehr Zeit benötigen, als über einen Zweikampfplan. Nur, man wäre auch im Inneren zu diesem Ziel angelangt, was im Nachhinein ein sehr großer Vorteil wäre. Wer den Kampf inszeniert will keinerlei Kompromisse dulden oder Kooperationen eingehen, weil man das Ganze nur für sich beanspruchen will.

DER GUTE KAMPF - *IST EINE ILLUSION*

Kampf kann durch verschiedene ›Kampfhaltungen‹ repräsentiert werden: Wettkampf, Wahlkampf, Zweikampf, Antiterrorkampf, Scheidungskampf, Preiskampf, Arbeitskampf, Werbungskampf, Nichtkampf, Konfliktkampf, Machtkampf, Geschlechterkampf, Überlebenskampf, Theorienkampf, Kampfsport, Selbstverteidigung, Streit, Mobbing, Zank, Fehde, Neid, Wettbewerb, Intrige, Missgunst, Cyber-Bullying, Habgier, Tyrannei, Folter, Kritiksucht, Krieg oder *der gute Kampf*. Oft wird *der gute Kampf* betont, den man führen sollte, weil er dem eigenen Fortkommen dienlich sei. *Den guten Kampf zu kämpfen,* dieser Satz hat seinen Ursprung in der *Bibel* bei TIMOTHEUS und er mahnt uns, »den guten Kampf im Sinne des unerschrockenen Einsatzes für den Glauben und den selbstlosen Dienst für Christus zu kämpfen.« Hier taucht zum ersten Mal der gute Kampf in den

Schriften des Abendlandes auf und wird als ›Kampf für das Gute‹ umschrieben. Was aber ist das Gute an einem Kampf?
In seinem ersten Buch, *Auf dem Jakobsweg*, lässt PAULO COELHO sich vom guten Kampf im Leben lenken und leiten. Man könnte vielleicht sagen, dass den guten Kampf zu kämpfen ein Kampf für etwas Edles im Leben darstellt. Das aber bedeutet noch nicht, dass er auch zu Gutem führt. Wäre das nämlich immer der Fall, dann könnte man jeder Terrororganisation unterstellen, sie kämpfte für etwas Edles und Gutes, was sie ihrer Meinung nach ja immer auch zu tun vorgeben. Auch HITLERS Buch *Mein Kampf* war für ihn etwas Gutes und er forderte dazu auf, im Dienste dieses Guten in den zweiten Weltkrieg zu ziehen. Der bekannte Satz: *Krieg ist Frieden*, ist die Spitze dieser Verfehlungen, der oft auch bis in unsere Zeit hineinreicht.

Könnte der gute Kampf nicht auch ein Kampf sein, den man von inneren eigenen Motiven her gut nennt?

Sir KARL R. POPPER hat in seinen Schriften stets auf dieses Prinzip aufmerksam zu machen versucht. In seinen Schriften über *Die offene Gesellschaft und ihre Feinde* hat er sehr klar darlegen können, dass es einen guten Kampf nicht geben kann. Er ist sogar der Auffassung gewesen, dass wir solchen nicht vertrauen sollten, die sagen »kämpfe den guten Kampf für eine gute Sache oder für eine gute Idee«. Ein Kampf erzeugt einen Verteidiger und einen Angreifer. Der Eskalierer sieht seine Aufgabe darin, etwas oder jemanden gegen ihn Gerichtetes zur Seite zu räumen. Wo sind die beiden, Eskalierer und Verteidiger, im guten Kampf? Nur weil wir einen guten Zweck hineininterpretieren, ist es noch lange kein guter Kampf. Sehen wir das mal als einen Mechanismus an und fragen uns: »wo ist dieser Mechanismus in einem guten Kampf versteckt?

Nirgends, können wir antworten, *außer in dem Menschen selbst, der den guten Kampf kämpfen will.* In ihm ist das Gute zu einem Zweck verbunden und zu einem Ziel ausgelegt. Doch das Ziel besteht aus einem Weg. Wer nun diesen Weg nicht lückenlos gehen kann, der sieht in dem Weg Steine, Felsen, Abgründe oder gar einen übergroßen Drache. *Doch wo sind diese Gestalten tatsächlich?* Sie liegen in der eigenen Vorstellung verborgen und es sind die eigenen

Dämonen und Geister, die man zu sich bestellt. Der gute Kampf lockt die inneren Dämonen hervor. Sie sind die Gegner, die man sich zu besiegen vornimmt. *Welchen Sinn hat dann also der gute Kampf und welcher Strategie folgt er?* Er versucht einzig die eigenen Dämonen und Geister zu besiegen, vor denen man auf seinem Weg zu einem bestimmten Ziel hin, Angst empfindet. Doch wo kommen diese Dämonen und Geister her? *Sie werden vom eigenen Konfliktkampfungeist produziert, als von außen eindringende Feinde wahrgenommen, zu einem Kampf gegen die eigenen Erwartungshaltungen und Vorstellungen konstruiert und damit zu einem Kampf um das Gute herum aufgebaut. Der gute Kampf ist eine Rechtfertigungsstrategie und eine recht angenehme obendrein.* Sie hat in der Geschichte der Menschen unzählige Legitimationsgründe entworfen und ist ebenso unzähligen Theorien und großen Preisen freund geworden.

In seinem Buch *Auf dem Jakobsweg,* kann man COELHO zu seinen Dämonen und Geistern folgen, die er mittels des guten Kampfes in sich selbst zu besiegen versucht. Dort besiegte er seine Angst vor seiner Schwäche, sich seinem Glauben nicht voll und ganz hingeben zu können und dieser Prozess ist dort meisterlich dargestellt.

Niemand sollte Kampfbeziehungen führen, die er gegen sich selbst oder gegen andere richtet. Und das ist der springende Punkt des guten Kampfes. Er ist ein Kampf gegen eine innere Schranke und für das Erreichen einer Bedürfnisbefriedigung, die ohne einen inneren Zwiespalt zu den eigenen Ressourcen gar nicht zu kämpfen wäre. Der gute Kampf ist eine perfekte Illusion im eigenen Ich, die einem deswegen als ein richtiger Weg erscheint, weil man die Wahl der Möglichkeiten zu einem ersehnten Ziel nur in einer starken Auseinandersetzung mit sich selbst oder gegen andere erkennen kann. *Nicht aber die zum Ziel führenden wahren inneren Motive als einen Weg zum Ziel hin erkennt.* Das ist der Kampf, den man gegen sich selbst führt, weil man sich selbst noch gar nicht so weit entwickelt hat, dass einem das Ziel auch *bewusst* entgegenkommt. Man erzwingt es, ohne dessen Herr sein zu können. Das ist auch der Kampf, den wir für uns selbst zu führen gut heißen. Kampf ist damit also ein Mittel, der Zeit (Wegstrecke) und dem Raum (Möglichkeiten und

Potenziale - Ausdehnung, Ichexpansion) ein Schnippchen zu schlagen, indem man sich selbst zwar nicht in Richtung des Ziels bewegt, aber das Objekt der Begierde *zu sich hin zieht.* Man versucht dadurch tatsächlich in seiner bisherigen *Nichtentwicklung zum Ziel hin* der Zeit ein Schnippchen zu schlagen, indem man in dem Weg der eigenen Potenzialentfaltung für das Ziel keine Mühe investiert, sondern das Ziel für sich und seine Zwecke beansprucht und es mit oder ohne Gewalt erobert. Kommt es dabei zu noch so geringen eigenen Gewalthandlungen, gilt die Rechtfertigung, man kämpfe für das Gute gegen sich selbst an. Dieser Vorgang wird dadurch pervertiert, weil das Ziel nie wirkliches Ziel war, noch ist, sondern ein bloßes Bedürfnis widerspiegelt.

Es ist mit einem Kind vergleichbar, das nie gelernt hat, nach der Erfüllung eines Wunsches sich erfüllt zu fühlen. Ihm bleibt das *Wünschen im Wunsch* ständige unerfüllte Begierde. Erfüllt man einem solchen Kind einen Wunsch, so schaut es einen verwirrt an und wünscht sich sodann schon das Nächste. Doch was sich natürlich und mit der zu benötigenden rechten Zeit entwickelt, ist mit dem eigenen Selbst verschweißt. Das ist der Vorteil aller, die sich selbst versuchen und die nötigen Kraftreserven nicht scheuen, es aus sich selbst heraus, ohne Kampf, entwickeln zu lassen. Die Chinesen nennen das *sich Wu wei hinzugeben.* Der unschätzbare Vorteil ist nämlich der, dass man das, was man auf diese Weise erlangt, auch selbst *wird.* Ein Teil der eigenen Persönlichkeit ist dadurch zu einer Repräsentanz dessen geworden, was man erreichen wollte. Dieser kleine aber feine Unterschied ist in der Praxis enorm.
Coelho ist in seinen Büchern stets auf der Suche nach dem Nichtkampfweg, hält aber im gleichen Maße an dem Führen des guten Kampfes fest. Der Nichtkampfweg ist ein Lebensweg, dessen Ziel darin besteht, im eigenen Leben zu nichts und niemanden in einer Kampf- und Konfliktbeziehung zu stehen. Er löst die *Dämonisierung der Ichhaftigkeit* zu sich, seinem Leben und den Dingen dazu auf und lässt die Angst vor der eigenen Unzulänglichkeit der Welt und seinen Bedürfnissen gegenüber verschwinden. Dadurch wird der eigene Konfliktgeist besiegt und Friedfertigkeit gelebt. Der gute Kampf war ist und er bleibt eine Illusion in unseren Köpfen.

KAMPFHALTUNGEN ALS LEBENSFÜHRUNG

Wir erlernen in unserer Gesellschaft ein antikooperatives Verhalten zu unseren Mitmenschen und vor allem, zu uns selbst zu führen. Wir nennen das den richtigen Weg, weil er ein Maximum an fremdgesteuerten Verhalten optimiert, das finanzielle Höhen garantiert. Und das ist der Grund, warum wir so handeln: Uns wird gesagt und vorgeschrieben, was wir wie mit uns anzustellen haben, um Erfolg, Wohlstand und ein Einkommen zu erlangen, an dessen Ende unsere Lebensqualität hängt. Wir formen unsere Haltungen zu diesen Zielen und prägen uns zu einem Weltbild aus, in dem wir all diese Haltungen für lebenswert erachten. Alle Alternativen zum Kampf sind daher chancenlos, weil wir sie nur in Bezug zum Kampf und zu unseren so geformten Konfliktkampfgeistern definieren können. Eine Welt ohne Kampf ist uns ein absolutes Unding. Unsere Gesellschaft himmelt Kampfhaltungen in allen Positionen an und wir merken nur schwer, dass wir von dieser Zivilisationskrankheit vollkommen eingenommen sind. Die gesamte westliche Welt ist davon infiziert - weil sie sich in Konkurrenz gegenüber allen anderen Weltbildern aufgestellt hat. Die Finanzwirtschaft erzwingt daher allen in der Gesellschaft an die Ökonomie von JOHN MAYNARD KEYNES und ADAM SMITH zu glauben, die Biologie und die Soziologie an CHARLES DARWIN und den sozialen Materialismus, und alle Physik hat nur dann Applaus verdient, wenn sie Energie höchst effizient zum Explodieren bringt und darin noch in zahlreichen Wegen unterwegs ist - obwohl die Wirtschaft nicht mehr national ist, obwohl die Selektion und die Auslese gar keinen Kampf der Arten benötigen und, obwohl es in der modernen Physik gar keine Materie mehr gibt; streng genommen herrscht auch kein Ursache-Wirkung-Konzept in der Natur. Das ist das Streben nach Kampf und Konflikt im eigenen Geiste um Recht zu behalten im Unrecht zur Natur. Der Mensch kämpft gegen die Natur - gegen *seine* Natur. Er kann dabei kämpfen, solange er will. Er wird der Verlierer bleiben.

Je weniger Kampf im eigenen Leben produziert wird, was in unserer Gesellschaft mehr eine Kunst als eine gewöhnliche Lebensweise darstellt, desto selbstgesteuerter wird das eigene Leben ausgerichtet sein. Kämpfe verursachen Fremdsteuerungsprozesse, weil

Kämpfe stets gegen etwas handeln. Setzen wir uns *gegen* Atomkraft ein (Kampf), so werden unsere Handlungen sehr kampfbetont ausfallen. Setzen wir unser Verhalten hingegen *für* Sonnenenergie ein (Potenzialentfaltung), so werden wir bemüht sein, unsere inneren Ressourcen zu bündeln, um Lösungen zur Nutzung der Sonnenenergie zu erhalten; das ist der Unterschied.
Das oberste Prinzip der Kampf- und Konfliktgesellschaft ist, auf dieses Kapitel mit äußerster Ignoranz zu reagieren, denn der Glaube an den Kampf ist fast allen zur Religion geworden.

Wir denken, *da ich ein Mensch bin, bin ich selbst auch die Grenze zum Menschsein, zu allem, was der Mensch sein kann* - was ein Selbstbetrug darstellt. Weil wir in einem gesellschaftlich unfehlbaren Korsett leben, einer Konstruktion von einer Gesellschaftsform, die uns als die einzig wahre und von allen auch als die Bestmögliche erscheint, können wir nicht eine Auffassung von der uns umgebenden Wirklichkeit erlangen, die uns aufzeigen könnte, dass Gesellschaftskonstruktionen auch dekonstruiert werden könnten; zunächst einmal im eigenen Kopf. Folglich denken wir dann, genau diese eigene Begrenztheit, nämlich die Wirklichkeit als eine allumfassende Realität umzudeuten, wäre der Weisheit letzter Schluss oder die Grenze der Möglichkeiten und damit der Beweis dazu, den Nichtkampf gar nicht anwenden zu können. Die Legitimationsstrategie ist folgende: *Was ist, wenn King Kong kommt, wenn Godzilla, T. Rex oder Hannibal Lector in deinem Wohnzimmer stehen? Hilft dann der Nichtkampf?* In Wahrheit jedoch wehrt eine solche Strategie nur eines ab: sich selbst zu hinterfragen, altbewährte Konzepte der eigenen Lebens*kampf*strategie neu zu bewerten und weiterhin zu unterdrücken, dass man es mit den Anderen nicht immer sonderlich gut meint. Denn das oftmals Einzige, was wirklich zählt, das ist der eigene Vorteil: *Was bringt mir das?* Das ist für Einige die ultimative Lebenskampffrage, um die sich das eigene Leben permanent zu drehen hat - Was habe *ich* davon? *»Sind wir nicht alle hier, um unseren Kampf ums nackte Überleben zu meistern? Sollte ich nicht fitter werden gerade dafür? Überlebt nicht tagtäglich nur derjenige, der stärker als die Schwächeren ist?«* Dieses Denken ist falsch.

NICHTKAMPF UND KOHÄRENZ

Vom *Homo Faber*, der sich die Welt nach seinen Fähigkeiten neu erschafft, zum *Faber mundi*, dem die Sehnsucht zur Weltenherrschaft in all seinem Schaffen zu eigen ist. Wir haben uns somit Realitäten und Wahrheiten erschaffen, die uns immer weiter davon entfernt haben, unsere tiefe Verbindung mit dem Lebendigen zu erfühlen, zu erfahren und zu erkennen. Aus Mangel am Verbundensein mit dem Lebendigen tragen wir alle eine tiefe und unergründliche Sehnsucht mit uns herum, die unsere Gesundheit gefährdet, sobald wir ihr nicht auf den Grund gehen. Wir haben allerlei Ersatzbefriedigungen auf der Suche nach eben dieser Sehnsucht erschaffen, die diese jedoch niemals wirklich befriedigt. Wir laufen vor uns weg, indem wir unsere Augen mit unsinnigen Eindrücken vollstopfen und unsere Ohren ständig von Geräuschen beschallen lassen. Übermäßiger Bildschirmmedienkonsum ist vielen Familien ein Ersatz für fehlendes miteinander Reden und für fehlende Unternehmungen führen zu können geworden. Schleichend führt ein solches Verhalten auch dazu, dass man eine ungeheuer große Menge an vorgesetzter ›Fastfood-Information‹ in sein Gehirn eindringen lässt und ganz genau auch zu dem wird, was man völlig gedankenlos in seinem Gehirn eingeparkt hat - zu *Bullshit*, folgt man HARRY G. FRANKFURTS scharfsinniger Analyse. Dass man nicht nur das wird, was man isst, sondern auch zu dem wird, was man mit seinem Gehirn macht, wird von den meisten Menschen noch immer völlig verkannt. Im Zeitalter der *fünf Minuten Terrine* hat man halt für länger andauernde Informationszufuhr, bei der man von einem Bewusstseinszustand zum nächsten wandert, gar keine Aufmerksamkeit mehr übrig. Denn diese ist ja von der schimmernden Welt des Informations-Fastfood vollends aufgebraucht worden. Wir sind nicht mit uns selbst beschäftigt und noch viel weniger wirklich bei uns. Ruhe wird immer kostbarer, der Blick nach innen gerichtet immer seltener. Vielen Menschen in unserer Zivilisationskultur mangelt es an Gehirnverbundenheit, *an einer Ressourcen- und Potentzialbewusstheit.* Bei sich zu sein kann sogar Aggressivität erzeugen, weil man gelernt hat, vor sich selbst wegzulaufen. Für einen kleinen Moment bei sich angelangt zu sein, können viele Menschen gar nicht mehr ertragen und müssen es erneut erlernen. Das ist das Schlimmste an diesem verheerenden Glaube, alles sei ein Kampf, nämlich die Gewöhnung an diese vielen alles in einem selbst zu unterdrückenden oder zerstörenden Haltungen dazu. Da wir unseren Kohärenzsinn mit unserer Selbstverbundenheit verloren haben, definieren wir unseren Zustand stets in Richtung irgendwelcher Krankheiten und haben gelernt, uns am Mangel zu orientieren: *Die Welt allein ist daher für uns nicht genug, denn es mangelt der Welt an einer Idealwelt!* Mangel ist uns gewiss. Ein Bewusstsein für eine Gesundheitsoptimierung, der Salutogenese, fehlt in unserer Rechnung völlig. Wir heilen über Medizin, wir lassen uns unsere Knochen wieder einrenken, wir schneiden Tumore aus unseren Körpern heraus und wir lassen uns von Heilern behandeln. Doch der eigene Kohärenzsinn, mit allem verbunden und eins zu sein und diese Einheit in uns lebendig werden zu lassen, ist uns fast vollständig verloren gegangen. Doch wenn wir jemanden kennenlernen, der irgendeine unheilbare Krankheit überwunden hat, dann sagen wir ihm nach, er habe diese Kohärenz zu sich selbst wiederentdeckt und neu belebt, daher ist er gesund geworden. Irgendwie wissen wir darum, doch wir haben uns angewöhnt zu denken, dass diese Kraft nicht in uns selbst liegt, sondern übernatürlich wirkt und nur den Wenigsten zugänglich sei. Jeder besitzt einen eigenen Kohärenzsinn, der einen erkennen lässt, dass alles mit einem selbst zutiefst verbunden ist, »weil jeder zu jeder Zeit das ganze Universum ist«, sagt Hans Peter Dürr. Alle unsere Kämpfe um etwas oder gegen etwas führen wir nur, weil wir unsere Gefühle und die Gewissheit darüber verloren haben, dass wir eine ›Lebensverbindung mit dem Lebendigen‹ sind, die uns umgibt. In uns allen lebt dieser Kohärenzsinn, auch dann, wenn er in unserem Bewusstsein scheinbar unzureichend entwickelt ist. *Es ist das Leben selbst, das unbedingt in allem leben will und sich über diesen Willen in alles, was sich mit Leben füllt, überträgt. Es will sein, es ist kohärent zu allem und es durchfließt alles.* Alles ist eins und jeder ist alles. Das ist universelle Realität und sie verdichtet sich immer mehr zu einer naturwissenschaftlichen Wirklichkeit. Es offenbart sich uns nur dann, wenn wir zu kämpfen aufhören und uns auf den Nichtkampfweg einlassen. Ein solcher Weg würde davon wegführen, die Ressourcen des Planeten Erde auszuplündern, äußere Feindbilder in Serie zu produzieren, um noch mehr Rohstoffe zu kontrollieren und Friedensfähigkeit unter den Menschen möglichst auf Dauer abzuschneiden.

KAMPF GEGEN KOOPERATION

Wir kämpfen, weil wir unsere Empfindungen über fehlgeleitete Erwartungshaltungen und Entwicklungsdefizite und eine kultivierte völlige Unkenntnis darüber, sich selbst als einen natürlichen Ausdruck großen Wissens und Handelns zu begreifen, konkretisiert haben. Wir kultivieren Unkenntnis, Unwissenheit und Wegschauen gegenüber diesen Realitäten. Und weil dies den Kern fast aller unserer sozialen und globalen Probleme gleichzeitig beinhaltet, dies aber niemand wagt auszusprechen, machen wir munter so weiter, als ob dabei das Prinzip von Ursache und Wirkung völlig ausgeschlossen sei. Auch wir spielen dabei lieber Opfer, als die Täter, die wir dabei tatsächlich sind. Je nach Situation und eigener, gerade benötigter Haltung, gefallen wir uns mal als die Ursache und mal als die Wirkung - mal als Opfer, mal als Täter.

Uns wird schon in der Schule der große Schwindel über uns selbst gelehrt: Der Mensch erschien im Holozän, so heißt es dort auch heute noch. Doch ist der Mensch nicht einfach irgendwie *erschienen* oder *entstanden*. Er ist ein Bindeglied wie alle Lebewesen Bindeglieder zum Lebendigen sind. Der Mensch, so heißt es unter Paläanthropologen, sei ungefähr vor einhundert Tausend Jahren entstanden. Wenn man eine solche Sichtweise bevorzugt, dann betrügt man sich jedoch wichtigster Fakten. Der Mensch ist Leben und das Leben in ihm ist so alt wie die Erde. Und wenn man jetzt noch genauer hinsieht, dann ist Leben so alt wie das Universum, also ungefähr vierzehn Milliarden Jahre alt. Das Leben auf der Erde entstand vor ungefähr dreieinhalb Milliarden Jahren. Somit ist das Leben, das in uns steckt, mindestens dreieinhalb Milliarden Jahre alt. Unsere Art ist also nicht bloß vor ungefähr einhundert Tausend Jahren entstanden, sondern, das Leben, *das in uns wohnt,* ist nach dreieinhalb Milliarden Jahren zum Homo sapiens sapiens geworden. Wer allerdings beim Aussterben einer Art nur die Art betrachtet und denkt, sie sei eine unter vielen Arten, der glaubt hierbei nun an Kampf. Der Kampf der Anderen habe sie nun von der Bildfläche getilgt; *das ist zu kurz gedacht.* Das Leben selbst ist etwas Kontinuierliches, ein Kontinuum. Leben entsteht nicht immer wieder neu, sondern es unterliegt seiner eigenen Entwicklung. Von dieser Entwicklung ist es nie abgeschnitten. Leben ist vergleichbar mit Zeit, Raum, Gravitation und Energie. Es durchfließt das Weltall vollständig und es entsteht niemals irgendwo und irgendwie neu in uns oder in Pflanzen und Tieren. Nicht der Mensch ist es, der Lösungen findet, sondern das Leben selbst ist es. ***Das Leben findet immer einen Weg,*** weil der Wegweiser sein lebendiges allumfassendes Substrat, seine Einheit ist. Stirbt eine Art aus, so presst das Bindegewebe Evolution eine neue Art heraus, indem es Anderen diese Lücke als einen Weg präsentiert, sich weiter zu optimieren - was Kooperation genannt wird und nicht Kampf. Es gibt überhaupt gar keinen Kampf der Arten untereinander und gegeneinander und es gab einen solchen Kampf nie - nur in der Interpretation unserer Köpfe. Der Glaube an den Kampf, als ein alles bedingendes Prinzip, ist eine Propaganda der Herrschenden, um uns den Wettkampf und das Leistungsprinzip einzuhämmern. Kampf ist die Legitimationsstrategie der Zivilisation selbst, ihr Odem. Gesetzt und durchgeboxt von den Herrschenden zu allen Zeiten als ihr Herrschaftsprinzip. Herrschende sind Gewinner von Machtkämpfen um Landbasen, weil sie Rohstoffe benötigen und durch sie Werte erschaffen, mit denen sie ihren Lebensstandard gerechtfertigt sehen.

Wir lassen diese Erkenntnisse nicht in unsere bewusste soziale Realität, wir bilden dazu auch kein soziales Weltbild aus und wir lehren dies auch nicht in unserer Gesellschaft, weil Finanzen und Wirtschaft zu unseren Göttern geworden sind. Und zu diesem Spiel sollen Erziehung und Bildung eingepasst werden, damit die psychopathisch organisierte Machtelite über *Haben und Soll* immer noch mächtiger wird. Denn ihr Ziel ist die Herrschaft über das Wohl und Wehe dieser Welt. Es ist ihnen äußerst wichtig für ihren Erfolg, dass wir vom Kampf für Freiheit, Demokratie und Wohlstand überzeugt sind, damit sie uns das Böse gegen diese Drei immer wieder aufs

Neue präsentieren können. Daher ist der Glaube an Kampf, als Motor für allen Fortschritt in uns allen so fest eingebrannt und ein Aufbrechen dieser Illusion ein Sakrileg gegen alle Institutionen, die unsere Zivilisation ausmachen und sie zusammenhalten. Der Kampf braucht Gegner, Hindernisse, eben das Böse - den Aggressor, den Anderen als instrumentalisierte Propaganda für den Sieg. Man will über und nicht hinter dem Hindernis stehen – das ist Kampf. Der Kampf ist die rechte Hand der Gier, der Habsucht oder Macht, die für Heil und Sieg Verwüstung stiftet oder Expansionsstreben vollführt.

Der Kampf ist die Mitte, der Kern für ein Verständnis um wirkungsvolle, nachhaltige Gewaltprävention oder Tätertherapie. Wer ihn nicht versteht oder ihn nicht zum Thema macht, der wird es schwer haben, Konflikte überhaupt nachhaltig bewältigen zu können. Das gilt im Besonderen für alle Antigewaltprojekte. *Der Kern jeden Therapietrainings sollte daher die Kampfhaltung zum inneren Konfliktpool sein und als Antwort eine Optimierung von Ichstärke* - die Verwirklichung, Freisetzung und Entfaltung der inneren Potenziale, die uns als Menschen ausmachen und das Menschliche in uns in die Welt hinaustragen lassen. Was aber passiert, wenn wir all das Vorherige in diesem Buch nicht beachten? Was, wenn wir sein Gegenteil durchsetzen *wollen*? Dann werden auch wir zu Gewalttätern. Was aber kommt zu all dem hinzu, wenn ein junger Mensch den Krieg gegen seine Schule, gegen Schüler und Lehrer verkündet und ihn umsetzt - dort Amok läuft? Dieser schwierigen Frage wollen wir nun einige Antworten geben.

DER SCHULMASSAKER-PLAN

»Es ist ein furchtbarer ›Run‹ auf die Gymnasien erfolgt. Jeder musste, wollte dort unbedingt hin. Man hat am Anfang Hürden aufgebaut, indem man Tests gemacht hat, aber Elternwille entscheidet alles, und wenn die Eltern halt entschieden haben, dann kamen die Kinder trotz nicht übersprungener Hürde doch ans Gymnasium. Und sie quälen und quälen sich dann und haben zu Hause das Quälmuster vor Augen gehabt, weil Mutti und Vati dann auch wieder nicht zufrieden waren. Ich stell mir das fürchterlich vor für die Kinder, denen man diesen Weg aufgezwungen hat.«
UTTA WOLFF, Lehrerin am Gutenberggymnasium in Erfurt, Ehefrau des dort getöteten Lehrers PETER WOLFF

»Der Medienkonsum wird immer in dieses Konzert der Auslöser mit eingebunden. Meine These ist, dass Medien wie Computerspiele höchstens Verhaltensmuster und -strategien bereitstellen, aber nicht die Entscheidung zur Tat. « WILHELM HEITMEYER

School Shooter (Schulschütze) sind eine neue Form der Schulgewalt, die mit dem schlagkräftigen Wort des Amokläufers nicht viel gemeinsam hat. Amokläufer planen ihre Taten *nicht* und töten *wahllos*. Das ist bei School Shootern nicht der Fall. Ihnen liegt ein planvolles Töten zugrunde. So hatte der Emsdettener School Shooter den Bauplan der Realschule in sein Videospiel *Counter Strike* eingebaut und ist seine Taten am PC mehrfach durchgegangen.

SCHOOL SHOOTER

- Am sechzehnten März 2000 erschoss ein sechzehnjähriger Schüler aus Brannenburg seinen Heimleiter und danach sich selbst in den Kopf. Der Schüler überlebte dies und ist seitdem ein Pflegefall.

- Am neunten November 2000 stürmte ein fünfzehnjähriger Schüler aus Meißen in ein Klassenzimmer und ersticht eine Lehrerin. Der Schüler wurde nach kurzer Flucht gestellt.

Bis dahin musste man sich in Deutschland nicht ernsthaft darüber Gedanken machen, ob es wirklich junge School Shooter in Deutschland gäbe. Zu harmlos schienen sie ihren Taten gegenüber zu sein. Es gab also keine Amokläufer im gesellschaftlichen Bewusstsein - bis 2002.

- Am neunzehnten Februar 2002 erschoss ein Zweiundzwanzigjähriger in Freising zwei Kollegen und in einer Wirtschaftsschule seinen ehemaligen Direktor. Danach beging er Selbstmord. Jetzt war der Bezug zum ersten Mal unübersehbar.

Dieser School Shooter schien seine Verantwortung nun auf seinen Direktor zu übertragen und die Öffentlichkeit war gezwungen worden, sich zum ersten Mal über diese Querverbindung eigene Gedanken zu machen. Dies war (für die Öffentlichkeit) Deutschlands erster wirklicher School Shooter.

- Doch dann geschah das für unmöglich gehaltene Realität anzunehmen. Es war der sechsundzwanzigste April 2002. In Erfurt eröffnet ein neunzehnjähriger ehemaliger Schüler am Gutenberggymnasium das Feuer. Er tötete sechzehn Menschen und danach sich selbst. Erfurt hat sich ins deutsche Bewusstsein eingebrannt und seit dem Tag nimmt das Thema auch die Medien vollkommen ein.
- Vier Jahre später, am zwanzigsten November 2006 stürmt ein bewaffneter Achtzehnjähriger aus Emsdetten die Geschwister-Scholl-Realschule und verletzt elf Kinder. Danach erschießt er sich selbst.
- Am elften März 2009 tötete in Winnenden und Wendlingen ein Jugendlicher fünfzehn Menschen und danach sich selbst. Selbst Sohn eines mittelständischen Unternehmers, brauchte er sich um seine Zukunft gar keine Sorgen zu machen - doch das sah der Jugendliche anders und durchbrach damit ein gängiges Muster, nach dem die Öffentlichkeit davon ausging, School Shooter seien sozial Benachteiligte.

- Der achtzehnjährige GEORG R., bewaffnet mit zwei Messern, einer Axt und drei Molotowcocktails stürmt am siebzehnten September 2009 in das Ansbacher Gymnasium Carolinum und verletzt neun Menschen. Erst als die Polizei den Täter mit mehreren Schüssen schwer verletzt hatte, hat auch dieses Schul-Massaker endlich ein Ende. Im Mai 2010 wurde GEORG R. zu neun Jahren Freiheitsentzug verurteilt und in eine geschlossene Psychiatrie überführt. Seine Taten bereute er vor dem Gericht nicht.

Jedes Mal entbrannte eine Diskussion in allen Medien. Doch an dem, wie der junge Mensch zum School Shooter wird, daran schien man nur wenig interessiert. Killerspiele beherrschten, als das Allübel solcher Taten dingfest gemacht, die Diskussionsszene in TV und den Printmedien. Aufgestachelt durch eine fehlinterpretierte Statistik in der Medienlandschaft über neurobiologische Forschungsergebnisse, die nun für politische Propaganda verbogen wurde. Denn, irgendetwas muss ein Politiker ja machen - *irgendetwas!* Hauptsache die Bevölkerung wird damit einverstanden sein. Das erinnert schon an ein Beispiel früherer Zeiten, als das Teleskop noch nicht so weit entwickelt war, wie heute. Astronomen schauten sich die Venus an und sahen und staunten, wie grün sie doch aussehe. Sie fassten den Schluss: Ein grüner Planet! Also muss es dort Pflanzen geben - und Dinosaurier, *ja vielleicht sogar Menschen?* In der Philosophie nennt man eine solche Schlussfolgerung auch einen ›Induktionsschluss‹. Man schließt auf das, was man oft als gleiche Abfolge betrachtet hat, wie beispielsweise den Sonnenaufgang und sagt, die Sonne geht morgen früh wieder auf. Das ist zunächst einmal ein wichtiges Hilfsmittel in einer beständigen Welt. Doch sobald Unvorhergesehenes geschieht, ein Bruch im Muster, dann versagt dieser Induktionsschluss. Also biegen wir irgendetwas so lange hin, bis es mittels unseres Induktionsmusters wieder schlüssig erscheint.
Mit School Shootern wird in der Öffentlichkeit auch so verfahren, weil sie ein Muster in der Gewaltforschung einreißen und mit ihren Massakern aufzeigen, wie dringlich tatsächliche Veränderungen in unserer Gesellschaft sind. School Shooter haben es nie gelernt mit Leistungen umzugehen, die von ihnen erwartet werden und mit einem persönlichen und von der Schule unabhängigen Ressourcen-

ausbau fertig zu werden, dem niemand Anerkennung zollt. So brennt sich schnell für junge Menschen ein Bild über Leistung ein, das stets und fast ausschließlich für ein von Schule und dem Streben nach Leistungserfüllung bewertetes *Leisten sollen* steht. Die individuellen Ressourcen werden nicht berücksichtigt. Denn unausgesprochen predigt unsere Gesellschaft nun mal: *Bildung ist, was Arbeit schafft* und Erziehung ist, was dieser Arbeit hilft, bei der Stange zu bleiben. Folglich: *Leistung führt zur Arbeit, niemals aber zu einem nur und ausschließlich persönlichen Gewinn, an dem einzig der eigene Wille zur Leistungsbereitschaft anerkannt wird.* Hinzu kommen die Folgen von sozialer Isolation - Desintegration, die nicht bewältigt wird, da keine Bewältigungsstrategie vorliegt. Unsere Gehirne bewältigen soziale Isolation als fühlbaren Schmerz. Und in diesen fühlbaren Schmerz legen einige ihre Rechtfertigungsstrategien zugrunde, anderen die Schuld dafür zu geben. Ein Motiv entsteht.

FAKTEN, FAKTEN, MEINUNGSMACHE!

Im Sommer 2006 wurde ich zu einem Tagesseminar in einer nordrhein-westfälischen Großstadt eingeladen, um vor Lehrern und Schulleitern zu Maßnahmen über Gewaltprävention und Deeskalation zu referieren. Bisher galten meine Seminare als etwas Besonderes, doch an diesem Tag evaluierten mich die Lehrer in ein *Mangelhaft* hinein. Ich referierte an diesem Tag nämlich zum ersten Mal prägnant über die neusten Studien, die in der neurobiologischen Präventionsforschung gemacht wurden. Dabei brachte ich zusätzlich noch die zahlreichen Statistiken zur Diskussion, die heute vielfach als Bildschirmmedienkonsum, Einlass in die öffentliche Diskussion gefunden haben. Nach dem Seminar kam die Veranstalterin empört zu mir und meinte tatsächlich: »Wem habe ich diese Verschwörung zu verdanken? Ich finde das heraus!« Zwei Wochen später hat sie mich angerufen und sich für ihr Verhalten, für das dann auch das Verhalten der anderen Teilnehmer maßgebend war, entschuldigt und das Seminar gewürdigt.
Als Fortbildungsreferent ist man stets mit der Diskrepanz der harten Fakten und denen vertraut, die in den meinungsbildenden großen

Medienanstalten, als Wahrheiten übernommen werden. Wie in allen Bereichen so werden auch im Bereich der Gewalt wissenschaftliche Fakten nicht in den öffentlichen Diskussionen geführt, sondern es geht schlichtweg fast immer darum, Posten zu behalten, Karriere zu machen, dem Volk nach dem Mund zu reden, und die Zuschauer emotional bei der Stange, sprich am Blatt oder an die Glotze zu binden. Es geht nicht um Wahrhaftigkeit sondern um persönliche Interessen. Zur Wirklichkeit und zur persönlichen Realität wird das Übermittelte dann am nachfolgenden Tag. Alle Zeitschriften melden dasselbe - »Ja dann muss das doch wahr sein!« Ist es aber ganz gewiss nicht. Es ist die Auflagendichte, die Druckerschwärze zur Realität werden lässt. Zeitschriften erscheinen in erster und ausschlaggebender Linie deswegen, weil sie Teil eines Marktes sind, an dessen Gepflogenheiten man sich angepasst hat. Dass Gleiche gilt für die Glotze. Sie bemisst sich an ihrer Einschaltquote, nicht an der Wirklichkeit oder der wahrhaftigen Schlüsse, die dort gefasst werden. Es ist eine Propagandabühne, und in dieser Wirklichkeit ist die gestrige Schlagzeile und auch die gestrige Diskussion nichts mehr wert, denn heute muss eine andere *Meinung* her - wegen der Auflagendichte; sonst würgt sie der Markt ab. Die Medien sind an der emotionalen Ausbeute des Themas interessiert. Je mehr es der Talkleitung oder der Presse gelingt, Emotionen über ein Thema zu transportieren, desto mehr Menschen weiden sich an diesen produzierten Emotionen. Schuld und Anklage, Kläger und zu Beklagende sind die Hauptrollen so vieler Inszenierungen dort.
Ein anderer Tag. Eine Fachtagung in der Universität Bielefeld. Thema: Gewalt in Schulen - wie kommen Theorie und Praxis zusammen. Diskussion mit den eingeladenen Lehrern, mit Trainern und Therapeuten und den Leitern der verschiedenen Arbeitsgruppen. Mainstreammeinungen, nichts als Mainstreamwissen. Der Leiter der Veranstaltung, Rainer Dollase, Professor für Psychologie, sagte, *man solle nicht den Zeitungen glauben, auch nicht den so genannten seriösen Wochenzeitschriften, wenn sie über etwas angeblich Neues berichten. Das Neue, auf das sie ihre Leser hetzen, ist mindestens fünf Jahre alt. Wäre es nicht sinnvoller, man besorge sich das Wis-*

sen, das in den entsprechenden Datenbanken der Universitäten im Internet abzurufen ist?

BELOHNUNG ALS STÄRKUNGSPRINZIP

Die wissenschaftliche Forschung in der Psychologie ist auf der Suche nach den *Gesetzen des Verhaltens*. Das ist es, was die Psychologie antreibt. Bisher hat sie nicht eines von ihnen gefunden, weil Verhalten derart komplex mit den unterschiedlichsten Systemen verwoben ist, das bisher noch kein Psychologengehirn diese Komplexität in einen Satz bündeln konnte, der psychisches Verhalten erklärt. Im Verbund mit gewalttätigem Verhalten hat die Psychologie im theoretischen Bereich das Thema der Konfliktbewältigung sehr ausgiebig ausgeführt und ist, wie fast alle Humanwissenschaften, beim Gedanken der Prävention stecken geblieben. Zur Gewaltprävention hat sie das Verhalten in ein Muster gepackt, dessen englischer Wortstamm weiter führt, als seine deutsche Übersetzung: *Coping*. Das Überwinden und Bewältigen von Stress in Konfliktsituationen ganz allgemein, wird als ›Coping-Strategie‹ bezeichnet. Unsere im Gehirn verankerte Anlage dazu nennt sie den ›Coping-Apparat‹. Coping-Strategien können alle möglichen Lösungsansätze beinhalten, die mit Bewältigungsproblemen zu tun haben. Beispielsweise ein Herzinfarkt: *Was tue ich dann?*, oder der Verlust eines geliebten Menschen: *Wie gehe ich damit um?* Bewältigungssituationen üben unvorbereitet starken Stress aus. *Wie werde ich mit diesem Stress fertig, ohne dass die Bewältigungssituation zum eigenen Nachteil führt?* Je häufiger ein Mensch in seinem Leben in solche Situationen gelangt ist und sie lösen konnte, desto reichhaltiger festigen sich in seinem Coping-Apparat Alternativen zur Bewältigung von wichtigen Problemen. Je früher ein Mensch Probleme bekommt, die er zu bewältigen erlernt, desto stabiler wird er später größere Problemsituationen meistern können und desto weniger wird er zu Gewaltlösungen neigen.

Streiten sich zwei Kinder und ein Erwachsener geht dazwischen, dann zeigen beide Kinder, wie aus der Pistole geschossen, mit dem Finger auf ihr Gegenüber und sagen: »Der war's, ich habe nichts gemacht!« Erwachsene handeln übrigens auch in der Mehrheit so. Sie zeigen zwar nicht mit dem Finger auf ihr Gegenüber, *aber Schuld ist immer der andere.* Heutzutage werden Kinder geradezu dazu erzogen, ihren Coping-Apparat verkümmern zu lassen, denn ihnen wird von ihren Eltern jegliches Bewältigungslernen abgenommen - jedes noch so kleine Problem wird von Eltern schon im Keim erstickt, wenn es sich ihren Kindern zu nähern droht. Gleichzeitig wird ihnen wegen jeder Kleinigkeit ein Pflaster, eine Salbe ein Verband aufgelegt, wenn sie sich geschürft haben. Süßigkeiten sind dann ein Mittel des falschen Mitgefühls oder auch schlimmer, des Mitleidens und lassen Kinder für das Seltene abstumpfen, weil das Seltene die Regel wird.

Das Gehirn ist ein Problemsuch- und Problemlösungsorgan. Es ist auf der Suche nach Strukturen und Mustern, an denen es Halt findet. Der Umgang mit vielen Problemen und die daraus folgende Lösungsstärke aktivieren die über die Ressourcen mobilisierten ›Bewältigungspotenziale‹ und lassen den Menschen an sich und der Welt wachsen. Nichts lässt den Menschen in seinem Streben nach Glück höher erstrahlen, als die Erfahrung, selbst das eigene Lösungsmuster für die anfallenden Lebensprobleme zu sein. Und genau diese *wichtigste Erfahrung,* wird über eine selbstgerechte Erziehung behindert. Kinder brauchen Probleme, *an denen sie wachsen können* - nicht etwa solche, an denen sie häufig scheitern. Kinder brauchen ›lösungssichere Probleme‹. Hinzu kommt das Prinzip der Belohnung. Belohnt die Kinder, sobald sie sich auf Lösungswegen befinden mit freudigem Interesse, nicht mit Bonbons, Lutschern oder einem Eis. Interesse zeigen bedeutet Anteil daran zu haben und das festigt die Bindung und verdichtet die Beziehung zum Kind. Bestraft sie niemals und schon gar nicht deswegen, weil sie etwas nicht konnten oder weil sie etwas nicht geschafft, oder falsch gemacht haben. Mindert dann einfach die Lösungsaufgabe, damit sie wieder belohnt werden können. Nicht das Ziel wird belohnt, sondern die Lösungsschritte zum Ziel. So stärkt man Kinder, durch Anteilnahme an ihren Schritten, durch *dabei sein*. Kinder begreifen das schnell und wollen dann auch keinen Bildschirmmedienersatz. Sie werden gierig nach Aufgaben und lernen ihre Ressourcen zu optimieren und ihre Potenziale schon früh zu aktivieren. Dass wir dabei sind und an ihrer Entwicklung teilhaben, ist ihnen Belohnung genug. Alle anderen Strategien der Eltern sind für Eltern eine Ersatzstrategie, weil sie Dabeisein nicht leisten können - aus welchen Gründen auch immer.

School Shooter haben ihren Coping-Apparat nicht stärken können und so kommen sie auch nur auf die drei Grundlösungsmuster, die wir alle mitbekommen, sobald wir geboren werden: Ist eine Auseinandersetzung für mich aussichtslos und könnte meine Unversehrtheit dadurch eingeschränkt werden, dann fliehe ich. Ist eine Sache vollkommen aussichtslos, dann bewältige ich sie dadurch, indem ich den anderen verdränge, zusammenschlage oder gar töte. Ist die Sache hingegen dermaßen aussichtslos, dass ich nie mehr auf die Beine komme, dann töte ich mich selbst. Viele Leser wird es überraschen, wenn ich das schreibe, doch gibt es tatsächlich einen Automatismus in uns eingebaut, der, häufiger als wir das mitbekommen, ein Programm anschaltet, das als ›Apoptose‹ in der Biologie bekannt ist. *Es ist ein Prozess des eingeleiteten Sterbens* von überflüssigen Zellen. So geht beispielsweise dieses Programm in unserem noch vorgeburtlichen Gehirn los, um ein Drittel der dort vorhandenen Nervenzellen abzutöten. Das Ziel dabei ist immer, Energieverschwendung einzudämmen. So kann es also, *aus biologischer Sicht,* durchaus von Vorteil sein, einen Suizid zu begehen. School Shooting ist das Zusammenfallen des eigenen Coping-Apparates. Was danach folgt, ist eine irrationale Rechtfertigung für den Selbstmord in eine Handlung gepresst, die als Leitmotiv die Rache repräsentiert. Seine Legitimationsstrategie ist eine Massenmordliquidation unschuldiger und ahnungsloser Menschen, in denen er die Schuld zu seinem Handeln sieht. Der Schulmassaker-Plan wird teilweise bewusst geplant und teils unbewusst herbeigeführt. Er ist aber keineswegs, wie oft behauptet wird, ein erweiterter Selbstmord. Wäre er es, dann müsste man annehmen, School Shooter täten alles, was zu ihren Taten führt, bewusst. Das aber ist aus psychologischer Sicht auszuschließen. Eher ist es eine Mischung aus bewusstem und unbewusstem Verhalten.

SPIELE UND WAFFEN

In den Diskussionen um die Ursachen ihrer Taten stehen das Waffengesetz, die Killerspiele, die Eltern, die Lehrer oder das Umfeld, das ihn gemobbt haben könnte. Der Irrtum dabei ist folgender: Wenn man eine Theorie für Amokläufer erarbeitet, dann muss sie auf alle Amokläufer zutreffen, die es gab. Und da gab es, weltweit, genügend Amokläufer, die keine Killerspiele spielten, die schon lange nicht mehr zur Schule gingen und die nicht mit Faustfeuerwaffen, sondern mit einem Schwert, einem Flammenwerfer oder einem Messer ihre Taten begangen haben. Daher kreiste man die jugendlichen School Shooter von den Amokläufern aus und versucht sie nun mit sogenannten Leaking-Methoden einzukreisen. Die Frage, die man sich bei einer Theorie stellen muss, ist die, nach seiner Ausschließlichkeit. Sind Killerspiele ausschließlich der Grund für die Tat? Ist das Waffengesetz ausschließlich der Grund für die Tat? Dass sie Bestandteile des Tatpuzzles und mit dem Psychogramm des Einzeltäters zusammenhängen, das wird niemand bestreiten können. Aber niemand wird allein nur dadurch zum Täter, weil er beispielsweise exzessiv *Counter Strike* spielt, oder jeden Tag an den Waffenschrank seines Vaters, seiner Mutter oder seines Onkels gelangen könnte, oder von einem Lehrer dauerhaft ungerecht behandelt wird, oder von seiner sozialen Gruppe ausgeschlossen wird - und das ist der springende Punkt. Der Mensch bevorzugt schnelle klare und für ihn durchschaubare Gründe. Er will sich nicht mit solchen beschäftigen, die kompliziert, die vielschichtig sind und wohlmöglich noch das eigene Weltbild zum Einsturz bringen. Das ist ihm oft viel zu viel. Die Medien haben sich an diese Kurzschlussweisheit gewöhnt und wissen, dass die Leser oder die Zuschauer abspringen, sobald Ursachenforschung diskutiert wird.

Erinnern wir uns an die ersten Kapitel dieses Buches: Aggressivität, Gewalt, Konflikt und Kampf. So kompliziert und auch vielschichtig geht Gewalt vor. Und wenn man dem mit hohem präventiven Niveau begegnen möchte, dann sollte man das systemisch sehen und systemisch lösen. Beim jugendlichen School Shooter kommen weitere Bestandteile ins Spiel: Selbstmordabsichten, soziale Isolation, eventuell geschlechtsspezifische Kränkungen, Bedeutungslosigkeit selbst der Dinge, die er gut kann, Killerspieltraining, Kampfwaffenfanatismus, Rachefantasien, Persönlichkeitsspaltung, familiäre Isolation des gefühlten Ichs, Aspekte der *Erlernten Hilflosigkeit.* Niemand wird bestreiten können, dass die Hauptursache psychisch zu begründen ist und nicht allein durch die gegebenen Möglichkeiten, jemanden töten zu können; das wäre auch vollkommen absurd, denn dann würde jeder Mensch ein potenzieller Täter sein, weil jeder von uns mindestens ein langes scharfes Messer besitzt, um Fleisch oder Gemüse zu zerschneiden. Aber auch andere Gegenstände können einen Menschen töten. Mir scheint die Fixierung auf Killerspiele und Schusswaffen sollen vom eigentlichen Problem, *von seiner Wurzel* ablenken. Gewalt, auch das Massaker der School Shooter ist ein Desintegrationsproblem und damit auch ein Problem der Gesellschaft. So kann es auch Motive für eine solche Tat geben, die zunächst einmal völlig abwegig erscheinen, so wie im Fall von TIM K., dessen School Shooting recht seltsamen Ereignissen vorangingen. Gab es in Winnenden/Wendlingen einen zweiten Täter? Die Polizei suchte jedenfalls noch nach dem Tod von TIM K. längere Zeit nach einem zweiten Täter. Hatte TIM K. vielleicht ein Anti-Depressiva zu sich genommen, dass den Selbsttod als *Nebenwirkung* verursacht haben könnte? Es ist bekannt, dass es Medikamente gibt, Anti-Depressiva, bei denen schon mehrmals die Patienten, aus für die Hinterbliebenen völlig unerklärliche Weise, Amok gelaufen sind. In einigen Ländern wurde daraufhin das Medikament verboten, nicht aber in Deutschland, obwohl das den zuständigen Behörden bekannt ist.

EIN BLICK IN DIE SEELE

Bei gewöhnlichen Gewalttätern kann man davon ausgehen, dass Asozialität, Gewalt in der Familie, Drogenmissbrauch, schlechte Bildung etc. vorherrscht. Bei jugendlichen School Shooter finden wir das nicht zwingend vor. Die Ausübung der Gewalt durch School Shooter ist eher Fanal motiviert. Sie zeigt immer, als ihr Wesensmerkmal, auf eine Vergangenheit hin, für die sich der School Shooter präpariert und oft auch trainiert hat. Da sie die Zeit nicht zurückdrehen können, gehen sie zum Ort ihrer Vergangenheit, um ihre dortige Existenz zu zerstören. In Wahrheit verbirgt sich dahinter das Auslöschen wollen ihrer eigenen Vergangenheit, ihres Versager-Ichs - das sie sich allerdings selbst einbilden und auch eingeredet bekommen. Sie verbinden ihren Selbstmord mit dem Ort ihrer inneren Vergangenheit und zerstören diesen irrational. Ihre Legitimationsstrategie ist der virtuelle Held. Er ist ihre Zuflucht zur Allmacht, zu der sie sich nun berufen fühlen (Psychose), ihre Verkleidung, zu der sie sich angepasst haben; dieser Vorgang modelliert ihr hybrides Ich. Um die Tötungen wie am Fließband zu begehen, schalten sie ihre Gefühlswelt ab. Dies spiegelt ihre Gewissenlosigkeit mit der Empfindung wider, die sie von der in ihrer Vergangenheit erlebten emotionalen Realität selbst bekommen haben und Spiegel ihrer sozialen Isolation ist. Dass sie sich darin irren, kann ihnen niemand mehr verständlich machen. In Notsituation verfügt auch unser Gehirn über einen emotionalen Verdrängungsmechanismus, der uns alle zu brutalen Killern werden lassen kann. Dieser Mechanismus ist Teil des Überlebensplans, den viele Lebewesen haben. Dieser Mechanismus, der uns auf absolute Gefühlskälte programmiert, ist der, der nun seine Aktionen zielgenau optimiert. Der School Shooter ist ein Systemkiller, das zeichnet ihn aus. In Wirklichkeit versucht er die Systeme zu zerstören, an denen er gescheitert ist. Er ist klüger und gebildeter als ein gewöhnlicher Gewaltstraftäter. Erwachsene Amokläufer töten häufig ihre Familienmitglieder, jugendliche School Shooter tun das nicht. Dies weist auf entwicklungsspezifische Dynamiken und Prozesse hin und hilft dabei, Verhalten festzumachen, dass zu den Taten und zu dem Gesamtprozess seines School Shooting führt. Es kreist pubertäre Bedingungen als einen Nabel seiner Taten ein und wirft daher Fragen zu seiner pubertären Sozialisation auf. Es ist wahrscheinlich, dass sich im Zuge der Identitätsfindung eine Abspaltung von ihrem Ich vollzogen hat. Und hier treffen wir auf uns selbst, auf die Gesellschaft und ihre Ziele, wie sie Sozialisation definiert: Pflicht zur Leistung - aber es dürfen nicht deine eigenen Leistungsabsichten sein. In keinem School Shooter wird dies deutlicher als im Fall Winnenden/Wendlingen. In allem was Tim K. für sich tat, wurde er gut. In dem aber, was er tun musste, in dem war er nicht so gut. Aber danach wurde er bewertet - von Jungs, Mädchen, Schule, Eltern und von uns. Weil diese Bewertbarkeit unser eigenes Weltbild definiert, auf das auch wir angepasst sind; wir bewerten die Jugendlichen nur danach und entwerten damit automatisch ihre eigenen Leistungsabsichten.

Wir schützen die innere Welt unserer Kinder nicht. Wir wertschätzen sie nicht. Wir schicken sie durch ein Nadelöhr, durch eine Erziehungs- und Bildungs-Norm, durch die wir unser Vertrauen ihnen gegenüber verlieren. Die Welt der Erwachsenen wird somit zu ihrem Feindbild.

Und so wurden all die Institutionen, die eigentlich Hilfe anbieten sollten zu ›Systempressern‹ missraten. Psychotherapie, Sozialarbeit und Pädagogik, - sie alle schicken uns durch dieses Nadelöhr und haben schlichtweg vergessen, woher sie ihre Wurzeln haben. Was nicht im Lehrplan steht, das ist auch keine Bildung. Was nicht durch die Krankenkassen honoriert wird, das ist auch keine anerkannte Therapie oder Heilmethode. Was nicht angepasst und sich ruhig verhält, das ist keine Sozialarbeit. Solche Einsichten können wir ellenlang fortführen.

DAS HYBRIDE ICH

Der Schüler muss nicht nur an sich selbst, der Gesellschaft, seinen Eltern und der Schulbildung versagen. Er muss sich von diesem Versagen, es eventuell selbst verursacht zu haben, frei sprechen können. Und dies gelingt ihm nur über einen recht kurios anmutenden Freispruch, den er selbst inszeniert: der Konstruktion eines hybriden Ichbildes, dass er in die objektive Welt transformieren wird. Er legitimiert seine Handlungen auch nach den Möglichkeiten, wie es ein gewöhnlicher Gewalttäter tut, nämlich über die Rechtfertigungsstrategie der Opferhaltung und über ein Zweikampf-Szenario. Er ist dabei versucht, sich als wahren Täter zu legitimieren, denen ein wahnhafter Heldenepos nachfolgt und dieser ihm in der Regel im Internet, nach seinem Tod, übergestülpt wird: *Der Befreier, der darauf aufmerksam gemacht hat, dass es ganz viele (Opfer des Systems) gibt, die so denken und fühlen wie er und die an ihrem wahren*

Können und ihrer wahren Bestimmung gehindert werden. Um School Shootern wird im Internet ein gewissenloser Kult zelebriert, der diese innere Welt und das innere Erleben solcher Mörder feiert; sie sind für viele Jugendliche Helden, *die es dem System mal so richtig gezeigt haben.* Insgeheim macht sich der jugendliche School Shooter zum Märtyrer all derjenigen Gleichgesinnten, die ähnliches Leid und ähnlich konstruierte Versagensängste empfinden, wie er. Denn er hält seine wahren Potenziale für unterdrückt durch ein dreifaches System: *Erziehung* - die er als Zwang zur Leistung empfindet, als *Einnordungsbrutstätte,* bei der seine Persönlichkeit nichts zählt, *Bildung* - bei der es überhaupt nur ums Nachäffen der vorgefertigten Buchinhalte geht, aber nicht um seine Optimierung, und einer *Gesellschaftsanpassung* - bei der er die angepassten als Zombies betrachtet, deren Zwecke dubiosen Interessenvertretern gilt.
Wer tötet, muss den Feind kleinmachen, er muss seine Gefühle, die ihn als gleichwertigen Menschen anerkennen, in sich abtöten. Er wird Bewusstseinszustände herbeiführen, die genau ein solches Feindbild ergeben. Vielleicht ist auch dieses Verhalten ein psychisch herbeikonstruiertes ›Neglect‹, *ein Vernachlässigungsphänomen des Aufmerksamkeits- und Wahrnehmungsfokus,* damit auch nur das Weltbild entstehen kann, dass man zur Konstruktion des Massaker-Plans benötigt. Alle anderen Sinneseindrücke werden vernachlässigt in dem Sinne, dass sie in den eigenen Bewusstseinszuständen nicht mehr vorkommen. Man verweigert sich der Realität *da draußen* und der Auseinandersetzung mit ihr *en détail.*
Der School Shooter hält sein Leben für eine Tortur, weil ihm nicht gewährt wird, nach seinem vermeintlichen Potenzial erkannt und hoch geschätzt zu werden. In ihm ist eine derart hohe Konzentration von Fremdbestimmung, Frust und Selbstabwertung, dass er meint, dieses nicht selbst bewältigen zu können, noch dass er dies alles je mit anderer Hilfe überhaupt bewältigen kann. Dies zeigt sein sehr eng begrenztes Weltbild auf (Einigelungsphänomen, ›Cocooning‹), dass er sich in seiner isolierten Welt - zumeist eine durch die flimmernde Welt der Bildschirmmedien geprägte Auffassung, gemacht hat. Er produziert eine *virtuelle Bewältigungstheorie,* um sein inneres Problem zu lösen, was ein folgenschwerer Irrtum ist. Denn

die Welt da draußen hat nichts mit der eigenen inneren Welt zu tun. Mit der Zeit überlagert seine innere Welt alle äußeren Verknüpfungen zur realen Welt da draußen und den damit verbundenen Schwierigkeiten. So beginnt sich bei ihm ein solipsistisches Weltgefühl zu verstärken und die Bildung eines hybriden Ichs wird unvermeidlich.
Diejenigen, die der angehende School Shooter zu seinen Verbündeten zählen möchte, seine Eltern, vielleicht auch seine Geschwister, seine Mitschüler oder Freunde, oder bestimmte soziale oder psychologische Anlaufstellen, kann er nicht zu seinen Verbündeten zählen, da er sie für Systemwächter hält und ihnen per se abspricht, sie könnten sich in ihn hineinversetzen. Seine Fähigkeit, sich in andere hineinzuversetzen, koppelt er vollständig ab, um nur noch sich selbst gegenüber Mitgefühl zu zeigen. Dies führt zu einer übermächtigen Feindbildeinbildung (*die Welt hat den Auftrag mich klein zu machen!*) und isoliert ihn von der Gesellschaft. Hierin ist er der Täter an sich selbst und seine eigene Ursache, dessen Wirkmächtigkeit er herbeiführt. Gute Psychologen stellen sich hier nicht nur die Frage, welche Mechanismen es sind, die ihn isolieren, sondern vielmehr, welche Prozesse er *in sich* lostritt, damit er sich in die selbst gewählte Isolation *hineinführt?* Und dies führt dazu, dass er sich selbst idealisiert.

DAS EGOIDEAL

Der School Shooter kehrt all diejenigen zu Tätern an seinem wahren Selbst um, weil er sich ihnen gegenüber nicht mehr öffnen kann. Sich anderen zu öffnen hieße *Verrat an sich selbst*. Seine Feindbildtheorie ist nicht eine bloße Bewältigungsstrategie. Er hat sie sich ökologisch untermauert - die verräterische Außenwelt, die sich gegen ihn verschworen hat, ist zu seiner Legitimationsstrategie geworden. Er ist sich daher sicher: *Ihr werdet schon noch sehen, was ihr davon habt!* Er glaubt nicht, dass ihn jetzt noch irgendwer verstehen könnte - *wie auch.* Dies ist eine plastische Verzerrung des Selbstbildes. Es ist ein ›Wahnbeziehungsgeflecht‹, das viele Täter aufbauen. *Dies ist ein Zeitphänomen, innerhalb der Gewaltsucht,* das sich nicht zu Anfang zeigt, sondern Dauer braucht, um als Begleiter und Konstruktionshelfer der eigenen Bewusstseinszustände, eine selbsterfüllende Realität zu untermauern hilft und sie damit perpetuiert. Denn ein Täter *muss* seine Taten vor sich selbst rechtfertigen können - auch dann, wenn er sich nach seinen Taten gleich selbst mit umbringt; weil nämlich auch sein Selbstbild in der Zeit gefangen ist. Wir alle können unsere Ichempfindungen nicht abschalten und sie für mehrere Tage auf Eis legen. Sie begleiten uns vierundzwanzig Stunden und können nicht abgeschaltet oder ignoriert werden. Alles Leben strebt positiven Gefühlen entgegen und vermeidet Unangenehmes. Im Positiven wächst das Leben außerordentlich gut, im Negativen erstarrt es und Wachstum ist dann nicht mehr möglich, es nimmt dann nur noch alles gegen sich gerichtet wahr und entwickelt zerstörerische Aggressivität. Das Leben sehnt sich also, so könnte man sagen, nach einer es umgebenden positiven Welt - auch das Ich.

Mord, auch Massenmord und Selbstmord sind plastische Prozesse, was heißt, dass Mord eines langfristigen Planens bedarf. Das unterscheidet ja gerade die im Affekt vollzogene Tötung (Totschlag), die bei Amok eine größere Rolle spielt. School Shooter gehen planvoll vor.

Die Bewältigungsstrategie des School Shooters ist der Selbstmord. Doch weil die anderen es mit ihm so weit haben kommen lassen und an seinem Ausweg schuld sind (Sündenbockstrategie), nimmt er bei seinem Selbstmord noch andere mit in den Tod. Dies, so könnte man vielleicht jetzt vermuten, mache ihn nun mit den Selbstmordattentätern gleich. Der Selbstmordattentäter ist meistens von einem Ideal überzeugt, für das er seine Tat rechtfertigt. Das ist der School Shooter nicht. Er tötet nicht für ein Ideal, sondern er rächt sich an der Gesellschaft und macht sich zum Maß aller Dinge - ist also sein eigenes ›Egoideal‹. Er macht sich selbst zum Ideal seiner eigenen Persönlichkeitsführung und zum einzig gültigen Leitbild. Er tötet aus einem Racheanspruch heraus und empfindet sich selbst dabei als ein zur Willenlosigkeit verdammendes Opfer. Jeder Täter sieht sich selbst als Opfer, weil die Lüge immer darin ihren Anspruch erhebt, dass derjenige der lügt, immer auch der Auffassung ist, andere seien an seinem Verhalten schuld. Das aber hieße ja, dass der Täter damit zugibt, in seinem Verhalten von anderen gelenkt zu sein, was nicht stimmt. »Eines der wichtigsten Merkmale der Lüge ist es, Verantwortung abzuschieben«, sagt der Lügenforscher PETER STIEGNITZ.

Der School Shooter ist dazu in der Lage, weil er seine Gefühle nicht mehr zu rationalisieren versteht und diese Irrationalität die Oberhand über seine Vernunft bekommt. Der Grund dafür liegt darin, dass sein Gehirn auf viel zu viel emotionale Bestätigung trainiert wurde (Spielsucht), also sein emotionales Gehirn einseitig beansprucht und damit zur dominanten Bewusstseinskultur wurde. Diese dominante Gehirnstruktur prägt sein Selbstbild und die Wahrnehmung seiner Außenwelt: *Nur ich selbst bin wichtig, denn nur in mir selbst offenbart sich die ganze Welt*. Sein Egoideal formt sich aus.

Er empfindet die Gesellschaft als einen übergroßen Wächter und Zerstörer seines Freiheitsempfindens, gegen die er nicht ankommt und die ihn zerdrücken will. Erst jetzt, wenn er sich dazu entschließt, in jedem Einzelnen die ganze Gesellschaft und den ganzen Grund für seine Niederlagen zu konkretisieren, kann er auch jeden Einzelnen töten. Wichtig ist, dass er sich als Richter seiner Niederlagen versteht und sich von nun an von seinem Selbst abkoppelt, was zu einer *affektiven Psychose* führt. Erst wenn er *mit der Zeit* eine solche Psychose gebildet hat, kann er das tun, was wir ein Massaker nennen. Erst hier setzen sich die Killerspiele zu den Taten des School Shooters in Beziehung, die seine Bewältigungsstrategie umkleiden. Sie sind niemals Auslöser, sondern nur ›äußeres Passbild‹ für sein neues hybrides Ich, das die Taten legitimiert und konkretisiert: Dies ist sein Hilfeschrei den Eltern oder andere nahestehende Personen nicht als solchen wahrnehmen, denn er schauspielert ihnen sein altes Ich vor, das von seinem hybriden Ich dominiert wird.

EGOSHOOTER, DIE NEUE DROGE

Berauscht von seiner irrationalen Intelligenz, bedient er sich nun eines irrationalen Ichbildes, das er sich in seinem emotionalen Gehirn seit Jahren *unbewusst* eintrainiert hat und dem er sich jetzt immer intensiver zuwendet - es ist ein folgenschwerer Zusammenschluss: SABINE M. GRÜSSER SINOPOLI, von der Charité in Berlin, hat herausgefunden, dass exzessives Spielen am Computer eine Verhaltenssucht festigt. Das allein ist schon wichtig genug. Doch das wirklich Erstaunliche daran ist, dass fünfzehn Jugendliche Extremspieler in einen Hirnscanner geschickt wurden und Hirnforscher sie dort spielen ließen. Dabei kam heraus, dass sich die ›Verhaltenssucht Computerspiel‹ exakt in der Stelle im Gehirn in Suchtpotenzial ausweitet, wo eigentlich eine andere Sucht sich breitmacht, *die Alkoholsucht.* Dieses suchterregende Hirnareal im Menschen, das ganz besonders in der Jugend äußerst bildungsanfällig ist, ist der Grund dafür, dass Killerspiele tatsächlich in der Diskussion um School Shooter stehen.
Die *Problembindung* daran ist, dass ausgereiftes Suchtpotenzial immer Bewältigungscharakter erlangt, wenn nicht früh genug und intensiv gegengesteuert wird. Spielsüchte sind *maladaptive* Bewältigungsstrategien, was bedeutet, dass Computerspiele von der Bewältigung eines Problems ablenken und dieser Ablenkungscharakter im Vordergrund des Spielens steht. Maladaptive Bewältigungsstrategien sind der Versuch, den Teufel mit dem Beelzebub auszutreiben. Was naturgemäß zu immer größeren Problemen führt. Spielsüchtige zeigen Suchtsymptome, sie zittern, werden blass, sind übererregt, haben Schlafstörungen und versprechen einem alles, um an ihr Spiel zu gelangen.
Würde jemand seine Probleme zu lösen beabsichtigen, so könnte er diese mit bestimmten Methoden schnell und langfristig aus der Welt schaffen. Löst jemand hingegen auch nur ein Problem durch die Schaffung eines neuen Problems, um das erste Problem unsichtbar und für ihn selbst unfühlbar zu machen, dann hat dieser Mensch zwei Probleme - aber auch eine Bewältigungsstrategie entwickelt, mit der er Probleme von nun an lösen wird. *Verdrängung ist also nicht nur bloßes Verdrängen, sondern auch das Erschaffen einer Struktur, durch die man das Problem aus den alltäglichen Bewusst-*

seinszuständen auslagern kann. Alle damit einhergehenden Defizite können gerade bei nahen Verwandten eine Co-Abhängigkeit produzieren und damit die eigentlichen Bewältigungschancen einfrieren und die verantwortungslose Selbstsicht des Süchtigen zu verfestigen helfen. Am auffälligsten ist uns das Problem von alkoholabhängigen Menschen und deren Familienangehörigen bekannt. Sie beschwichtigen und bagatellisieren das Problem oft und unterbinden somit die Heilungschancen für den Betroffenen, weil sie ihn vor den Konsequenzen abschotten und immer die anfallenden Probleme lösen wollen. Das sie sie dabei nur verstärken und verfestigen, kommt ihnen nicht in den Sinn. Menschen mit größeren Problemen haben allgemein die Tendenz, den leichtesten Weg auch für den besten Weg zu halten und verhindern damit automatisch, dass sie erlernen, ihren Coping-Apparat zu stärken. Würden wir eine Konfliktlösungskultur in Schulen und elterlicher Erziehung einbinden, wir würden damit immenses Potenzial entfalten können und Prävention wäre nicht nur ein Wort für Sonntagsreden.

SOZIALER MATERIALISMUS

Je intensiver eine verwaltungsbürokratische Leistungsgesellschaft ihre Bedürfnisse auf einen Funktionalismus setzt, desto weniger wird sie die Potenziale entfalten können, die unsere Kreativität so einzigartig macht. Druck erzeugt Angst. Angst erzeugt Lähmung der Kreativität und damit automatisch eine Erhöhung der zerstörerischen Aggressionspotenziale.

Je länger ich im Bereich der *aggressiven Konfliktbewältigung* und der Potenzialentfaltung ganz allgemein arbeite, desto deutlicher wächst meine Überzeugung, dass es in unserer Gesellschaft eher um Anpassungen geht, als um Kreativität und Ichstärke - *um den Geist und die Haltungen der Verwaltbarkeit des Menschen für einen Systemkonformismus.* Diese Gleichmachung aller an das bestehende System infrage zu stellen kommt oftmals einem Sakrileg gleich. Frage ich mich, was geschehen sollte, um die drei ganz grundsätzlichen Begriffe *Selbstbestimmung, Selbstwirksamkeit, Ichstärke* im Menschen zu entwickeln, so fällt doch auf, dass gerade die Berufsgruppen, von denen wir alle annehmen, sie trügen diese in unser Leben, dass gerade sie oft nicht wissen, wie sie einen Menschen danach formen sollen. Das, was in der Sozialarbeit, in Erziehung, Pädagogik und der praktischen Psychologie oftmals darüber vermittelt wird, sind bestenfalls Andeutungen, da deren Aufgaben darin bestehen, Anpassungsmechanismen im Menschen zu stabilisieren, die ihn für die Zivilisation verfügbar machen. Viele Sozialtrainings zeichnen sich durch den Geist des Materialismus aus und wollen den Menschen über ihre Trainingsmethoden, in das System hineinpressen. Um den Menschen geht es oftmals gar nicht, eher um die Beweglichkeit des Systems und um Anpassung. Ich bin der Überzeugung, dass es eine ganz grundlegende Änderung in unserem Gesellschaftssystem bedarf, damit Potenzialentfaltung umgesetzt werden kann und Gewalt eingedämmt wird. Es gibt sie, die großen Sozialwissenschaftler, die großen Pädagogen, die großen Psychologen, die großen Neurobiologen - in Deutschland. Wir müssen nicht nach Lösungen suchen, aber wir könnten uns entscheiden. Warum entscheiden wir uns nicht? Warum fördern und verfestigen wir Gewalt, warum kultivieren wir sie? Wie kann es möglich sein, dass man dem Pöbelrapper BUSHIDO eine Rolle in einem Kinofilm gewährt? Wie kann es angehen, dass man dem Pornorapper SIDO, der in seinem ›Arschfick Song‹ Vergewaltigung und sexuelle Gewalt an Minderjährige verherrlicht, einen Song mit dem Titel *Halt dein Maul* in MOZARTS Zauberflöte spielen lässt? Gewalt in unserer Gesellschaft zu mindern bedeutet, die Gesellschaft auf den Kopf zu stellen. Setzt man sich gründlich und ohne eine starre Konfession zu vertreten mit Gewalt ganz ausführlich auseinander und versucht dann Gewalt zu lösen, kommt man automatisch mit der größten aller wirklich großen Fragen, die unsere Gesellschaft berühren, in Kontakt: der Frage nach dem Frieden und dem Weg nach einer besseren Welt. Gewalt ist kein Virus. Gegen Gewalt hilft auch kein Breitband-Antibiotikum, wie beispielsweise die Blauhelme der UN oder Trainingskonzepte *gegen* Gewalt. Man kann sich gegen Gewalt aussprechen, aber man kann Gewalt nur im Menschen beseitigen, wenn man ihm eine Alternative dazu anbieten kann. Also sollte man sich *für* diese Alterna-

tive entscheiden und diese Alternative kann nur darin bestehen, diesen Menschen *für sich selbst zu stärken.*
Wer Gewalt besiegen will, muss nicht nur den Menschen ändern können, er sollte auch die Prozesse dafür entstehen und sich entfalten lassen, die den Menschen von seiner Gewaltbereitschaft entfernen können. Wer Frieden will, muss die Institution des Krieges abschaffen können. Wer den Frieden will und dies ernst meint, der muss die Institution des Wettkampfs und der Wettbewerbsgesellschaft abschaffen können; dazu ist sehr großer Mut notwendig. Wer eine friedliche Gesellschaft will, der sollte für ausreichende Friedensfähigkeit im Menschen bemüht sein und die Gesellschaftsprozesse dafür entwickeln, damit sich Friedensfähigkeit im Verhalten der Menschen entfalten kann. Voraussetzung für friedensfähiges Verhalten wäre Kooperativität. Derzeit entfalten wir alle Kampfbereitschaft und denken, die Weltbühne wäre von Kampf dominiert. Gewalt wird dadurch mit hohem Aufwand gefördert, damit wir alle in der Mehrheit zu dieser Gesellschaftsform finden und sie verherrlichen. Alle unliebsamen Gewalthandlungen, von der Ohrfeige bis zum Kindesmissbrauch, vom psychopathischen abscheulichen Serientäter bis zum Kriegstreiber, sind unsere Querverbindungen zur eigenen Gewaltbereitschaft und der *kämpf dich durch dein Leben-Hymne*. Wir nennen dies dann den Preis der Freiheit. Dies ist nur deswegen so, damit wir uns nicht selbst auf den Weg machen, hinter die Fratze der Gewalt zu blicken - und uns selbst in ihr zu erkennen und unser Verhalten dazu infrage stellen zu können. Der Blick hinter diese Fratze ist ein Blick in unsere eigene Unzulänglichkeit. Selbstbestimmung, Selbstwirksamkeit oder Ichstärke kann nur entfaltet werden, wenn ich mich selbst im Einklang mit meiner eigenen Wirklichkeit in die äußere Realität wage und meine eigene Realität dabei konstruiere. Sollte diese Realität jedoch nur in eingeengten Bahnen verlaufen dürfen, dann zwingt uns unser Aggressionspotenzial zu handeln - *egal in welche Richtung.* Denn wir sind zu wachsen gezwungen, weil das Leben Wachstum ist; egal in welche Richtung? Nein, Wachstum ist immer Optimierung an das umgebende Umfeld. Wachstum ist Integration und Kooperation. Wachstumsstopp ist Desintegration. Sie erst führt zur Gewalt, zur Kriminalität und zur

Asozialität. Niemand kommt dumm oder als gewaltverliebtes Untier zur Welt. Zur Welt kam PAUL HARTMUT WÜRDIG, der irgendwann zu SIDO wurde, S wie Stress, I wie Idiot, D wie Drogen und O wie Orgasmus - so begründet WÜRDIG selbst seine Gewaltinszenierung zu SIDO. Nicht anders war es bei ANIS MOHAMED YOUSSEF FERCHICHI, der den japanischen *Weg des Kriegers*, BUSHIDO, missbraucht, um seine eigene Selbstherrlichkeit zu feiern.

Gewalt ist eine Pervertierung von Kooperation, denn auch der Gewalt liegt im Grunde seines Impulses Aggressivität zugrunde, die sich aus dem angestauten ad-gredere-Potenzial entwickelt und kanalisiert. Sie hängt tief mit der *eigenen* Optimierungsbereitschaft der Ressourcen und der *eigenen* Entfaltungsbereitschaft der Potenziale zusammen, die sich eine Eingliederung in der näheren Umgebung suchen. Aggressivität ist der Leitimpuls von Wachstum - Leben ist Wachstum - Wachstum ist die Fähigkeit, optimale Bewältigungsstrategien zu entwickeln, um Lebensqualität abzuschöpfen. *Wachstum ist ohne Kooperativität nicht möglich.* Gewaltverhalten pervertiert den Kooperativitätswille in Richtung Zerstörung der unmittelbaren Umwelt. Was übrig bleibt, ist Herrschaft über das soziale Netzwerk und Ausschöpfung der sozialen Einheiten, damit die Haltlosigkeit aufhört weiterhin Besitz von einem zu übernehmen und man wenigstens ein bisschen Halt finden kann. Insofern hat dieses Buch auch etwas Aufrührerisches zum Thema: *Die Hilfssysteme der Gesellschaft sind zu Sytempressorganen umfunktioniert worden.* Die dort arbeitenden Menschen machen zum Großteil *nur* ihre Arbeit, die man ihnen aufträgt oder zu welcher man sie anweist. Meine Kritik an diesem System geht also nicht an die zahlreichen Mitarbeiter dort. Meine Kritik richtet sich hauptsächlich an die Verantwortlichen solcher Regelwerke. Warum werden sie nicht geändert? Es gibt Leuchttürme, aber es gibt viel zu wenige davon. In der Mehrzahl sind es Systempressorgane und den wenigsten dort Beschäftigten ist dies überhaupt bewusst, weil sie bloß funktionieren und ihre Arbeit machen; was man ihnen nicht einmal verübeln kann. Dieser soziale Materialismus ist ein vorzüglicher Nährboden für alles fremdaggressive- aber auch selbstaggressive Verhalten. Auch School Shooter gedeihen in ihm und wir befinden uns erst am Anfang dieser neuen sozialen Form von Massenexekutionen in Schulen. Und als ob dies alles nun nicht schon schrecklich genug ist, schauen wir uns nun dort um, wo das Böse sein Netz auf unsere Gesellschaft wirft: im psychopathischen Entwurf unseres Verhaltens, um bestimmten Bedürfnissen Vorrang vor Vernunft zu gewähren.

Was aber ist ein Psychopath oder was ist eigentlich ein psychopathisches Verhalten? Was, wenn Psychopathen gar nicht erklärt bekommen, dass sie psychopathisch handeln? In allen Diktaturen haben Psychopathen und Soziopathen Hochkonjunktur. Was, wenn politische Doktrin Psychopathie schützt? Wie erkennen wir das Böse um uns herum, wenn die Bösen vorgeben, das Gute zu sein?

KULTUR DES BÖSEN

»Das Böse braucht das Schweigen der Mehrheit«. Kofi Annan

»Es gibt tatsächlich sogar erfolgreiche Psychopathen, die große Risiken eingehen, und manchmal für besondere Leistungen gefeiert werden, zum Beispiel tollkühne Kampfpiloten. Draufgänger, so genannte Sensation Seeker, die viel Stimulation brauchen - ein weiteres Merkmal, das für Gesetzesbrüche prädisponiert. Auch manche Pokerspieler und Investmentbanker tragen dieses Merkmal.« Henning Saß

Zuerst erfinde ich Dein Problem, um dann Dir die Lösung dazu anzupreisen. Du denkst dann, es käme der Befreier, der, der Dein Problem löst. Doch in Wahrheit habe ich dieses Problem erzeugt, damit ich meine Schritte ungehindert und sogar noch über Deine Mithilfe erreiche. Du wirst dadurch nie dahinter kommen, dass nicht das Problem Dein Problem ist, sondern ich es bin, der Deine Probleme erfindet und Du damit zur Lösung meiner Probleme wirst. Deine Bedürfnisse sind meine Erfindung - darin bin ich gut.

Ungefähr zwanzig Prozent aller Gefängnisinsassen sind Psychopathen. Doch nicht jeder, der als Psychopath gilt, ist auch ein Mörder, Serientäter oder Untier. Rund ein Prozent aller Männer erfüllen die Kriterien einer Psychopathie und rund drei Prozent die einer antisozialen Persönlichkeitsstörung. Unter Frauen sind beide Störungsbilder nicht einmal halb so häufig anzufinden.

Mit dem Titel: *Gut geblufft ist halb entlassen, Psychopathen kommen häufiger vorzeitig aus der Haft frei,* beschrieb die Zeitschrift ›Gehirn & Geist‹ in ihrer Ausgabe 4/2009 solche Verstellungskünstler.

»Menschen«, so die Ausgabe auf Seite 12, »mit antisozialer Persönlichkeitsstörung empfinden kaum Mitleid mit anderen, deshalb sind sie besonders gefährliche Straftäter. Sie verüben mehr Delikte und gehen oft auch gewaltsamer vor als ›normale‹ Verbrecher. Umso überraschender erscheint auf den ersten Blick, was der kanadische Psychologe Stephan Porter von der Dalhousie University herausfand: Psychopathen werden häufiger vorzeitig aus der Haft entlassen. Porter und seine Kollegen werteten die Strafakten von 310 Männern aus, die zwischen 1995 und 1997 in einem Gefängnis in Halifax einsaßen. Anhand der psychiatrischen Gutachten über die Gefangenen beurteilten die Forscher, wie psychopathisch das Persönlichkeitsprofil der Betreffenden ausfiel. Ergebnis: Häftlinge mit Anzeichen einer antisozialen Störung wurden fast 2,5-mal so oft vorzeitig entlassen wie nicht psychopathische Übeltäter. Dies galt auch für Sexualstraftäter, welche seltener auf Bewährung freikommen, weil - besonders bei Kindesmissbrauch - die Gefahr eines Rückfalls groß ist. Zwar gehörten nur wenige Psychopathen zu dieser Gruppe, doch kamen sie statistisch ebenfalls schneller auf freien Fuß als andere Pädophile. Porter und seine Kollegen glauben, dass die antisoziale Persönlichkeitsstörung höchstwahrscheinlich selbst die Ursache für die frühere Entlassung darstellt. Psychopathen seien besser darin, ihre Umwelt zu täuschen und einen charmanten, freundlichen Eindruck zu machen. Um ihre Ziele zu erreichen, könnten sie auch Gefühle wie Reue oder Trauer vorspielen, ohne diese tatsächlich zu empfinden.«

SOZIOPATH ODER PSYCHOPATH

Wo der Soziopath nach äußerem Wirken aus ist und ein Publikum für seine Taten benötigt, ist der Psychopath komplett unauffällig. Ihm geht es nicht um Auffälligkeit, ganz im Gegenteil. Er handelt still und leise, mit großer Präzision und ihm ist das Erreichen seiner Ziele wichtiger als alles andere. Um seine Ziele zu erreichen, optimiert er sein Handeln ganz genau und formt sein Verhalten danach aus. Seine Anpassungsfähigkeit erreicht stets ein hohes Maß. Er arbeitet sehr fein und sehr genau an seinen Zwischenschritten und erlangt so eine unauffällige Persönlichkeit nach außen hin. Seine Anpassungsfähigkeit und seine trügerische Wohlgesinntheit seinem Um-

feld gegenüber ist nicht Teil einer überragenden Intelligenz, sondern Teil seines Symptoms. Sein Verhalten ist wie der Duft oder die Farbe einer Blüte. Es zieht seine Opfer magisch an. Er wähnt sich nicht einfach nur sicher in der Nähe seines Opfers, sondern, er modelliert das gesamte Umfeld, jede Kleinigkeit darin. Er bindet sein Opfer über dessen Bedürfnisse an sich und schließt diesen Kreis dann immer enger um das Opfer herum. Erst wenn er sich dessen ganz sicher weiß, erst dann wird er bei seinem Opfer zuschlagen. Dieses Sicherheitsbewusstsein unterscheidet ihn vom Soziopathen und in dieser Sicherheitskontrollsucht kann er sehr geübt und klug vorgehen. Daher gelingt ihm das Morden in Serie und daher ist es sehr schwer, Serienmörder früh zu schnappen. Da wir in unserer Gesellschaft und den meisten westlichen Zivilisationen die Justiz nicht sozial und das Soziale nicht justiziabel umkleiden - zwischen beiden gibt es leider nur einen krassen Schnitt, kann der noch recht junge Psychopath die Sozialsysteme aushöhlen und sie sogar für sich zu nutzen erlernen. In seiner Jugend arbeitet der Psychopath an genau diesen Dingen sehr gezielt und er stimmt sein Verhalten und seine Außenwirkung genau darauf ab. Daran kann ihn ein geübter Psychologe sehr schnell erkennen. Er will Dinge wissen, er will eine Außenwirkung erzeugen, nur um die Außenfaktoren in ihrer Reizbarkeit zu testen. Er will Kontaktpflege betreiben, um sich immer unsichtbarer für die Systeme, die Umwelt und den Menschen um ihn herum, zu optimieren.
Der Soziopath will in allem was er tut Aufmerksamkeit erreichen; je mehr desto besser. Er prahlt auch mit seinen Taten, um aufzuzeigen, wie mutig und machtvoll er ist. Der Soziopath tritt stark körperbetont auf und er benutzt seine Intelligenz in den meisten Fällen nicht für seine Gewaltexzesse. Er tritt stark konkurrierend und einnehmend auf.
Der Psychopath ist ein in sich gekehrter Mensch, der seine Außenwirkung gezielt einsetzt, sie spielt und im richtigen Moment inszeniert. Je intelligenter ein Psychopath als Erwachsener wird, desto intellektueller wird er vorgehen. Ein Soziopath kann so gut wie gar nicht aus seiner Haut. Ein Psychopath hingegen erfindet ständig neue Nischen für sein Verlangen und feilt konsequent an seinem

Verhalten herum. Daher wird er sich auch bestmöglich für seine Nische optimieren können. Psychopathen gibt es in breiter Schicht in den unterschiedlichsten kulturellen Nischen einer Gesellschaft. Sie finden sich in der Industrie, in der Politik, im Militär, als Beamte, in der Kunst, in der Hochfinanz, oder verdeckt, als Serienmörder unter uns. Die Intelligentesten unter ihnen trifft man im Militär, in den Geheimdiensten, in der Politik, der Industrie und vor allem in der Hochfinanz an. Die primäre Strategie der psychopathischen Persönlichkeit ist die Fähigkeit zu optimieren, anonym seinen eigentlichen Handlungsabsichten gegenüber der Masse Mensch zu werden. Dazu dienen ihr die Machtverhältnisse miteinander verwandter und verwobener Systeme, die sie zu dirigieren beabsichtigt und sich darin versteht, sie zu lenken. So finden wir den psychopathischen Sexualgewalttäter sehr häufig genau in den Berufsgruppen, in denen er Kinder und Minderjährige leicht erbeuten kann. Im Sozialdienst, der Kirche, in Heimen, bei Pflegeltern, in Jugendgruppen oder Schulen.

Es geht den Psychopathen um Macht über andere. Doch das Verhältnis zur Macht, das sie anstreben, ist nicht dass, welches der Soziopath anstrebt, sondern das der *absoluten Beherrschbarkeit der in der Macht innewohnenden Bindungssicherheit.* Diese versucht er in sich aufzunehmen, sich ihnen komplett und ausführlich anzupassen: Er will selbst zu dieser Bindungseigenschaft werden. *»Die Macht über andere soll in meinen Adern fließen«*, sagte mir im Interview ein Psychopath. Sein wahres Ziel ist die vollkommene Ohnmacht anderer über deren Umwelt und deren Leben, *das er dirigiert*: Er leidet unter einem Gotteswahn und nutzt dazu sein omnipotentes Machtgefühl über die jeweilige menschliche Ressource aus. Diese Macht benötigt er, weil es sein Plan ist, die Ressource, die er von seinem Opfer will, absolut zu beherrschen. Er meint von nun an, dass er das Leben an sich beherrschen könne und er will ihm seinen Willen und seinen Stempel aufzwingen. Er handelt stark zwanghaft, dabei jedoch mit äußerster Gelassenheit. Nur wenn man ihm hier in die Quere kommt, ihn dabei nervös macht, beginnt er manchmal Fehler zu machen. Dies nutzen Fallanalytiker oft aus, um ihn Fehler machen zu lassen und er aufgehalten werden kann. Das Opfer hat meistens nur den Zweck, sein krankhaftes und wahnhaftes Potenzial zur Entfaltung zu bringen und das für ihn aufkommende Hochgefühl dabei zu genießen. Der Psychopath definiert omnipotente Macht als eine Ressource, mittels der er sein krankes Bedürfnispotenzial voll auszuleben gedenkt. Und genau diese Fähigkeit zur Beherrschbarkeit absoluter Machtstrukturen, macht ihn so immens gefährlich und auch durchlässig für soziale Institutionen. Weil viele sich solch einen Menschen nicht vorstellen können, sind sie für dessen Früherkennung auch blind. Auch die Alternativen innerhalb seiner Machtausübung beim Opfer gehören zu seiner Verhaltenscharakteristik, weil er auch deren Auswege oder möglichen Fluchtwege mitberücksichtigt hat und diese ebenfalls beherrscht. Der Psychopath ist der perfekte Faschist. Er sehnt sich nach totalitärer Macht und Machtausübung über diejenigen, durch die er seine krankhafte Befriedigung erlangen kann.

Wenn wir eine antisoziale Persönlichkeit vor uns haben, so sollten wir stets bedenken, ob sie sich eine auffällige oder eine unauffällige Außenwelt konstruiert. Denn gefährlicher sind die, die sich scheinbar unauffällig unter uns mischen und somit ihren Bedürfnissen nachgehen können. Sie leben dann ein Doppelleben und können in sich zwei Persönlichkeiten zum Ausdruck bringen, die im eigentlichen Sinne nur eine Persönlichkeit ist (sozialemotionale Mimikry). Der Psychopath fällt zumeist erst nach Jahrzehnten als solcher auf, weil wir seine Opfer und Hinterlassenschaften (am Tatort) erkennen, noch lange bevor wir ihn zu Gesicht bekommen und dingfest machen können. Ich bin mir sicher, dass das nur deswegen so ist, weil wir innerhalb unserer Sozialsysteme keinerlei Präventionsmodell zur Früherkennung solcher noch *jungen Psychopathen* entwickelt haben. In Schule kümmern wir uns derzeit ja noch nicht einmal um die jungen Gewalttäter und wirken bei ihnen entsprechend präventiv ein. Dort wartet man freilich auf die Justiz, indem man Gewalttätern solange ihrem Treiben nachsieht, bis die Justiz eingreifen *muss*. So verlagert man Problemlösungen, indem man sie auslagert und dann mit völlig falschen Mitteln zu lösen versucht - mit Vollzugsmanagement.

Psychopathen empfinden weder Furcht noch Mitgefühl, dafür haben sie einen ausgeprägten Charme und ein großes Manipulationstalent. Sie sind die perfekten Verbrecher. Ihre kriminelle Karriere beginnt meist schon in der Kindheit oder Jugend. Häufig sind Psychopathen sogar in der Lage, die Gefühle ihrer Mitmenschen besser zu erkennen, *zu lesen*, als dies ihren Mitbürgern gelingt. Sie besitzen ein Jagdgedächtnis, das sie besonders aufmerksam werden lässt, wenn Menschen schwach, traurig oder hilflos sind. Dies lässt sie ihre Aufmerksamkeit auf ›Opfermodus‹ lenken und sie ihr Interesse auf Befriedigung ihrer entsprechenden Bedürfnisse hochfahren. Ihre eigene Gefühlskälte hindert sie nicht daran, Gefühle im Menschen exakt zu erkennen und diese für ihre Bedürfnisse einzubinden.

Die in unseren Gehirnen für Furcht zuständige Gehirnregion, die *Amygdala*, besser bekannt unter den Begriff ›Mandelkern‹, ist bei Psychopathen etwa um zwanzig Prozent kleiner. Sie regelt bei uns das ›Flucht-Kampf-Verhalten‹. Auch der für das emotionale Erinnern zuständige Bereich im Gehirn, der *Hippocampus*, scheint bei Psychopathen etwas kleiner entwickelt zu sein. Dieser Hirnbereich ist eng mit der *Amygdala* verknüpft. Diese beiden Hirnbereiche sind bei uns Menschen für ein entsprechendes Verhalten zuständig, das in unangenehmen Situationen angemessen mit einem Vermeideverhalten (Aversion) reagiert. Psychopathen hingegen lassen solche Situationen kalt. Sie fürchten sich nicht vor Konsequenzen und haben auch dafür wenig Verständnis, anderen nicht wehtun zu dürfen. Menschen verarbeiten Situationen, in denen sie ihr Verhalten kontrollieren sollen, mit ihrem ›Stirnhirn‹, dem *präfrontalen Kortex*. Auch in ihm scheinen bei Psychopathen diese Kontrollmechanismen zu fehlen. So gehen sie ihren emotionalen Bedürfnissen, ohne diese Schranke zu besitzen, einfach skrupellos nach. Diese Schranke fällt bei uns vornehmlich durch drei kleinere Schranken: *a)* wir erkennen die emotionale Bedeutung einer Situation, kontrollieren unser Verhalten dementsprechend und reagieren angemessen. *b)* Wenn wir ein moralisch-ethisches Urteil fällen, dann ändern wir unser Verhalten stets und *c)* wir sind gerade dabei, ein längerfristiges Ziel zu verfolgen und wir benötigen dafür ein planvolles, die Folgen abschätzendes und die Einzelschritte regulierendes Verhalten. Dazu bedarf es eine Vielzahl von Situationen zu lenken, sozialemotionaler Offenheit und einer effektiven Vorausschau, um das Projekt zu verwirklichen. Das Fehlen solcher Bedingungen wird im noch jungen Täter vornehmlich über eine fehlende Impulskontrolle und einem mangelhaften Moralempfinden seines Verhaltens deutlich. Daher ist es für einen ungeübten Beobachter nicht möglich, den einfachen Schläger vom Psychopathen zu unterscheiden, wenn der Psychopath noch jung ist.

Zeigt man einer solchen antisozialen Persönlichkeit Furcht einflößende Bilder, so zeigt sich bei ihr so gut wie gar keine Schockiertheit. Auch im rechten oberen ›Schläfenlappen‹, im *superioren temporalen Gyrus*, weisen Psychopathen weniger Hirnmasse auf. Diese Hirnregion ist dafür zuständig, bei uns die Fähigkeit zu entwickeln, sich in meinem Gegenüber hineinzuversetzen, und dessen Gefühle und Absichten zu verstehen. Dies zusammen genommen nennen Hirnforscher *Theory of Mind*. Das bedeutet, dass jeder Mensch im Laufe seiner Erfahrungen eine innere Theorie entwickelt, welche Gefühle, Emotionen und Stimmungen über Gesicht, Mimik, Gestik und Körperhaltung welche innere Empfindsamkeit widerspiegelt und wie darauf angemessen reagiert werden kann. Die *Theory of Mind* lässt uns zu sozialen Wesen reifen mit einem hohen Maß an Respekt, Würde und Achtsamkeit unseren Mitmenschen gegenüber. Sie lässt uns zu sozialemotionalen Wesen heranreifen, was mit Ansehen, Wertschätzung und Achtung der Person gegenüber belohnt wird.

Direkt unterhalb unserer ›Großhirnrinde‹ befindet sich ein weiterer Hirnabschnitt, der *anteriore zinguläre Kortex*, der bei Psychopathen beeinträchtigt ist. Dieser ist verknüpft mit der *Amygdala*, dem *Hippocampus* und dem Stirnhirn. Er ist an der emotionalen Regulation der Ärgerkontrolle beteiligt. Psychopathen denken, fühlen und handeln daher ganz anders, als wir es mit unseren Gehirnen können.

Jetzt kommt noch ein entscheidendes Kriterium hinzu. Es gibt nämlich zwei unterschiedliche Typen von Psychopathen. Die Überführten, die verurteilten Psychopathen und die nicht überführten, also noch frei herumlaufenden Psychopathen. Die überführten Psychopathen nennen Kriminalisten die ›erfolglosen Psychopathen‹. Der Psychologe Adrian Raine hat beide Typen untersucht und fand heraus, dass die ›erfolglosen Psychopathen‹ im Stirnhirn, weniger Hirnmasse besitzen als die Psychopathen, die man nicht überführen konnte. Nur dreizehn der neunundzwanzig Psychopathen, mit denen Raine Experimente tätigte, wurden überführt. Die anderen sechzehn schnitten auch in den neuropsychologischen Experimenten besser ab als die überführten Täter. Ein intaktes Stirnhirn ist für Psychopathen ausschlaggebend dafür, die Tat sehr gut und langfristig planen zu können, sie auszuführen und die Spuren zu verwischen. Die emotionale Kontrolle bei Verhören zu behalten, ist ebenfalls wichtig für sie, um die Prozedur zu überstehen.

Man vermutet, dass eine genetische Variante, dass das Enzym Monoaminooxydase-A (MAO-A) kodiert, mit der Verringerung der Volumen der *Amygdala* und des *Stirnhirns* einhergehen. Dies erzeugt antisoziales Verhalten und prägt die antisoziale Persönlichkeit aus. Um aber nun ein hohes Maß an antisozialen Persönlichkeitsmerkmalen auszublühen, bedarf es noch einer wichtigen Komponente: das nähere Umfeld, die Erziehung und die damit verbundene Umweltprägung. Gene allein bewirken nicht viel. Sie sorgen lediglich dafür, dass über äußere Einflüsse die Aufmerksamkeit in eine bestimmte Richtung prädisponiert, also vorausgeplant und daran angepasst wird (Epigenetik). Ist die Veranlagung für eine Soziopathie oder Psychopathie zwar vorhanden und wird ein solcher Mensch in einem Umfeld groß, in dem er, bildlich gesprochen, seine inneren Gläser nicht füllen kann, dann überlagern auch mit der Zeit andere halb volle, weniger volle und ganz volle Gläser dieses noch leere MAO-A Glas. Erfährt ein solches Kind hingegen Gewalt als Erziehung, Erniedrigung als Kultivierung, Selbst-Bildung als Anpassung zur häuslichen Gewalt etc., dann wird sich die im MAO-A Enzym entfaltbare Qualität entsprechend im Menschen *kultivieren*. Fast alle Gene im Menschen und die aller anderen Lebewesen, erfüllen auf diese Weise ihr inneres Gen-Möglichkeitspotenzial. *Denn es gibt auch zahlreiche MAO-A Träger, die nicht als antisoziale Persönlichkeiten auffällig geworden sind und es auch nicht werden.* Die sogar ganz im Gegenteil, sozial hoch anerkannt und überhaupt nichts mit

Gewalt am Hut haben. Dass sie das entsprechende Gen-Enzym tragen, ist oft zufällig herausgefunden worden. Um also tatsächlich eine antisoziale Persönlichkeit auszublühen, muss sein Träger über ungünstige Umweltbedingungen verfügen. Das Gen-Enzym allein macht zwar anfällig, aber noch lange nicht gewalttätig.
Es kann als gesichert gelten, dass Männer, die Träger der MAO-A Genvariante sind und in ihrer Kindheit schweren Gewalttaten oder mehrfachen sexuellen Missbrauch erlitten haben, dass solche Männer eine schwere antisoziale Persönlichkeit ausbilden können und dafür ganz besonders veranlagt sind.
Da das ›psychopathische Gehirn‹ recht unterschiedlichen Entwicklungsmöglichkeiten ausgesetzt ist, kann man nicht von *dem* Psychopathen sprechen. Im Grunde genommen sind alle hier dargelegten Möglichkeiten zur Entwicklung eines solchen Gehirns nur *Korrelate*, also sich gegenseitig bedingende und ergänzende Voraussetzungen. Entscheidend bleibt die eigene Wirkung auf das Erleben von Verhalten anderer und die die Beziehung zum eigenen Gehirn prägenden Umgebungsreize, um eine Soziopathie oder eine Psychopathie auszubilden.
Zwar sind Hirnanomalien in vielen Stichproben bei antisozialen Persönlichkeiten festgestellt worden, *doch ist dies allein für sich genommen kein Garant für eine Ursache des Phänomens.* Denn es lässt sich anhand der vielen kleinen Bausteine nicht mit Sicherheit vorherbestimmen, dass diese vielen Puzzleteile zusammen genommen auch einen Psychopathen ergeben. Oftmals kommen auch andere psychische Störungen hinzu, oder eine Drogen- und oder Alkoholsucht.
Auch ist es ein enormer Nachteil, die antisoziale Persönlichkeit einzig anhand von kriminell auffälligem Verhalten zu bemessen. Denn dies weist auf eine *unscharfe Messmethode* hin, die bisher immer zur Ermittlung des Störungsbildes verwendet wird: der dingfest gemachte Soziopath oder Psychopath. Psychopath ist, wer auffällig in Serie schwere Gewalttaten begeht oder mordet - nicht wehr Kriege anzettelt und Menschen, abqualifiziert zu Soldaten, in den sichern Tod schickt oder sie dadurch zu legalen Massenmördern werden lässt. Der Psychopath ist eine Begriffsdefinition, die vieles von dem

ausschließt, was ebenfalls unter dem Begriff des Psychopathen fallen sollte. Dies sind nicht bloß philosophische Fragen, zu denen sie allzu gerne gemacht werden, sondern auch soziologische Fragen.
Der Nährboden aller antisozialen Persönlichkeiten, oder schlichter gesagt, des Ausblühens (Expression) des MAO-A Enzyms, liegt in der Möglichkeit zum Verlust frühkindlicher Bedürfnisbefriedigung, die nicht gestillt werden und auf die von den Eltern oder den im näheren Umfeld anwesenden Bindungspersonen brutal und mit hoher Gewalt (Rigidität) geantwortet wird.
Unsere Gesellschaft erzeugt Gewinner und sie hält den Gewinner hoch. Sie schenkt ihm einen Lorbeerkranz. Doch jeder Gewinner erzeugt auch einen Verlierer. Unsere Gesellschaftskultur benötigt beide, weil sie den Wettbewerb und die Spezialisierung hoch schätzt. Was aber ist der Wettbewerb in sich selbst und, was erzeugt er eigentlich als unseren *Kulturdämonen*? Er erzeugt die zahlreichen Haltungen für ein *immer besser, ein immer cleverer und ein immer gerissener werden zu wollen*. Der Wettbewerb erzeugt die Niederlage des anderen und den Gewinner, der herzlos über seinen Triumph strahlt - auch dann, wenn er in die Kamera lacht. *Der Sieg über den anderen ist in Wahrheit eine Niederlage über den Gewinn beider.* Denn der Sieg bedeutet immer einen Sieg über etwas zu erlangen, das auch in Beziehung zu jemand anderem steht. Siegt jemand so wird automatisch dieses Beziehungsgeflecht beschädigt. Hierin entscheidet die Dauer des über den anderen stehen Wollenden und die Ausdauer des ewigen Zweiten. *Der Erste ist der Erste und der Zweite ist niemand.* Dies lässt die Alternative erahnen, die dem Ersten außerhalb eines gesetzten Regelwerkes, in dem der Zweite seinen Glanz inszeniert, übrig bleibt und von welchen der beiden Möglichkeiten der Zweite seine Ressourcen anhäufen wird. Auch dies entspringt einem Desintegrationsprozess.

KULTURELLE UNTERSCHIEDE

Antisoziale Persönlichkeitstypen passen ihre Bedürfnisse immer an die soziale Gemeinschaft an, in dessen Kultur sie leben. Es gibt Kulturformen, in denen es durchaus üblich ist, minderjährige Mädchen zu heiraten. Dort gilt solches nicht als Kindesmissbrauch. In welchem Verhältnis soziale, psychologische oder menschliche Forschung, Humanität und Grundrechte zur jeweiligen Kultur stehen, ist maßgeblich auch dafür verantwortlich, in wie weit oder wie nahe antisoziale Persönlichkeitsmerkmale bestraft, belohnt oder sogar gefördert und geduldet werden. Zu Zeiten Nazi-Deutschlands hatten antisoziale Persönlichkeiten größte Chancen zu forschen, zu quälen, zu herrschen und zu beherrschen, zu gestalten, zu richten und zu foltern. Auch haben die USA in zahlreichen Kriegen auf der Welt nach 1945 Kindersoldaten mit Waffen beliefert und ihre Ausbildung zum Morden gefördert - natürlich inoffiziell. Die westlichen Gesellschaftsformen, vor allem die heutige USA, fördern in diesem Sinne antisoziale Persönlichkeitsmerkmale heute und zunehmend gewinnen Psychopathen und antisoziale Mitläufer wieder an Bedeutung. Krieg war und ist die Blütezeit aller Formen schwerster seelischer Krankheiten.

So gibt es beispielsweise eine Studie über antisoziale Persönlichkeitsmerkmale, die das kulturelle Ausblühen und Rechtfertigen selbiger verblüffend auf den Punkt bringt. Und zwar in Verbindung mit den unterschiedlichen Kulturgewohnheiten. Man maß die antisoziale Haltung von US-amerikanischen Männern und Frauen und verglich diese mit den Ergebnissen der antisozialen Haltung japanischer Männer und Frauen. Dabei kam etwas sehr Verblüffendes zutage: US-amerikanische Männer und Frauen besitzen im Durchschnitt eine höhere antisoziale Haltung in Verbindung mit Gewalt, als japanische Männer und Frauen. Das wirklich Erstaunliche dabei war, dass japanische Männer nicht annähernd so deutliche antisoziale Haltungen zur Gewalt aufweisen, als US-amerikanische Frauen! Woran lag das? Die Forscher fanden die stärkste Verbindung dazu in dem Interesse der US-amerikanischen Bevölkerung zur Legalisierung des Waffengebrauchs: Das US-amerikanische Waffengesetz begünstigt (selektiert) antisoziale Persönlichkeitsmerkmale beim Ausblühen im Menschen. Das heißt auch, ***wie eine Gesellschaft zur sozialen Gewalt Stellung nimmt und wie sie ihre Haltungen dafür ausformt, erhöht oder vermindert automatisch auch den Ausbau von antisozialem Potenzial.*** Und dies weist auch deutlich darauf hin, dass die-

ses Potenzial im Menschen liegt und optimiert werden kann. Militärs zu allen Zeiten haben sich dieses Potenzial stets zu eigen gemacht - es ist eine militärische Tradition, Soziopathie und Psychopathie hochzuhalten.
Die antisoziale Persönlichkeitsstörung ist überwiegend durch antisozial unangepasstes und gesetzwidriges Verhalten eingekreist. Kriegshandlungen sind das Freisetzen der antisozialen Potenziale, die im Menschen liegen. Genau hierin können wir auch die kulturelle Auslese zu diesem antisozialen Potenzial ausmachen. Die Kinofigur *Rambo* hat diesen Zwiespalt im ersten Teil zum Thema. Was in der einen Kultur erwünscht, also sozial ist, das kann in einer anderen Kultur asozial, also unerwünscht sein.

Eine Gesellschaft fördert selbst ihren Grad an antisozialem Potenzial je intensiver sie in einem sozialen Regelwerk lebt, das jedem Einzelnen erlaubt, in der Wahl der Verteidigungshaltung *a)* ein hohes Maß an eigener Gewaltbereitschaft ausleben zu dürfen und *b)* die Wahrnehmung zur Verteidigung in geringen Angriffsreizen zu erlauben. **›Präemptivkriegs-Theorem‹**: Die Angriffshemmung in der nationalen- und zivilen Selbstverteidigung wird stark gelockert, beispielsweise als Leitidee *Angriff ist die beste Verteidigung*, um Finalkonter schon im Ansatz zu ermöglichen und zu erlauben (Wettbewerbsvorteil). Beide Arten der ›gewaltverherrlichenden Vorbeugung‹ können schnell dem Irrtum unterliegen, einen Täter zeitlich und örtlich dort schon im Keime auszumerzen, wo er *a)* gar nicht vorzufinden ist und *b)* wo er sein könnte oder wo man ihn gerne hätte. Präemptivkriege locken auch in Demokratien Verführer an, wo verführende Autoritäten uneingeschränkt zu Willen sind. Kapitalgesellschaften neigen zu Plutokratien und Präemptivkriege fördern die schnellen und ganz großen Gelder. Wenn die Gesellschaft es also erlaubt, aus jeder noch so geringen oder kleinen Mücke einen übergroßen Elefanten mit riesigen Stoßzähnen zu produzieren, dann haben wir über die Politik genau die Zustände, die wir in unserem Land niemals wieder haben wollten: Angeblich fördert der Präemptivkrieg, als Friedensmission getarnt, am Hindukusch in Afghanistan die Sicherheit hier in Deutschland - was natürlich Quatsch ist.

Wer innenpolitisch die Ressourcen der Menschen nicht ausbildet, deren Potenzialentfaltung nicht unterstützt, dem gehen die Ideen aus, um die Lebensgestaltung effizient an den Gehirnen der Menschen zu beteiligen. Wer jedoch industriegelenkte Erziehung und Bildung als das einzige Erziehungs-, Bildungs-, oder Ideenmodell unterstützt, alle anderen dabei mittels seines Gewaltmonopols unterdrückt und durch entsprechende Gesetze ständig neu unterdrückt und sie sogar kriminalisiert, der optimiert Haltungen zur Unterdrückung, Versklavung, Zerstörung und Kriegslust. Würde das gesamte Potenzial an Ideen freigesetzt und wirksam werden können, wir würden alle selbst erkennen, dass Macht der Unterdrückung Zwecks eigener Vorteilnahme dient - *dies ist die wahre Idee der Zivilisation.*

Die Möglichkeiten der gesellschaftlichen sozialen Identifikation zu ihrem eigenen Angriffs- und Verteidigungsverhalten verstärkt das Ausblühen und setzt ein soziales Regelwerk dazu fest, wann bei ihr antisoziales Verhalten überhaupt erst beginnt.

PSYCHOPATHEN AN DER MACHT

Es ist einfach und selbstherrlich, wenn Gewaltexperten Gewalt einzig und allein im Zusammenhang mit der Jugend oder den jungen Erwachsenen diskutieren und einzig ihnen diese Eigenschaft über ihren Arbeitsverlauf zuordnen. Es ist verlogen, denn um Gewalt tatsächlich lösen zu können, müssen wir unser ganzes menschliches Gewaltpotenzial durchleuchten und vor allem ehrlich zu uns selbst sein - zu uns Erwachsenen genau so, wie wir es von Jugendlichen erwarten.

Überfälle auf fremde Völker gehören zur Doktrin eines *zügellosen Kapitalismus*. In der Zeit des ersten globalen Wirtschafts- und Kapitalbooms nannte man das Kolonialismus. Das Kapital braucht Sklaven, weil Herrschaft Kapital braucht, um sich gegen andere Herrschende abzuschotten und abzugrenzen, denn da oben herrscht Gauner- und Banditenethos. Was Herrschaft jedoch unbedingt braucht, das ist ein Gewaltmonopol. Darin verborgen liegt auch die Barrikade zu einem anderen Weg, dem Weg zum Frieden. Auch heute noch führen die tonangebenden Länder über ihre Geheimdienste Kleinkriege und bestehlen technologisch unterentwickelte Länder oder zwingen sie zu Vertragsabschlüssen, die zur Folge haben, das dort lebende Volk in Hunger und Elend zu verwalten und die Bodenschätze dem Handel der so genannten freien globalen Marktwirtschaft zu unterwerfen. Frei ist daran gar nichts - diktiert aber alles!

So weiß die Mehrheit der Bürger in den sogenannten *Geberländern* für den afghanischen Gauner und Ministerpräsidenten HAMID KARSAI nicht, das sein Bruder der wohl größte und mächtigste Drogenboss Afghanistans ist. Ja, dass die gesamte Familie des Ministerpräsidenten KARSAI ein Drogen-Clan ist. Im August 2009 hat der afghanische Ministerpräsident zu seiner Wiederwahl den afghanischen Männern ein wunderbares demokratisches Geschenk gemacht. Damit man ihn wieder wählt, hat er auf ein Gesetz hingewiesen, dass er nicht ändern werde (!), wonach es afghanischen Männern erlaubt ist, ihre Frauen verhungern zu lassen, verweigerten die sich den fleischlichen Gelüsten ihrer Männer. Wenn deutsche Soldaten einzig in Afghanistan stationiert sind, um unsere Sicherheit hier in Deutschland zu garantieren, dann sollten wir HAMID KARSAI vor den Internationalen Gerichtshof in Den Haag stellen und ihm den Prozess machen. *Geht es Afghanistan um Demokratie?* Selbst KARSAI glaubt das nicht, denn er antwortete auf die Frage der Wahlbeobachter, ob denn bei den Wahlen in Afghanistan im September 2009 gefälscht worden sei, mit: »Wenn es Betrug gab, war er harmlos - das passiert überall auf der Welt.« Im Januar 2010 versprach der deutsche Außenminister dem afghanischen Ministerpräsidenten weitere Hilfe in Form von zweihundertfünfzig Millionen Euro. KARSAI ist eine Marionette westlicher Interessen in der Region. Über ihn sagen die Afghanen selbst, *dass er nicht der Führer des afghanischen Volkes sei und bestenfalls bloß der Besitzer des Stuhles ist, auf dem er sitzt.*

Der äußere Feind Nazi-Deutschlands waren die Juden und, in deren Jargon, alle lebensunwerten Volksgruppen gleich mit. Nach dem Sieg über Nazi-Deutschland wurde unser äußerer Feind die UdSSR und der Warschauer Pakt. Nach dem Fall des Eisernen Vorhangs wurde es der islamistisch geprägte Fundamentalismus - und in vielen ungebildeten Köpfen gleich der gesamte Islam. Macht braucht einen äußeren Feind damit die angehäuften Machtzentren korrumpiert werden können und die Machthabenden nicht als die Feinde aller freien Völker entlarvt stehen. Macht braucht Psychopathen, denn nur sie sind zur *Unmenschlichkeit am Fließband* fähig. Um hier den Blick zu vernebeln, erschaffen sie ein Rechtssystem, das *sie* schützt und alle anderen, im Vergleich zu ihren Machenschaften und Verbrechen, teilweise wegen Bagatelldelikten ins Gefängnis schleppt.

Seit jeher ist es eine Tatsache, dass ein Mörder sich selbst nicht anklagen wird und wenn er selbst der Richter seiner Gesellschaft ist, dann schon gar nicht. Und so wird ein politisch agierender Psychopath alles unternehmen, sich selbst die weißeste aller weißen Westen anzuziehen. Er wird Feindbilder erfinden, vor denen er sein Volk in Sicherheit zu bringen vorgibt. Somit werden Terror und Angst im Volk geschürt, Lügen so groß aufgesponnen, damit aus ihr *die* Wahrheit wird und das Volk diese als eine in ihr lebende Realität annimmt und nach außen hin vertritt. Ein gehirngewaschenes Volk muss nicht immer von oben herunter manipuliert werden - es manipuliert sich ab einem bestimmten Grad von ganz alleine. Wichtig ist nur, dass man am Anfang eine Kultur der Desinformation und der Verbildung schafft, den Rest erledigt das Volk selbst - weil es in Existenzängsten erstarrt und der Magie des Terrors über den Feind in Unmündigkeit verfällt. Wenn der wahre Feind das eigene Abhängigkeitsverhältnis wird, dann ist eine Befreiung daraus nur möglich, wenn man die Ketten dazu sprengt. Selbst in der Psychotherapie ist ein solcher Klient mitunter sehr schwer dazuzubekommen, gemeinsam diese Ketten zu sprengen. Viele Beziehungsopfer sind vom Täter co-abhängige Vehikel seiner Tortur geworden. Warum sollte das im Verhältnis zu Regierungsbeauftragten, wie sie sich so gerne selbst nennen, und den zu Regierenden, anders sein? Nur weil Nazi-Deutschland nicht mehr ist, heißt dies doch lange nicht auch, dass es keinen Faschismus mehr geben könne. *Wenn die Industrie und die Politik dieselben Interessen vertreten, dann entsteht Faschismus,* meinte BENITO MUSSOLINI, der Begründer des Faschismus.

FOLTERENTWICKLER

Im Militär und den Geheimdiensten wird eine neue Form der Folter eingesetzt, die sich seit den frühen 1960er Jahren bis heute als *Clean Torture, White Torture* oder *Psychological Torture* entwickelt hat. Diese grausame psychologische Methode wird heute ebenso effizient in Verhören abgehalten, wie körperliche Misshandlungen durch die Folter. Sie haben sich auf Grundlage psychologischer Befunde entwickelt und einige wenige, sogar namenhafte Psychologen, haben sich daran beteiligt und beteiligen sich noch immer an den Entwicklungen der ›Weißen Folter‹. Offiziell werden die psychologischen Foltermethoden ›innovative Verhörmethoden‹ genannt. Sie werden in den Gefangenenlagern in *Abu Ghraib*, *Bagram* und in *Guantánamo* angewendet. Man verspricht sich von der ›Weißen Folter‹, dass man sie so hinbiegen kann, dass es gelingt, den Begriff der Folter dafür bestmöglich zu umgehen. Das ist das eigentliche Ziel dieser neuen Foltermethoden. Denn Folter ist eine Menschenrechtsverletzung, auch in Kriegen oder in gesellschaftlichen Notlagensituationen. Es gibt kein Recht für das Foltern von Menschen - *in keiner Lage*. Daher hat die Beliebtheit der *psychologischen Folter* zugenommen, denn man kann sie nicht nachweisen. Sie hinterlässt äußerlich keinerlei Spuren, weswegen man sie Weiße Folter nennt.
Die größte psychologische Berufsvereinigung in den USA, die ›American Psychological Association APA‹ sagt, dass Psychologen, die ›innovative Verhörtechniken‹ entwickeln und Sicherheitsleute darin ausbilden, »einen wertvollen Beitrag leisten, um Schaden von der Nation, anderen Nationen und unschuldigen Zivilisten abzuwenden.«

Oft werden Foltertechniken miteinander kombiniert, um den Willen des Gefolterten zu brechen. Dies geschieht über räumliche und zeitliche Desorientierung, Reiz- und Schlafentzug, soziale Isolation, sensorische Schmerzzufuhr durch grelles Licht, ohrenbetäubendem Lärm, Erzwingen körperlicher Stresspositionen sowie sexueller und kultureller Erniedrigung. Um die psychische Widerstandskraft zu brechen, bindet man die Gefolterten beispielsweise nackt an einen Stuhl oder einer Vorrichtung, stülpt ihnen einen Kopfhörer mit ohrenbetäubendem Lärm auf und legt ihnen dabei eine Augenbinde an. Den Gefolterten gezielt hungern zu lassen, ihm den Schlaf-wach-Rhythmus zu entziehen, seiner sozialen Kontakte zu berauben, ihn zu desorientieren, bewirkt, dass er sich seiner Identität entzieht und in einen kindähnlichen, hilflosen Zustand gerät. Man entbindet den Gefolterten seiner Beziehungen zu sich und zu den anderen. Ziel ist dabei, den Gefolterten in die *Erlernte Hilflosigkeit* zu bringen und diese Position so lange wie möglich stabil zu halten.

›KUBARK‹ ist ein Handbuch der CIA, in dem sich lobende Worte über die Psychologenhelfer finden: »*Es hört sich schwieriger an, als es ist, den Willen einer Person durch psychologische Manipulation und ohne Anwendung von äußerlichen Methoden zu brechen.*« Dort wird detailliert beschrieben, wie man die zeitliche Orientierung der Person vollkommen verwirft und *sich dadurch der Gefangene immer mehr in sich selbst verstrickt.* Es soll gelingen, die Erfahrungswelt unberechenbar und chaotisch zu gestalten. Eine Methode, die als ›Alice in Wonderland-Technik‹ beschrieben wird.
Alle diese Methoden wurden nach dem Jahrhundertverbrechen vom elften September 2001 wieder aktualisiert und die psychologische Forschung in Richtung der ›Weißen Folter‹ wurde wieder verstärkt aufgenommen. Die von ausgewiesenen psychologischen Experten für die Guantánamo-Verhöre angewendeten Methoden sollen nun auch bei den stärksten Persönlichkeiten den Willen brechen können.

Besonders für Muslime hat man dort eine Methode entwickelt, bei denen sie nackt vor weiblichen Aufsehern verhört werden, sie in Frauenunterwäsche posieren müssen, vor ihnen masturbieren müssen und wie ein dressierter Hund Kunststücke vorzuführen haben. Hinzu kommen Schlafentzug, stundenlanges Verharren in anstrengenden Körperhaltungen und der Entzug von allem, was Menschlichkeit ausmacht. Beispielsweise Zuneigung, Gelegenheit zum Stuhlgang, sozialer Kontaktentzug, emotionaler Entzug. Im Folterjargon nennt man solche Methoden, *Pride and Ego down*, *Fear up Harsh* oder *Invasion of Space by a Female.* Ziel dieser Barbarei ist es, den Gefolterten psychisch derart zu destabilisieren, dass er sich vollkommen unterwirft und den Folterern zu Willen ist. Disziplinierung, Demütigung und Erniedrigung sind die Prinzipien dieser ›Weißen Folter.‹ *Aber wer gestaltet die Psychologie der Folter?*

Die US-amerikanische Firma ›Mitchell, Jessen & Associates‹, eine Firma für Folterentwicklung, in denen hauptsächlich Psychologen arbeiten, hat dieses CIA-Update der ›Weißen Folter‹ kreiert, wobei auch der Präsident der American Psychological Association namens Joseph Matarazzo beteiligt war. Diese Firma ist darauf spezialisiert, Verhörmethoden zu entwickeln. Das noch Unmenschlichere daran ist, dass diese Firma spezielle Verhörmethoden entwickelte, die in Staaten einzusetzen sind, in denen kein öffentlicher Widerstand zu befürchten ist, sogenannte *Black Sites*. Ziel in solchen Foltergefängnissen ist, bei den Gefangenen einen Zustand der *Erlernten Hilflosigkeit* herbeizuführen. Um dieses Konzept zu erörtern, haben das Pentagon und die CIA namenhafte Psychologen, James Mitchell, Bruce Jessen und Martin Seligmann (Begründer der *Erlernten Hilflosigkeit* und Leiter des Zentrums für positive Psychologie [sic!]) eingeladen, um auf einem Symposium innovative Verhörtechniken vorzustellen und zu diskutieren.
Allein die Folter-Firma Mitchell, Jessen & Associates hat heute einhundertzwanzig Mitarbeiter, die alle ein *Security clearance* besitzen, die man eigentlich nur als Regierungsmitarbeiter bekommt. So haben Mitchell und Jessen selbst öfters als Psychologen bei hochrangigen Al-Qai'da Mitgliedern mitgewirkt, und dies äußerst brutal, wie man den Verhören entnehmen kann. Müssten diese, in Psychologenkreisen bekannten, Menschenversuche und Menschenrechtsverletzungen nicht für große Empörung sorgen?

Und wie sollte es auch anders sein: Die American Psychological Association stellt in einer Stellungnahme zu den Folterversuchen fest, dass sie jede Art von Folter ablehne. Und, *bei den ausgeübten Methoden handle es sich allerdings nicht um Folter. Denn es gäbe ja nicht nur die ethische Verpflichtung, das Individuum zu schützen, sondern es gäbe ja auch die gleiche Verpflichtung, Schaden von der Nation abzuwenden. Es gelte daher im Konfliktfall, beide Positionen voneinander abzuwägen, um an sicherheitsrelevante Informationen für den Staat zu gelangen.*

Doch klingt diese Argumentation erschreckend vertraut, schaut man sich einmal an, wie die Nazis Folter gerechtfertigt hatten. Denn auch Nazi-Ärzte hatten seinerzeit diesen Konflikt geltend gemacht, zwischen Staat und Individuum, um dem Wohl des Einzelnen zu dienen, sowie auch dem *Volkskörper*. Kurz vor dem Machtwechsel in den USA, im Oktober 2008, hat die American Psychological Association eine deutliche Änderung ihres Kurses veröffentlicht, wonach sie nun die Auffassung vertritt, dass sich kein Psychologe an Menschenrechtsverletzungen von Gefangenen in Foltergefängnissen durchgeführte Verhöre beteiligen dürfe.

Gewalt folgt dem Gesetz seiner böswilligen Fratze selbst. Und wer in diesem Moment daran denkt, dass Folter ja sowieso eine Methode für die Bösen ist, der liegt falsch. Folter ist Gewalt und sie folgt genau den Methoden und Prinzipien, die ich hier darzulegen versucht habe. Auch die Folter folgt den Ressourcen, denn *Folter bedeutet Fragen zu stellen*. Diese Fragen erwarten Antworten, die zu den Ressourcen führen sollen, die man über die Anwendung von Folter anstrebt. Ist Folter also auch bloß ein ressourcenorientiertes Denkschema - *ein nach außen orientiertes falsches Modell?* Ganz gewiss, denn Folter bricht unmissverständlich mit dem Prinzip der Kooperativität und dem der Bindungsbeziehung. Folter ist allein nicht nur deswegen menschenrechtsverachtend, weil sie die schrecklichste Form der Gewalt und Erniedrigung darstellt, sondern auch deswegen, weil Folter einen kompromisslosen Eigennutz bedingt. Warum gibt es überhaupt die Frage nach der Legitimation von Folter? Warum sollte man einem Menschen Folter antun? Um ein Geständnis zu erpressen?

Folter ist das Konzept der Herrschenden, Herrschende zu bleiben. Es ist das Konzept der Zivilisation, die jeweilige Zivilisation als oberstes Prinzip von Kulturgesellschaften anzuerkennen. Folter ist die faschistischste Idee der Gewalt. Wer sie anwendet, ist selbst ein mickriger Zwerg - nimmt man ihm sein Gewaltmonopol weg. Was wären die mächtigsten Zivilisationen gewesen, stützte sich nicht ihre jeweilige Hochkultur auf Gewalt, Sklaverei, Folter, Erniedrigung, Vergewaltigung, Hexenverbrennungen, der Inquisition und brutalen bluttriefenden Riten? Ohne das Gewaltmonopol wäre jede Kultur auf

Kooperationalismus mit dem Volk angewiesen - auf Demokratie. Je weniger Gewalt und Unfreiheit ein Staat anwendet, desto kooperativer müssen seine Regierende mit dem Volk umgehen. Den meisten Regierenden fehlt hierzu schlichtweg die entsprechende Haltung, Kooperativität herzustellen. Je weniger Kooperativität, desto geringer wird auch die demokratische Substanz ausfallen.

DAS SOGENANNTE BÖSE

»Die Entschuldigungen der Großmächte in der Menschheitsgeschichte für ihre Invasionen waren stark wechselnd, nie aber von großer Qualität«, meint Altbundeskanzler HELMUT SCHMIDT, nach dem Beginn des Terror-Managements vom elften September 2001. Meine Theorie über die Friedensunfähigkeit der westlichen Demokratien unterstützt diesen Satz. Wir sind Unwillens, den Frieden zu globalisieren und voller Willen, Krieg für unseren weiteren Wohlstand zu globalisieren: Wir, die westlichen Demokratien (mit einigen wenigen Ausnahmen), sind die Terroristen und Sklaventreiber der freien Völker dieser Welt. Unser Wohlstand lebt davon, anderen Völkern ihren Boden zu nehmen, Kinder, Männer und Frauen zu töten. Längst ist die NATO zur professionellsten Guerilla-Truppe für diese Interessen mutiert. Sie ist ein Monster in Form eines trojanischen Pferdes, das Freiheit und Demokratie predigt, aber Tod und Verderben hinterlässt.

Wir, die westlichen Demokratien sind pleite und hoch verschuldet. Krieg ist die Möglichkeit der Zeit, die uns strickt ihre Wegstrecke zum Wachstum aufzwingt, ein Schnippchen zu schlagen und sich anzueignen, was einem naturgemäß gar nicht zusteht. Wir sind Weltmeister im Morden, Klauen und Brandschatzen - nicht die anderen. Die ahnungslose Bevölkerung wird über die Medien mit Lügen und Wahrheitsverdrehungen vollgestopft, sodass Berichten wie diesem von der Mehrheit nicht im Ansatz geglaubt werden *kann*, weil wir alle mit Informationsmüll bombardiert werden und Opfer von Propaganda für eine neue Weltordnung sind - mit dem Heiligenschein der Tagespolitik und den tagtäglichen Nachrichten. Wir werden über einen ›Informationskrieg‹ gegen die freie Meinungsäußerung und Meinungsvielfalt aufgehetzt und verdummt. Es gibt zahlreiche Bücher, Filme und Berichte von Menschen, die das aufzudecken versuchen, doch hat die Bevölkerung nur aus einem einzigen Grund keinerlei Kenntnis davon: weil die Informationsvermüllungsindustrie gewaltige Summen dafür ausgibt, ihr Volk darüber uninformiert zu lassen.

Gewalt wird einseitig vermarktet, damit man dessen Kern gar nicht erst erkennt oder gänzlich auf den Grund geht. Wir benötigen eine Kultur der antisozialen Persönlichkeit, damit wir solche in den Krieg schicken können. Denn nur sie haben eine sehr geringe bis gar keine Empathie und können ohne mit der Wimper zu zucken, morden, vergewaltigen, foltern und die bestialischsten Dinge tun, die sich ein normaler Mensch nicht einmal vorstellen kann - ganz legal, als Friedensmission und Verteidiger unserer Freiheit getarnt. Dafür brauchen wir Menschen sie, seit Anbeginn unserer Zivilisation. Und dafür hat die Evolution in unserem Genom eine Möglichkeit eingepflanzt, dass es einer geringen Minderheit ermöglicht, Brutalität ausblühen zu lassen. Dieses Gen-Enzym haben wir schon kennengelernt. Nicht jeder hat es und nicht bei jedem der es in sich trägt, wird es ›angeschaltet.‹ Im US-amerikanischen Militär hat man schon vor Jahren damit begonnen, dieses Gen-Enzym für sich nutzbarer zu machen und es für die eigenen Belange zu optimieren. Und dafür entwickelte es die PC-Egoshooter-Spiele. Sie repräsentieren eine ›sozialemotionale Eugenik‹ und sie können in Jugendlichen das sogenannte Böse entfesseln. Ihre Nebenwirkungen oder gesellschaftlichen Kollateralschäden sind mit etwas mehr Beziehungsverrohung gekennzeichnet, mit brutalerer Gewaltbereitschaft unter Kinder und Jugendlichen und mit einer Steigerung von Bildungsverlust. Doch ist deren Lobby die, der Gesellschaft einzureden, dass Killerspiele *keinerlei Nebenwirkungen* besitzen, sehr finanzstark und sie wird gerade von Jugendlichen unterschätzt. Killerspiele sollen ganz gezielt bewirken, dass die Tötungshemmung heruntergefahren wird, damit die Tötungswilligsten unter den Rekruten ausselektiert werden können. Nur sie bekommen einen Job bei den *Marines*, den gefährlichsten Eingreiftruppen der USA. Andere kommen zur CIA und anderen Spezialeinheiten, um zu morden - *auf Teufel komm raus.*

Wieder anderen reicht man kleine Pillen, die noch weiter die Tötungshemmung herunterfahren, um als Jagdheld im Lufteinsatz auf alles schießen zu können, was da kreucht und fleucht.

In der Diskussion um die Tötungsspiele-Kultur junger Menschen im Zusammenhang mit School Shootern wird dieser militärisch gewollte Bezug geflissentlich ausgelassen und so gut wie nie erwähnt. Es ist eine nicht wegzudiskutierende Tatsache, dass nicht die Spieleindustrie solche Spiele Zwecks Erheiterung seiner Nutzer erfand. Das US-amerikanische Militär hat Wissenschaftler dazu angewiesen und damit beauftragt, solche Effekte über Killerspiele im noch jungen Gehirn und der noch jungen Psyche auszulösen. Damals gab es die Killerspiele im freien Handel noch gar nicht. In Militärkreisen gelten die School Shooter als Nebenkriegsschauplätze, als Kollateralschäden eben dieser gewollten Haltung. Die Tötungshemmung zu lockern und auszuhebeln war das Ziel solcher Spiele für Jugendliche und junge Erwachsene. Allein durch eben diese Tatsache erscheint es mir lächerlich, überhaupt zu diskutieren, ob solche Spiele Schäden verursachen oder nicht. Sie sind dafür entwickelt worden, das so genannte Böse im Menschen zu begleiten.

Psychopathen wie die Romanfigur Hannibal Lector, im *Schweigen der Lämmer*, gibt es in Wirklichkeit nicht. Der Autor, THOMAS HARRIS, hat ihn aus mehreren Serienkillern zusammengebastelt. Doch sind Serientäter tatsächlich oft im Einsatz für geheime illegale Projekte - weltweit. Man nimmt an, dass es sogar eine ›Mörderbörse‹ für sie gibt, wobei sie einen Betrag überweisen müssen, um in einem bestimmten, sich stets abwechselnden Gebiet in der zweiten und Dritten Welt, morden zu können. Die Sängerin und Schauspielerin JENNIFER LOPEZ hat, zusammen mit dem Schauspieler ANTONIO BANDERAS, in dem Kinofilm *Bordertown* auf dieses Problem aufmerksam machen wollen. Das sogenannte Böse ist im Auftrag für die Zivilisation unterwegs; auch in der Unsrigen. Es ist dermaßen stark und kapitalvermögend geworden, dermaßen mannigfaltig und korrupt, dermaßen skrupellos und einschüchternd, dermaßen organisiert und vernetzt, dass ihm entgegenzuwirken dem buchstäblichen Tropfen auf dem heißen Stein gleichkommt. Es setzt sich über die Hochfinanz - letztlich gehört ihr nicht nur das Geld, sondern alle großen Firmen dieser Welt, in für sie operierende Multikonzerne hin zu den Militärs und dessen Entwicklungen durch. Der ehemalige Präsident der USA DWIGHT D. EISENHOWER warnte vor den schon damaligen Tendenzen der Verselbstständigung, Verquickung und Verknüpfung solcher Interessen mächtigster Institute und gab diesem Vorgang den Namen: **Militärisch-Industrieller-Komplex**. (Der Militärisch-Industrielle-Komplex ist heute weltweit die mächtigste Institution und Waffe überhaupt. Seit RONALD REAGANS Amtszeit spricht man vom Militärisch-industriell-informatischen-Komplex, da seit den 1980er-Jahren auch die Medien immer fester als *Hofberichterstatter für das Volk* eingebettet werden. Heute ist die freie Presse nur noch eine Farce, sowie auch die freie Marktwirtschaft.) Selbst russische und chinesische Regierungschefs haben Respekt vor dessen Entscheidungskraft. Dieser nicht greifbaren geheimen Gesellschaft gehört praktisch, *nicht de facto,* die NATO und sie hat sich die Möglichkeit erschaffen, die UN zu umgehen oder sie zu erpressen und zu destabilisieren. US-amerikanische Präsidenten funktionieren ihnen gegenüber wie Marionetten. Wer sich gegen sie stellt, stirbt - egal ob Papst, russischer, chinesischer oder US-amerikanischer Präsident. Die einzige Macht, die diese inoffizielle Gesellschaft fürchten würde, wäre ein russisch-chinesischer Militärpakt. Er wäre auch die einzig mögliche Macht, die sich ihr entgegenstellen könnte. Doch das wäre alles andere als wünschenswert, weil es einen neuen ›Eisernen Vorhang‹ nach sich zöge und ein dauerhafter Friede damit für lange Zeit unmöglich gemacht würde.

Der US-Dollar ist im vergangenen Jahrhundert durch die beiden Weltkriege stark geworden. Es war und es ist für die Hochfinanz noch immer gang und gebe, gleich beide Seiten im Krieg zu finanzieren. Das war auch im Hitlerkrieg so. (So wissen beispielsweise die wenigsten, das der Großvater von GEORGE. W. BUSH, PRESCOTT S. BUSH, ein Geldgeber für HITLERS Interessen war). Daran verdient sie das meiste Geld und bleibt *Entscheidungsträger für den Krieg*. Am Krieg kann man sich nicht nur dumm und dusselig verdienen. Es gibt nichts Vergleichbares, an dem man so schnell und so intensiv Milliarden und heute Billionen verdienen kann. Nach dem Fall des Eisernen Vorhangs und durch die Einführung des Euros wurde der Euro stärker als der US-Dollar. SADDAM HUSSEIN beispielsweise wollte sein Öl nicht mehr in US-Dollarnoten auszahlen lassen, sondern in Euroscheinen. Und dann kam der elfte September 2001. Die Möglichkeit, nicht nur den US-Dollar zu stabilisieren, sondern auch die Wirtschaftsgrenzen neu zu setzen. Einmal mithilfe des Militärisch-Industriellen-Komplexes und zum anderen über den Verkauf US-Dollar destabilisierender Güter, Waren und Wertpapiere - der Finanzkrise, die 2008 in Szene gesetzt wurde und mithilfe skrupelloser Banker auf all diejenigen verteilt wurde, die ebenfalls den Hals nicht voll genug bekommen konnten. Die stärkste Waffe dieser sich selbst zu den mächtigsten Menschen erhobenen Kriminellsten aller Zeiten ist ein Finanzcrash, denn dieser ordnet die Herrschaftsverhältnisse so, wie sie für eine neue Weltordnung gebraucht wird. Ein Finanzcrash ist nicht die Wirkung zufälliger Ursachen eines für den Menschen unüberschaubaren Handels. Freilich, als solcher wird er uns als Tagespolitik verkauft, als eine Lücke im Denken von ADAM SMITH und JOHN M. KEYNES - so schafft man Schuldige in einem üblen Spiel. BERND SENF, ein Ökonom, trägt in seinen Ausführungen vor, warum das so ist: »Die Lösung der Blockierung ist die Lösung«. Die Finanzkrise 2008 ist inszeniert und sie war vor knapp neunzig Jahren ebenfalls inszeniert. Alle Währungen, so läuft das gesamtkapitalistische Bündnissystem, sind am US-Dollar bemessen und setzen somit ihre Kaufkraft fest. Der US-Dollar, der an nichts mehr seinen Wert bemisst (RICHARD NIXON löste sein Bemessen am Gold ab, indem er es verkaufte), sucht sich seither eine Bemessensgrenze, an die er sich richten kann und seiner Rolle als Weltwährungs-Waage erhält. Dies ist für das US-amerikanische Machtsystem das Öl und alle wichtigen Bodenschätze, die die Gesamtinfrastruktur einer funktionierenden modernen Konsumgesellschaft ausmacht. Jetzt kann die US-Regierung nicht mal so eben die Dollarnoten, die es benötigt selbst drucken. Sie muss sie drucken lassen und jeden Dollar einzeln auch bezahlen, von der FAD, der Federal Reserve Bank - *einer Privatbank*. Hinzu kommen nun die Mächte der Zukunft, also Brasilien, Russland, Indien und China - die BRIC-Staaten. Alle diese großen Kapitalmächte benötigen Rohstoffe, Währungsstabilität, Arbeitsplätze und einen Konsumklimaindex für ihre eigene Bevölkerung, damit auch sie sich ihre Nasen vergolden können. Derzeit ist die USA, Kraft ihrer militärischen Überlegenheit, in der hoffnungsvollen Lage, die Welt neu zu reglementieren; was sie auch unter BARACK OBAMA weiterhin tut. Doch wenn die USA sich weiterhin auf diesem Planeten wie ein wild gewordenes Untier benehmen, werden Allianzen sich finden und ein neuer Eiserner Vorhang wird die Welt verdunkeln. Viele Historiker haben versucht, in diesem sich immer wieder neu zu erfindenden Prozess Gesetzmäßigkeiten zu deuten, die in der Geschichte selbst vorzufinden seien. Auch heute noch finden sich immer wieder namenhafte Historiker, die dieses Muster einzig im Zusammenhang geschichtlicher Prozesse zu sehen glauben und damit die Geschichte zu einer anerkannten Wissenschaft erheben wollen. Ich befürchte, dass die einzigen Muster und Gesetze, die man beim ordentlichen Stöbern nach eben solchen Regelmäßigkeiten erblicken wird, die sein werden, die wir in unseren Köpfen tragen.

Der Krieg ist die Legitimation allen Bösen im Menschen. Es kann also immer noch schlimmer kommen. In meiner Praxis habe ich Kriegstäter und Kriegsopfer therapiert. Was sie erlebt oder erduldet haben, ist derart grausam und für uns Zivilisten auch unvorstellbar, dass ich mich davor hüte, hier ihre Erlebnisse wiederzugeben.
In den ersten vierzig Jahren nach 1945 wurde in der deutschen Bevölkerung und dem Parlament folgendes in Stein gemeißelt: *Nie wieder darf von deutschem Boden aus Krieg ausgehen.* Doch die Politik sieht dies anders. Auch Deutschland beteiligt sich wieder an Wirtschaftskriegen, denn da oben, so ist es nun mal, herrscht eine Wirtschaftsmafia, ein Bündnis der politischen und Industriellen Oberschicht, gegen die die italienische oder russische Mafia nichts weiter als ein Fliegenschieß ist. Seit eh und jäh hat das Böse seine Kultur im Wesen des Krieges bekommen. Folgen wir nun ihren Spuren und erfahren, dass das Unfassbare eine Realität ist, vor der uns die Mainstreammedien gekonnt abzuschirmen erlernt haben.

KRIEGSBEREITSCHAFT DER STAATEN DEUTLICH GESTIEGEN

HELMUT SCHMIDT, RICHARD VON WEIZSÄCKER, EGON BAHR und HANS-DIETRICH GENSCHER haben Recht: »Kein globales Problem ist durch Konfrontation oder durch den Einsatz militärischer Macht zu lösen.«

Fast die Hälfte der weltweiten Rüstungsausgaben entfielen im Jahr 2008 auf die USA und fast ein Viertel auf weitere NATO und Europastaaten - Tendenz? Steigend! Das *Centre for Arms Control and Non-Proliferation* (*www.arms-controlcenter.org*), Zentrum für Rüstungskontrolle und Nichtverbreitung, eine überparteiliche US-Forschungseinrichtung, veröffentlichte am 21. Mai 2010 eine Aufstellung der weltweiten Rüstungsausgaben. In dem Bericht nehmen die Vereinigten Staaten von Amerika einen unbestrittenen Spitzenplatz ein - sie übertreffen den nächst zweiten Staat (Russland) in Verteidigungsausgaben um mehr als das Achtfache und das, obwohl sie offiziell mit ihrer Wirtschaft ins Straucheln kommen und in Schulden ersticken.
Die US-Ausgaben betrugen 696,3 Milliarden Dollar, gefolgt von Russland mit 86 Milliarden und China mit 83,5 Milliarden Dollar. Damit war der US-Verteidigungshaushalt fünfzehnmal höher als in Japan, siebenundvierzigmal höher als in Israel und fast dreiundsiebzigmal höher als die Ausgaben des Irans.
Dieser Trend der Aufrüstung in den USA geht trotz gegenteiliger Erklärungen über weltweites Verständnis und Zusammenarbeit in den Reden an die Nation und die Welt des US-Präsidenten ungebrochen weiter.
Die nüchternen Zahlen, hinter denen Millionen Schicksale von Einzelpersonen dieser Welt stehen. Diejenigen, die durch die Kriegshandlungen direkt zu leiden haben und alle anderen, die in Armut gehalten werden, um diesen Wahnsinn zu bezahlen:

2008 Defense Expenditure (in billions of current U.S. dollars)

Country 2008 Spending

United States (including war and nuclear) 696.3 / Rest of NATO 325.5

Non-NATO Europe 26.8 / Russia 86.0 / Middle East and North Africa 110.5
Sub-Saharan Africa 12.1 / South and Central Asia 41.2 / East Asia and Australasia 131.3 / China 83.5 / Latin America and Caribbean 58.0 / Canada 19.8 / China 83.5 / United Kingdom 60.8 / France 67.2 / Germany 46.9 / Japan 46.0 / Italy 30.9 / Saudi Arabia 38.2 / South Korea 24.2 / Israel 14.8 / Taiwan 10.5 / Iran 9.6 / North Korea ** / Pakistan 4.4 / Venezuela 3.3

Zusammen: $1.57 Billion

(Quelle: *www.yoice.de)*

Hinzu kommt, dass die Waffenindustrie, weltweit, rund 1,2 Billionen US-Dollar umsetzt - legal! Sie verkauft jährlich so viele Patronen, dass man jeden Menschen auf diesem Planeten damit zweimal erschießen könnte.

KRIEGSPIELER UND DIE KRIEGSMASCHINE

(Tour d'Horizont: Pathokratie)

»National und international geht es immer um Rohstoffe, um Einflusssphären und das Recht und die Macht, anderen zu sagen, wie sie zu leben haben, um der Herrschaft zu dienen. Das ist im Grunde das Prinzip der Elite jeder Gesellschaft seit 5000 Jahren.«
HEINZ DIETERICH

»Während ich schreibe, fliegen hochzivilisierte Menschen über mir und versuchen, mich umzubringen. Die meisten würden nie im Traum einen Mord im privaten Leben begehen. Auf der anderen Seite wenn es einen von ihnen gelänge, mich mit einer gut platzierten Bombe in Stücke zu reißen, wird er deswegen Nachts kaum schlechter schlafen. Er dient seinem Vaterland, das die Macht besitzt, ihn vom Bösen frei zu sprechen.« GEORGE ORWELL

»Es ist sehr schwer, einen Menschen dazu zu bringen, etwas zu verstehen, wenn seine Bezahlung von seinem Nichtverstehen abhängt.« SINCLAIR LEWIS

»Das zum finstersten Räuber verkommende Untier ›Kapitalismus‹ zerrt und reißt sich immer mehr vom Schafspelz ›Demokratie‹ heraus, bis vom Schaf nur noch die Knochen übrig bleiben.« RÜDIGER LENZ

Haben Sie das nicht auch schon bemerkt: *Sobald die Gesellschaft den Politikern ein Problem aufzeigt, sind Politiker mit vereinten Kräften darum bemüht, die Problemlage wieder zur Tagesordnung zu erzwingen, die ihnen ihre Karriereziele in den Vordergrund schieben, damit das Wahlvolk sie auch dafür wählt, worin sie ihre Mög-*

lichkeiten zur Wiederwahl und zu ihren selbst erkorenen Karrierezielelen wieder aufnehmen können.

Es ist für mich unerträglich, erkennen zu müssen, dass wir Deutsche von unseren Politikern schon wieder in völkerrechtswidrige Angriffskriege hineingezogen werden und die Wahrheit darüber nur dann erfahren, wenn wir akribisch und zeitaufwendig nach den wahren Gründen für den Jugoslawien- und Afghanistankrieg suchen. Schon wieder lügen uns unsere Politiker, die Opposition genau so wie die Regierung, über einen Krieg an, den sie uns als Friedensmission und als Stärkung der nationalen Sicherheit verkauft haben. Beide sind völkerrechtswidrige Angriffskriege, bei denen uns auch nicht erzählt wurde, dass dort die alliierten Truppen mit *Uranbomben* Land, Boden und Menschen vergiften. Schätzungen des Militärs gehen davon aus, dass von den Soldaten, die in Afghanistan stationiert sind, zu dreißig bis vierzig Prozent über die dort verschossenen Uranmunitionen, an Strahlenkrankheiten leiden und schließlich sterben werden. Die Strahlenkrankheit besitzt die aggressivste Symptomatik aller uns bekannten Krankheiten überhaupt. Ihr Krankheitsbild ist erheblich aggressiver als das der Immunschwäche AIDS.

Der US-Präsident BARACK OBAMA bekam den Friedensnobelpreis 2009, *weil er etwas vorhat, das zum Weltfrieden führen könnte;* welch Ironie. Zur selben Zeit entwickelten die USA eine neue Superbombe: Die *Massive Ordnance Penetrator,* so der Name, und sie ist fünfzehn Tonnen schwer. Sie kann sich durch massivste Felswände graben, um dann, irgendwann nach vielen Metern des Grabens, zu explodieren. Was bei der Beschreibung der Superbombe nicht bekannt gemacht wird, ist, dass eine solche Grabung durch die Bergfelsen oder die massivsten Betonbunker nur mittels härtesten Materials möglich ist: Und das ist *abgereichertes Uran.* In dieser Munition verbirgt und entfaltet sich der Geist HITLERS auf den heutigen Schlachtfeldern.

DIE STAATSRÄSON

Die Weltpolitik ist eine gefräßige Maschine, die Rohstoffe vertilgt und immer wieder neue Bodenschätze für ihren unstillbaren Hunger benötigt. Ihre Gefräßigkeit beansprucht ständig neue Gebiete, weil sie dort Ödland hinterlässt, wo sie gewütet hat. Aus dieser Maschine kommt alles Geld, alle Konsumgüter und alle Macht. Sie muss laufen und laufen, weil an ihr die Versprechen der Politik zappeln: Wohlstand, ein sorgenfreies Leben, Währungsstabilität, Bildung und Erziehung, Lobbyismus, politische Kultur, Arbeit, alles politische Versprechen und allem voran der Militärisch-Industrielle-Komplex. Dieser ist der Schatten nicht nur aller westlich-demokratischen Regierungen, sondern aller Regierungen. Nicht etwa um irgendeine Lehre oder Theorie aufrecht zu erhalten knarrt dieses mächtigste Räderwerk um unseren Globus, sondern, um die Kulturform der Zivilisation aufrecht zu erhalten. Das ist auch der Grund für Kriege aller Art. Und damit alle so tun können, als sei der Krieg nach HITLER nun etwas Gutes, nennen ihn alle Kriegstreiber eine Friedensmission und Foltergefängnisse werden mit der *positiven Psychologie* und den Mitteln der *Erlernten Hilflosigkeit* optimiert; fast hört es sich nach Partiestimmung an. Allerdings zeigen die Feindbilder dabei immer auf einen Typus, auf ADOLF HITLER. Sein Archetyp des Bösen muss für Friedenskriege herhalten. Für SADDAM HUSSEIN, für SLOBODAN MILOSEVIC, für die Taliban, die Hamas, die Al-Qai'da - niemals aber für die eigene Kriegslist, die an Grausamkeit und Bestialität alles übertrifft, was je da gewesen ist.

Dies immer und zu allen Zeiten zu vertuschen ist die Geburtsstunde für die Staatsräson, also genau das, weswegen selbst sympathische Politiker, wenn sie erst einmal in Amt und Würden gelangen, nach und nach immer realitätsferner werden; es trifft sie alle - irgendwann. Wer auch immer jemals mit ihr in Berührung kam, wird sie bis zu seinem Tode verteidigen und selbst den eigenen Amtsnachfolger zwar in vielen Bereichen kritisieren, niemals aber dabei die Staatsräson entblößen oder sie ans Volk *verraten*. Die Staatsräson funktioniert wie ein Virus. Ihn bekommen nur Politiker, Beamte höheren Dienstes, hohe Offiziere, Großunternehmer, Mitarbeiter des Geheimdienstes und mächtige Banker. Denn sie sitzen *in* der Maschine und sorgen für ihre Bewegung. Zwar wissen sehr viele Bürger, dass da irgendetwas Machtvolles ist, doch glauben auch wir, wir kommen damit durch, indem wir die Augen, die Ohren, den Mund und unseren Verstand davor verschließen, um so zu tun, als wäre da nichts. *Irgendwie geht es schon weiter.* Die Staatsräson ist der wahre Mechanismus von Macht, Geld, politischem Handeln und sie dient dem Aufrechterhalten eines Herrschaftsmusters, das wir alle im Laufe des eigenen Lebens gut kennenlernen. Dieses Herrschaftsmuster ist nicht etwa an Demokratie, Kommunismus oder Sozialismus gebunden, sondern immer und überall an die Säulen der Zivilisation. Diesen Unterschied zu durchschauen ist zunächst einmal alles andere als offensichtlich oder einfach. Da wir alle mit viel Suggestivkraft von klein auf von unserem System überzeugt werden. Diesem Zweck dienen Bildung, Erziehung und Erwachsenenbildung fast vollständig. Deshalb verlieren wir auch mit der Zeit den Blick für diesen kleinen Unterschied. Je mehr man sich jedoch mit diesem kleinen Unterschied beschäftigt, desto umfassender wird er einem bewusst.

Doch die Frage die mich im Zusammenhang mit der Staatsräson beschäftigt, ist: **Ist die Staatsräson der eigentliche Feind des Friedens, der Menschenrechte und der menschlichen Würde, der Demokratie und der kulturellen Kooperation?** Der Begriff der Staatsräson meint, dass die Staatsinteressen allen anderen Interessen vorangehen. *Die Staatsräson ist ein Grundsatz der Regierung, nach dem der Staat ein Anrecht darauf hat, seine Interessen unter Umständen auch unter Verletzung der Rechte des Einzelnen durchzusetzen, wenn dies im Sinne des Staatswohls für unbedingt notwendig erachtet wird.* Aber ist denn nicht das Staatswohl durch den Volkswillen definiert? Wie weit dieser Grundsatz, die demokratische Ordnung zu dehnen bereit sein kann, können wir daran ermessen, was unter dem Begriff der *Stasi 2.0* bekannt wurde. Oder am *Patriot Act* und dem *Heimatschutz* in den USA. *Um eine bessere Freiheit zu erlangen, gibt man dort Freiheiten auf.* So dummschlau kann das vor sich gehen.

Doch was passiert eigentlich, wenn die Staatsräson zum entscheidenden Führungsanspruch politischen Handelns wird? Was ist,

wenn die Staatsräson nach der Macht und nach dem Gesetz greift? Und was passiert, wenn ein Staat absichtlich seine Geschicke so lenkt, dass die Staatsräson die korrumpierenden Interessen einer Gruppe von Politikern durchsetzt? *Was wenn die Staatsräson Hochverrat deckt?* Die Staatsräson ist eine Ausnahme im politischen Handeln. Was aber, wenn diese Ausnahme zur Regel wird?
Die Politiker, die ihre Politik an diese Maschinerie anpassen, werden später, wenn sie nicht mehr in Amt und Würden das Volk *vertreten*, an ihren Tentakeln sitzen dürfen und ihre Lebensqualität durch lukrative Geschäfte noch besser steigern dürfen. Dabei werden sie beschützt von all denjenigen, die sich als Besitzer aller möglichen Wirtschaftszweige an den Früchten dieser Maschine laben. Denn allein der Arbeitgeber aller Arbeit Gebenden, also die Maschine selbst, hat sich sie zunutze gemacht, denn ein jeder weiß: *»Wes Brot ich ess, des Lied ich sing.«* Die Maschine führt ein Eigenleben, fast wie in dem Kinofilm *Matrix* und sie ist zu einem großen Teil daran beteiligt, das über bestimmte soziale Themen nicht diskutiert werden kann, darf oder soll. Die Demokratie ist für die Staatsräson eine lästige Hürde, aber auch die beste Legitimationsstrategie, um ihre Interessen zu rechtfertigen. Denn nirgends ist leichter zu lügen, als in einer Demokratie - obwohl gerade sie ja die Meinungsfreiheit und Überprüfbarkeit über die Wissenschaften hochhält. Nur, in der Realität ist dem nämlich nicht so. Es gibt auch in Deutschland weder eine wirkliche Meinungsfreiheit, noch eine Deckung politischer Machbarkeit oder Durchsetzung ihrer Interessen mit den Ergebnissen der Wissenschaften. Die Staatsräson ist beiden deren Grenze.

DER MILITÄRISCH-INDUSTRIELLE-KOMPLEX

»Wenn der Feind reich ist, wollen sie seinen Besitz, ist er arm, wollen sie, dass er sich fügt. Nichts in Ost und West genügt ihnen. Sie begehren Hab und Gut aller anderen, auch wenn diese verarmen. Rauben, zerstören, plündern - das ist Imperium. Und die Einöde, die sie überall hinterlassen, nennen sie Frieden.« TACITUS

Der Militärisch-Industrielle-Komplex schützt bestimmte Industriezweige und Rohstoffe, die den Weg zu mehr Geld freimachen sollen, indem er über militärischen Einsatz die Bevölkerung zwingt, nicht gegen bestimmte vielfältige Machenschaften anzugehen. Was in der zweiten- und dritten Welt, über die Staatspolizei, oder direkt über das Militär geregelt wird, wenn neue Richtlinien erprobt werden, um beispielsweise aus Wasser ein Konsumgut mit hohen Preisen zu erzielen. Solche Versuchsterritorien sind mit dem zu vergleichen, was man in wissenschaftlichen Laboratorien eine *Petrischale* nennt. Denn in der zweiten- und dritten Welt kann man großflächig erproben, wie sich soziale- und psychodynamische Prozesse in solchen Petrischalen entwickeln und klammheimlich Waffen dagegen optimieren, die den Demonstranten das Demonstrieren schwerer machen und das sich Einfügen in ihr Schicksal erleichtert; auch mit europäischem Knowhow und europäischer Ingenieurskunst. In zahlreichen Ländern, aus denen niemand hier ihr Klagen erhört, werden solche *neue Weltordnungsexperimente* durchgeführt, optimiert, um letztendlich hier bei uns verfeinert und stilisiert durchgesetzt zu werden. Das Stichwort der Politiker heißt dann stets: »Wir stärken damit die Freiheit und Selbstbestimmung der Bürger.« Was immer mit weniger Netto, weniger Meinungsfreiheiten und noch dümmer machender Bildung zusammenfällt - schaut man genauer nach.

Schauen wir einmal als Beobachter oben auf die Welt der Menschen und beantworten die Frage, was sie antreibt und welchen Wegen sie folgt. Die Antwort ist banal: *Die Interessen der Menschheit als Ganze werden von den Staaten gelenkt, die die stärkste Militär- und Wirtschaftsmacht besitzen.* Die Reichen und mächtigen Nationen führen die Welt. Das ist nicht demokratisch, denn Demokratie fördert die Auflösung vom Herrschaftsprinzip. Das ist Militarismus und Plutokratismus, oder, wie die Grand Senior der Politik des letzten Jahrhunderts HILDEGARD HAMM-BRÜCHER über die deutsche politische Kultur 2009 resümiert: »Das ist Oligarchie«. Die Vereinigten Staaten von Amerika sind das größte und machtvollste Imperium, das es je gab. Ihre Richtlinien wurden von GEORGE W. BUSH zu einem neuen Kredo zusammengefasst, in dem der Militärisch-Industrielle-Komplex eine Schlüsselrolle zur Entfaltung dieses Kredos bekam. Er gab der Zivilisationsmaschine neuen Antrieb, sich schneller zu drehen. Die Weltbevölkerung bekam diese Zäsur schockartig zu Gesicht, als sie mit anzusehen hatte, wie in New York das Welthandelszentrum, das *World Trade Center* von zwei Flugzeugen zum Einsturz gebracht wurde. Wie das Pentagon und das Weiße Haus Angriffsziele von Höhlenbewohnern wurden, die das bestfunktionierende und sicherste Flugabwehrsystem aller Zeiten umgangen haben. Was die Hochtechnologie der Russen gerne geschafft hätte, neuzeitliche Höhlenbewohner schafften das mit Leichtigkeit gleich vier Mal hintereinander.

Der Militärisch-Industrielle-Komplex hat vier Aufgaben, denen er sich hingezogen fühlt. *a)* Er drängt mit Waffengewalt und oft mittels eines Militärputsches Demokraten in der zweiten- und dritten Welt von der Macht und setzt an ihrer Statt Verbrecher, um beispielsweise die Holzindustrie im Regenwald zu etablieren, um Geld zu gewinnen und dabei in harten Devisen den Dollar zu stärken. Wo ein Staat nutzbringende wichtige Rohstoffe besitzt, hat das US-Militär Stützpunkte und dirigiert den Handel. Entweder von einer von ihr eingesetzten Industrie oder über eine dort ansässige korrupte Unternehmer- und Politikerstruktur. *b)* Zum anderen planen die Drahtzieher des Militärisch-Industriellen-Komplexes gezielte Angriffskriege, die sie Präemptivkriege nennen und stehlen dabei hinterrücks irgendeiner Nation ihre Rohstoffe oder zerstören deren Infrastruktur zur Durchsetzung anderer Interessen. *c*) Die dritte Form ihres Einschreitens ist den Bürgern in demokratischen Ländern fast vollends unbekannt. Er schürt Unruhen in bestimmten Ländern, um in den Ländern deren Vormachtstellung in bestimmten Bereichen zu unterwandern. Diesem Zweck dient beispielsweise der Krieg gegen die Taliban in Afghanistan. Und sein Grund wird einem erst deutlich, schaut man auf eine Weltkarte und sieht selbst nach, wer dort in unserem Bündnis steht und wer nicht. Die westliche Bündnisgemeinschaft erfindet derzeit die meisten Patente und setzt die Richtung, die die Weltwirtschaft zu gehen hat, durch. *Die Welt gehört uns* und wir berufen uns dabei auf die verhängnisvollste Grundlage überhaupt: Auf die Bibel, *die Gottes Licht und Wort wiedergeben soll.* In den letzten zweihundert Jahren hat uns kein arabisches, hinduistisches oder buddhistisches Land bedroht, angegriffen oder überfallen. Wir aber sie. Sie sind unseren Wahnsinn gewohnt. Weil die Welt uns gehört - besser gesagt, sie gehört den wahnsinnigen Psychopathen in unseren Reihen. Und genau dieses *alleine über die Welt zu bestimmen* könnte ein Ende finden, wenn China sich seine Verbündete selbst aussuchen kann, weil ihr schon heute ihr Wille zur Selbstbestimmung niemand mehr streitig machen kann. Chinas verbündete könnten das moslemische Afrika, der Orient und ganz Asien werden. Wobei Russland ganz sicher seine Unabhängigkeit behalten wird. Russland wird jedoch auch dort seine wirtschaftliche Zukunft sehen und nicht im westlichen Wirtschaftsbündnis. Denn das versucht ständig, Russland einzugrenzen und zu schwächen. Um Russland einzuladen, hätten wir sie zu Beginn der 1990er Jahre einladen können. Das wurde vertan. Doch Europa als Ganzes wäre damit gut zurechtgekommen. Spätestens, wenn China die USA ablösen wird - das wird kommen, spätestens dann wird sich das rächen. Im westlichen Wirtschaftsbündnis leben ungefähr achthundert Millionen Menschen. Dem stünden nach dem chinesischen Modell ungefähr drei Milliarden Menschen gegenüber. Das wäre ein Verhältnis von 1:3,8. Was dies bedeuten könnte, wird sich jeder selbst ausmalen können. *Dies zu verhindern und so lange wie nur irgend möglich in die Länge zu ziehen, ist die Aufgabe des Militärisch-Industriellen-Komplexes heute.* Womit wir bei seiner vierten Aufgabe angelangt wären: *d) des Herstellens von Mehrheiten im westlichen Bündnis über nationale- oder internationale Ereignisse, die ein Erzwingen des Einschreitens des gesamten Potenzials des Militärisch-Industriellen-Komplexes entfesselt und den Satan zu bekämpfen als ein alles entscheidenden Fall ausruft.* Am elften Neunten 2001 ist dies in New York geschehen. Es war das größte Trojanische Pferd, das es je gab, gigantisch, schockierend, traumatisierend und nach einer Rache schreiend, die nicht aufzuhalten war.

Der Militärisch-Industrielle-Komplex hat einen Verbündeten, die Hochfinanz. Sie inszenierte letztlich absichtlich und nicht etwa zufällig und plötzlich, schon den Börsencrash zu Anfang des letzten Jahrhunderts und sie ist auch für den Börsencrash verantwortlich, der 2008 weltweit begann. Dieser Crash wird als Hilfsmittel zur Beschleunigung der Arbeiten des Militärisch-Industriellen-Komplexes eingesetzt, um Regionen, die an ihm hängen, zu schwächen und willfährig für die Ziele imperialen Gedankengutes zu machen. Ein Börsencrash lässt Länder einknicken, die vielleicht nicht bereit sind, dem Navigator der Maschine zu folgen und ihm dessen Macht zu borgen, wann immer er sie für die Stützung der Maschine benötigt. *Cui bono - wem zu Vorteil?* Man braucht nur dem Geld zu folgen, das weggesaugt wird, denn irgendwo ist der Beutel, in den das angesaugte Geld hineinfällt - und schon hat man den Verursacher. *Folge den Wegen, die die Ressourcen nehmen und du gelangst zum Täter.*

Die Staatsräson lässt den Bürger nur wissen, was er wissen soll, damit er die Löcher stopft und nötigenfalls vor den Karren gespannt werden kann, um heldenhaft zu morden, zu plündern und niederzuwalzen, zu was er weder Bezug noch eine Kenntnis besitzt. Ein Menschenleben ist leider zu kurz, als dass man genau verstehen kann, wie ein solcher Prozess seine Entfaltung zeigt, denn uns erscheinen seine Spuren als zufällig und immer von äußeren Umständen gelenkt. Das aber ist der Feenstaub, der uns dabei stets in die Augen gestreut wird, damit wir verwirrt sind und gar nicht darüber nachdenken, *dass der eigentliche Feind in den eigenen Reihen Platz genommen hat.* Macht, Geld, Einfluss, Militär, Banken, Industrie und Politik, sie dienen nicht demokratischen Zielen, sie dienen nicht einmal diktatorischen Zwecken. Sie sind Selbstzweck zur Aufrechterhaltung dessen, was ich eine Zivilisationskultur nenne. Das ist das Motiv der Herrschaft, aller Herrschaft überall, der Selbstzweck. Selbst bis aufs Blut befeindete Staaten führen niemals eine Propaganda gegen den *äußeren Feind*, der dies zum Thema hätte, um ihn vor seiner Bevölkerung zu entblößen und ihn im Inneren vor seinen Bürgern zu entlarven und zu destabilisieren, was ja ein Vorteil wäre; auch gegen HITLER ist niemand der Alliierten so vorgegangen. Damit hätte man nämlich immer auch sich selbst entblößt, *weil man ja das gleiche Spiel spielt*: **das Spiel um die Navigation der Zivilisationsmaschinerie**. So etwas hinauszuposaunen ist gegen die Staatsräson der Verbündeten, denn sie wissen, dass sie alleine nichts sind. Gegen die Maschine zu posaunen bedeutet Hochverrat und ruft die Henker der Geheimdienste auf den Plan. Denn wenn sie eines niemals wollen und auch niemals zulassen werden, dann ist das: *nie-*

mals der Verräter und damit der Feind dieser Maschine zu werden, denn die Maschine tötet jeden und sie hat auch bisher jeden getötet, der ihr Antlitz und ihren Ort preisgab. Damit der Militärisch-industrielle-Komplex das *US-Westeuropa-Imperium* auch weiterhin am Leben erhält, werden, Schätzungen zufolge, 1,2 Billionen US-Dollar jährlich ausgegeben; von einem Land, die USA, die mit 14,2 Billionen US-Dollar verschuldet ist! (Die Kette reicht auch hier bis in die Finanzstruktur des Euro und seinen Untergang hinein.)
Der neunte September 2001 geschah, weil man auch bei diesem beispiellosen Gewaltakt der Zeit ein Schnippchen schlagen wollte und loslegen wollte, mit einer neuen Weltordnung, die das Verhältnis 1:3,8 so lange wie möglich verhindern und sabotieren will. Mit den Moslems hat man sich den leichtesten und unglaubhaftesten Gegner ausgesucht, um die andere Seite der neuen Weltordnung zu verhindern. Er ist der Prügelknabe in einem kalten Krieg wie diesem, den man ohne viel Mitgefühl zu erregen niedermetzeln kann; glauben doch die meisten, Moslems seien Verbrecher, Frauenschänder und Terroristen. Es ist erschreckend, dass wir noch immer einen Judenstern verteilen und niemand aufschreit. Und wenn jemand einen Aufschreienden hört, dann wird dieser als weltfremder Verschwörungstheoretiker verächtlich angestarrt und sein Kontakt gemieden. Aber wie ist es möglich, dass wir von all dem nichts mitbekommen haben oder nichts wissen können? Die Medien hätten doch darüber berichtet.

»Es gibt zu dieser Zeit in der Weltgeschichte in Amerika keine solche Sache wie eine unabhängige Presse. Sie wissen das und ich weiß es. Es gibt nicht einen von Ihnen, der es wagt, seine ehrliche Meinung zu schreiben, und wenn Sie es würden, wissen Sie im Voraus, dass sie nie im Druck erscheinen würde. Ich werde wöchentlich dafür bezahlt, um meine ehrliche Ansicht aus der Zeitung, mit der ich verbunden bin, herauszuhalten. Andere von Ihnen erhalten ähnliche Vergütungen für ähnliche Dinge und jeder von Ihnen, der närrisch genug wäre, ehrliche Meinungen zu schreiben, würde sich auf der Straße wiederfinden, um sich nach einer anderen Arbeit umzusehen. Wenn ich es mir erlauben würde, meine ehrliche Meinung in einer Ausgabe meiner Zeitung erscheinen zu lassen, wäre ich meine

Beschäftigung vor Ablauf des Tages los. Die Aufgabe der Journalisten ist es, die Wahrheit zu zerstören, gerade heraus zu lügen, zu verdrehen, zu verunglimpfen, vor den Füßen des Mammons zu kuschen und sein Land und seine Rasse um sein tägliches Brot zu verkaufen. Sie wissen es und ich weiß es. Was für eine Narrheit ist dieses Trinken auf eine unabhängige Presse! Wir sind die Werkzeuge und Vasallen reicher Männer hinter der Szene. Wir sind die Hampelmänner, sie ziehen die Fäden und wir tanzen. Unsere Aufgabe, unsere Möglichkeiten und unser Leben sind das Eigentum anderer Männer. Wir sind intellektuelle Prostituierte.« *JOHN SWINTON, ehemaliger Herausgeber der New York Times*

SPIELE UND SPIELER

Als die SED in der ehemaligen DDR zusammenfiel und ERICH HONECKER das Land verließ, da hatten viele das Gefühl, dass der Klassenfeind in die Knie ging. Warum aber fiel die Mauer tatsächlich, oder, *wieso konnte die Mauer fallen?* Die Antwort darauf hat eine längere Geschichte. Aus ihr picken wir die für unser Thema relevanten Ereignisse einmal in Stichworten heraus und sehen uns das Ergebnis dann einmal aus der Vogelperspektive an. *Wieso konnte die Mauer in Deutschland fallen?* Weil der gesamte Ostblock der *Union der Sozialistischen Sowjetrepubliken UdSSR* zusammengebrochen war. Warum, oder, *was hat ihn zusammenbrechen lassen?* Beschäftigen wir uns mit dieser Frage einmal eingehender, denn sie beantwortet mehr, als man zunächst vermuten könnte.

Es war nicht das Volk, das die Macht an sich riss und die Wende herbeiführte. Das wird gerne erzählt, weil man sich darin so schön mit Ruhm sonnen und mit wohl klingenden Zeilen in entsprechenden Geschichtsbüchern wiederfinden kann. HANS-DIETRICH GENSCHER und HELMUT KOHL tun das unverblümt, wohl wissend, dass sie beide nur Statisten waren in einem Spiel, bei dem sie zur richtigen Zeit am richtigen Ort an den richtigen Hebeln saßen. Auch MICHAIL GORBATSCHOW hat die Wende mit *Glasnost* und *Perestroika* nicht herbeigeführt. Eher war er gezwungen, im Interesse eines nicht mehr zu unterdrückenden Wandels die Wende einzuleiten. Es waren die

Rohstoffplätze dieser Welt, bei dessen *Weltkampf-Kriegen* die USA und mit ihr die westliche Zivilisation, das Spiel gewonnen hatte. Verlierer waren all die Länder im Osten, die der Sowjetunion die Treue schworen. Was aber hat diesen Weltkampfkrieg, den Kalten Krieg, geformt?
Die Geschichte wird bekanntlich von den Siegern in die Bücher der Weltgeschichte geschrieben und dann in Schulen als *die* Wahrheit dargestellt. Eine Wahrheit, die nur Pate dabei spielt, das Bestehende nicht zu hinterfragen und die Marschrichtung der Herrschaft zu verteidigen. Der Kapitalismus beruht auf einer Rohstoffausbeutung auf den natürlichen Ressourcenplätzen dieser Erde, was zu einem Ökozid in vielen Bereichen führt und heute sogar schon auf einen Geozid hinausläuft. Diese beiden Auswüchse des Kapitalismus sind sozusagen seine von ihm abzweigenden Verwucherungen, seine Kollaterale. Der Lebenstod in all seinen Varianten ist Teil des Charakters des Kapitals. Natürlich hören wir alle das nicht gerne und tun am liebsten so, als sei das Geschwätz, als sei der reale Kapitalismus bloß demokratie- und friedenstiftender Dienst an der Menschheit und der gesamten Natur. Doch niemand, so das Seltsame daran, kann einen Kapitalismus vorhersagen, bei dem das nicht so wäre; der Nobelpreis wäre diesem Genie sicher. Im Wesentlichen beruht jedoch alles politische Wirken auf Kapitalismus. Auch der Kommunismus und der Sozialismus; der Unterschied besteht eigentlich nur in der Verteilung und Herstellung der Waren zum Volk hin und zum Austausch des Kapitals im Warenverkehr unter den Nationen. Zu wenig Kapitalwirtschaft führt zu einengenden inneren politischen Führungssystemen. Somit sind politische Lehrmeinungen immer bloße Legitimationsstrategien für die Rechtfertigung, Führung zu beanspruchen und Führung in innere Herrschaft zu transformieren und zu verfestigen. Sie sind Nebel für das Volk, um über es weiterhin herrschend zu regieren.
Supermächte bilden da eine Ausnahme. Sie verlangen nach der Maschine, nach einem Navigationssystem und einem Navigator, um die Welt zu lenken. Macht zu zentralisieren birgt also einen enormen Vorteil. Sie verlängert das Haltbarkeitsdatum der Herrschaft und des Herrschaftssystems. Herrschaft aber birgt in sich jedoch auch

einen enormen Nachteil: Sie ist prinzipiell mit einer endlichen Haltbarkeit gesegnet. Herrschaft ist immer Herrschaft über andere und niemals Selbstzweck. Daher benötigt Herrschaft Herrschaft über sich selbst. Dazu ist das Militär in solchen Systemen immens wichtig. Das Militär beherrscht die Haltbarkeit im Inneren über die Beherrschung anderer Länder, um *a)* das dort lebende Volk zu unterjochen und es zu seinen Zwecken auszubeuten. *b)* Dem Land seine Landbasis zu nehmen und die dort vorkommenden Rohstoffe selbst zu verwerten, *c)* dem Land sein eigenes System überzustülpen, um das eigene Herrschaftsgebiet zu erweitern. *d)* Aus dem Land dann eine militärische Basis zu errichten, um weitere angrenzende Gebiete einzuschüchtern und sie über Geheimbasen zu infiltrieren. Dieses Prinzip der Superherrschaft stärkt die eigene Herrschaft über die so geordneten Herrschaftsverhältnisse in der Welt. Man spricht hier auch von einer Weltordnung. Das Streben danach, Supermacht werden zu wollen oder es einer bestehenden Supermacht gleich zu tun, hängt immer von der kapitalen Erwirtschaftung der Landbasis und dem Wert der Rohstoffe ab. Entweder kolonialisiert ein Land andere, weil es militärisch stärker ist, oder es erzwingt Bündnisgemeinschaften, um die eigene Staatsmeinung zur Religion der Weltsicht anderer werden zu lassen. In beiden Fällen sind die tragenden Säulen immer identisch: Es ist die Landbasis, die zur Grundlage der benötigten Wirtschaftlichkeit führt.
China, Brasilien, Indien oder Russland heute werden diese Wege einschlagen müssen, wollen sie Unabhängigkeit mit ihrer Wirtschaftsstärke verbinden. Doch geht hohe wirtschaftliche Potenz immer nur mit der Entwicklung von Weltpatenten einher. Daher kann China als die einzige Macht der Zukunft diese Unabhängigkeit anstreben und auch verwirklichen. Kein Land bildet derzeit mehr Ingenieure aus, als China. Dort werden mehr Ingenieure ausgebildet, als in ganz Europa. Man will voranschreiten und nach dem Zepter greifen, der zur Navigation befähigt. Die Mechanismen, die zur Herstellung einer Supermacht führen, sind also immer auch mit militärischer Dominanz verbunden, weil wir auf einem Planeten wohnen, dessen Landbasis und damit dessen Rohstoffe endlich sind.

Und jetzt kommt das Banale: Die gleichen Mechanismen, die die UdSSR zum Aufgeben zwangen, die gleichen Mechanismen werden auch uns in die Knie zwingen. Keine Hochkultur kann auf ewig die Geschicke der Welt regieren, alle gingen genau wegen dieser auf Dauer so enormen Anstrengung unter. Bei einem solchen Spiel der Giganten gegeneinander gibt es keine Gewinner, nur Verlierer, weil es niemals Gewinner geben kann. Nur Kooperativität würde Gewinner auf beiden Seiten erzeugen, aber Kooperativität ist für Psychopathen eine *No go-Area*. Wir glauben, wir seien die Gewinner des Spiels, doch ist es ein Nullsummenspiel, weil dieses Spiel ein Spiel ist, das aufs Ganze setzt. Die ganze Erde und alle Rohstoffe sind ein endliches Spielfeld. *Jeden Tag muss man dabei den vergangenen Tag nach allen Möglichkeiten noch übertrumpfen und somit immer mehr zerstören.* In der Wirtschaft nennt man diesen Vorgang allerdings Wirtschaftswachstum.
Auch in der ehemaligen UdSSR war man nur sehr gering am Kommunismus interessiert. Sowie man auch bei uns an Demokratie nur wenig Interesse zeigt. Viel mehr ist man daran interessiert, eine andere Form der Zivilisationskultur, nämlich eine vom anderen unabhängige Zivilisation zu entwickeln, in der eigene Wahrheiten und Weltbilder Herrschaft und Abhängigkeiten legitimieren können. Das ist der wesentliche Grund für das Erfinden politischer Theorien, Lehrmeinungen, Geisteshaltungen und Unterschiede. Ist ein Staat unangefochten Weltmacht, dann dauert es ein paar Generationen oder nur eine, bis die Weltmacht zerfällt und sich aus den Trümmern eine neue Weltmacht ergibt; so ist es seit Jahrtausenden. Die Verlierer verhalten sich sodann wie die Opposition im Bundestag. Sie jammern und klagen an, haben andere Vorstellungen und versuchen, die Regierung abzulösen. Kommen sie dann allerdings an die Macht und stellen die Regierung, verhalten sie sich genauso, wie sie die vorherige Regierung stets bejammert, angeklagt und sie auf deren Fehlverhalten aufmerksam gemacht haben. *Es ist im Grunde, egal wer regiert, weil sie alle in dieselbe Richtung regieren müssen.* Viel wichtiger wäre, die Demokratie auszubauen.
Natürlich steht in den Geschichtsbüchern, dass der Kommunismus und der Sozialismus korrupt und diktatorisch vorgingen und das

Volk sich davon befreit hat, oder GORBATSCHOW es befreite; klingt ja auch erheblich siegessicher und nach demokratischer Allmacht. Wobei sich dessen Legitimität hervorragend in Bildung und Erziehung als *Mythos der eigenen Überlegenheit* und ebenso als ein besonders würdiges Wahrheitsideal zu schmücken versteht. Es ist aber nur Schall und Rauch und hat mit der Wahrheit hinter der Demokratie überhaupt nichts zu tun. Der auf beiden Seiten stets eingehaltene Kodex, dass das Spiel der Herrschaft (das Spiel um die Weltmacht) niemals im Volk als reale Politik hinter den Kulissen wahrgenommen werden darf, bindet sie, die zu Supermächten sich etablierten Herrschaftssysteme gegenseitig dennoch fest zusammen. Der Bürger darf darüber keinerlei Bewusstsein haben. Hat er es doch, so gibt es Totschlagargumente die wie die Pest wirken: Alle verfallen in eine positive Diskriminierung dieser Person gegenüber und meiden diese, wie der Teufel das Weihwasser. Gelingt ihm dennoch zu überzeugen, dann folgen die Vorwürfe des hitlergetreuen Faschisten, des Antisemiten oder des Vergewaltigers - Hauptsache die uninformierte Masse ist in einem Loyalitätskonflikt zu den Medien gefangen. Man kann dies als Realitätsdilemma bezeichnen, bei dem zwei Realitäten zu Gunsten einer Mehrheitsmeinung in eine einzige Wahrheit verwandelt wird. (Siehe hierzu in diesem Buch *Rad oder Getriebe*.) Die unaufgeklärte Mehrheit wird sich ganz sicher nun von dem Pestbefallenen abwenden und nicht mehr an weiteren Informationen interessiert sein, denn: Mit HITLER oder einem Antisemiten will wohl niemand auch nur irgendetwas zu tun haben. Dass es sich dabei um ein Komplott handelt (oft gegen Demokratie, Meinungsfreiheit und Freiheit ganz allgemein), das kann die unaufgeklärte Mehrheit gar nicht verstehen. Denn sie wird ständig von den meinungsbildenden Medien für die Deckung der Lügen mit Informationen vollgestopft, die stets an die Staatsräson angepasst und optimiert werden.

MORDSREGELN

Doch das alles ist nur ein Fünftel der ganzen Wahrheit. Zoomen wir die Umstände einmal etwas näher an uns heran. Die US-amerikanische *Stinger-Rakete* beendete in Afghanistan, mittels der *Mudschaheddin,* dessen Anführer und US-gesponserter Freund USAMA BIN LADEN heißt, die immensen Militärausgaben der UdSSR. Die US-Geheimdienste schufen mit großem Kalkül die *Mudschaheddin* und die Macht der Taliban in Afghanistan. Die US-amerikanische Regierung, die NATO und die CIA halfen den Taliban damals, an die Macht zu kommen und unterstützten diese mit großen finanziellen und militärischen Mitteln - *auch heute noch*. Genau so, wie sie beispielsweise auch SADDAM HUSSEIN im Iran-Irak-Krieg (1980 - 1988) unterstützten und zum Mitglied der CIA werden ließen.

Es scheint Taktik der US-Außenpolitik zu sein, zu helfen, was das Zeug hält und dann, sobald man dem, dem man geholfen hat als Feind der eigenen Interessen zu umkreisen. Diesen Helfershelfer abzusetzen oder ihn in geplante Eskalationsstrategien und Expansionskriege zu verwickeln, die vom Kriegstreiber dabei sogar noch auf beiden Seiten finanziert werden. Schließlich hat der Plan ja auch ein Ziel und *man will vorankommen*. Die Botschaft dahinter mahnt: *Ich will nicht teilen.* Weil man sich damit eine gute Lobby zur Friedensmission für die uninformierte westliche Welt aufbauen kann und dort mit dem Mantel eines zuvor schon kreierten Befreierteams und als *Demokratisierer der Region* sich wie ein Friedensapostel und Freiheitsprophet für die Menschenrechte einbringen kann. So werden heutzutage Kriege gerechtfertigt. Das ist Mimikry im professionellen Stil, bei der sogar die Vereinten Nationen Beifall klatschen. Das Versteck für solche Operationen und solcher Lobby sind das Volk der demokratischen Länder. Es wird vollständig falsch informiert und alles *auf Linie* der angeblichen Weltverbesserer gebracht. Dem Volk reicht die Gewissheit, dass der Moslem ein böser Mensch ist. Hauptsache ist ihm, dass überhaupt irgendjemand ein ganz ganz böser Kerl ist, der von außen deren heile Welt zu zerstören beabsichtigt. Solche Feindbilder sind ein Teil der Sozialmimikry und des Terrormanagements auf der Seite der Guten. Und wie erreicht man das? Indem man lügenhafte Zieldarstellungen in allen Medien verbreitet und diese dann vonseiten hoher Regierungsbeamter bestätigt und durch sie verlautbaren lässt. Die Mittel dazu sind zuvor gemachte Androhungen, Erpressungsversuche oder gezielt eingefädelte innenpolitische Problemanhäufungen. Es ist bekannt, dass die USA unter George W. Bush dieses Mittel bei seinen nicht so willfährigen Verbündeten, beispielsweise auch bei Bundeskanzler Gerhard Schröder, versucht hat. Wenn ein Parlament dann in eine willfährige Richtung debattiert, dann wird dies zur offiziellen und nicht mehr zu hinterfragenden Realität. Hier endet dann auch die Meinungsfreiheit in Schrift, Bild und Ton - auch in Deutschland.

Wer sich etwas mit den militärischen Strategien der USA auseinandergesetzt hat, der weiß, dass deren Strategie immer schon die war, *den Gegner auf den Hund zu bringen.* So nennt das US-Militär dass, was im inneren Kern ein Land kaputtmacht und die Infrastruktur vollständig zerstört. Somit hat das Land dann gar keine innere Struktur mehr und bietet dem inneren Terror alle Möglichkeiten für Eskalationsstrategien. Diese Verwirrtaktik ist dann optimal für das Kriegsrätselspiel: NATO, CIA, UN-Truppen - alle kochen ihr Süppchen gegen den Feind und alle Waffensysteme spielen dann einen Krieg gegen alle Waffensysteme, was die Rüstungsindustrie und die Banken freut. So wird heute Krieg geführt. Krieg ist ein Geschäft geworden und man beginnt heutzutage mit dem Erstschlag pünktlich zur besten Sendezeit.
Eine solche Strategie hat aber auch noch einen entscheidenden Vorteil: Eine solche Kriegsführung ist äußerst sparsam für die, die von oben in diesen Ameisenhaufen nun beginnen, Benzin einzugießen und es anzünden.

Schritt 1) um ins Innere eines Ameisenhaufens vorzudringen und die Strukturen dort lahmzulegen, die wichtig für einen Zusammenbruch des Ameisenhaufens sind, *unterbindet man einfach alle Kommunikationsmöglichkeiten unter den Ameisen selbst.* ***Schritt 2)*** um die Ameisen dann von ihrem Haufen zu verjagen, entzieht man dem Haufen seine Möglichkeiten, *ein Haufen bilden zu können.* ***Absicht 1)*** denn dann ist jede Ameise nur noch damit beschäftigt, allen Möglichkeiten zur Bildung eines Haufens Vorrang zu gewähren und *alle Ameisen werden dadurch dann zu Helfershelfern derjenigen umfunktioniert (über verwirrende und vereinnahmende Propaganda), die den Haufen am selbstbestimmenden Haufen-bilden-wollen behindern.* Denn die Behinderer setzen mit Waffengewalt nun ihre

Herrschaft durch und besetzen alle Ressourcen, die für das reibungslose Funktionieren einer Infrastruktur wichtig sind. In einem solchen Verwirrspiel ist es für die Ameisen sehr schwer, herauszufinden, wer Freund oder wer Feind des Ameisenhaufens ist. Das ist kostengünstige Kriegführung. ***Absicht 2)*** und was ist der Sinn von kostengünstigen Kriegen? Sie können über einen sehr langen Zeitraum geführt werden, um die eigentlichen weltpolitischen Vorteile zu inszenieren. ***Schritt 3)*** wem alle Ameisenhaufen gehören und wem sie folgen, *dem gehört der Wald.* Zuvor aber bindet man seine Beziehungen zusammen, indem man die *Claims* so absteckt, wie man sie zu seinem Vorteil benötigt. Denn was ist wichtiger für einen Kriegstreiber als alle Ameisenhaufen in ihrer Richtung zu bestimmen? Antwort: ***Absicht 3)*** dem Wald sein Klima vorzugeben. *Wer dem Wald sein Klima vorgibt, der gibt dem Ameisenhaufen auch die Richtung und die Auswahl seiner Bedürfnisse vor.*

Diese Strategie wird in den USA eine ›Shock Doctrine‹ genannt. Sie entstammt der Feder des ›aggressiven Wirtschaftsliberalismus‹ und sein Denker war der Ökonom und Wirtschafts-Nobelpreisträger MILTON FRIEDMAN. DONALD RUMSFELD sagt über ihn: »MILTON FRIEDMAN ist die Verkörperung der Wahrheit, dass Ideen folgen haben.« Die US-amerikanische Innenpolitik unter GEORGE BUSH (Senior) begann mit den gesetzlichen Veränderungen dazu und die Verfassung der EU ist nach diesem aggressiven Wirtschaftsliberalismus ausgelegt. In diesem Jahrhundert werden wir mehr und auch noch brutalere Kriege bekommen, als wir sie im letzten Jahrhundert schon ausgetragen hatten. Das meint HELMUT SCHMIDT. Begründet ist dies in der Umsetzung des aggressiven Wirtschaftsliberalismus: *Kreiere zuerst ein Problem - mache dann eindringlich darauf aufmerksam, damit sie losschreien - dann biete die Lösung dazu an - gieße sie daraufhin sofort in Text und Gesetz - denn nur so wählt der Bürger tatsächlich seinen eigenen Schlachtermeister immer wieder aufs Neue und schmiedet sogar noch das Hackebeil, dass er lächelnd dem Schlachter schenkt.*

USAMA BIN LADENS AL-QAI'DA

Published: May 10, 2011, The New York Times
Statement from the family of Sheikh Osama bin Laden

»I Omar Ossama Binladin and my brothers the lawful children and heirs of the Ossama Binladin (OBL) have noted wide coverage of the news of the death of our father, but we are not convinced on the available evidence in the absence of dead body, photographs, and video evidence that our natural father is dead. Therefore, with this press statement, we seek such conclusive evidence to believe the stories published in relation to 2 May 2011 operation Geronimo as declared by the President of United States Barrack Hussein Obama in his speech that he authorized the said operation and killing of OBL and later confirmed his death. (...)«

Quelle: www.nytimes.com/2011/05/11/world/asia/binladen-statement.html

Usama bin Laden erwies sich in den 1980er und 1990er Jahren für das Weiße Haus und das Pentagon als wahrer Glücksritter. Der massenhafte Abschuss der für das afghanische Gebirge notwendigen Kampfhubschrauber aufseiten des UdSSR-Militärs wurde gnadenlos von den überlegenen Stinger-Raketen abgeschossen. Diese bekamen die Taliban direkt aus den USA geliefert. Und zählt man das Geld aller Stinger-Raketen im Vergleich zu den abgeschossenen Hubschraubern des UdSSR-Militärs zusammen, dann wird einem schnell klar, wieso die UdSSR das Spiel verloren haben. Am 22. März 1982, als die Raumfähre Columbia ins Weltall flog und die UdSSR in Afghanistan noch Krieg führten, sagte der damalige US-Präsident Ronald Reagan zur Welt: *»Die Columbia repräsentiert das größte Streben der Menschheit nach Wissenschaft und Technologie. Genau so repräsentiert der Kampf der afghanischen Bevölkerung der Menschheit ihr größtes Streben nach Freiheit. Ich widme den Start der Columbia im Namen der amerikanischen Bevölkerung den Men-*

schen in Afghanistan.« Im März 1985, drei Jahre später, empfing RONALD REAGAN sogar talibanische Anführer im Weißen Haus. Damals galten sie noch als Freiheitskämpfer und Helden. Dann führte REAGAN der Presse die Afghanen vor und sagte: *»Sie sind hier um der freien Welt zu erzählen, was wirklich in Afghanistan passiert. Hier haben wir einen Mann, der aus einem Dorf kommt, wo 105 Menschen massakriert wurden.«* Seit den Anschlägen vom elften September 2001 ist alles umgekehrt.
Doch heute wissen wir auch eines besser: Für die USA war dies keine Friedens- oder Freundschaftsgeste für Afghanistan. Es waren Schritte hin zum Öl, das man mit dem immer weiteren Eindringen des Militärisch-Industriellen-Komplexes abzugrenzen, als US-amerikanische Außenpolitik seit dem Ende des Zweiten Weltkrieges und der Zerschlagung des britischen Empire, sich fest vorgenommen hatte. Die dabei helfende Hand war unter anderem auch USAMA BIN LADEN, der ein Kontaktbuch besaß. Ein *Filofax* würden wir sagen, dass er Al-Qai'da nannte; was die britischen- und die US-Geheimdienste dazu veranlasste, ihr Helfershelfer-Syndikat, die *Mudschaheddin*, vor aller Welt nun mit Al-Qai'da als das Schreckgespenst westlicher Werte und als den Unterstützer der *Achse des Bösen* zu brandmarken.

JÜRGEN ELSÄSSER bringt das, was Al-Qai'da tatsächlich ist, auf den Punkt: »Al-Qai'da ist ein Fake, Al-Qai'da ist keine Organisation, Al-Qai'da ist nur ein Label. Es gibt keine Organisation namens Al-Qai'da. Al-Qai'da ist eine Liste von Leuten, die in den 1980ern im sowjetisch-afghanischen Krieg kämpften. Al-Qai'da ist nichts als eine Marionette, die von der westlichen Propaganda aufgebauscht wurde, um der Öffentlichkeit das Böse vorzuführen.«
Der ehemalige britische Außenminister, ROBIN COOK, schrieb am achten Juli 2005, einen Monat vor seinem mysteriösen Tod im *Guardian*: »Bin Laden was, tough, a product of a monumental miscalculation by western security agencies. Throughout the 80s he was armed by the CIA and funded by the Saudis to wage jihad against the Russian occupation of Afghanistan. Al-Qaida, literally ›the database‹, was originally the computer file of the thousands of mujahideen who were recruited and trained with help from the CIA to de-

feat the Russians. Inexplicably, and with disastrous consequences, it never appears to have occurred to Washington that once Russia was out of the way, Bin Laden's organisation would turn its attention to the west.« (»Während der 1980er-Jahre wurde USAMA BIN LADEN von der CIA bewaffnet und von den Saudis finanziert, um den Dschihad gegen die russische Besetzung in Afghanistan zu führen. Al-Qai'da, wörtlich übersetzt: ›Die Datenbank‹, war ursprünglich eine Computer-Datei angefüllt mit Tausenden Mudschaheddin, die mit Hilfe des CIA rekrutiert und trainiert wurden, um die Russen zu besiegen.«)
Der Begriff Al-Qai'da wurde von der CIA erfunden. Al-Qai'da steht für eine Computer-Datenbank von Tausenden ehemaliger Mudschaheddin, die die CIA rekrutiert und ausgebildet hat. Um das arabische Wort für Datenbank zu bilden, fügt man *malumat* hinzu: **›Al-Qai'da malumat‹**. Al-Qai'da heißt auf Englisch *Base*, malumat heißt *Data*, ›Database‹. ROBIN COOK starb an Genickbruch. Man fand ihn beim Wandern auf dem *Ben Stack*, einem kleineren Berg in Schottland, einen Monat nach der Veröffentlichung des oben erwähnten Artikels in *The Guardian*.

Al-Qai'da wird seit Gründung 1989 vom CIA und den beiden britischen Geheimdiensten, MI5 und MI6, verwaltet - natürlich inoffiziell. Schon der Jugoslawienkrieg wurde über Al-Qai'da, also die Datenbank unzähliger Dschihadisten (heilige Krieger), eingefädelt, um SLOBODAN MILOSEVIC zu stürzen. Nachdem die Mudschaheddin des sowjetisch-afghanischen Krieges und des Balkankrieges faktisch arbeitslos wurden, wurden sie von einem Subunternehmen des Pentagons rekrutiert, dem *Military Professional Resources Incorporated MPRI.* Die MPRI hat inzwischen die höchsten Generäle eingestellt und sie verdienen dort bis zum Dreifachen ihres Staatsgehalts zum Gehalt oder zur Pension hinzu. Die Firma ist an der Börse vertreten und gilt als das Unternehmen, das seit 2003 im Irakkrieg das meiste Geld verdient hat. Das Pentagon hat diese Firma ausgelagert, damit deren Kriegsführung nicht in den eigenen Büchern auftaucht. Es ist ein privates Unternehmen, das in Wahrheit ein Geheimapparat des Pentagons ist, *um Drecksarbeit zu machen.* Es macht sozusagen die Arbeiten, die der US-Kongress dem US-Verteidigungsministerium nicht zubilligen würde. So gibt das Pentagon dann Aufträge an ein Privatunternehmen ab - alles vollkommen legal. Aber jetzt kommt es noch verwirrender und noch undurchschaubarer:

Wer ist USAMA BIN LADEN? Hat er je existiert oder existiert er noch? Wir alle kennen ihn doch gar nicht. Wir kennen nur, was über die Medien von ihm berichtet wird, und in allen Videos sieht er anders aus. Vielleicht denken Sie jetzt, *jetzt schmeiß ich das Buch weg, der Autor hat ja einen Knall!* Hören wir, was GIULIETTO CHIESA, ehemaliger EU-Parlamentsabgeordneter, der heute als Journalist arbeitet, dazu erlebt hat. »Oft werde ich gefragt, *wie können Sie die offizielle Darstellung anzweifeln, wenn USAMA BIN LADEN selbst mehrere Male im Fernsehen auftrat und sagte, »Ich habe es getan.«* Als Mitglied des Ausschusses für ›Sicherheit und Verteidigung des europäischen Parlaments‹ wurde ich eingeladen, im Sommer 2005 einer Power Point Präsentation des *Washingtoner Zentrums für strategische Studien* beizuwohnen. Wir sollten uns die Folgen vergegenwärtigen, mit denen Europa im Falle eines Atombombenangriffs auf Brüssel konfrontiert wäre. Fünfzigtausend Tote, einhunderttausend Verletzte, die nukleare Wolke. Die Reaktionen von Regierungen diverser europäischer Länder folgten. Plötzlich erschien eine Sequenz auf der Leinwand in der USAMA BIN LADEN behauptete, er sei für den Atomangriff auf das NATO-Hauptquartier verantwortlich. Alle Mitglieder des Parlaments, ich eingeschlossen, waren sprachlos. Amerikanische Experten des *Zentrums für strategische Studien* waren zur Hand, um zu erklären, was auf der Leinwand vorging. Dann ergriff endlich ein Parlamentarier das Wort: »Heute wurde uns überzeugend vor Augen geführt, dass die Aufnahmen von USAMA BIN LADEN komplett manipuliert werden können.« Alle die Usamas, die wir über die Jahre gesehen haben, gab es vielleicht nie.«

Welcher USAMA ist der richtige USAMA? Mal ist sein Bart Grau meliert, mal ist er kurz und schwarz, mal ist er korpulent, mal ist er fast dürr, mal ist seine Nase groß, mal fast zierlich. Ist es möglich, dass USAMA BIN LADEN eine Computeranimation ist, eine verdammt gute?

Seitdem es DVDs gibt, gibt es auf ihnen Zusatzmaterial und dort wird oft gezeigt, wie die Effekte des Films zustande kamen. Es gibt sogar eine vollkommen neue Methode, wie man Tote wieder aufer-

stehen lässt. So hat man Figuren aus der Geschichte in Film gebannt und sie als Original in Dokumentarfilmen wieder aufleben lassen. In dem Kinofilm *Walküre* beispielsweise hat man diese Technik zunächst erwogen, auf HITLER anzuwenden. Man hat dies dann aber verworfen, weil man zu heftige Reaktionen beim Publikum scheute. Stellen wir uns mal vor, HITLER würde so täuschend echt in Film gebannt werden - was man heutzutage wirklich hinbekäme, welche Möglichkeiten der Manipulationen könnten damit auch gleichzeitig Tür und Tor geöffnet werden?
Um in Afghanistan einzumarschieren, log GEORGE W. BUSH den Kongress in einer pathetischen Rede an: »Heute Abend stellen die Vereinigten Staaten von Amerika folgende Forderung an die Taliban: Alle in ihrem Land versteckten Al-Qai'da Anführer müssen an die US-Behörden ausgeliefert werden. Die USA muss vollen Zugang zu den Terroristenausbildungslagern bekommen, um die Stilllegung sicher zu stellen. Diese Forderungen sind nicht verhandel- oder diskutierbar.« Es folgten stehende Ovationen.

Wenn man einen Feind zu einer *trojanischen Waffe* formt und an diesen Feind, ohne dass er weiß, dass man alle Seiten seines Einsatzes bestimmt, dann die Forderung stellt, sich zu ergeben, wie kann ein solcher Feind dies je erfüllen? Gar nicht. Also ist der Einmarsch garantiert und die Botschaft an uns Nichtwissende der Garant für die Deckung der Operation - denn dieser erfundene Feind ist jetzt das Böse. Es ist ungefähr wie mit einem unschuldig verurteilten Mörder, der lebenslang im Gefängnis sitzt. Er kann seine Unschuld nicht mehr beweisen, weil er *im* Gefängnis sitzt. Der virtuelle Feind ist in unseren Köpfen Realität geworden, eine Realität, die wir nicht mehr als Lüge entlarven können. Das ist mit modernster Technik und mit Grundlagenforschung realisiert worden, ohne das wir auch nur den Hauch einer Chance hätten, dem irgendwie zu entgehen oder diesen monströsen Plan jemals auffliegen lassen können.

Unsere Realität wird von der Virtualität, Cleverness und Gerissenheit der perversesten Psychopathen geregelt, die wir uns *nicht* vorstellen können. Das ist eine Tatsache - ob sie uns schmeckt oder ob wir uns mit dem allem auch weiterhin lieber nicht auseinandersetzen wollen. Das alles wird zur Realität unserer Gegenwart oder Zukunft *gemacht,* und beim Aufdecken schreien alle aus einem Mund: »Verschwörungstheorie, Verschwörungstheorie« und erlassen ein Gesetz, dass die Akteneinsicht allen Sterblichen für die nächsten sechzig Jahre verwehrt bleibt - aus Gründen der Staatsräson.

USAMA BIN LADEN zu finden oder ihn lebendig als Gefangenen der Weltöffentlichkeit zu präsentieren, hieße, der Terror wäre vorbei. Man bräuchte dann eine neue Legitimationsstrategie für die eigenen Expansionskriege. Deswegen werden sie USAMA BIN LADEN - weder tot noch Lebendig - finden, denn vermutlich ist er schon seit Dezember 2001 tot.

So erschuf man schon in den 1980er Jahren das Design des neuzeitlichen Terroristen: den *Dschihadisten*, den heiligen Krieger, um ein grauenhaftes Feindbild zu bekommen, da man einen Verteidigungsgürtel von Schweden bis nach Indien erschließen will. Der *Dschihad* ist ein Werkzeug der US-Regierung, um in aller Welt einen hinterlistigen Imperialismus zu pflanzen. Der ganze Dreck wird von den US-Behörden gelenkt, eingefädelt und durchgezogen. Unsere Ahnungslosigkeit und unsere Glaubwürdigkeit an demokratische Legitimität ist die Grundlage ihrer Rechtfertigungsstrategien überall auf der Welt, sich als Weltpolizei aufzuspielen und Eingriffe zu legitimieren. In Wahrheit aber ist der Geist, der ihre Vorgaben speist, ein Geist, der bis in den Ersten Weltkrieg zurückgeht und zu der Zeit entsprungen ist – im Niederschlagen des britischen Empire, dass erst in Folge der beiden Weltkriege zerfiel und seinen Platz als Weltmacht einbüßte.

DER ARCHETYP DES BÖSEN

Weltpolitik ist nicht von Zufällen geprägt, sondern auch von Kalkül, Kapitallenkung und militärisch geheimdienstlicher Überlegenheit. Die Ereignisse des elften September 2001 in New York waren lediglich ein Beschleuniger zu dieser Politik hin, denn es kamen neue Spieler mit ins Spiel, die lauthals nach Emanzipation aus der westlichen Vorherrschaft schrien. »*Schon im Frühjahr 2001 hatte die USA mit der NATO und Pakistan den Einmarsch in Afghanistan vorbereitet,*« dokumentiert CHRISTOPH HÖRSTEL in seinem Buch *Sprengsatz Af-*

ghanistan, die Bundeswehr in tödlicher Mission. Das alles ist für die meisten Bürger schwer zu glauben, weil uns unsere Politiker ständig irgendwelche neuen demokratischen Märchen und Possenspiele präsentieren. Es ist wichtig zu verstehen, dass das nicht erst seit diesem Jahrhundert so ist, sondern alle Jahrhunderte durchzogen hat. Daher ist es auch ganz normal, dass die politische Herrschaft sich sehr darauf versteht, ihr Volk von der Wahrheit ihrer Motive fernzuhalten. Der Status quo der Zivilisationsmaschine hat alle Kräfte für sich bündeln können, die über den Militärisch-Industriellen-Komplex eine neue Weltordnung, seit der Zerschlagung der UdSSR und des Warschauer Paktes, konstruieren. Wer überhaupt gar kein Wissen oder über ungenügende Informationen darüber verfügt, der wird in solchen Zusammenhängen nur Spinnerei und Paranoia sehen bei denen, die das alles beim Namen nennen. Es ist wie vor 1933, wo nur ganz wenige den Mahnern zuhörten und sich damit auseinandersetzten. Hinterher taten dann allerdings alle so, als hätten sie nur das Gute in der Bestie HITLER sehen können. Für das Böse sind offenbar fast alle blind, *weil sich fast alle freiwillig dazu entscheiden, lieber blind bleiben zu wollen!* In der Weltpolitik, der Lenkung der Welt, geht es um Mehrheitsbündnisse zur Lenkung der Zivilisationsmaschine. Es geht dabei auch darum, von allen Seiten der Teilnehmer, das Volk der jeweiligen Nationen in Unkenntnis dieses weltpolitischen wahren Prozesses zu halten. Selbst Feinde und Gegner arbeiten dabei Hand in Hand!

In kalten Kriegen oder kriegerischen Auseinandersetzungen großen und weltbewegenden Stils, wie es beispielsweise die beiden Weltkriege waren, geht es immer nur um eines: *Wer bewegt die große Maschine und in welche Richtung dreht er sie - wer wird der Navigator und wer darf die Richtung im Navigationssystem eingeben!?* Wer auch immer sie in seine gewünschte Richtung dreht, gilt als Supermacht und wird alles unternehmen, alles, um so lange wie möglich ihr Navigator zu bleiben. ADOLF HITLER ist der menschenweite Archetyp dieser selbst inthronisierten und selbst infizierten Kriegspsychopathie: »Mir gehört die Welt.« Die Zivilisationsmaschine ist ein *Ressourcenwächter,* die zur *Potenzialentfaltung des Bösen* Macht verleiht und diese ungehemmt dort einsetzt, wo der Navigator seinen Bestimmungsort eingibt. Hält ihn niemand auf, dann wird dieser Navigator auch irgendwann einmal Atombomben einsetzen; wenigstens Atomminen oder Mini-Atombomben. Jeder Navigator, auch BARACK OBAMA, kann etwas zum Frieden beitragen, wenn er alle Zugänge zur Maschine zerstört. Das aber würde den Präsidenten der USA zur Zielscheibe mächtigerer Strippenzieher machen, als er es selbst ist. Staatsführer sind nur Nebel für die Intellektuellen im Volk. Schon lange führen sie ihre Staaten nicht mehr, sondern sind nur Geduldete derer, die sich hinter der politischen Öffentlichkeit zusammengetan haben und das Weltgeschehen lenken.

DAS WELTVERBRECHEN - *IM FREIEN FALL*

»Wer die Wahrheit nicht weiß, der ist nur ein Dummkopf. Wer sie weiß und sie eine Lüge nennt, der ist ein Verbrecher!« BERTHOLD BRECHT

Die offizielle Erklärung zum Jahrhundertverbrechen vom elften September 2001, bei dem das World Trade Center in New York, der Südturm, der Nordturm und Gebäude sieben pulverisiert wurden, lautet, dass Brand und die Schwerkraft die Ursachen der Zusammenstürze *und* der darauf folgenden Pulverisierungen aller drei Gebäude gewesen sein sollen. Die Physik, die um diese Theorie herumgebastelt wurde, ist in seiner ersten Version als Pfannkuchen-Theorie veröffentlicht worden. Als diese nun den kritischen Stimmen der herrschenden physikalischen Meinungen nicht Stand hielt, wurde eine neue Theorie um den Brand und die Schwerkraft herumgebastelt. Sie wurde als Ermüdungs-Theorie propagiert. Weder die Pfannkuchen-Theorie, nach der die Last der aufeinander fallenden Stockwerke eine Kettenreaktion in allen drei Gebäude verursacht haben soll, noch die Stahlermüdungs-Theorie, nach der die Hitze der ausbrennenden Flugzeuge alle Stahlträger der drei Gebäude zum Ermüden gebracht haben sollen (bis in die Kellergeschosse - *über vierhundert Meter Stahl*), kann durch die geltende Physik erklärt werden. Kein ernstzunehmender Physiker kann auch nur eine dieser beiden Theorien als Grund für die Pulverisierung und die Geschwindigkeit, mit der die Gebäude fast im *Freien Fall* zusammenstürzten, erklären. Sehen wir, warum das so ist.

1. Nanothermit ist ein noch recht junger Sprengstoff, der bemerkenswerte Eigenschaften besitzt. Entzündet man ihn, so wirkt er wie ein Schweißbrenner, dem so gut wie kein Metall Widerstand entgegenbringen kann. Es fließt praktisch durch Metall hindurch und schweißt sich in sehr schnellem Tempo durch dickste Stahlträger. Forscher fanden in den Trümmern des World Trade Center und in dem Staub, der danach in New York nieder regnete, explodierte und nicht explodierte Thermitrückstände. Der dänische Forscher NIELS HARRIT geht davon aus, dass mehrere Tonnen Sprengstoff zuvor in den Gebäuden platziert waren und dass die Flugzeuge nicht Ursache der Zusammenstürze gewesen sein können. In entsprechenden Filmaufnahmen kann man dieses fließend glühende Metall aus dem Südturm fallen sehen. Auch noch drei Wochen nach den Aufräumarbeiten berichteten unzählige Bauarbeiter, Feuerwehrleute und Polizisten, dass im Keller der Gebäude flüssiges Metall vorgefunden wurde. MARK LOIZEAUX, Präsident von *Controlled Demolitions Inc.* sagte der *American Free Press*, dass im Keller der eingestürzten Türme, wo die 47 zentralen Stützpfeiler mit dem Fundament vereint waren, heiße Stellen buchstäblich geschmolzenen Stahls einen Monat nach dem Einsturz entdeckt wurden. Diese unglaublich heißen Bereiche wurden »auf dem Grund der Aufzugsschächte der beiden Haupttürme entdeckt, *im siebten Kellergeschoss.*« Auch noch, als alle Teile der Türme abtransportiert waren, war der geschmolzene Stahl noch immer nicht abgekühlt, *reagierte* also noch immer. Thermit kann in nur zwei Sekunden eine Hitze von 2980 Grad Celsius erzeugen. Eine Verbindung aus Schwefel und Thermit heißt Thermat und es brennt noch heißer. Auch diese Verbindung fand man im Staub, dass die Türme in ganz New York hinterließen.

2. Der Nordturm, der Südturm und Gebäude sieben sind *pulverisiert*. Der Fachmann spricht hier von einer ›Vaporisation‹. Nichts was bisher in Stahl und Beton gegossen wurde, ist je durch Schwerkräfte und Brand pulverisiert worden. Kein Hochhaus, das nur brannte und in sich einstürzte, hat bisher den Effekt der Pulverisierung gezeigt; das hätte den Wohnungsbau und den Bau von Hochhäusern stark infrage gestellt. Nur explosives Material kann etwas zum Pulverisieren bringen, oder mit anderen Worten, nur extrem hoher Druck vermag Gegenstände aufzulösen. Beim Vorgang der Vaporisierung von Beton muss eine Kraft einwirken, die den Beton in Pulver *auflöst*. Nicht nur hohe Kräfte sondern immens hohe Krafteinwirkung muss im Beton vor sich gehen, wenn er pulverisiert. Das Feuer der Flugzeuge und der Einsturz der Gebäude reichen für eine solche Kraftentfaltung nicht aus.

3. Dadurch dass die drei Gebäude fast wie im Freien Fall einstürzten, lässt sich schließen, dass bei allen drei Gebäuden *zufälligerweise* die Grundpfeiler der Gebäude, also die Hauptlast tragenden Pfeiler, in exakter Reihenfolge, *von oben nach unten,* geschwächt wurden. Denn nur dadurch konnten die Gebäude überhaupt einstürzen. Thermit ist dafür hervorragend geeignet. Nachdem die Pfeiler quasi in Serie geschwächt (gesprengt) wurden, mussten Sprengungen die anderen Pfeiler so durchtrennt haben, dass die Gebäude in sich einstürzten. In der Natur kommt ein in Serie einfallendes Einstürzen nicht vor. Das bedeutet, dass die Pfeiler zeitgleich auf jedem Stockwerk, Etage für Etage, aufeinander abgestimmt, durchtrennt worden sein mussten, sodass das Gebäude auf seinem Weg nach unten auf fast keinen Widerstand traf.

4. ›Pyroklastischer Strom‹ besteht aus Staub und Asche. Er wirbelte nach den Einstürzen der Gebäude mit einer Geschwindigkeit von 56 km/h durch New York. Ein solcher Strom hat seiner Zeit Pompeji zerstört. Um so eine Geschwindigkeit zu produzieren, bedarf es einer sehr hohen Hitze, beziehungsweise sehr viel Energie. Viel mehr Hitze und Energie, als die beiden Flugzeuge entwickeln konnten. Dies widerspricht dem Energieerhaltungssatz in der Physik. Gäbe es also den umgedrehten Fall, man gibt eine bestimmte Menge Energie dort hin und erhält auf einmal die doppelte oder zehnfache Menge Energie zurück, so hätten wir Atomkraftwerke gar nicht nötig. Unsere gesamte Technik würde ganz anders aussehen, wenn die Physik, die uns dabei aufgetischt wird, stimmen würde.

5. Ein asymmetrischer Einsturz des Flugzeugs im Nordturm erzeugt einen symmetrischen Einsturz des gesamten Gebäudes? Beim Fällen eines Baumes fällt uns auf, dass beim asymmetrischen Einschlagen mit der Axt der Baum auch asymmetrisch fällt - und zwar immer! Weil nur die Schwerkraft auf das Fallen des Baumes einwirkt und der fallende Baum den Weg des geringsten Widerstandes geht - und zwar immer! Der Nordturm aber widersetzt sich diesem Gesetz. Er stürzt gerade in sich ein. Auch die Auswirkungen der Einstürze beider Türme waren symmetrisch. Womit das bei den Einstürzen ausgeschleuderte Material gemeint ist, das dann zu Boden fällt. Auch dies deutet auf eine Druckkraft hin, die im Kern nach allen Seiten hin gleich viel Energie entfaltete. Beide Türme verursachten durch ihren jeweiligen Schuttabfall die gleichen kreisrunden Flächen um das Gebäude herum, wo sich die Trümmer sammelten. Auch dies zwingt zur Auffassung, das eine im Kern nach außen gerichtete gleichmäßige Energieentfaltung stattfand - auf symmetrische Druckkräfte, was auf Explosivkräfte hindeutet. Wie ist das möglich, wenn doch das zweite Flugzeug seitlich hineinflog und das Erste in gerader Linie eintraf? Beide Gebäude müssten unterschiedliche Formen bilden, zöge man von oben eine Linie um ihren Schadenskreis auf dem Boden. Aber man kann fast exakt die gleichen runden Kreise sehen. Dies ist nur durch symmetrische Einwirkungskräfte möglich. Man nennt diese kreisrunden Niederschläge der Trümmer auch den *Finderabdruck einer Explosion*.

6. Knallfrösche (›Squibs‹), so nennt man bei kontrollierten Sprengungen heftige Druckwellen, die auf Explosionen hinweisen und die in Serie geschaltet sind, um die Statik des Gebäudes zu schwächen. Man kann sie so gut wie bei jeder größeren Gebäudesprengung sehen. Der offizielle Bericht behauptet, dass man sie im World Trade Center sehen kann, weil das einstürzende Gebäude sie in die unteren Stockwerke durch das Wegpressen von Luft und somit dann die Fensterscheiben zum Zerbersten brachte. Der Physiker, DAVID CHANDLER maß deren Geschwindigkeiten und kam auf 162 km/h bis 205 km/h. Jetzt ist die Frage an die Schwerkraft: Kann Feuer eine solche Austrittsgeschwindigkeit bei den Türmen verursachen? Die Antwort lautet: Nein. Denn die Gebäude zerstörten sich noch *bevor* überhaupt große Betonplatten aufeinander fallen konnten; nur diese Tatsache kann erklären, dass alle drei Gebäude fast in Freifallgeschwindigkeit einstürzten - ohne dabei durch zahlreiche Betonplatten an ihrem Tempo gehindert zu werden. Die offizielle Pfannenkuchentheorie wurde genau daraufhin prompt fallengelassen und von einer noch viel unglaubhafteren Stahlermüdungstheorie ersetzt. Nach ihr war nun die Hitze so enorm, dass alle Stahlträger der drei Gebäude, vom Dach bis zum siebten Kellergeschoss so sehr erhitzt wurden, dass sie sich unter der sie tragenden Last verbogen haben und dabei die Gebäude in nahezu Freifallgeschwindigkeit implodierten. Wohlgemerkt, allein das Kerosin der Flugzeuge, das ausbrannte, soll das bewirkt haben. Auch der Fernsehprofessor für das deutsche Geschichtswesen GUIDO KNOPP war sich nicht zu schade, diese beiden Theorien zusammenzusetzen und sie nun für die Erklärung *gegen* die Theorie von GALILEO GALILEI und ISAAC NEWTON aufzufahren. Hätte er zuvor einmal mit einem ordentlichen Kollegen aus der Physik geplaudert, er wäre wohl spätestens bei den Erklärungen zur Wärmeleitfähigkeit in Bezug auf Wärmeentwicklung und den Energie-Erhaltungsätzen stutzig geworden.

Freifallgeschwindigkeit:

a) Beim Freien Fall wirken keinerlei Reibungs- oder Widerstandskräfte auf den fallenden Körper ein.

b) Folglich, also a priori, kann kein Druck die Luft komprimiert haben, was zu Druck und damit zum Auspressen von Luft geführt hätte. Die Knallfrösche müssen also eine andere Ursache haben.

c) Dann nämlich wären die Türme nicht in Freifallgeschwindigkeit eingestürzt, sondern wären auf zahlreiche Hindernisse (Reibungswiderstände) aufgetroffen, was niemals zur Freifallgeschwindigkeit hätte führen können.

d) Schlussfolgerung: Es muss noch eine Kraft eingewirkt haben, die die Gebäude in nahezu Freifallgeschwindigkeit einstürzen ließen. Damit würden dann auch die ausgepressten Luftstöße eine andere Ursache haben.

e) Offenbar hat man die Reibungswiderstände gefürchtet, weil nämlich dann der Zusammensturz der Türme ein ganz anderes Bild für die wissenschaftliche Forensik gezeigt hätte und der Betrug wäre sofort aufgefallen.

f) Die Pfannenkuchentheorie, sowie die Theorie der extremen Hitzeleitfähigkeit und der dadurch erzwungene vollkommene Stabilitätsverlust auf über 400 Metern durch Kerosin sind unmöglich.

g) Alle drei Gebäude fielen in nahezu Freifallgeschwindigkeit, ohne das sich Triebkräfte auf die sich darunter befindende Masse ausgewirkt haben. Wie ist das möglich?

h) Nur wenn ein in Serie geschaltetes Explodieren der Stützpfeiler, in exaktem Abstand, die einzelnen Stockwerke zu Fall gebracht hätten und die Stockwerke sich nicht gegenseitig berührten, oder aufeinander fielen, ist es überhaupt möglich, dass die Türme in nahezu Freifallgeschwindigkeit zu Boden kamen. Es gibt keinerlei Alternativerklärung in der Physik, ohne dass nicht gleichfalls mehrere Gesetze gebrochen würden; und genau das ist im offiziellen Bericht geschehen.

i) Wenn beim Freien Fall die Reibung, also das Vakuum, keine Rolle spielen würde, dann hieße das, dass der Mensch genauso schnell durch eine geöffnete Tür gehen könnte, wie durch eine geschlossene Tür. Dies geht aus der Physik hervor, die uns die US-Regierung unterbreitet hat, damit wir glauben, was sie uns über das Jahrhundertverbrechen weiß machen will. Die nach unten rasende Welle der Zerstörung hat offensichtlich ungebremst drei Wolkenkratzer in Staub zerfallen lassen. Kerosin und die Schwerkraft sind hierbei als Täter dingfest gemacht worden. Ich glaube, sie sind unschuldig verurteilt. Doch das wesentlich Aufschlussreichere daran ist, dass die Mehrheit aller demokratischen Politiker dies nachplappern und nur solche Information dem Volk zuführen, die die offizielle Theorie unterstützen.

j) Merken wir uns: Ein theoretischer Physiker kann exakt erklären, wie es möglich ist, dass ein Elefant einen Abhang hinunterstürzt, dabei mit seinem Rüssel ein Mauerblümchen umschließt und an ihm hängenbleibt, ohne abzustürzen. Theoretisch ist das wirklich möglich. Doch in der Realität ist diese Wahrscheinlichkeit so gering, dass es mehrere simulierte *Big Bangs* geben müsste, um in der Realität auf ein solches Phänomen zu stoßen. Jedoch bleibt festzuhalten: In unserer Realität wird dies nicht vorkommen, weil unsere Realität den Tod des Elefanten einfordert.

7. GALILEIS und NEWTONS ***Gesetz vom Freien Fall*** berechnet die Freifallgeschwindigkeit eines Objekts anhand seines höchsten Punktes und seiner Entfernung zur Erde. Danach hätte der Südturm eine Freifallgeschwindigkeit von 9,22 Sekunden im Vakuum, das heißt *ohne Reibungswiderstand*, also ohne dass irgendetwas mit der Masse der Türme auch nur ansatzweise in Kontakt oder Berührung käme, auch nicht Teile der Türme untereinander! Der Südturm stürzte aber in 10,3 Sekunden zusammen. Der nach den Gebäuden berechnete Freie Fall mittels Reibungswiderständen würde die Gebäude in 96 Sekunden einstürzen lassen; keinesfalls schneller, weil ja die Etagen aufeinander fielen und dies den Einsturz erheblich abbremsen würde. Wenn nur die Schwerkraft als einzige Kraft für den Einsturz des Südturms verantwortlich zu machen wäre, dann war dies unmöglich. Es muss eine zusätzliche Kraft dafür verantwortlich gewesen sein, dass alle Türme in nahezu Freifallgeschwindigkeit zu Boden kamen. Dadurch, dass der obere Teil der zuerst nach unten fiel, nach außen gestoßen, also explodiert ist, konnte er keinerlei Triebkräfte mehr auf den noch stehenden Teil des Gebäudes übertragen. Was heißt, dass die übrigen Etagen der Türme noch stehen müssten, nachdem die kleineren oberen Gebäudeteile sich in Luft aufgelöst haben; denn welche Kraft soll von oben auf die Türme eingewirkt haben, wenn die fallenden oberen Teile keinerlei Kräfte auf die stabilen noch stehenden Türme entfalten konnten? *Das ist das forensische Problem,* wenn man dem Zusammenstürzen der drei Gebäude mit den Methoden der exakten Wissenschaften einmal nachgeht und Lösungen für das Jahrhundertverbrechen sucht; zahlreiche Physiker haben dies getan und gelten nun als Verschwörer, wurden früher in Pension geschickt oder ihnen wurde gekündigt. Man kann das im Video *Blueprint for truth*, hervorragend vorgetragen von RICHARD GAGE, sehen: Nach zwei Sekunden löst sich der obere Teil des Nordturms praktisch komplett in Staub auf. Wie geht das ohne Explosion? Und was brachte den erheblich stabileren Rest danach zum Einstürzen? Beim Einstürzen des Südturms kann man das noch viel besser sehen. Dort kippt tatsächlich der obere Teil in einem Winkel von 22 Grad seitlich weg (asymmetrischer Einschlag des Flugzeugs erzeugt ein asymmetrisches Fallen des oberen Gebäudeteils) und fällt nach unten, trifft auf das noch stehende Gebäude und wäre von ihm abgekippt, zu Boden gefallen, wenn er sich nicht plötzlich selbst aufgelöst hätte - auch hier vaporisierte der obere Teil, noch bevor er wirklich abkippen konnte. Er verschwindet in der pyroklastischen Wolke und kann keine Triebkräfte auf das noch stehende Gebäude entfalten, das aber trotzdem rasend schnell einstürzte.

8. Könnte Feuer, nur Feuer ganz allein, Stahl und Beton seitlich herausschleudern? Natürlich nicht! Man hat herausgefunden, dass die oberen Stockwerke der Gebäude *näher* am Boden zu liegen kamen, als die unteren Stockwerke der Gebäude. Auch dies wäre nicht möglich, wenn als einzige Kraft die Schwerkraft die Gebäude zum Einstürzen gebracht hätte. Die Teile, die weiter oben liegen, würden in einem längeren Winkel zu Boden fallen, als die unteren Teile der Gebäude und damit auch weiter entfernt auf dem Boden zu liegen kommen. Außenwandteile von mehreren Tonnen Gewicht wurden 180 Meter vom Gebäude weg gefunden. CHANDLER maß die Geschwindigkeit und meinte dazu, dass Teile von weiter oben mit weniger Geschwindigkeit seitlich herunterfallen, um in 180 Meter Entfernung zum Liegen zu kommen. Und dass in unteren Stockwerken die Geschwindigkeit höher sein müsse, wenn dort Außenwände in 180 Meter Entfernung zum Liegen gekommen wären. Von oben würde die Geschwindigkeit 80 km/h betragen, von weiter unten müsse sie erheblich höher sein. Er schlussfolgert, dass die Schwerkraft nicht für die Geschwindigkeit der Außenwände zuständig sein konnte, mit der sich die Teile 180 Meter weit entfernt haben. Die Energie, die man benötigt, um einen 4 Tonnen schweren Stahlpfeiler mit 112 km/h zu bewegen, ist vergleichbar mit der Kraft, die eine Kanonenkugel mit 90 kg Gewicht 4,8 Kilometer weit schießen müsste. Sehr viele solcher Stahlpfeiler, manchmal erheblich schwerer und manchmal auch leichter, steckten in zahlreichen Gebäuden tief eingebohrt und beschädigten die Außenfassaden anliegender Gebäude. *Im einhundert Meter weit entfernten World Final Center hat sich ein 300 Tonnen schwerer Stahlträger eingebohrt. Er ist doppelt so schwer wie ein American Airline Passagierflugzeug vom Typ 767, der in die Türme einschlug.* Schwerkraft und Feuer haben das nicht bewirken können. Zumal ja die Schwerkraft eine Kraft ist, die alle Masse immer nach innen, ins Epizentrum ihrer Kraft zieht und nicht nach außen wirkt. Daher sagt man, dass Massen oder Körper, die allein mittels Schwerkräfte einstürzen, *implodieren*. Die Gewichte der oberen Stockwerke beider Türme besitzen durch ihre Masse jeweils eine Gravitationskraft, die beim Auffallen auf die noch stehende Masse der jeweiligen Türme vollständig in kinetische Energie verwandelt wurde. Mehr Kraft und Druck können die jeweiligen oberen Stockwerke nicht beim Einstürzen auf die noch stehenden Türme ausgeübt haben. Allein diese Kraft soll die Türme zum Pulverisieren gebracht haben?

Man bastelte sich eine Theorie zurecht, die dem sehr nahe kam, was man nachweisen wollte. Die Theorie, dass ein 110 Stockwerke hoher Wolkenkratzer in einer Freifallgeschwindigkeit von nur 10 Sekunden einstürzt und sich dabei in Staub auflöst, wenn zuvor ein einfaches Passagierflugzeug in ihn einstürzt, wurde zur Erklärung auf dem offiziellen Regierungsweg durchgesetzt - Brand und Schwerkraft, Triebkräfte und kinetische Energie, Wärmeleitfähigkeit und Energieübertragung, Verformung und Schwächung des gesamten Materials. Eine andere Theorie, beispielsweise ganz normale wissenschaftliche Ursachenforschung, als Verschwörung abgetan und ihre Verfechter mundtot, lächerlich oder arbeitslos gemacht. Recherchiert man die wissenschaftlichen Ergebnisse von unabhängigen Universitäten und unabhängigen Experten und macht sich dann selbst ein Bild von der offiziellen Theorie, dann kann es nur eine wirkliche Antwort geben: Die offizielle Theorie über den elften September 2001 ist eine Massenverdummungstheorie. Und nur sie ist die tatsächliche Verschwörungstheorie.

Der offiziellen Theorie zu glauben hat gut nachvollziehbare Gründe: Wäre die offizielle US-Regierungstheorie eine Verschwörungstheorie, wäre das eine Ungeheuerlichkeit, die *a)* niemand denken will und *b)* die sich niemand auch nur für ein paar Sekunden vorstellen mag. Zu sehr geraten Moral und Ethik dadurch ins Wanken. Denn sie drängt in die eigene Vorstellungskraft augenblicklich eine unbequeme Möglichkeit ins eigene Blickfeld: Wir werden von wahnsinnigen Psychopathen regiert. Wir leben nicht in einer Demokratie, die Selbstbestimmtheit ist eine Farce, ja das ganze verdammte Regierungskonzept ist eine Twilight-Show. Verteidigungskriege wären Angriffskriege - wir wären auch die Bösen. Die bittere Pille wäre: Wir, der Westen, lebten in einem sehr gut getarnten *außenpolitischen* Faschismus. Es gibt also sehr gute Gründe dafür, bei aller physikalischen Ursachenforschung, der offiziellen Theorie große Aufmerksamkeit auch weiterhin zu schenken und die Alternativtheorie zu ächten, denn: *Für diese Leute ist die Wahrheit nur eine unbewiesene Behauptung.*

Die vereinigten Staaten von Amerika wurden am elften September 2001 entführt! Nicht von Al-Qai'da, nicht aus USAMA BIN LADENS Höhlen in Afghanistan, sondern von Inländern der USA selbst, von einer Gruppe von Tyrannen, die selbst an den höchsten Hebeln von Politik, Industrie, Finanzen und Militär sitzen. Bereit und gewillt, alles zu tun, um die USA im Würgegriff zu halten, um den gesamten Westen vor den Karren dieser Welttyrannis zu spannen, um die *Liga des ›Bilderberg-Komplexes‹* mit weltumspannender Herrschaft gegen die Weiterentwicklung und Verfestigung der Demokratie aufzustellen - gegen die weltweite Durchsetzung der Menschenrechte, gegen Aufklärung und Mündigkeit. Alle westlichen Demokraten in ihren Parlamenten und Regierungen, mit ihnen die Europäische Union EU, belügen ihr Volk und behaupten bis heute, dass die Drahtzieher des Jahrhundertverbrechens Araber seien, von USAMA BIN LADEN gesteuert und dass ohne einen Krieg gegen den Irak und gegen Afghanistan, die Sicherheit hier in der BRD und allen weiteren Ländern der Verbündeten, gefährdet sei. Führungspolitiker und Parlamentarier der SPD, der CDU/CSU, der Grünen und der FDP haben sich tief in diese Lügen verstrickt. Sie wissen genauestens über die wahren Täter und Machenschaften dieser Kriegsverbrecher bescheid. Sie tun nichts und sie sagen ihrem Volk auch nicht die Wahrheit. Weil sie aus Habgier, Selbstsucht und Wohlstandswahrung heraus schweigen müssen und selbst daraus ihre egozentrischen Erfolge generieren. In Wahrheit sind wir ihnen im Grunde *scheiß egal*!

»Es ist, als wäre all das, was wir sehen, hören und fühlen, nicht wahr. Als gäbe es eine andere Wirklichkeit, die alldem zugrunde liegt und die wir nicht sehen. Aber in dieser verborgenen Wirklichkeit werden die eigentlichen Fäden gezogen, werden entscheidende Weichen gestellt. Wir oben in der sichtbaren Welt: Wir sehen Parlament, Regierung, Opposition, die Zeitungen und Fernsehen, die über all das berichten. Aber es ist nur Theater«, schreibt WOLFGANG SCHORLAU ganz treffend in seinem auf Tatsachen basierenden Roman *Das München-Komplott*.

DIE NEUE HOLOCAUST-WAFFE

Es gibt weder in einem Krieg noch während eines Krieges ein Kriegsverbrechen. Der Krieg allein ist schon das Verbrechen. Schlimmer kann es doch gar nicht mehr werden. Dass während eines Krieges nur der Einsatz grauenvollster Waffen ein Verbrechen an die Menschlichkeit darstellen soll, festigt den Glauben, Krieg sei kein Verbrechen. Noch nie hat sich ein Krieg an Regeln gehalten, außer an denen, gar keine anzuerkennen.

Stellen wir uns einmal einen Virus vor, den wir entdeckten, der als der schlimmste Virus aller Zeiten gelten würde. Und stellen wir uns weiter vor, dass nichts diesen Virus vernichten könne, weder Feuer, noch TNT, noch irgendeine Säure oder ein anderer Versuch, einfach nichts. Dieser Virus hätte noch eine Eigenschaft, die Hälfte seiner Population würde selbstständig erst in viereinhalb Milliarden Jahren sterben können. Würden wir allen Ernstes auch nur eine Sekunde mit dem Gedanken spielen, einen solchen Virus zu sammeln und ihn zu tausende Tonnen absichtlich in die Atmosphäre verstreuen, *nur um andere Menschen damit zu töten?* Wären wir dazu bereit, obwohl wir wüssten, dass sich ein solcher Virus über das Wasser, die Luft, den Boden, die Nahrung und über den gesamten Globus verbreiten würde? Wer würde so vollkommen wahnsinnig sein, das zu tun? Die Psychopathen dieser Welt, die würden das nicht nur tun -

die haben das getan. Uranmunition ist eine solche Waffe und sie wurde bis jetzt in Bosnien, im Kosovo, im indisch-pakistanischen Grenzkonflikt, im Irak und in Afghanistan eingesetzt. Am zweiten Dezember 2008 stimmten vier Länder bei der UNO-Vollversammlung ***gegen*** die Ächtung dieser Waffe: USA, Großbritannien, Frankreich und Israel. »Dort, wo die deutschen Soldaten stationiert sind, in Kunduz, Kabul und Masa-El-Sharif, wurden am Anfang des Krieges gegen Afghanistan verstärkt tonnenweise Uranbomben verschossen. Mittlerweile gelten beide Regionen als kontaminiert. Frauen bringen dort Neugeborene zur Welt, die aussehen, *als hätte jemand sie zusammengeschlagen und danach in Mehl gewälzt,* berichten Väter und Ärzte. Oft sind diese Neugeborenen gar nicht als Neugeborene zu erkennen. Mütter, die ein solches Kind gebären, erleiden oft beim Anblick einen so heftigen Schock, dass sie wenig später am Schock versterben. Die dort stationierten Soldaten, sowie die Zivilbevölkerung müssten dort eigentlich mit Schutzanzügen versehen sein, so stark ist die radioaktive Strahlung dort. Doch weiß kein Soldat etwas davon, weil unsere Regierung darüber schweigt und in Kauf nimmt, dass die Soldaten dort dem erhöhten Strahlenrisiko ausgesetzt sind. In Afghanistan wurden bisher die meisten Uranbomben eingesetzt, mehr als doppelt so viele wie in den beiden Irak-Kriegen durch die beiden BUSH-Präsidenten. Die Alliierten setzen Eltern, Ärzte, Soldaten und Politiker unter Druck, darüber in der Öffentlichkeit zu schweigen«, berichtet der Grimme Preisträger FRIEDER WAGNER über seine Erfahrung mit diesem Thema. Er hat den Stein des Anstoßes in der Öffentlichkeit über Uranbomben mit seinem Kinofilm *Deadly Dust* und seiner Reportage über *Der Arzt und die verstrahlten Kinder von Basra* gesetzt. Im Internet gibt es zahlreiche Beiträge dazu - in den meinungsbildenden Medien wird darüber geschwiegen.

Wenn für ein Atomkraftwerk eine Tonne Brennstäbe hergestellt werden, fallen sieben bis acht Tonnen Abfall an. Dieser Abfall wird als ›abgereichertes Uran 238‹ bezeichnet. Er ist hochradioaktiv und hochgiftig. *Man schätzt, dass die Atomkraftwerke weltweit bisher an die zwei bis drei Millionen Tonnen abgereicherten Urans produziert haben.* Dieser Abfall wird offiziell als **Depleted Uranium DU** bezeichnet. Das britische, das israelische und das US-amerikanische Militär sehen im abgereicherten Uran eine militärische Waffe, die jedes Material durchdringt, was sie zu einer dominanten und übermächtigen Waffe macht. Seit 1991 wird sie in ›allen Kriegen‹ eingesetzt, in denen das britische, das israelische und das US-amerikanische Militär eingebunden waren oder noch immer eingebunden sind. Mit dieser Waffentechnologie wurde der Geist HITLERS wiederbelebt, denn die Waffe eignet sich auch hervorragend dafür, um ganze Bevölkerungsgruppen zu dezimieren oder gar auszurotten.

»Das Kind hat eine Hautkrankheit und Fischaugen und Fischmund. Es wird sterben«, so der Kommentator des Kinofilms *Deadly Dust*. Ein Dokumentarfilm, der, völlig zu Recht, den europäischen Fernsehpreis erhielt und, völlig zu Unrecht, nur ein einziges Mal im deutschen Fernsehen ausgestrahlt wurde. Er ist zu brisant für die deutsche Politik in Afghanistan, denn auch deutsche Soldaten könnten solche Neugeborene zeugen. Die Staatsräson verbietet diesen Film und das Wissen darum, für seine Bürger. Daher verhindert die Staatsräson wichtige demokratische Prozesse und ist damit sogar oft auch der Feind in den eigenen Reihen.

»Das sind alles schlechte Prognosen. Die Kinder leben alle nicht mehr lange. Furchtbare Situation. Das bedrückt mich alles so, wenn ich das sehe, furchtbar, furchtbar, furchtbar…« Der Mann der das mit gesenkten Kopf und sichtbarer Bedrückung sagt, war Schüler des legendären Arztes ALBERT SCHWEITZER. SIEGWART-HORST GÜNTHER, der seit über vierzig Jahren im Irak als Arzt tätig ist, untersuchte die seltsamen Krankheitsbilder von Säuglingen und Erwachsenen schon im zweiten Golfkrieg im Irak, wo sie als Golfkriegssyndrom Anfang der 1990er Jahre bekannt wurden. Danach mehrten sich in den nachfolgenden Kriegen, an denen die USA und Großbritannien beteiligt waren, im Jugoslawienkrieg 1998, im dritten Golfkrieg im Irak von 2003 Soldaten mit seltsamen Krankheitsbildern. Heute sind ihm auch Fälle deutscher Soldaten in Afghanistan bekannt, die an solch seltenen Krankheitsbildern litten.

GÜNTHER ging zu den Kriegsschauplätzen, wo die Häufigkeit der strahlenkranken Babys hoch war und untersuchte mit einem Gei-

gerzähler den Boden und die zerstörten Panzer. Dort, wo ein Geschoss eingedrungen war und den Panzer zerstörte, waren die Messungen ganz besonders hoch. Seine Vermutung, dass es sich bei den Krankheitsbildern der Babys um radioaktive Verstrahlung handeln könnte, fuhr ihm durch Mark und Bein. Hier wurden offensichtlich hochradioaktive Geschosse eingesetzt, um den Krieg zu gewinnen. GÜNTHER suchte nach Überbleibseln dieser Geschosse und wurde zufällig bei einigen Müttern fündig. Denn deren Kinder spielten mit diesen zehn bis zwanzig Zentimeter großen Geschossprojektilen. Sie malten sie wie Puppen an, ließen sie nachts neben sich am Kopfkissen, während sie schliefen, und spielten sorglos mit diesen *giftigsten aller Gifte* tagein, tagaus.
»Die Prognose ist sehr schlecht«, sagt eine irakische Doktorin, »achtzig Prozent der Kinder sterben. Alles ist inzwischen verseucht, durch den Uranstaub, der mit dem Wind übertragen wird. Die Luft, der Boden, das Essen, alles ist kontaminiert.« GÜNTHER sucht und findet auch im jetzigen Irakkrieg abgefeuerte Überreste der Uranmunition. Um aber einen Beweis dafür in Händen zu halten, dass es sich tatsächlich auch um abgereichertes Uran handelt, mit dem die Alliierten 1991 im Irakkrieg geschossen haben, fuhr er nach Deutschland und bemühte die Humboldt-Universität um eine Untersuchung und um den Beweis, doch die lehnte es ab, ein hochgiftiges und radioaktives Material zu untersuchen. Dann ging er zur Technischen Universität Berlin und die verhielt sich genau so und lehnte eine Untersuchung strickt ab. Dann ging er zur Freien Universität, zum Radiologischen Institut Berlin. Als er dort ankam, »da sagten sie, heute ist Freitag, wir wollen das Zeug nicht, kommen sie am Montag wieder«, berichtet GÜNTHER. Als er Montag zum Institut kam, traute er seinen Augen nicht. Dort empfingen ihn sechzehn Polizisten, die ihn verhaften wollten, *weil er hochtoxische Gifte mit sich trug.* »Dann kam«, so fährt er fort, »ein Spezialkommando der Polizei in Schutzkleidung, mit besonderen Behältern und beschlagnahmten das Material.«
Der Gutachter HERMANN JOSEF JUNG fand dann heraus, dass es sich bei dem Material tatsächlich um hoch radioaktives abgereichertes

Uran handelt. Allerdings wurde gegen den Verursacher des Abfalls, SIEGWART-HORST GÜNTHER, ermittelt. Ergebnis der Ermittlungen:

Professor GÜNTHER bekam einen Strafbefehl des Amtsgerichtes Berlin wegen *Freisetzung ionisierender Strahlung.* Darin heißt es: *Durch falschen Umgang mit dem Geschossprojektil entsteht die Gefahr der Kontamination und in Kooperation radioaktives Material, was zu einer Gesundheitsgefährdung führen kann.* Das Gericht verurteilte GÜNTHER zu einer Geldstrafe von DM 3000,-. GÜNTHER lehnte die Geldstrafe ab, weil er meinte, dass dann auch die US-Regierung und die Verbündeten eine Geldstrafe zahlen sollten, die der Menge angemessen sei, die dort noch immer liegt und die sie dort verschossen hatten. Daraufhin wurde er für fünf Wochen inhaftiert, wobei man ihm Schikanen aussetzte. Letztlich protestierten seine Studenten so deutlich vor dem Justizvollzugsgebäude, dass man ihn nach fünf Wochen entlassen hatte. Doch: Nun hatte er auch den Beweis, dass die alliierten Truppen tatsächlich abgereichertes Uran und Plutonium als Waffe eingesetzt haben und er hatte die Ursache des Sterbens ausgemacht, an der so viele Menschen gestorben sind. »Es beginnt mit einem Zusammenbruch des Immunsystems mit ansteckenden Infektionskrankheiten, insbesondere auch Virusinfektionen, dann Krebsbildungen und Leukämie, Funktionsstörungen bei Nieren und Leber, dann vor allem auch Erkrankungen genetischer Art, mit Missbildungen bei Neugeborenen und dann Frühgeburten und Fehlgeburten ähnlich wie nach dem Unfall in Tschernobyl«, sagt SIEGWART-HORST GÜNTHER in die Kamera. Er ist einer der angesehensten Epidemiologen unserer Zeit und gehörte im Zweiten Weltkrieg zur Widerstandsbewegung um CLAUS GRAF SCHENK VON STAUFFENBERG.

Bis heute lehnen die Militärs jede Verantwortung ab. *Es gebe keine Beweise dafür, das Uranmunition das Golfkriegssyndrom auslöse, an denen bis heute über einhundertfünfzig Tausend Soldaten erkrankt sind,* sagen sie. Die Kinder von Golfkriegsveteranen kommen drei Mal so häufig missgebildet zur Welt, wie andere Kinder. In England zeigten britische Soldaten dem Unterhaus ihre missgebildeten Kinder und gaben dabei ihre im Krieg verdienten Auszeichnungen zurück.

Urangeschosse werden in Kriegen angewendet, weil sie einen enormen militärischen Vorteil bieten. Sie dringen in härteste Metalle ein, *wie ein warmes Messer in Butter*. Im Panzer angekommen entzündet sich das Uran *selbstständig,* erhitzt auf eintausend bis fünftausend Grad und lässt dabei alles verdampfen, was sich in seiner unmittelbaren Umgebung befindet. Durch die Explosion wird alle umliegende Materie in superfeinen Staub, sogenannte Nanopartikel, verwandelt und gelangt mit dem Wind dorthin, wo er sie hinbläst. Diese Nanopartikel sind so klein, dass der menschliche Organismus keinerlei Schutz vor ihnen bietet. Im Körper eingedrungen überschreiten sie die Mutter-Kind-Schranke, sie dringen ins Gehirn ein und wandern zu den Chromosomen der männlichen Samenzellen und in die weibliche Eizelle. Dort strahlen sie im Verhältnis zu den anderen organischen Molekülen *wie eine Sonne* und verbrennen das sie nahe umgebende Gewebe. Werden Teilabschnitte des Erbguts, der Chromosome verbrannt, kann sich nicht mehr die volle genetische Information bilden, die eine befruchtete Eizelle benötigt, um ein gesundes Neugeborenes zur Welt zu bringen; es deformiert und kann derart entstellt zur Welt kommen, dass die Fantasie nicht ausreicht, um sich auszumalen, was Eltern und Ärzte in Kriegsgebiete erblicken müssen. Auch Erwachsene, die auf den Reparaturservice ihres Immunsystems angewiesen sind, bekommen das mit der Zeit zu spüren, weil deren genetisches Material auf Dauer immer intensiver zerstört wird; dieser Prozess ist unaufhaltsam und es gibt kein Gegenmittel. Die Strahlung dieser Nanopartikel im Körper von Menschen strahlt länger, als unser Sonnensystem alt ist - etwas über die Hälfte der Zeit, die das Universum bisher existiert. Was heißt, dass sie im menschlichen Körper so lange strahlen und Gewebe zerstören, wie sein Träger lebt. An Radioaktivität verstorbene Menschen gelten als *kontaminiert* und daher muss man mit ihnen so verfahren, wie mit radioaktiven Abfällen. Man müsste sie *endlagern.* Die Folgen der Zeugung Neugeborener mittels kontaminierten Erbguts sind fürchterlich, weil es zu Missbildungen führt, denen unbeschreibliches Leiden nachfolgt. Oft schreien die Neugeborenen tagelang, bis der Tod sie von ihren Qualen erlöst. Der Einsatz der Uranbomben ist ein Verbrechen an die Menschlichkeit, wie man es sich schlimmer nicht vorstellen kann. Es ist mindestens gleichzusetzen mit der Vergasung, Ausbeutung und Folterung der Juden durch Nazideutschland. Beiden liegt die gleiche industrielle und militärische Logistik der Ausrottung zugrunde; daran kann es keinen Zweifel geben.

Im Zentralkrankenhaus in Bagdad sind die Raten bösartiger Krebsarten seit 1991 um das Achtfache gestiegen. Besonders bei Neugeborenen zeigten sich hohe Raten von ungewöhnlichen Deformationen. Denn auch zahlreiche zivile Gebäude in Bagdad wurden durch Uranbomben zerstört und kontaminiert. 1991 wurden zum ersten Mal massenhaft Munitionsgeschosse mit abgereicherten Uran eingesetzt. 1995 folgte ihr Einsatz in Bosnien und 2003 wieder im Irak. Seitdem sind *Tausende von Tonnen dieses giftigsten Stoffes, den die Menschheit kennt* im Umlauf, zu Nanopartikel verkleinert, im Boden, im Wasser, in Pflanzen, in Tieren und der Atmosphäre verstreut. Nichts, kein Filter kann diese kleinen Partikel aufhalten. Daher sprechen viele auch in Bezug auf eine solche Waffe von einem Genozid, einer gewollt geplanten Rassenausrottung. Denn der Gebrauch der Waffe kann dazu führen, dass man mit ihr ganze Volksgruppen ausrotten könnte. *Steckt hinter dem Plan, abgereicherte Urangeschosse einzusetzen tatsächlich ein geplanter Genozid?* Vieles spricht dafür. Denn es ist bekannt, dass das Pentagon längst nach einer biologischen Waffe sucht, die gezielt auf bestimmte Volksgruppen todbringend reagiert, während anderen diese Waffe nichts anhaben soll; das ist kein Witz.
Bleibt ein Volk, dessen Landstrich kontaminiert ist, dort wohnen, wo der Staub niederregnet, dann wird es mit an Sicherheit grenzender Wahrscheinlichkeit mit den Jahren aussterben und zunehmend immer überlebensunfähiger werden. Es ist nicht anzunehmen, dass diejenigen, die sich diese Waffe ausdachten, nichts über dessen Folgen wussten. Eher ist davon auszugehen, dass genau diese Folgen damit beabsichtigt waren und auch weiterhin beabsichtigt sind.
Was ist mit Afghanistan? Was ist mit den dort stationierten Soldaten, mit der afghanischen Bevölkerung? Denn auch in Afghanistan wurden und werden tonnenweise abgereicherte Uranmunitionen verschossen und gelangen mit dem Wind überall hin. Um die harten

Felsen zum Zerbersten zu bringen, in denen die Taliban leben, ist diese Waffe hervorragend geeignet, denn sie durchbohrt alle uns bekannten Materialien - auch die Berge von Torabora.

In der Schule wird gelehrt: Krieg ist kein Mittel zur Konfliktlösung. Und das ist wahr. Wir sind in der Lage, mittels kooperativer Konfliktbewältigung auch starke Konflikte in ihrer Eskalationsbereitschaft zu mindern und zu minimalisieren. Doch, was, wenn der Eskalierer gar nicht auf Kooperation anspricht *und auch nicht darauf angesprochen werden will? Was, wenn der Eskalierer von Anbeginn seiner Handlungen davon ausgeht, dass Konfliktlösungen gar nicht in Betracht kommen sollen, weil er Konfliktlösungen gänzlich ausklammert?* Und was, wenn das Bemühen, den Konflikt zu bewältigen an die eigene Grenze trifft und man selbst nicht mehr friedlich dabei bleiben kann? *Denn der Aggressor will Eskalieren um jeden Preis.* Nun, dann spricht man eigentlich von Faschismus und Diskriminierung und von einer Ausschaltung des Gegners - *um jeden Preis.* Dann nämlich, und das sollten sich alle Regierungen merken, ist die Situation und das Verhalten des Eskalierers die, die ADOLF HITLER vor gut siebzig Jahren seinem Militär vordiktierte: »Die Auslösung des Konfliktes wird durch eine geeignete Propaganda erfolgen. Die Glaubwürdigkeit ist dabei gleichgültig, *im Sieg liegt das Recht!*« Krieg und Kriegsverbrechen sind im Nachhinein immer *nicht umkehrbare Prozesse* - sie besitzen Wirkungskalkül in den Köpfen derer, die sie wollen!

Einem solchen Kriegstreiber kann man mit Konfliktbewältigung gar nicht kommen. *Denn nicht der Sieg, sondern der Krieg ist sein Ziel!* Gegen eine faschistische Übermacht gibt es keine Konfliktlösung, außer Selbstverteidigung. Es geht einem solchen nicht um den Konflikt, sondern nur um den Sieg der Herrschaft über das Land; denn in seinem Kopf ist das Land eine wirtschaftliche Ressource, in die die menschlichen Bedürfnisse nichts zählen. Daher ist es ungeheuer wichtig, das Leid in der Öffentlichkeit stets unterhalb des Zieles zu bewerten, für das man vorgibt, den Frieden und die Demokratie zu spenden. Der überlegende Kriegstreiber kann sich heimlich zum Geist HITLERS bekennen, wenn er für sich erkennt, dass ihm niemand überlegen ist und er sich wirtschaftlich aufwerten kann – aggressiver Wirtschaftsliberalismus. **Wer nicht auf Kooperativität eingeht, ist Kriegstreiber.** Und genau dies ist der Grund, warum das US-Militär nicht an Konfliktlösungen interessiert ist - Krieg ist keine Konfliktlösungsstrategie, er ist auch nicht für den Frieden förderlich, sondern eine alle Lösungsstrategien unterwandernde Strategie.

Schon heute kommen im Irak zehn Mal mehr Patienten mit Krebs in die Krankenhäuser, als vor 1991. Zusätzlich kommen zur selben Zeit zwanzig Mal mehr Neugeborene mit Missbildungen zur Welt. Die schwersten Missbildungen dort sind Neugeborene ohne Kopf, ohne Augen, ohne Nasen, mit einem Hautsack am Rücken, indem sich alle inneren Organe befinden, mit Hautkugeln an den Extremitäten, die die Hände und Füße ersetzt haben, mit Wasserkopf, mit offenen Köpfen und Bäuchen, ohne Gehirn, mit Haut wie aus Papier usw. Wer diese Neugeborenen auf Bildern sieht, wird den US-Präsidenten und Friedensnobelpreisträger BARACK OBAMA nicht mehr mögen können. Kein Krieg ist so etwas wert. Und wenn man versteht, dass die neuzeitlichen Kriege ›Wohlstandskriege‹ sind, Kriege um den Erhalt von Luxus, der eigentlich gar nicht zu sein bräuchte, dann beginnt man ein anderer Mensch zu werden - ohne Rückfahrschein.

»Anfänglich hatte ich natürlich keine Erfahrung über die Nebenwirkungen der Uranmunition und habe mir selbst schwere Gesundheitsschäden zugezogen. Inzwischen hatte ich drei Operationen und stehe jetzt unter Medikamenten«, beschreibt SIEGWART-HORST GÜNTHER seinen im Irak sich zugezogenen Krebs.

Die letzte Szene im Film zeigt einen siebenjährigen Jungen, der an Lymphknotenkrebs leidet. »Es ist furchtbar, das zu sehen. Meistens nehmen die Mütter ihre Kinder zurück nachhause, damit sie zuhause sterben«, sagt GÜNTHER.

Der tödliche Staub wird seine vielfältigen Wege in die Kreisläufe der Erde finden, von den Kreisläufen des Lebens eingebunden werden und überall für erhöhte Krebsraten sorgen. Dann wird man einfach die radioaktiven Werte für die Risiken höher ansetzen und diesen neuen Wert als normalen Wert darstellen. Das hat die Weltgesundheitsorganisation WHO ja auch schon jetzt mit der Atomenergiebehörde abgesprochen und die Werte für die Umgebung von Atomre-

aktoren höher angesetzt, sodass das erhöhte Krebsrisiko von Menschen, die in der Nähe von Kernreaktoren leben, nicht auf die Kernenergie zurück zu verfolgen ist. Sie haben untereinander eine Absprache getroffen, dass nur in Abstimmung mit der Atomenergiebehörde in die Öffentlichkeit gelangen darf, was die Atomenergiebehörde absegnet; unglaublich, aber wahr.
Im Frühjahr 2008 hat die Presseagentur des Irak verkündet, dass achtzehn Regionen die um Großbagdad, Basra und Nassaria liegen, nicht mehr bewohnbar sind.

Unsere Loyalität zum Regierungssystem ist die Gewaltfalle für die Anderen - der Stoff aus denen alle Feindesformen kreiert werden können. Diesen Feindesformen halten wir die Treue. Es ist eine Loyalitätsfalle auf hohem Niveau, eine ›Loyalitätsmimikry‹, hinter der sich die Kriegsgarantie und das Kriegsversprechen an die anderen Bewohner dieses Planeten verbergen. Diese Loyalitätsfalle ist der Charakter der Zivilisationsmaschinerie und kann daher für uns nicht wahrnehmbar ihre Kontaminationswirbel ausstoßen, wohin sie will. Wir alle werden über die Tagespolitik in einen Dornröschenschlaf versetzt und glauben, wir lebten ohne den Geist HITLERS und ohne Auschwitz fähige Offiziere in unserer nach Wohlstand und Überfluss verwalteten westlichen Welt.

FRIEDER WAGNER zitiert in einem seiner zahlreichen Interviews, die man sich im Internet ansehen kann, einen afghanischen Vater: »Sagt den Amerikanern, wir haben keine Flugzeuge, aber wir haben etwas, was sie, die Amerikaner, nicht haben. Grundsätze und Ethik. Wir werden amerikanischen Kindern nie etwas antun, das nur im Entferntesten dem gleicht, was die Amerikaner unseren Kindern und unseren Familien angetan haben. Vielleicht gewinnen sie einige Kämpfe, aber wir haben den großen Kampf längst gewonnen: Jenen um das moralische Recht.«

DIE KRIEGSKONSTRUKTEURE

Viele bekannte Konfliktforscher kommen zu der Auffassung, dass militärische Konflikte mit Waffen ausgetragen werden, die den Ausgang des Konfliktes in eine Richtung bringen, in die die Politik ihr jeweiliges Militär lenkt. Man müsse nur unter ihnen vermitteln und schon wären Konfliktlösungen in Sicht. Das ist weit gefehlt. Es geht bei den meisten kriegerischen Konflikten *nicht* um den Konflikt, den der Krieg durch Waffengewalt verursacht, oder darum, diese Sicht des Konflikts mit den Mitteln des Militärs zu lösen. Der Krieg ist wie der Kampf, ein Mittler oder Übermittler von etwas ganz anderem. Krieg ist nicht nur die Fortführung der Politik mit anderen Mitteln, sondern eine Möglichkeit, seine inneren Schwächen zu überspielen und sich zu nehmen, zu was man die eigenen Stärken und Potenziale im Volk noch nicht entwickelt hat, *um es aus sich selbst heraus zu entwickeln.* Es geht in so gut wie jedem Krieg um den Machtausbau des Bankensystems, das sich die Hochfinanz im Laufe vieler Generationen aufgebaut hat. Es geht bei solchen Konflikten auch nicht um Geld. Das denken oftmals die Akteure des Konflikts oder eine Seite dabei und genau darin besteht der Plan der Macht um die Banken herum.

Das Ziel der Banken liegt auch nicht darin, den Konflikt zu kontrollieren; das haben sie früher so gemacht, aber auch sie haben sich weiterentwickelt. *Banken wollen die Schulden kontrollieren, die der Konflikt mit ihren Geldern und Mitteln verursacht.* ***Der wahre Wert eines militärischen Konflikts liegt in den Schulden, die er verursacht und weitstreuend verteilt.*** Schulden sind ein Wert für Schwäche und Schwäche ist ein verlässlicher und stabiler Wachstumsmarkt. Schulden bedienen die Macht und die Herrschenden und zurren den Schuldbelasteten an deren Gängelband. Schulden sind auf der anderen Seite ein anderes Wort für Macht und Lenkung. Alles was wir mit Schulden aufbauen gehört uns erst dann, wenn wir die Forderungen der Bank eingelöst haben. Schulden zeugen Zinsen und Zinseszinsen. Wer diese Schulden kontrolliert, kontrolliert schlichtweg alles. Darin liegt das wahre Wesen des Bankgewerbes, im Kontrollieren und Produzieren der Schulden. Rechnet man den gesamten Bargeldwert weltweit zusammen, so kommt man höchsten auf fünf Prozent des gesamten Geldes, das weltweit im Umlauf ist. Knapp fünfundneunzig Prozent sind Schuldenwerte - Bankenblasen.

Was beim Gewalttäter als Ichschwäche bezeichnet wird, das sind in Kriegen die Schulden einer Nation, die der Krieg auf seiner Seite verursacht. Wer die ›Wir-Schwäche‹ einer Nation kontrolliert, der kontrolliert auch die politische Richtung der jeweiligen Nation und zwingt sie, in Richtung der Maschine zu gehen. Nur so werden auch die Schulden zu einem begehrenswerten Tauschmittel. Und wenn die Banken beiden Kriegsseiten das Geld für die Konflikteskalation leiht, was oft in Kriegen völlig normal scheint, dann besitzt die Bank eine noch viel größere Macht, als sie Staaten je besitzen können. Geht die Nation mit den Schulden nicht den Weg, den die Banken vorgeben, dann droht die Bank mit einer anderen *Nehmermoral.* Das Bankgewerbe, das auf solche Schulden baut, ist der Zivilisationsmotor der Maschine, ihr Herz, das in seinem Inneren nach dem Takt der Schuldner tickt. *Man will uns als Länder, als Unternehmer, oder als Individuen zu Sklaven der Schulden machen.* »Geld«, so sagt es der Leiter des Instituts für Konjunktur- und Strukturforschung OTTO STEIGER, »ist ein Schuldendeckungsmittel.« STEIGER muss es wissen, denn sein umfangreiches Wissen über die Scheine gilt als die erste weltweit anerkannte Geldtheorie. Es klingt unfassbar, aber sollte der Leser sein Interesse einmal dem Weg des Geldes nachgehen, so wird er überrascht *in des Teufels Küche* angelangen.

Die Bank verliert niemals ihr Geld. Wenn man versteht, das Geld nur ein anderes Wort für Energie ist, dann hat man das Prinzip der Banken verstanden. Die Energie des Schuldners gehört somit den Zielen der Bank. Dies macht Schulden zu einem höheren Gut als Geld, weil Schulden verzinst werden und die Dauer des Abzahlens (Energieabschöpfung des Schuldners) den des Geldwertes immer überschreitet; paradox, aber so ist es; wer die Schulden kontrolliert, kontrolliert alles, nämlich die Wachstumsrichtungen des Geldflusses.

Dieses innere Wesen des Bankgewerbes, Schuld als Prinzip des individuellen Lebens und der öffentlichen Ordnung zu gestalten, führte zur Urheberschaft der Maschine an das Bankwesen und führte zum Bau der Maschine bis heute hinein. Wenn wir heute einmal den Weg der Zivilisationsmaschine zurückverfolgen würden, wir würden ihren Beginn in mafiaähnlichen Strukturen, in Bandenkriminalität

verstehen und aufzufassen lernen. Auch heute noch organisieren sich große Banken aus diesen mafiösen Strukturen heraus und dann in legale Wirtschaftszweige hinein (russische Mafia).
Die Maschine ist an das Bankwesen optimiert. Das Bankwesen ist an den Schulden optimiert. Schulden sind an der Knechtschaft optimiert. Knechtschaft ist an Herrschaft optimiert. Herrschaft ist an der Beherrschbarkeit des Gewaltmonopols optimiert. Das Gewaltmonopol ist am Militarismus optimiert. Militarismus ist am Krieg führen können optimiert. Krieg ist an Ressourcen optimiert. Ressourcen sind am Lebensfluss optimiert. Der Lebensfluss ist am Klima und den Kreisläufen des Lebens der Erde optimiert. Banken, nicht Staaten, sind die mächtigsten Institutionen, die wir erschaffen haben. Geld und Schulden führen immer zu einer Bank. HENRY FORD sagte: »Wenn die Menschen verstünden, wie unser Bankensystem funktioniert, dann gäbe es schon morgen eine Revolution.« Aber hören wir einmal, was der US-Präsident BARACK OBAMA in einem Interview auf *FOX-News* dazu sagte: »Die Finanzkrise ist kein amerikanisches Problem, es ist ein Problem des Geldsystems. Dieses beruht darauf, dass durch Zinseszinseffekte immer mehr Schulden entstehen und in Folge dessen auch immer mehr Schuldner gesucht werden müssen. Deshalb hat man kreditunwürdigen Personen riesige Dollarbeiträge ausgeliehen. Geld ist eine Illusion.« Und weiter mahnte er am Sonntag, dem 15. Mai 2011 den US-Kongress an: *»Wenn die Investoren rund um die Welt denken, dass sie ihr Vertrauen in die Kreditwürdigkeit der Vereinigten Staaten verlieren können, wenn sie denken, wir könnten unsere Schuldscheine nicht mehr ausreichend decken, dann wird das ganze Finanzsystem auseinanderfallen.«*

Das bedeutet: Eine Bank macht Schulden, sucht dann Schuldner, denen sie die Schulden in Form eines Kredites überträgt, weiß im Vorhinein schon, dass der Kreditnehmer seine Schulden nicht zurückzahlen kann, kündigt bei der erstbesten Gelegenheit den Kredit - damit deckt die Bank ihre zuvor gemachten Schulden, über die dadurch anfallenden Zinseszinsen. Was in Wahrheit, blickte der Bürger dahinter, ein Verbrechen ist. Aber es kommt noch besser für die Banken. Gelangen sie über ihre eigenen Fehlinvestitionen selbst in den Strudel, weil selbst bei den ausgepressten Kreditnehmern nichts mehr zu holen ist, dann zahlt der Staat die Schulden ab. Dieser wiederum lässt dann den Steuerzahler und alle noch Ungeborenen für die Schulden aufkommen, über Staatsanleihen, die dann der Bank als Wert gehören. Banken kaufen auf diese Weise Staatsvermögen, also Volksvermögen auf, das dann in Krisenzeiten von dem Internationalen Währungsfond IWF verwaltet wird. Warum macht der Staat eigentlich so etwas? Weil Geld eine Illusion ist und mit nichts wirklich wertvollem gedeckt ist: Geld ist mit Schulden gedeckt - Schulden sind der Wert des Geldes.

DIE SÄULEN DER MACHT

»Es ist etwas hinter dem Thron, das größer als der König selbst ist.«

Sir William Pitt

Das Weltgeschehen des einfachen Menschen ist deshalb eine Illusion und seine Realität zugleich: Gerechtigkeit ist gar nicht möglich, weil unsere Idee von der Gerechtigkeit (leider) eine Illusion ist. Klar, für viele Philosophen stellt sie etwas dar, das in die Realität überführt werden sollte und jedermanns Pflicht und Recht im Sinne einer Gerechtigkeit darstellen soll. Ein kategorischer Imperativ könnte das gesellschaftliche Miteinander erträglicher machen. Fürwahr, das könnte er wirklich, aber die Maschine ist dieses Imperativs Freund, denn wer nach ihm handelt, ist leichter an der Nase herumzuführen.

So wie für die meisten Gewalttäter Freundlichkeit als Schwäche ausgelegt wird, so ist es in unserer Gesellschaft eine Schwäche, ehrlich zu sein; denn *der Ehrliche ist der Dumme* und wird von allen nur getreten. Der Maschine ist das alles vollkommen egal. Sie lebt ja in unserem Schatten, weil wir ihre Realität für absolut unmöglich, für nicht existent halten und alles, was sie erklären oder beschreiben würde, als Verrücktheit und bar jeglicher Vernunft abtun - weil wir uns eine andere Vorstellung von unserer Wirklichkeit gemacht haben und außerhalb dieser konstruierten Realität nicht denken wollen.

Genau darum werden auch alle Bemühungen entweder ignoriert, sabotiert, eliminiert oder bloßgestellt um dem Lauf dieser Dinge

den Stempel des Weltgeschehens aufzudrücken. Enthüllungen werden zu Verschwörungen umfunktioniert und dem Volk als schandhafte Lächerlichkeit dargelegt. Wenn irgendein Enthüllungsjournalist oder Insider zu sehr die Öffentlichkeit sucht, um Wahrheiten über den Gang der Maschine zu erzählen, dann bekommt er einen Unfall, oder stirbt unter merkwürdigen Umständen.
Die Zivilisationsmaschine lebt auch nicht innerhalb unseres Rechtssystems. Das hat sie nie und sie wird es niemals *können*. Unser Ottonormalverbraucher-System ist eine Konstruktion der Zivilisationsmaschine. Das ist die Welt, die sie uns vorgaukeln, hinter der sie ihre Machenschaften gut verstecken. Hierin liegt der einzige Grund dafür verborgen, dass alle Theorien, die das Geschehen *hinter dem Thron* sichtbar machen, als Verschwörung angeprangert werden.
Das heißt jedoch auch, dass man die Maschine nicht mit den Mitteln des Rechts aus dem Lauf des Weltgeschehens vertreiben kann. Denn bevor jemals eine Klage gegen diejenigen ein Gerichtssaal erreichen würde, die die Maschine bedienen oder ihren Weg sauber halten, wird der Kläger einen Herzinfarkt, einen Unfall, einen Selbstmord oder an irgendeiner unerklärlichen Todesursache versterben; und die Klage ist hin, denn, *wo kein Kläger da kein Richter.* Die Presse wird dann dem verstorbenen Kläger irgendetwas andrehen, damit sich das Volk von ihm abwendet. Somit ist dann das Problem der Maschine gelöst und alles kann so weiterlaufen wie bisher; darin haben die Betreiber der Maschine eine Jahrhunderte währende Tradition. Diese werden sie niemals aufgeben oder auffliegen lassen, denn sie ist die intelligenteste Architektur, die man jemals schuf - wenn nicht gar das Intelligenteste, was Menschen je über Generationen hinweg erschaffen haben.
Die Maschine lebt also nicht innerhalb unseres *Rechtssystems,* das dürfte klar sein. Sie ist über die *Staatsräson,* über das Wesen des *Bankgewerbes* und über die Grundlagenforschung gedeckt. Diese Drei sind das Gerüst der Zivilisation - *sie sind die Zivilisation selbst und damit die Säulen der Macht, um die sich alles dreht.* Demokratie, Kommunismus, Sozialismus, Religionsstaaten, Königshäuser oder Diktaturen sind nur ihre Fassaden. Beiwerke zur Aufrechterhaltung einer willentlich vom Volk sie unterstützende Politik, an der

das Volk durch ihre Volksvertreter an der Nase herumgeführt werden und alles andere in die Länge gezogen werden soll - die Staatsräson ist die Richtung der Politik, an die sich Berufspolitiker anpassen. Der sie alle antreibende Kern und der sie alle verbindende Leib ist die Zivilisationsmaschinerie.

Das wahre Buch der Geschichte ist ein Buch über Gewinner und Verlierer. Gewinner ist immer das ›Herrschaftsprinzip Zivilisation‹. Verlierer ist die Selbstbestimmung der Beherrschten, das Volk in der Knechtschaft von Industrie, Politik, Bankwesen, Religion und Militärdienst. Der Nebel, der unsere Sicht dazu heute versperrt, ist der Konsum. Er ist der Heiligenschein unseres gesamten selbstlegitimierten Alltagsverhaltens - vom Kindergarten bis zum Diplomanten oder Doktoranten, zum Bachelor- und Masterstudium. Wer in dieser Mühle ist, der wird immer blinder gegenüber seiner eigenen Selbstwahrnehmung und gegenüber einer anderen Realität, die seine ganze Realität formte. Der Konsum ist nichts anderes als der Dirigent unserer Bedürfnisse und Erwartungen, für ein erfülltes Leben - *und damit auch eine maladaptive Meta-Bewältigungsstrategie.* Wobei künstliche Sehnsüchte absichtsvoll über Neuerungen im technischen Bereich geweckt werden und neue Abhängigkeiten die Selbstbestimmung verzerrt, die Aufklärungsbereitschaft gegen null fährt und die Bildungslust komplett verdrängt: Die Gier nach Sehnsuchtsbefriedigung ganz hoch zu halten, als Weg zum Supermodell, zum Superstar oder zum Millionengewinn, ist ein neues Ziel dieser Vernebelung und Entfremdung. Die Abhängigkeit stark fremd einwirkender Lifestyle-Sehnsüchte, der mentale und körperliche Fitnesswahn, sind Ersatz, dafür, dass man selbst niemals diesen Kern erreichen könne; diese Selbstaufgabe und Umlenkung auf den Wettbewerb mit gleichzeitigem Größenwahn zu erwecken, ist Ziel von Herrschaft. Denn dies bedingt unsere positive Haltung zum Kampf, zum Wettbewerb und verfestigt unseren Glauben zu der Botschaft, *dass die Welt gar keine andere sein kann, als die der Gewinner und Verlierer der als solche wahrgenommenen und dadurch unverrückbaren Welt.* Kampf muss somit alles umfassen, was wir tun, um überhaupt zu bestehen. Für die Herrschenden ist dies allerdings bloße Schablone. Je nach dem welcher Ismus uns entgegen bläst gleichen wir wehenden Fahnen, deren Richtungen sich unserer Wahrnehmung vollends entziehen.

DIE MASCHINE ZERSTÖREN?

Das heißt jedoch auch, dass man der Maschine nicht mit den Mitteln des Rechts beikommen kann. Solche Versuche scheitern wohlmöglich an der Korrumpierbarkeit des Menschen. Die Zivilisationsmaschine ist der Lauf der Weltgeschichte und niemand allein kann ihr etwas anhaben; nicht einmal Staaten wie Russland oder China. Denn wo die Maschine verbündete braucht, bekommt sie Allen Ortens welche. Selbst dann, wenn die Maschine über Konflikte Staaten gegenseitig zu Feinden modelliert - die Maschine ist und bleibt ihr Band. Denn die Maschine hält alle Zivilisationen aufrecht. Sie ist unser künstlicher Kreislauf, der sich um den ganzen Globus dreht. Das Wesen der Politik ist das in Gang halten und beherrschen der Maschine. Sie ist der Nabel, mit dem alle Zivilisationskulturen verbunden sind, und zu dessen Nabel uns das Recht, die Politik und die Industrie festzurren.

Doch wer nun auf die Idee käme, *da die Maschine nicht mit rechtlichen Mitteln zu beseitigen ist, muss man selbst in rechtlose Gefilde eintauchen, um dann die Maschine zu zerschlagen,* dem würde ich davon abraten. Ich würde so etwas nie tun und ich halte eine solche Idee für naiv. Denn wer sich jemals in solche Gefilde begibt, auch nur von der Maschine je berührt wird oder selbst seine Hand auf sie legt, sie auch nur ansieht, wird selbst ein Teil der Maschine werden; das ist unausweichlich so. Ihre Verteidigungsstrategie ist die: *Wer mich auch nur ansieht oder berührt, wird mir augenblicklich zum Sklaven werden.*

In seinem *Der Herr der Ringe* hat JOHN. R. R. TOLKIEN diese Maschine zum Hauptthema seines Dreiteilers gemacht. Er hat sie mit Mythologie und allerlei interessanten Verflechtungen versucht darzustellen. Mit dem *Ring der Macht* ist der Navigator gemeint. Alle anderen Ringe bilden die Zivilisationsmaschine. Wer sich den Ring der Macht aufsetzt, ist hoffnungslos der Maschine verfallen und dem Navigator zu Willen. Es scheint nicht darauf anzukommen, ob man vorher ein guter und rechtschaffener Mensch war - die Maschine wird jeden zu etwas anderem, zu etwas Willfährigem machen. Die bekannteste Mahnung der Geschichte an uns mag NAPOLEON BONAPARTE sein, denn mit seinem Befreiungskrieg hat er viel Hoffnung in ganz Europa geweckt und sich am Ende zum Diktator degradiert. Es ist wie mit dem zahmen Tiger. Sobald man ihm jedoch auch nur ein Mal Blut lecken lässt, ist seine Zahmheit auf immer verloren. Weil es in ihm und nicht im Blut steckt. So ist es auch mit der Maschine. Der Kino-Klassiker *Metropolis* hat diesen in uns steckenden ›Titanismus‹ zum Thema.

Die Maschine beseitigt man nur, *wenn man ihr ihr Betätigungsfeld nimmt.* Ohne eine menschenweite Entwicklung zu einem Bewusstsein dorthin wird es nicht gelingen. Wir können auf die Mechanismen der Evolution vertrauen oder auf eine Revolution. Aber da Revolutionen stets dem Bankwesen weit unterlegen waren, entscheide ich mich für die Weiterentwicklung des Menschen.

»Die Welt wird nicht bedroht von den Menschen, die böse sind, sondern von denen, die das Böse zulassen«, meinte ALBERT EINSTEIN. Wir ignorieren unser wahres Selbst, unsere tiefe Verbundenheit mit einer Kraft, die uns mit dem Leben mitgegeben wurde. Würden wir sie nicht unterdrücken, die Psychopathen hätten nicht die vielen Möglichkeiten, die Erde in eine Hölle zu verwandeln. **Unsere Ignoranz dem Wesen der Gewalt gegenüber ist die höchste Form der Gewalt überhaupt!** Dadurch erst bekommt Gewalt eine Gestalt und ihre zahlreichen Möglichkeiten, unsere Realität zu bestimmen. Alle Gewaltformen sind die Kollaterale unserer allgemeinen Ignoranz ihr gegenüber. Wir, *nicht die da oben, wir* müssen handeln. Denn bisher handeln wir so, indem wir unsere Schlachtermeister selbst wählen und uns dann wundern, wenn sie uns dumme Kälber in den Schlachthof sperren. Im besten Fall gelingt es uns dann, einen neuen Schlachtermeister zu wählen - nur weil er uns ein neues Gatter öffnet und wir dabei nicht bemerken, das sein offenes Gatter in seinen Schlachthof führt. Wir sind so blöd, weil wir dabei ständig nur unseren Emotionen gehorchen, nicht aber auch nur einmal innehalten und nachdenken, warum wir immer wieder darauf hereinfallen. Unsere Befreiung aus diesen vielen Gattern wird ein langer Prozess werden, an dem Leben und Tod, Überleben oder Aussterben stehen werden. Wir können nur eins tun: Den Nährboden der Maschine zu überwinden lernen und uns darüber bewusst werden, dass »wir selbst« dieser Nährboden sind. *Es ist unsere Intoleranz uns selbst gegenüber, dem eigenen Leben keinen Sinn zu vermitteln und ihm zu folgen.*

Wer dazu beitragen möchte, dass die Maschine sich selbst vernichtet, der sollte endlich verstehen lernen, ***was er nicht zu tun hat*** und nicht, was er aus dem Augenblick heraus meint tun zu müssen, um ihre Vernichtung zu bewirken. Loslassen vom Ego im rechten Moment ist hier der richtige Weg. Zu meinen, man müsse den Helden spielen, man müsse nun kämpfen und siegen wollen, ist das, was die Maschine nur vergrößern wird. Der Kampf gegen das Böse vergrößert bloß das Böse und führt niemals zum Sieg des Guten über das Böse; weil Kampf und Sieg dem Bösen und der Niederlage am Guten dient.

Die Maschine hat kein Wesen, das man vernichten kann. Merken wir uns: *Einen Gegner besiege ich nur wirklich dann, wenn ich auf seinem Kampffeld keine Option bin.* Ich muss mich vom Kampfgeist entbinden, abnabeln, lossagen, *entoptimieren* und den Ersatz, die Alternative, das Wesentliche dazu in mir selbst sehen, in dem, was ich wirklich bin und nicht in dem, was ich meine, sein zu wollen. Nicht nur einfach nicht da sein, wenn uns jemand zu kämpfen auffordert, verhindert den Kampf, sondern: *für die Kampfaufmerksamkeit des kämpfen Wollenden kein Licht zu sein, dessen Schatten sich in ihm spiegeln will,* ist die Lösung. Das ist das Wesen des Nichtkampfs, kein Schloss für auch nur irgendeinen Schlüssel dazu zu sein. **Das ist der wahre Weg der Gewaltlosigkeit: *selbst nicht der Spiegel für den Kampf anderer zu werden oder es je zu sein.*** Kämpfe nicht führen zu wollen, die die Kämpfe und Kampfaufforderungen anderer sind und die nur mein tief verwurzeltes Bedürfnis zur Verteidigung benutzen, um ihren Angriffswillen auszuleben.

Weil ich gerne für das Sehnen zu etwas kämpfen will und dabei so gut wie nie bemerke, dass solche Kämpfe am Ende nur einen einzigen Menschen besiegen und ihn klein machen: Mich selbst und allen Mut, mich selbst mit aller Kraft zu wagen. *Das ist die schwerste aller Kampfkünste überhaupt und ihr verborgenes Geheimnis und Rätsel zugleich: Trage dein Schwert stets bei dir und besiege deinen Geist, der dir dein Schwert schmiedete. Besiege zuerst die Schmiede und kämpfe niemals gegen fremde Schwerter an, denn sie sind alle gleich deinem Dämon, der dir deine Schmiede schuf. Kämpfst du gegen diese unendlich vielen Dämonen, lässt du es zu, dass sie dich reihenweise zum Kampf auffordern, wirst du dich in ihren Kämpfen wiederfinden und zum Dämon deiner selbst werden. Dieser Dämon wird es nicht schlimm finden, wenn du bei immer kleineren Gelegenheiten zuschlägst. Er wird dir sagen: Du hast das Recht, dich zu verteidigen, obwohl du es nicht bräuchtest. Diese Schmiede wirst du nicht wieder los.*

Im zweiten Kapitel habe ich beschrieben, dass wir alle unser adgredere-Potenzial in konstruktiv kreative Lebensenergien lenken können und negativ zerstörerische Aggressivität nicht zulassen sollten. Zerstörerische Aggressivität tötet den Nichtkampfwille ab und räuchert alles Wahrnehmbare dazu aus. Wir sollten uns stets darum bemühen, diesen Unterschied in unsere Aufmerksamkeit einfließen zu lassen. Denn die älteren emotionalen Bahnen in unserer Gefühlswelt (die älteren Systeme in unserem Gehirn) spielen uns sonst die unangenehmsten Streiche mit unserer Wahrnehmung, durch die wir uns dann zu Schlussfolgerungen hinreißen lassen, die unseren sozialen Untergang formen. Aggressivität, die den Kampf und den Konflikt herbeiprojiziert und Gewalt überträgt, ist eine Zeitmaschine, die uns um Millionen von Jahren zurückwirft in eine Zeit, in der das Hightech Instrument dazu der Faustkeil war.

EINE VERDAMMT UNBEQUEME WAHRHEIT

»LÜGEN UND PROPAGANDA IN KRIEGEN SIND WAFFEN: SIE TÖTEN DIE WAHRHEIT UND UNTERSTÜTZEN DIE GRAUSAME GIER DER KRIEGSVERBRECHER. IHRE TARNFARBEN SIND FREIHEIT, HUMANITÄT, DEMOKRATIE, MENSCHENRECHTE UND ›AUSCHWITZPRÄVENTION‹. DAS ALLES GELINGT DER LÜGE ABER NUR, WEIL DIE MENSCHEN SOLCHE PROPAGANDA FÜR WAHRHEITEN HALTEN, MIT DENEN SIE IHRE

EIGENEN LEBENSWIRKLICHKEITEN ZUZUSCHÜTTEN ERLERNEN. IHRE GEFÜHLE UND EMOTIONEN SIND IM LAUFE IHRER ENTWICKLUNG ZUM ERWACHSENEN MENSCHEN VERHÄRTET UND VERROHT; *EBEN ZIVILISIERT WORDEN.* KRIEG IST DAS SELBSTBESTIMMUNGSRECHT DES GEFÜHLSTOTEN NEUROTISCHEN PSYCHOPATHEN. DES VON MACHT, HABGIER, NARZISSMUS UND EMOTIONALER VERPANZERUNG HERAUS SICH ENTWICKELNDEN MENSCHENTIERS. KRIEG IST DAS AUSLEBEN DES TOTALEN KONFLIKTKAMPFUNGEISTES, DEN DAS MENSCHENTIER GEGEN SEINE EIGENE WAHRE LEBENSKRAFTENERGIE FÜHRT. DIESE LEBENSKRAFTENERGIE WIRD IN ALLEN KULTUREN AUCH GOTT GENANNT. UND DA DER MENSCH SELBST EIN TEIL GOTTES IST, TÖTET ER GOTT IN SICH SELBST AB. DENN GOTT IST DIE LIEBE, DAS LICHT, DIE WAHRHEIT UND DAS LEBEN. KRIEG IST DIE BEJAHUNG ZUR VERNEINUNG DES LEBENDIGEN IN ALLEM UND JEDEM.« *Wie anders würde unsere Welt aussehen, die Staaten würden jährlich 1,57 Billionen US-Dollar für Konfliktlösungen ausgeben und nicht für Konfliktlösungsverweigerung?*

Der Bundesverteidigungsminister LOTHAR DE MAIZIÈRE faste am 27. Mai 2011 in der FAZ (dummschwätzig) zusammen, was nach über fünfundsechzig Jahren Kriegsende in Deutschland undenkbar erschien: **»Töten und Sterben gehören dazu.«** Er meinte damit *zur Bundeswehr und zur Realität des Soldateneinsatzes.* Ganz sicher hat er die Arbeiten zahlreicher sich um den Frieden bemühenden Forscher nicht gelesen. Wahrscheinlicher ist sogar, dass ihn die Arbeiten darüber überhaupt nicht interessieren. Zu sehr müsste er sich selbst, seinen Dienstauftrag und seine Weisungen in Frage stellen; und davor schützt sich bekanntlich jeder verpanzerte Mensch.

Bundespräsident a. D. HORST KÖHLER sprach in einem Interview des Deutschlandradio Kultur (am 22. Mai 2010 nach einem Besuch bei deutschen Soldaten in Afghanistan) über wirtschaftliche Gründe für Bundeswehreinsätze: *»Meine Einschätzung ist aber, dass insgesamt wir auf dem Wege sind, doch auch in der Breite der Gesellschaft zu verstehen, dass ein Land unserer Größe mit dieser Außenhandelsorientierung und damit auch Außenhandelsabhängigkeit auch wissen* *muss, dass im Zweifel, im Notfall auch militärischer Einsatz notwendig ist, um unsere Interessen zu wahren, zum Beispiel freie Handelswege, zum Beispiel ganze regionale Instabilitäten zu verhindern, die mit Sicherheit dann auch auf unsere Chancen zurückschlagen negativ durch Handel, Arbeitsplätze und Einkommen. Alles das soll diskutiert werden und ich glaube, wir sind auf einem nicht so schlechten Weg.«* Zum ersten Mal sagte ein deutscher Politiker, seit Gründung der BRD, die Wahrheit darüber, warum Kriege geführt werden: aus wirtschaftlichen Interessen - und durfte danach sich selbst entlassen, fristlos. Bundespräsident KÖHLER sprach damals nur aus, was er sowieso ständig zu hören bekam: *Kriege dienen dem Status quo der Wirtschaftlichkeit eines Landes und dem Wert der Währung im Vergleich zu den anderen Währungen - und damit der Finanz- und Wirtschaftskraft des Landes.* Strauchelt die Wirtschaft und es gibt keinerlei Lösung zur Behebung des Dilemmas dann benötigen Staaten Rohstoffe für ihre Topprodukte, um im Austausch mit den Verbündeten im Ranking der Kreditwürdigkeit weiterhin zu bestehen; denn daran hängt der Wählerwille des Volkes; »Was bringt mir das?!«. Wohlstandswahrung ohne Kriege ist dem derzeitigen System unmöglich. Also hält man am Bestehenden fest, erfindet Feindbilder und lässt außenpolitisch den Faschismus wieder aufblühen - innenpolitisch aber zeigt man Filme über den zweiten Weltkrieg, über Nazideutschland, die Hochzeit der emotionalen Pest der Menschen und der Gewaltfratze par excellence, damit man stets auf den Anderen zeigen kann und den Feind mit der Pose HITLER verhüllt; ein Totschlagargument, dass der neue Feind nicht mehr richtigstellen kann. Denn schon fallen die ersten Bomben.

In Ihrem Beitrag ›Macht und Interessen‹ für das Buch von GERT SOMMER und ALBERT FUCHS *Krieg und Frieden, Handbuch der Konflikt- und Friedenspsychologie,* schrieben JOSEF BERGHOLD und ALBERT FUCHS: »Bei einer Erhebung zum Meinungsbild der bundesdeutschen Führungselite zur Außen- und Sicherheitspolitik befürworteten bereits im Herbst 1995 knapp die Hälfte (49 %) der führenden Militärs und ein gutes Drittel (35 %) der führenden Vertreter der Wirtschaftsverbände einen Einsatz der Bundeswehr, „wenn wichtige wirtschaftliche Interessen in der BRD bedroht sind, z.B. die Versorgung mit ÖL" (Infratest Burke, 1996, S. 28). Mit dem Bezug auf „wohlverstandene nationale Interessen" beim Spiel mit militärischer Macht kann man den Eindruck der rationalen Legitimation des Handelns erzeugen; das Interessenkonzept scheint sogar eine Basis darzustellen für einen Interessenausgleich.« Vierzehn Jahre später wird für eine eben solche Argumentation ein Bundespräsident der BRD sich selbst aus dem Amt entlassen, weil er dem Volk die Wahrheit sagt und weiß, dass es das wissen soll - seine Regierung dies aber weiterhin wegen anstehender Propaganda (Wahlen) nicht dem Volk erklären will. Denn der Kurs der *Bonner Republik* ist verlassen: Krieg ist wieder ein Mittel der Politik. Vor allem Angriffskriege. Und die müssen im Volk wieder gut ankommen. Krieg soll mit dem Wählerwille verschmelzen, damit die Kriegstreiber wieder einmal von und über sich behaupten können, *dass sie ja bloß im Wählerauftrag handeln.*

Die unbequemste Gewaltwahrheit ist diese: Alles lehren und belehren hat zu nichts geführt. Der ehemalige Navigator der Maschine, ADOLF HITLER ist tot. Doch die Navigationsmaschine fährt weiter und sie wurde fleißig weiterentwickelt. Regierungsbestien, so unannehmbar das für die Hinterbliebenen solcher Tyrannen auch empfunden wird, sind nicht das eigentliche Problem der Tyrannis. *Das Problem ist der Nährboden der Maschine!* Ihren fruchtbaren Nährboden müssen wir beseitigen, wollen wir tatsächlich alle Regierungsbestien dieser Welt für alle Zeiten loswerden. Dieser Nährboden liegt in uns selbst! Es ist unsere Unfähigkeit unsere Unmündigkeit zu überwinden und unsere Gleichgültigkeit gegenüber dem, was Aufklärung heißt. Nur dies lässt uns zu Bedürfnistrotteln werden, die glauben, dass das Befriedigen von Bedürfnisszenarien das wahre Leben sein soll: Ich, Ich, Ich ... .

> *»Wenn die Menschen das Gute, das Hilfreiche und das Aufklärerische brauchen, sollen sie danach suchen; sie müssen es selbst finden. Lassen wir sie selbst die Fähigkeit entwickeln, zwischen den Worten eines Halunken, eines politischen Schaumschlägers, eines Freiheitsscharlatans und denen eines aufrichtigen Menschen zu unterscheiden. Das Problem ist nicht, daß Hit-*

ler die Macht wollte, sondern daß er sie bekam. Das entscheidende Problem ist, daß Millionen erwachsener, arbeitsamer, tüchtiger, ernsthafter Männer und Frauen ihm die Macht gaben, über ihr Leben zu verfügen«, schreibt Wilhelm Reich auf Seite 352 in seinem überaus bemerkenswerten Buch *Christusmord, die emotionale Pest des Menschen* und führt 18 Seiten weiter treffend aus: *»Das Problem ist nicht das zu lösende Problem. Das Problem ist die beharrliche Umgehung aller größeren Probleme.«*

Wir müssen unsere Unaufgeklärtheit und unsere Unmündigkeit überwinden »wollen«. Dazu müssten wir unsere eigene Lebendigkeit annehmen und sie mit eigenem Lebenssinn füttern. Wir müssten wegkommen davon, unseren Lebensauftrag von anderen diktiert bekommen *zu wollen*, nur weil es bequemer ist, diktiert zu bekommen, was man zu tun und was man zu lassen habe. Der Krieg gegen unsere eigene Lebensenergie ist der wahre Kriegsschauplatz, den wir nach außen tragen, Konflikte, Feindbilder erfinden, uns dabei emotional verpanzern und somit das Gefühl in uns abtöten, das auch wir zu mehr geboren wurden, als nur für die Interessen machtversessener Psychopathen zu funktionieren.
BERTHOLD BRECHT hat in seiner *Kriegsfibel* im letzten Bild, auf Seite 70, den Tyrannen ADOLF HITLER in der Pose abgedruckt, in der sich HITLER so gerne selbst feierte, brüllend vor einem Mikrofon, und darunter geschrieben:

»Das da hat einmal fast die Welt regiert.
Die Völker wurden seiner Herr. Jedoch
Ich wollte, daß ihr nicht schon triumphiert:
Der Schoß ist fruchtbar noch, aus dem das kroch.«

Oder GOETHE, der in seinem Faust I ähnliches schrieb:

> »Es ist schon lang in's Fabelbuch geschrieben;
> Allein die Menschen sind nichts besser d'ran,
> Den Bösen sind sie los, die Bösen sind geblieben.«

In Wahrheit ist dieses abgrundtief Böse seit Urzeiten mitten unter uns. Mal in deutscher, mal in französischer, mal in englischer, mal in spanisch-portugiesischer, mal in griechischer, mal in römischer, mal in türkischer, mal in päpstlicher, mal in mongolischer, mal in ägyptischer, mal in japanischer, mal in chinesischer und seit nunmehr fast siebzig Jahren in US-amerikanischer Uniform. Es ist in uns und wird als Folge der Verneinung unserer Lebensenergie, unserer wahrhaften Lebendigkeit in jedem Einzelnen schon in der Wiege als Keim von Erziehung und Bildung gepflanzt. Diese Lebensenergie macht uns mit dem göttlichen Funke in uns vertraut, weil sie in jedem von uns als Teil Gottes Bestandteil des schöpferischen Universums ist. Diese Schöpferkraft haben wir zu unserem ärgsten Feind erklärt. Denn sie ist das Auflösungsmittel von Herrschaft, von beherrscht sein, vom Funktionieren müssen und von der Strategie der erfolgreichen Psychopathen unter uns.
Wir, die westliche Weltgemeinschaft, wir müssen aufhören damit, immer in irgendeinem anderen einen Feind für unsere Lebensweisen, für unseren Überfluss an Wohlstand, zu sehen - es gibt diese Feinde in der äußeren Welt nicht. Wir selbst sind unser größter und mächtigster Feind. Die Lobbyisten unserer Bedürfnisse müssen uns dermaßen manipulieren und uns eine solche Einstellung einimpfen, weil wir nämlich ohne diese große Manipulation ihre Wohlstandskriege nicht unterstützen würden, sprich: Wegschauen würden und nicht ernsthaft darüber nachdenken, warum wir Gewalt gegenüber immer toleranter werden. Genau dieser Prozess ist es, der einen Tyrannen hervorbringen kann: unsere Ignoranz, dort Gewalt zu erkennen, sie zu benennen und ihr den Garaus dort zu machen, wo ihre Anfänge beginnen. Deshalb diese *Tour d'Horizont,* denn die Anfänge nicht zu erkennen, sie nicht auszusprechen, sie zu leugnen, weil es bequemer ist, ist mir persönlich - nach HITLER - ein Lebensunding.

Die Maschinenführer brauchen unseren Hurrajubel, den wir ihnen entgegen brüllen und unser »Macht weiter so, Ja!, weiter so mit dem Wohlstand«, doch sie empfangen dabei nur die Botschaft: »Tötet! Tötet! Tötet weiter!, wenn ihr unsere Herrscher bleiben wollt!«
Wenn man einmal anfängt, im Sumpf der Maschine zu graben, dann wird all das, an was man in seinen kühnsten Träumen nicht zu wagen glaubte, im Sumpf vorgefunden. Mehr noch, vieles übertrifft die eigene Vorstellung bei Weitem und man wird sich allmählich bewusst, dass die oberste Macht nur so von solchen Begebenheiten durchsetzt ist, weltweit. Vieles von dem, was man dabei herausfindet, wird einem unmöglich gemacht, der Öffentlichkeit oder Freunden plausibel zu machen. Zu sehr haben Lüge und Propaganda Spuren deren Auffassungsgabe, Meinungen, und deren Überzeugungskräfte vergiftet und verbildet. Oft muss man viel zu weit ausholen und viel zu viel erklären, was einem schnell Tadel einfährt - weil die eigene Vorstellungskraft gar nicht mitkommt und weil man nicht glauben kann, dass die Menschen zu so einem Betrug überhaupt fähig sein können. Versteht man jedoch, dass nur Psychopathen solche Wege gehen, nur der Wahnsinnige solche Wege braucht, dann fängt man an zu verstehen, warum man selbst zuvor so vernebelt war und es ebenfalls nicht sehen und glauben wollte.
Wir »Normalen« können niemals so handeln und genau das ist ihr Versteck. *Wir* sind ihre Sozialmimikry. Was für ein geniales Versteck! Und genau das wissen sie und optimieren ständig dieses Versteck, um Beute zu machen.
Weil in den Geschichtsbüchern nichts über den Wettbewerb der Zivilisationsmaschine beschrieben steht und der Kriegstreiber einzig von den Siegern zur Verantwortung gezogen wird, glauben auch wir, dass ein Einzelner oder eine abscheuliche Regierung zu Kriegstreibern verkommen ist. Das ist die größte Lüge in allen Zivilisationen und sie hindert uns daran, zu verstehen, wie Gewalt in die Köpfe gelangt und welche Macht ihr innewohnt.
»Der wahre Feind lebt nicht in einem fernen Land. Er lebt unter uns. Es sind Menschen, die wir alle kennen. Der wahre Feind ist ein System, das Kriege anzettelt *wenn es Profit bringt*, der Feind sind Vorstände die uns feuern *wenn es Profit bringt*, die Versicherungen die

uns Behandlungen verweigern *wenn es Profit bringt*, die Banken, die uns unser Heim wegnehmen *wenn es Profit bringt*. Unser Feind ist nicht fünftausend Meilen weit weg, sondern genau hier Zuhause«, sagt der ehemalige US-Soldat MIKE PRYSNER. Der Feind ist das System des Profits *um jeden Preis*. Er erschuf Hartz IV, er erschuf *ein Euro Jobs*, er drückt den Euro nach unten und lässt ganze Länder in die Knie gehen, er erschuf das korrupte System des Internationalen Währungsfond IWF, der Weltbank und er bezirpst die Politiker, die diese feindlichen Organisationen ins Land lassen, um Sparmaßnahmen durchzusetzen, die das Volk verarmen lassen und die Finanzgangster immer reicher werden lässt. Der Feind ist ein System, das den wahren Fakten einen Informationskrieg erklärt hat, Falschmeldungen und Fehlinformationen zu Hauf in die Köpfe der dummen Massen streut, damit die Finanzoligarchien unbemerkt von der Öffentlichkeit weiterhin einen Finanzkriege gegen uns alle führen können. Er erschafft Verräter am Volk, an der Demokratie, an Aufklärung und Mündigkeit, die durch ihre Berichterstattung Kriegsverbrechen und Hochverrat erlauben. Dieser Feind hat die allgemeinen (seriösen) Medien zu Hofberichterstattern degradiert und machte den ehrlichen Journalisten brotlos. Dieses System nennt man den *Militärisch-industriell-informatischen-Komplex* oder auch die *biopolitische Maschine*. Diese blutsaugenden Finanz- und Kriegsverbrecher sind Teil des Systems, in das wir alle eingebettet sind. *Wir sind der Wirt, sie unsere Wirtstiere.*

Der Sinnsuche des eigenen Lebens haben wir unseren Konsum übergestülpt, unsere Karriere untergeordnet, um dem schnöden Mammon zu huldigen. Reihenweise sitzen wir in solchen oder ähnlichen Gefängnissen, aus denen herauszukommen einem Sakrileg gegen festzementierte soziale Riten gleichkommt. Diese Fallen werden zu unseren individuellen emotionalen Gefängnissen und ihnen entstammen all unsere seelischen Krankheiten.

DER SCHLÜSSEL ALLER SCHLÖSSER *BIST DU SELBST*

»Niemand ist mehr Sklave, als der sich für frei hält, ohne es zu sein.«

JOHANN WOLGANG VON GOETHE

(Nachfolgender Text stammt von WILHELM REICH, aus seinem Buch *Christusmord, die emotionale Pest des Menschen.*)

»Es IST aber möglich, aus der Falle herauszukommen. Um jedoch aus einem Gefängnis ausbrechen zu können, muss man erst einmal zugeben, dass man in einem Gefängnis sitzt. Die Falle ist die emotionale Struktur des Menschen, seine Charakterstruktur. Es hat wenig Sinn, Denksysteme über das Wesen der Falle zu entwerfen, wenn das Einzige, was man zu tun hätte, um aus der Falle herauszukommen, darin besteht, daß man die Falle erkennt und ihren Ausgang findet. Allererste Aufgabe ist es, den Ausgang aus der Falle zu finden. Wie die Falle beschaffen ist, interessiert überhaupt nicht, abgesehen von dieser einen entscheidenden Frage: WO IST DER AUSGANG AUS DER FALLE? Man kann eine Falle ausschmücken, um das Leben darin angenehmer zu gestalten. Das haben Michelangelo, Shakespeare und Goethe getan. Man kann sich irgendwelche Hilfsmittel ausdenken, um das Leben in der Falle zu verlängern. Das haben die großen Naturwissenschaftler und Ärzte getan. Man kann auch eine große Kunstfertigkeit im Heilen von gebrochenen Knochen entwickeln, für die, die in die Falle stürzen. Doch der entscheidende Punkt ist und bleibt: den Ausgang aus der Falle zu finden. WO IST DAS TOR ZUM UNENDLICHEN RAUM? Das ist das größte aller Rätsel überhaupt. Das ebenso Lächerliche wie Tragische daran ist: DER AUSGANG IST FÜR DIEJENIGEN, DIE IN DER FALLE SITZEN, DEUTLICH SICHTBAR. ABER NIEMAND SCHEINT IHN ZU SEHEN. JEDER WEISS, WO DER AUSGANG IST. ABER NIEMAND SCHEINT AUCH NUR EINEN SCHRITT AUF IHN HIN ZU TUN. MEHR NOCH: WER IMMER SICH DEM AUSGANG NÄHERT ODER DARAUF ZEIGT, DER WIRD FÜR VERRÜCKT ODER KRIMINELL ERKLÄRT (...). Es stellt sich heraus, daß das Problem nicht die Falle ist oder die Schwierigkeit, den Ausgang daraus zu finden. Das Problem liegt BEI DENEN, DIE IN DER FALLE SITZEN, IN DEN GEFANGENEN SELBST. Warum nehmen sie den deutlich sichtbaren Ausgang nicht wahr und bewegen sich darauf zu? Sobald sie dem Ausgang nahekommen, ergreifen sie schreiend die Flucht davor. Wenn einer unter ihnen versucht, hinauszugelangen, so töten sie ihn. Und doch bleibt es für die in der Falle Gefangenen das größte und unfassbarste Rätsel überhaupt. Das eigentliche Problem der Menschheit liegt darin, daß sie stets DEM WESENTLICHEN AUSWEICHT. Dieses Ausweichen, die ausweichende Grundhaltung, gehört zur Tiefenstruktur des Menschen. Auf diese Struktur ist es zurückzuführen, wenn der Mensch vor dem Ausgang aus der Falle davonläuft. Er wehrt sich mit entschlossener Härte gegen jeden Versuch, den Ausgang zu finden. Das ist das große Rätsel. Die Schlüssel zum Ausgang sind in unserem eigenen Charakterpanzer, in der mechanischen Erstarrung unseres Körpers und unserer Seele, einzementiert. Das ist die große Tragödie. *Und Christus hat dies erkannt.* Wer zu lange im dunklen Keller gelebt hat, wird den Sonnenschein hassen. Und vielleicht können seine Augen gar kein Licht mehr ertragen. Daher rührt dann der Haß auf den Sonnenschein. Damit sich ihre Nachkommen an das Leben in der Falle gewöhnen, entwickeln die Lebewesen, die in ihr gefangen sind, ausgeklügelte Methoden, um das Leben in einem strikt eingeschränkten Rahmen zu halten. In der Falle ist nicht genug Raum für weit ausholende Gedanken oder Handlungen. Jede Bewegung ist nach allen Seiten hin begrenzt. Den Geschöpfen im Innern der Falle ist jegliches Gefühl für ein erfülltes Leben verloren gegangen. Und dennoch ist ihnen die tiefe Sehnsucht nach dem Glück geblieben, die Erinnerung an ein lange vergangenes glückliches Leben, bevor sie in die Falle gerieten. Der gesellschaftliche Überbau aus Ökonomie, Kriegführung, irrationalen politischen Bewegungen und gesellschaftlichen Institutionen, die der Unterdrückung des Lebens dienen, überschwemmt die fundamentale Tragödie, unter der das Menschentier leidet, mit einer Flut von Rationalisierungen, Vertuschungsversuchen und Manövern, um vom eigentlichen Problem abzulenken; und er kann sich dabei auch noch auf eine vollkommen logische und in sich stimmige Rationalität verlassen. Wie kann jemals »guter Wille unter den Menschen« und »Friede auf Erden« entstehen, wenn es so ist? Die Antwort lautet: Lernt zu erkennen, was das Leben ist und wie es funktioniert. Lernt endlich, für das Leben so zu kämpfen, wie ihr es bis jetzt nur für Kaiser, Fürsten und Führer, für Ideen, für die Ehre, für Reichtümer und für vergängliche Vater- und Mutterländer getan habt. Fangt endlich an, für das Leben zu kämpfen!«

Wie aber kommen wir aus diesem Gefängnis heraus? Die Antwort darauf ist banal: Nur mit anderen Haltungen. ARTHUR SCHOPENHAUER und MAHATMA GANDHI waren in ihrem Leben zu der Auffassung gekommen, *dass man nur dann eine Änderung in der Welt erreichen könne, wenn man selbst zu dieser Änderung wird.* Schauen wir uns nun im dritten Teil dieses Buches einmal an, wie eine solche Änderung bewerkstelligt werden könnte.

DRITTER TEIL

LOB DER POTENZIALENTFALTUNG

Mit einem Blick auf unser soziales Gefüge und darauf, wie wir uns in unsere Gesellschaft einzufügen haben, schauen wir uns in diesem Teil nun nach Lösungen unseres selbstgeschaffenen Gewaltproblems um. Dabei können wir uns auch bei der Natur umschauen und feststellen, dass sie nie mittels Kampf sondern über Kooperationen, ihre Probleme gemeistert hat

AUF DIE HALTUNG ACHT GEBEN

»Wir haben eine große Tradition im Dressurlernen, wie man aber Haltungen erzeugt, dass wissen wir nicht. Weil Haltungen nur durch Erfahrungen, die man selbst macht, entwickelt werden können - und durch Vorbilder. Von Vorbildern durch Menschen, die solche Haltungen haben und die für das Kind bedeutungsvoll sind. So, und jetzt gucken Sie sich an, an welchen Vorbildern sich unsere Kinder orientieren. Das sind gerade diejenigen, die die geringsten Haltungen haben. Falsche, im Fernsehen, irgendwelche Superstars oder Großmäuler, Klugscheißer und Besserwisser.«

GERALD HÜTHER

Stellen Sie sich einmal vor, Sie seien zu dick und Ihr Arzt rät Ihnen zu einer drei-wöchigen Fastenkur, um Ihnen weiteres Leid zu ersparen, weil sie zu übergewichtig sind. Eine Woche später finden Sie schon den Bewilligungsbescheid von Ihrer Krankenkasse im Briefkasten vor und wissen nun, *in sechs Wochen geht es an den Bodensee, zur Fastenkur.*

Ihr Freund, der nicht übergewichtig ist, strahlt sie an und sagt: »So ein Zufall! Ich habe dieselbe Klinik zur selben Zeit mit der Beaufsichtigung einer Fastenkur für mich gebucht und zahle das aus eigener Tasche. Ich freue mich schon so darauf und jetzt auch noch mit Dir! Super!« Ihr übergewichtiger Freund freut sich nicht. Er empfindet dies als Qual und will am liebsten gar nicht dort hin.

Forscher um GERALD HÜTHER herum haben in einer Fastenklinik am Bodensee nachweisen wollen, wie hoch denn beim Fasten der Kortisolspiegel (Kortisol ist ein Stresshormon) im Urin ausfällt, wenn Menschen fasten. Dabei wunderten sie sich ob des seltsamen Ergebnisses. Denn bei einigen maßen sie gar keinen überhöhten Kortisolspiegel im Blut und bei einigen waren hohe Konzentrationen dieses Stressors im Urin nachzuweisen. Stellten sie nun alle Ergebnisse zusammen, um einen Mittelwert zu erlangen, so war es für sie etwas verblüffend, als sie sahen, wie sich ihre Messergebnisse anhand der Versuchspersonen aufhoben. »Alles umsonst?«, fragte sich HÜTHER. Also versuchte er herauszufinden, wieso bei den einen der Kortisolspiegel hoch war und bei den anderen gar keiner oder nur ein sehr geringer Kortisolspiegel zu messen war. Und siehe da: Die Gruppe, bei der der Stressor Kortisol in hohen Konzentrationen vorgefunden wurde, waren allesamt Übergewichtige, die vom Arzt zum Fasten dorthin geschickt wurden. Diejenigen, bei denen der Kortisolspiegel gering und ganz normal ausfiel, waren allesamt Personen, die freiwillig zum Fasten dort hingefahren sind. Die Freiwilligen freuten sich jeden Tag auf ihr Erlebnis, die Übergewichtigen wollten nicht aus freien Stücken dorthin. Das Ergebnis dieser Studie: Auf die Haltung kommt es an, dann klappt es auch mit dem Erfolg oder auch mit dem Misserfolg.

GEISTESHALTUNGEN

Ob wir etwas mit Begeisterung tun oder nicht, hängt von unseren Einstellungen dazu ab, von unseren »Haltungen«. Doch zu unseren Haltungen werden wir schon sehr früh geprägt. Ob ich das, was wir im letzten Kapitel zur Kenntnis nehmen mussten, auch bereit bin, in meinen Haltungen gegen Krieg und Unterdrückung, gegen die Ignoranz der Gewalt einzutauschen, hängt auch immer davon ab, von welchen Überzeugungen, Haltungen und Bedürfnissen ich ein Teil geworden bin. Bin ich von den Haltungen des Zweikampfs überzeugt *(ich muss gegen jemanden kämpfen, damit ich mein Ziel erreiche)*, dann werden Kampfhaltungen das Ergebnis sein. Alle gewaltlosen Haltungen werden dann nicht in der *eigenen Realität* oder *Wirklichkeit* ausprobiert und optimiert werden können. Kampf- oder Gewaltfreiheit gelten dann als realitätsfern und als blanker Unsinn.

Um eine Gesellschaft zu verändern, braucht es kein neues Bewusstsein, sondern Menschen, die bereit sind, ihre Haltungen zu ändern und ihre vorgefassten Einstellungen dazu zu hinterfragen und eventuell auch zu ändern. Doch oft wiegen das Schulklima, das Betriebsklima, das Familienklima, das Nachbarschaftsklima, das Vereinsklima oder das Parteiklima so schwer auf unsere Haltungen, dass wir sie an das vorherrschende Haltungsklima, den dort jeweils vorherrschenden Geist, anpassen.

Der Geist in einer Gesellschaft bestimmt darüber, welche Erfahrungen in ihr gemacht werden dürfen und können. Ein *darüber hinaus* ist gefährlich. Jede Gesellschaft, die die Potenziale hochhält, braucht einen dementsprechenden Gesellschaftsgeist, der den Zugang zu den Haltungen dazu ebnet. Beispielsweise müssten Schule und Arbeitswelt darauf ausgerichtet werden, dass es jedem sinnvoll und möglich wird, seine Potenziale zu aktivieren. Doch spricht man mit zahlreichen Menschen über dieses Problem und zählt seine eigenen Erfahrungen dazu, so bekommt man eine erschreckende Einsicht: Das Gegenteil wird gelernt und von allen Seiten her erwartet. Anpassung an den jeweils vorherrschenden Geist ist ausgesprochen wichtig. Selbstbestimmung, Aufgeklärtheit und Potenzialaktivierung werden eben genau dadurch großflächig abgestraft. So haben wir fast überall nur zwei Geisteshaltungen, um die sich das ganze System kümmert: der Verwaltungs- und der Wirtschaftsgeist. Eine Gesellschaft sollte eigentlich einen Geist haben, der die Kinder dazu anregt, ihre Potenziale zur Entfaltung zu bringen. Ihnen beiden sind fast alle Haltungen zu eigen, zu dessen Zweck Gesellschaften im Wettbewerb stehen. Sie dienen bisher im großen Maße der Herrschaftsverfestigung. Alle Zivilisationskrankheiten haben hier ihren Ursprung. Diese ›Ungeister‹ werden zum individuellen Konfliktkampfungeist, bestimmen unsere Erfahrungen und diese wiederum unsere Haltungen. Dies alles fördert Gewalt. Gewalt ist das Gegenteil von Potenzialentfaltung, von Ichstärke, von Bildungs- und Bindungssicherheit. Der Schlüssel zur Arbeit mit Gewalttätern ganz allgemein ist das aktive Verändern ihrer Haltungen, die zur Gewalt führten. Allen Gewalttätern ist eines gemeinsam: Sie haben nie erlernt, mit ihren Ressourcen und Potenzialen an sich selbst zu wachsen, weil ihnen genau diese Haltungen dazu fast vollständig fehlen.

Gewalt als Haltung zum Leben ist eine Bewältigungsstrategie, mit der andere Probleme lediglich überschattet werden. Geht man die-

sen Problemstrukturen nach, so ist der Schluss darauf klar zu greifen: Wenig Ichstärke, wenig Sinnerfüllung führen in Zivilisationen wie der unsrigen unmittelbar in einen Gewalttunnel. Diese Gewalt besitzt hunderte von Haltungen. Ihnen ist eines gemeinsam: Sie sind der Versuch, Bedürfnisse in das eigene Weltbild zu integrieren. Und nur deswegen kann ein erwachsener Mensch, der ein Kind missbraucht, dies für sich betrachtet rechtfertigen und unterdrücken, dass er frühzeitig Hilfe von Ärzten und Psychologen hätte aufsuchen müssen. Ein Vergewaltiger kann nur deswegen eine Frau sexuell missbrauchen, weil er dies als Bewältigung betrachtet und sich selbst über seine Haltungen zur Tat dadurch in sein eigenes Weltbild integriert (Rechtfertigungsstrategien sind Integrationskonzepte). Ein psychopathischer Regierungschef kann nur deswegen einen Krieg und damit tausendfaches schweres Leid erzeugen, weil er dies als Bewältigung seiner inneren Defizite überschattet, seine Weltsicht dadurch rechtfertigt, in dem er Legitimationen dazu zurechtbiegt.
Wenn wir über die Gewalt der Jugend in den Schulen berichten, aber die Fratze der Gewalt dabei außer Acht lassen, werden wir niemals Gewalt in Schulen beseitigen können. *Ich kann einen Gewalttäter nicht verstehen, wenn ich nicht verstehe, wie Gewalt entsteht und mit welchen Strukturen sie sich verbindet.* Geisteshaltungen gelangen über die Kultur in die Menschen hinein, in die sie zufällig geboren werden. Wenn wir nur noch die Medien in unsere Hirne lassen, dann werden wir zu virtuellen Gestalten in einer von den Medien bestimmenden Welt. Sie bestimmen dann unsere Haltungen, weil sie dann unser alles bestimmender Geist oder Ungeist sind. Wir synchronisieren uns mit den Mehrheitshaltungen und daher protestieren und demonstrieren wir für unser Recht auf die Unversehrtheit unserer inneren Haltungswelten nicht. Würden wir uns all dessen tatsächlich bewusst, wir würden ohne zu zögern die Psychopathen von der Macht verjagen und sie in stationäre Systeme überführen.
Haltungen sind übergeordnete Muster in unseren Gehirnen, die unser Verhalten lenken. Sie machen einerseits unsere Augen für etwas auf, lenken unsere Wahrnehmung und Aufmerksamkeit und sorgen dafür, wie wir etwas bewerten. Wir orientieren unser Leben an un-

seren Haltungen entlang, egal ob sie falsch sind oder uns zum Nachteil gereichen. Sie machen unsere Gefühle auf oder zu. Haltungen entstehen durch Erfahrungen und genau so kann man sie auch wieder ändern, durch neue Erfahrungen. Aber genau an dieser Stelle scheitert unser Bildungs- und Erziehungssystem hoffnungslos. Es weiß gar nicht, wie es das anstellen soll.

MANGELHALTUNGEN

Die zwei Grundhaltungen, mit denen jeder Mensch groß wird, sind *a)* ich bin verbunden und will dazugehören und *b)* ich will autonom werden und wachsen können. Die Frage ist, wo und mit was kann ein Mensch das erreichen? Die Antwort ist banal: nur mit Liebe. Wir haben diese Liebe aus der Schule und aus vielen Familien gejagt, sie ist immer weniger ein Teil dessen, was Familie und Gesellschaft heißt und sie begleitet uns auch nicht dort, wo wir den größten Teil unseres Wachzustandes verbringen, auf der Arbeit. Gemeinschaften, zu denen man dazugehört und in denen man sich aufgehoben fühlt, verschwinden immer mehr aus unserer Gesellschaft. Der Funktionalismus und die Fremdbestimmung nehmen überhand. Die Entfaltung der eigenen Potenziale hat fast gar keinen Raum mehr, weil sie durch zu viel Fremderfordernisse verdrängt wird. Vorbilder, an denen junge Menschen wachsen können sind eine rare Spezies geworden. Vorbilder für am Stamm- und bestenfalls noch am Zwischenhirn orientiertes Verhalten hingegen kommen immer mehr in Mode und bleiben starre konservative Muster zu denen wir aufzublicken haben. Orientierungslosigkeit lässt junge Menschen zu den falschen Gemeinschaften rutschen, sie lässt sie die falschen Vorbilder wählen und dadurch steigt bei ihnen dann auch das Interesse, sich nicht an der Gemeinschaft, *am Wachstum des Wir* zu beteiligen. Es ist vielen Erwachsene zu unbequem geworden, sich unbequem zu machen und eine andere Richtung einzufordern. Immer mehr von uns wachsen in die falschen Wachstumsprozesse hinein.
Wenn ein Mensch das Gefühl hat, dass er *a)* an sich wachsen darf und *b)* das er mit der Gemeinschaft, in der er wachsen darf, verbunden ist, dann stellt sich bei ihm ein positives Sättigungsgefühl in

seinem Ich ein. Er fühlt sich rundum wertgeschätzt, er drückt Dankbarkeit aus, gibt etwas zurück und weiß um den Wert der Zugehörigkeit. Erst dadurch gehen ihm die Ressourcen in seinem Gehirn auf und können optimiert werden. Dann erst entwickeln sich das Gefühl und die Kenntnis über die eigenen Potenziale und erst dann lassen sich überhaupt die eigenen Potenziale aktivieren und entfalten. Das Ich kann sich erst in Beziehung zum Wir durchsetzen, oder wie es VIKTOR E. FRANKL sagte: »Das Ich kann nur Ich sein am Du.«

Unsere Vorstellung von Bildung und Wissen ist grundlegend falsch: Nichts gelangt in das Gehirn eines Menschen, zu dem er nicht schon die Grundlagen mitbringt. Man kann nur dann ein Feuer entfachen wenn die glühende Leidenschaft flammen zu wollen vorhanden ist. Niemand kann einem Menschen auch nur irgendetwas einfach aus heiterem Himmel beibringen oder ihn dazu anleiten, sich etwas zu merken, was ihn gar nicht interessiert. Man kann nur gemeinsam, in einem Netzwerk von Gemeinschaften die Ressourcen erkundschaften und die sich daran dann anknüpfenden Potenziale zur Entfaltung bringen. Nur so kann sich ein junger Mensch den weltlichen Angeboten öffnen und auf sie zugehen. Gelingt dies nicht, dann entsteht, im Gegensatz zum Sättigungsgefühl, ein Mangelgefühl. Ein Mangelgefühl entsteht, wenn eines der beiden Grundbedürfnisse nicht befriedigt wird: Nicht wachsen zu dürfen und/oder nicht verbunden zu sein. Zwar kann der junge Mensch sich geborgen fühlen, aber diese Geborgenheit erfüllt ihm nicht den Wunsch nach Wachstum, oder, der junge Mensch kann zwar wachsen, aber er kennt nicht das Gefühl der Geborgenheit und der Zugehörigkeit, dann entsteht ein Mangelgefühl, das er ausgleichen will. Es entsteht sozusagen eine Unruhe im Gehirn, die sich im ganzen Körper ausbreitet und auch durch den Körper ausgedrückt wird. Diese Unruhe muss nun gestillt werden. Das geschieht häufig über Ersatzbefriedigungen, die wir als ›maladaptive Bewältigungsstrategien‹ schon kennengelernt haben. Man bleibt also in seinem alten Verhalten stecken, man friert seinen Istzustand ein und erfindet zahlreiche Strategien hinauszuposaunen, wieso es einem damit dennoch gut geht und alles ja nicht so schlimm sei. Man verkennt hierbei das Dilemma, in dem man sich befindet, und verliert immer mehr den Bezug zu sich selbst. Wenn man erst einmal verstanden hat, dass man dies einzig zum ›Ersatz von Wachstum‹ rechtfertigt und sich somit eine Wachstumssperre verhängt, wird einem die Dramatik darin klar: Der Mensch ist ein Lebewesen dass wachsen *soll.* Kommt in ihm dieser Wachstumsmotor nicht in Gang, dann entwickelt er Depressionen aller Art und wird somit ein Opfer und/oder ein Täter seiner vermeintlich misslichen Umstände. Also hängt man in einer Mangelschleife und denkt, sie sei ganz normal oder es sei das ganz normale Leben. Unsere Gesellschaft fördert diese Mangelumstände (jeden Tag wird ein neuer misslicher Umstand in alle anwesenden Ohren eingetrieben). Solange es diese Gruppen gibt, *solange es dem Einzelnen darin gut geht, sich schlecht zu gefallen* und sein Umfeld dies legitimiert, fällt dieser Person auch nicht auf, in was sie da die eigene Zukunft verpuffen lässt. *Wer sein Leben verschläft, der darf sich nicht wundern, wenn sich sein Leben in einen Albtraum verwandelt,* oder: *Wer sich von Niederlagen niederlegen lässt, wird selbst zur Niederlage.*

Die Mehrheit der Menschen, ob jung oder alt, ist in einem solchen Mangelsystem gefangen und das ist das Schlimme daran: Die meisten Menschen denken tatsächlich, dass das normal sei, dass genau das das Leben sei.

Der Mensch kann sein Leben so organisieren, dass er allem, was dem Produzieren von Ichstärke dient, ablehnend gegenübersteht und sie bei jeder ihm bietenden Gelegenheit meidet. *Er kann sich selbst so organisieren, dass er an seiner eigenen Ichschwäche wächst und immer gefestigter in dieser Selbstschwäche lebt.* Er wird sodann ein unglaublich hohes Repertoire an Ausreden und Bagatellisierungsstrategien entwickeln, wieso er nicht besser kann, als er will.

NEUE BILDUNGS- UND ERZIEHUNGSHALTUNGEN

Bisher haben wir die äußere Welt so gut es ging entdeckt. »Wir waren auf dem Mond und wissen nichts über die Tiefsee«, sagt FRANK SCHÄTZING. Doch was wissen wir eigentlich über uns - über unser ›Tiefenselbst‹?

Wir sind bis 1945 in einem Gesellschaftssystem groß geworden, das uns vorschrieb, wie und wozu wir zu sein hatten. Nun leben wir in einem System, in dem wir die Frage nach uns selbst auch selbst beantworten sollen - und kippen automatisch in die alten Muster zurück. Mit der neuen Freiheit und der neuen Selbstbestimmung sind wir überfordert. *Was fange ich mit mir an?* Die meisten zwingen sich zurück in eine Abhängigkeit und Fremdorganisation ihres Lebens, weil sie sich vor dem Unbekannten fürchten. Sie fürchten sich vor der Antwort: »Ich weiß es nicht!« Bisher waren wir seit Anbeginn unseres Denkens damit beschäftigt, die von außen existierenden Ressourcen auszuplündern. Daher sind wir, was unsere Lebenshaltungen betreffen, Wesen, die nur an das Außen glauben können. Immer kommt von außen etwas zu uns oder auf uns zu und soll unsere Not lindern: Gott, der Messias, der Chef, der Führer, die Kanzlerin, die Partei, das Atom, der Verdienst, der Partner, das Event, das Forum, das Öl, der Luxus, die Aufgabe, der Kredit oder die SMS. Die Liste ist unendlich lang. Not und Elend, Krieg und Vertreibung haben unsere Gehirne in eine enge Spur gefahren, die wir seit unzähligen Generationen entlang gegangen sind. Damals gab es noch Familienbande, die Halt gaben, die aufpassten, dass auch alles in gewohnte Bahnen verlief. Das war wichtig, denn das Überleben hing davon ab. Religiöse und gesellschaftliche Normen zurrten das Band zusammen. Ethische Zugehörigkeiten und Sippenzwang waren wichtige Stützen für die Gemeinschaftshaltungen. Das war ein großes und kräftiges Korsett, in dem alle Mitglieder einer Gemeinschaft Halt fanden. Die Gesellschaft wurde immer von außen zusammengehalten und die Wege der meisten Mitglieder standen fest, und weil alle Wege feststanden, tanzten auch nur wenige aus der Reihe.
Heute leben wir alle ohne dieses starre äußere Korsett. Und daher müssen wir uns, wenn wir nicht innerlich den Halt verlieren wollen, ein *inneres Korsett* aufbauen, durch das wir Halt bekommen. Wir nennen ein solches inneres Korsett Ichstärke. GERALD HÜTHER hat hierzu ein wunderbares Bild gezeichnet. Er meint, *dass wir zuvor durch unsere Gesellschaft wie die Insekten, von einem äußeren Skelett zusammengehalten wurden. Nun haben wir aber das äußere Skelett abgeschält und dabei vergessen, dass wir zeitgleich auch für*

ein inneres Skelett hätten sorgen sollen. Es ist wie der Übergang von den Insekten zu den Säugetieren in der Biologie. Dieses fehlende Innenskelett ist die fehlende Ichstärke, die Halt geben könnte. Das ist das pädagogische Dilemma unserer Gesellschaft, dass die Pädagogik nicht mit den Mitteln lösen kann, die ihr bis jetzt zur Verfügung stehen. Eltern haben genau das gleiche Problem. Sie wissen weder ein noch aus, wenn es um die Erziehung ihrer Kinder geht. Das ist auch der Grund für viele Eltern, sich zahlreiche Erziehungsratgeber zuzulegen. Sie geben oft ihren Kindern Freiräume, zu denen die Kinder dann kein inneres Haltmuster aufgebaut haben können. Freiräume ohne Haltmuster werden zu haltlosen Freiheitsräumen. Auch Eltern bieten ihren Kindern häufig zu viel Außen an, ohne dass im Inneren der Kinder eine Verbundenheit dazu entwickelt ist. Es ist ein gesamtgesellschaftliches Problem. Das Bildungs- und Erziehungsdilemma ist, dass Gewalt und Potenzialentfaltung Bedingtheiten ein und desselben linearen Effektes sind. Beide in ein Gleichgewicht zu bringen ist fatal, denn dann heben sich beide einander auf. Die Gewichtung sollte auf Potenzialentfaltung stehen. Sie steht jedoch eher auf Gewaltentfaltung (Konfliktkampfungeistentfaltung).
Eine das individuelle Potenzial von Kindern und Jugendlichen entfaltende Pädagogik gibt es noch nicht, und wie mir scheint, wird es sie auch in naher Zukunft nur in entsprechenden Leuchttürmen geben. *Weil nämlich eine solche Pädagogik auch gleich unsere gesamte Gesellschaft verändern würde.* Pädagogik kann nie gelingen, indem die Kinder die Dinge die sie dort tun müssen, nicht verstehen können, die sie nicht mitgestalten können und durch die sie keine eigene Bedeutsamkeit erfahren können. Bildungsprozesse können nicht gelingen, wenn das was dort geschehen soll, nicht verstehbar ist, nicht mitgestaltet werden kann und wenn es den Kindern und Jugendlichen dabei an der gefühlten Bedeutsamkeit fehlt. Um sich dies aber dennoch vorzumachen, hat sich die Pädagogik eine Unmenge an Modellen ausgedacht. Sie hat sich das gleiche Prinzip angeeignet, wie die Medizin. Sie weist etwas an, das möglichst schnell wirken soll und dann soll sich die gewünschte Änderung auch gefälligst einstellen. Sie versucht sich am Symptom, nicht aber an der Ursache. Und viel zu häufig noch steckt sie in einem falschen Weltbild fest,

indem sie die Kinder und die Jugendlichen für das eigentliche Problem hält. Sie sind aber nur das Symptom und nicht die Ursache. Die Gesellschaft der Erwachsenen, »wir« sind das wirkliche Problem; unsere alteingesessenen Haltungen.

HALTUNGSSCHÄDEN

Wer Erfolg nur im Sinne von Geld, Macht, Karriere und Wohlstand versteht, dem verkümmern seine Potenziale. Die Politik folgt diesen Geisteshaltungen und erzwingt sie für alle Systeme und Institutionen der Gesellschaft. So entwickeln sich von klein an solche Haltungen auch in unseren Köpfen und werden zu ganz normalem Verhalten. Uns daran anzupassen und dies an unsere Nachkommen zu übertragen, nennen wir *das ganz normale Leben.*
Unsere gesellschaftlichen Leitideen passen nicht zu den Vorstellungen, die wir alle uns zu gerne von einer friedensfähigen Gesellschaft machen. Einer Gesellschaft, die einen Umgang mit sich aus Freude und Kreativität heraus achtet und schätzt. Die einzigen Haltungen, die wir uns für den Frieden übrig gelassen haben, sind die, in der Natur spazieren zu gehen oder uns auf den ›wohlverdienten Urlaub‹ zu freuen. Solange wir in einer die äußeren Ressourcen auszunutzenden Gesellschaft leben *wollen*, solange werden wir uns an soziale Missstände anzupassen haben und dem Mangel nachrennen - *wir*, die wir das eigentlich überhaupt nicht wollen.
Die fraktale Struktur der Gewalt begann bei uns Zweibeinern mit der Macht, die uns der Faustkeil über andere und anderes bereitet hatte und sie ist zu einem Geozid, dem Abtöten aller Lebensprozesse, ausgeweitet, von dem unser Überleben abhängt: *Die Erde braucht uns nicht, wir aber die Erde.* Diese Haltungen fehlen uns. Schauen wir uns von oben einmal unser Treiben hier auf der Erde an, so können wir feststellen, dass konstruktive Kreativität im Sinne von Ichstärke unterdrückt wird und alles, was mit Zerstörung zu tun hat, seltsamerweise belohnt wird.
Auch die Ausrottung der Ureinwohner Amerikas und die Versklavung Millionen von Afrikanern in der Neuen Welt waren beispiellos. ***Die Macht über die Ressourcen der Welt - komme was auch immer***

***will,* ist sie die Krankheit des weißen Mannes, wie die Ureinwohner Amerikas sagen?** Werden wir eines nicht mehr all zu fernen Tages noch erleben, dass man Geld nicht essen kann? Im Außen haben wir unsere Probleme zu lösen versucht. Dass wir unsere Probleme eigentlich nur in Kooperation mit unserem Inneren wirklich lösen können, dass zum Allgemeinwissen zu erklären fällt dem Establishment auch heute noch ungeheuer schwer. Vor etwas über zweitausend Jahren kreuzigte dieses Establishment aus diesem Grund den Nazarener JESUS. Er wollte, dass wir Gott in uns selbst, in jedem Samenkorn erkennen und er glaubte fest daran, dass dies jedem möglich sei. Lieber ist dem Establishment jedoch auch heute noch die alte römische Devise: ›Gebt dem Volk Brot und Spiele‹. Gesellschaften passen sich solchem, zum Allgemeingut verklärten untätig sein an und es ist ihnen unwohl zumute, tanzt da jemand, einen Spiegel tragend, aus der Reihe. Wer in diesen Spiegel blickt, erblickt den Geist der Gesellschaft und findet die eigenen Haltungen zu diesem Geist in sich selbst wieder.
Wir stehen zum ersten Mal wirklich vor der Erkenntnis, dass man die Ressourcen der Welt nicht ewig plündern kann. Wir stehen vor einem Kooperationszwang. Wer diesen umgeht, der zettelt weiterhin Kriege an und schiebt die Kriegsabsicht einem konstruierten Feind in die Schuhe. Menschen führen Kriege und Jugendliche schlagen, stechen oder schießen um sich, wenn ihnen die Möglichkeiten entzogen werden, an Ressourcen teilzuhaben. Solange wir unsere Haltungen an nichterneuerbare Ressourcen ausrichten, solange wird auch alles so bleiben, wie es ist. Wer aber den Weg der neuen Ressource oder des Ökosystems oder der anderen Nischen und Ecken im selben Ökosystem geht, den belohnt die Natur mit neuen Verhaltensorganen oder neuem Potenzial, mit schärferen Sinnen oder mit der Anstrengungsbelohnung vieler Aha-Erlebnisse. Also einer Entfaltungsbereitschaft innerer Potenziale, an die man zuvor gar nicht zu hoffen wagte. So oder so, der einfachste Weg dabei, der Kampf gegen eine Potenzialentfaltung, bleibt dabei der leichteste und bequemste Weg. Würde unsere Gesellschaft diesen Unterschied endlich zur Kenntnis nehmen, sie würde die meisten

Probleme lösen können, die unsere Gesellschaft selbst erschaffen hat.
Ein interessantes Beispiel, wie, wo und mit welchen Mitteln Kreativität unterstützt werden kann, zeigte eine Studie über Mathematikunterricht in der Grundschule. Es zeigt aber auch auf, dass wir Wege gehen können, die wir bisher nicht bedacht und dabei einfach übersehen haben. Dort hat man herausgefunden, dass Kinder ganz besonders kreativ in Mathematik werden, wenn sie sehr gut balancieren können. Die richtige Stimulation für Kreativität in Mathematik könnte also durch Klettern unterstützt werden. Dadurch wird auch das räumliche Sehen, Begreifen und Erfassen der dreidimensionalen Umwelt und des sich darin befindenden eigenen Körpers geschult. Sport, nicht etwa Leistungssport, ist nicht nur die beste Schule für konstruktiv kreative Aggressivität, sondern auch für Mathematikunterricht im Selbstversuch. Unglaublich, aber es gibt tatsächlich Schulen in Deutschland, die Sport als Unterrichtsfach abschaffen wollen. Wild draußen auf dem Baum herumzuspringen fördert ein räumlich-mathematisches Bewusstsein. Es fördert das dreidimensionale Denken im Raum, bei dem der Umgang mit dem eigenen Körper *die* Konstante schlecht hin ist. In Korea leben die Schüler, die Mathematik am besten beherrschen. Fragt man sie danach, dann klingt das was sie sagen, vollkommen logisch. Sie sagen, wir sind deshalb so gut in Mathe, weil wir viel üben, denn wir glauben, dass wer viel übt, auch gut wird in dem, was er übt. Fragt man deutsche Schüler danach, was sie glauben, warum man in Mathe gut wird, dann sagen sie zuhauf, dass in Mathematik nur der gut wird, der darin begabt ist. Die Haltung zu meinen, nicht für Mathe begabt zu sein, führt dazu, dass nicht geübt wird. Dass Begabung vom Himmel fällt, ist eine falsche Alltagshaltung. Bildung macht den meisten Menschen gar keine Freude, weil sie nie erfahren konnten, dass Bildung auch zum Erfolg führen kann. In Schule hat Bildung die Bedeutung von der Entfaltung der eigenen Potenziale kaum und daher hat sich bei den meisten Menschen auch Bildung mit dem verknüpft, was sie in Schule darüber und durch sie erfahren konnten. Ich erlebe bei jungen und älteren Menschen sehr häufig diese Abneigung zur Bildung, die dann auch der Grund dafür ist, sich seinen Ressourcen

und Potenzialen sehr ablehnend gegenüber zu verhalten. Man glaubt allgemein, dass Intelligenz, Talent und Begabung etwas sind, das einem in die Wiege gelegt, genetisch bedingt, oder angeboren sei. Diese für das eigene Selbstbild nachteilige Haltung ist grundlegend falsch. Bildung als Entfaltung der Persönlichkeit zu verstehen ist etwas völlig anderes, als Bildung nach einem Regelwerk eingeimpft zu bekommen und diese nur im Sinne von Noten, Karriere, Reichtum und Luxus zu verstehen.

HABGIERHALTUNGEN: BESITZ UND SCHULD

Eigentum liegt einer Anbindung an die Persönlichkeitsentfaltung zugrunde. Wird Besitz zur Identität, so verbinden sich beide zu einem Nabel, der das Ich formen wird. Und es wird dann so kommen, dass der Besitz vom Ich besitz ergreift und alles getan wird, damit sich der Besitz nicht mehr verringert. Besitz ist ein Ich-Zaun, an dessen Rand sich die eigene virtuelle Welt zu einem hinzieht und man diese zu seiner Identität verklärt. Weiteres hineingehen in andere Welten wird dann nicht mehr möglich, weil man Besitz als Heilung oder gar als Offenbarung seiner Einzigartigkeit versteht.

Kommt Besitz von außen, so beruht er stets auf einer Ausbeutung der anderen und der von den anderen verarbeiteten Rohstoffe. Eigentum ist Abgrenzung von der äußeren Gefahr und eine Täuschung für das Angstbewusstsein. Eigentum bietet Schutz und das ist es, was uns die Dinge in Besitz nehmen lässt. Inbesitznahme ist ein zwanghaftes Verhalten. Besitz ist ein kulturelles Dogma, das in der frühmenschlichen Werkzeugherstellung seinen Ursprung hat. Reichtum hingegen, der eine Inbesitznahme von vielen Dingen und Möglichkeiten darstellt, ist ein Mittel zur Gewaltenausübung und zur Berechtigung von Macht über die, denen weniger Besitz zugestanden wird; es ist ein Spiel, das auf Ungleichheit der Gewichtung von Vorteilen beruht: auf *Inbesitznahme.* Jeder der weniger besitzt als der, der noch mehr und Begehrenswerteres besitzt, ist einem ein Spiegel für die eigene Schuld, sich nicht ordentlich abgemüht zu haben. Schuldung als Prinzip, oder, Schulderzeugen im Inneren der Menschen als Prinzip zur Bindung an die, die viel mehr besitzen, soll einem Eifer sein, es ihnen gleichzumachen. Einfacher ausgedrückt: Wenn jemand einen Chef hat, der einen begehrten Sportwagen fährt, dann könnte auch er einen solchen Sportwagen besitzen wollen und erhofft sich, gerade bei einem solchen Chef die Tricks abzuschauen, die ihn in den Besitz eines solchen Sportwagens bringen könnten. Somit verwaltet ein solcher Chef Macht über das Schuldgefühl der anderen, das er schnell zu lenken versteht; denn er durchschaut die Gier der Angestellten und der Fans, die nicht ihn, sondern sein Vermögen zum Vorbild haben. Fast alle Luxuskonsumgüter strahlen diese unsichtbare Aura aus, damit wir in diesem Schuldgefühl *(ich habe es noch nicht, aber ich werde alles tun, um es mir demnächst leisten zu können)* schon nach dem neusten Mobiltelefon Ausschau halten. Diese Habgier, die wir als solche gar nicht mehr wahrnehmen, weil wir sie als völlig normalen Zustand zur Gesellschaft und zum Gesellschaftsleben ganz allgemein empfinden, zwingt uns selbst dazu, die Versklavung über den monströsen Kapitalismus nicht mehr zu fühlen. Streng genommen ist diese Macht der Schuldhaltungen, die zwar in unserer sozialen Gemeinschaft Realität angenommen hat, dennoch nichts anderes als virtuelle Macht für die Aufrechterhaltung eines Systems, in dem nur solche ein Recht darauf bekommen, die es den gierigen Konsumfetischisten gleichmachen oder nach ewiger Inbesitznahme streben. In jeder Werbung können wir diese Schuld spüren, wie sie uns anspricht und uns zu ihrem Besitz ermuntert. Die moderne Werbung lässt den Menschen keine Wahl mehr zu erkennen und selbst zu entscheiden, ob er sich lenken lässt oder ob er noch selbst entscheidet. Denn Neuromarketing und moderne Werbung zielen auf unser Unbewusstes wie noch nie zuvor Werbung dieses vermocht hat. Je weniger wir unser Potenzial selbst anstreben zu entwickeln, desto intensiver wird man von diesem Einfluss, dem sich keiner mehr entziehen kann, eingenommen.

Welchen potenziellen Haltungen folgt das Leben? Diese Frage hat ganz elementar mit unserem Thema der Gewalt zu tun. Denn gerade weil wir bestimmten Lehrsätzen so folgen, als wären sie von Göttern befohlen, als wären sie der einzige und tatsächliche Antrieb allen Lebens - überall, gerade deswegen kultivierten wir Gewalt als etwas ganz ursprüngliches, dass dem Antrieb des Lebens selbst folgt. Was wäre, wenn das Leben auf der Erde, ja der gesamte Kosmos gar nicht dem folgt, dem wir folgen? Müsste eine solche Erkenntnis nicht auch dazu führen, dass wir unsere Rolle und unser Tun hier auf der Erde überdenken und uns dem anpassen, dem das Leben oder dem alles um uns herum wirklich folgt? Was wäre, wenn wir verstünden, dass zu Anbeginn aller Lebensentfaltung nicht Chaos und Kampf, nicht Zerstörung und Durchdringung, nicht Egoismus und das *nach mir die Sintflut Prinzip* die Ursache des Lebens bestimmten? Was, wenn anstelle des *Kampfes ums Überleben Kooperativität als Einheit* die Haltung allen Seins wäre.

ALLE ORGANISMEN SIND VOLLBESCHÄFTIGTE PROBLEMLÖSER

»Die wesentliche Tatsache ist folgende: Es gab, so nehmen die meisten von uns an - selbstverständlich hypothetisch - eine Urzelle, aus der allmählich alles Leben entstanden ist. Nach dem besten Urteil der darwinistischen Entwicklungsbiologie ist es dadurch entstanden, daß die Natur an dem Leben mit einem furchtbar grausamen Meißel gearbeitet hat, der dann alle die Dinge herausgemeißelt hat, die Anpassungen sind und die wir im Leben bewundern.

Aber dem gegenüber können wir auf eine Tatsache hinweisen: *Die Urzelle lebt noch immer.* Wir alle sind die Urzelle. Das ist kein Bild, keine Metapher, sondern es ist wörtlich wahr. Ich will das nur kurz erklären.

Es gibt für eine Zelle drei Möglichkeiten; die eine ist der Tod; die zweite ist Zellteilung; die dritte ist Fusion: eine Vereinigung, eine Verschmelzung mit einer anderen Zelle, die fast immer eine Teilung anregt. Weder die Teilung noch die Vereinigung bedeutet der Tod: Es ist Vermehrung, die Verwandlung einer lebenden Zelle in zwei lebende Zellen, die praktisch gleich sind: Beide sind die lebenden Fortsetzungen der ursprünglichen Zelle. Die Urzelle hat vor Billionen von Jahren begonnen, und die Urzelle hat in Form von Trillionen von Zellen überlebt. Und sie lebt noch immer, in jeder einzelnen aller jetzt lebenden Zellen. Und alles Leben, alles was je gelebt hat und alles was heute lebt, ist das Resultat von Teilungen der Urzelle. Es ist daher die noch lebende Urzelle. Das sind Dinge, die kein Biologe bestreiten kann und die kein Biologe bestreiten wird. Wir alle sind die Urzelle, in einem ganz ähnlichen Sinn (»Genidentität«), in dem ich derselbe bin, der ich vor 30 Jahren war, obwohl sich vielleicht kein Atom meines jetzigen Körpers mehr in meinem damaligen Körper befand.

Anstelle eines Bildes der Umwelt, die mit »tooth and claw«, mit Zähnen und Krallen, auf uns einschlägt, sehe ich eine Umwelt, in der ein winzig kleines Lebewesen es verstanden hat, für Billionen von Jahren zu überleben und seine Welt zu erobern und zu verschönern. Wenn es also einen Kampf zwischen Leben und Umwelt gibt, dann

ist es das Leben, das siegreich war. Ich glaube, daß dieses etwas veränderte Weltbild des Darwinismus zu einer ganz anderen Ansicht führt als die Ideologie, nämlich zu der Ansicht, daß wir in einer Welt leben, die durch das tätige Leben und seine Suche nach einer besseren Welt immer schöner geworden ist und immer lebensfreundlicher.
Aber wer will das wahrhaben? Heute glaubt jeder an den suggerierten Mythos von der radikalen Bösartigkeit der Welt und der »Gesellschaft«; so wie einst jeder an Heidegger und an Hitler glaubte, an Krieck und an den Krieg. Aber der Irrglaube an die Bösartigkeit ist selbst bösartig: Er entmutigt junge Menschen und verführt sie, in Zweifel und in Verzweiflung, bis hin zur Gewalttätigkeit. Obwohl dieser Irrglaube hauptsächlich politischer Natur ist, so hat doch die alte Interpretation des Darwinismus einiges zu ihm beigetragen.« *Sir Karl Raimund Popper*

KOOPERATIVITÄT:

ZWEI BEISPIELE

»Aller Kummer der Menschen kommt daher, dass man sich der Wirklichkeit nicht genau so stellt, wie sie ist.« BUDDHA

»Lebendig sein heißt resonanzfähig sein.« *ALEXANDER LAUTERWASSER*

»Es wird Zeit für jene Sprache, die unsere Seele ohne Umwege erreicht, die keinen Irrtum kennt und keine Lüge.« *HELMUT SCHMIDT*

1. Die Zelle

CHARLES DARWIN meinte, dass die Arten und auch alles Verhalten ›einem Kampf ums Dasein‹ unterworfen seien. ›Arten kämpften um ihr Dasein gegeneinander‹ und der Sinn jeden Lebens sei es, diesen Kampf zu führen und ihn zu gewinnen, um nicht für immer von der Bildfläche des Lebens zu verschwinden. Dieses ›Kampfprinzip der Evolution‹ hat er in einen Vorgang eingebunden, den er Selektion oder Auslese nannte. Damit setzte DARWINS Theorie Verhaltensnormen für ganze Gesellschaftssysteme fest. Er selbst nannte dies *den Krieg der Natur* ›war of nature‹. Auf die Lebenswelt umgemünzt nannte er dies, das ständige kämpfen, ringen und sich im Leben abmühen ›struggle for life‹.
Heutzutage sind vom Kampfprinzip der Evolution nur noch die wenigsten Biologen überzeugt, denn die Erkenntnisse aus den unterschiedlichen lebenswissenschaftlichen Disziplinen kommen zu dem Schluss, das DARWIN sich vor allem in seinen Kampfthesen geirrt haben muss. Evolution beruht auf vielem, jedoch keineswegs auf den *Kampf aller gegen alle.* Es kommt noch radikaler: *Einen Kampf um alles oder irgendetwas hat es nie gegeben. Kampf ist kein Leitziel der Evolution - kein primärer Entwurf,* weil Kampf auf Zerstörung aus ist.

Das heutige Leitbild der Lebenswissenschaften ist Kooperativität und Gefühl. *»Nicht der Kampf ums Dasein, sondern Kooperation, Zugewandtheit, Spiegelung und Resonanz sind das Gravitationsgesetz biologischer Systeme«*, schreibt JOACHIM BAUER in seinem Buch *Prinzip Menschlichkeit* sehr treffend.

DARWINS IRRTUM

In seinem oben erwähnten Buch fasst JOACHIM BAUER diesen Missstand treffend zusammen: »Der erste Grund dürfte im Werk eines Mannes liegen, auf den sich DARWIN an zahlreichen Stellen seiner beiden Hauptwerke bezieht: THOMAS ROBERT MALTHUS.« BAUER meint hier den *Essay on the principles of population*, in dem MALTHUS vom *Kampf ums Überleben* schrieb, dem sich die Menschen ausgesetzt sehen könnten, wenn die Bevölkerungsexplosion so weiter gehe, wie bisher. Historisch betrachtet ist dieses Werk auch der Beginn der Diskussion über *Rassenzuchtwahl* und der *Erbgesundheitsforschung,* der Eugenik, dem sich die überwiegende akademische Mehrheit in Europa und Amerika anschlossen. MALTHUS war Ökonom und so trafen seine Erkenntnisse als Erstes in den Wirtschaftswissenschaften auf fruchtbaren Boden - leider bis heute hinein. Auch die Arbeiten im Bereich der Spieltheorie durch JOHN VON NEUMANN in Bezug auf die sogenannten Nullsummenspiele waren kampfbetonte Theorien, Eliminationstheorien, die durch den Zeitgeist der damals neu aufgekommenen Evolutionstheorie DARWINS und der Wirtschaftstheorie geprägt waren.

Bei Nullsummenspielen geht es um den so genannten ›totalen Konflikt‹ (›totalitäres Ausleseprinzip‹); aus ihm wurde dann der totale Krieg in GOEBBELS berühmter Hetzrede. Man mag es heute nur schwer nachvollziehen können, aber der Kampf der Arten wurde zur Legitimationsstrategie für den Kampf der Menschenrassen, bei der bevorzugt die totale Vernichtung zum Ziel des eigenen Vorteils proklamiert wurde.

DARWIN machte sich, wie viele andere Wissenschaftler seiner Zeit auch, tiefe Gedanken über das Aussterben der Dinosaurier. Er schloss aus seinen Gedanken, dass sie sich gegenseitig im ›Kampf ums Überleben‹ selbst ausgerottet haben müssen. »DARWINS Annahme, mit dem spektakulären Verschwinden der Dinosaurier und zahlreicher weiterer Arten ein überzeugendes Beispiel für die Theorie vom gegeneinander geführten Kampf der Arten gefunden zu haben, könnte ihn veranlasst haben, die Rolle des Kampfes zu überschätzen und dabei andere wichtige Prinzipien außer Acht zu lassen (...)«, schreibt BAUER. Natürlich standen DARWIN die Messmethoden und die Hightech-Labore heutiger Zeiten nicht zur Verfügung. Daher relativiert sich auch meine Kritik an DARWIN, die sich lediglich auf seine Kampfthese bezieht. Doch können wir auch feststellen, dass seine verengte Sicht auf die Mechanismen der Evolution fatale Folgen hatte und noch immer hat. Unsere Haltungen zum Kampf haben sich eingebrand und sie bestimmen unseren Alltag noch immer. Die Betonung auf den Kampf und darauf, dass das Leben ein Kampf sei, sind zu selbsterfüllenden Prophezeiungen avanciert, die bis heute unsere Gesellschaftsbilder formen.

Sieg und Niederlage durchziehen unsere Alltagserfahrungen. Alles filtern wir durch diese Brille und bewerten es daran, ob es aggressiv wirkt oder nicht. Wirkt es aggressiv, dann folgen wir mit unserer Aufmerksamkeit dem Geschehen. Wirkt es kooperativ, dann würdigen wir dem keines Blickes. Weil ihm das Spektakel fehlt, an das sich unsere Wahrnehmung angepasst hat; bei jedem Training für Jugendliche oder Kinder kann ich das beobachten. Kinder und Jugendliche für die Kampftheorie zu begeistern ist sehr einfach, sie hingegen für Deeskalation genauso zu begeistern, setzt beim Trainer schon erheblich mehr Durchhaltewillen und Anpassung an spektakuläre Reize voraus. Wir leben daher auch im Zeitalter der Aufmerksamkeit. Wer und was nicht auffällt, der oder das missfällt unserer Wahrnehmung. Mit dieser Selektion unseres Aufmerksamkeitsbewusstseins sind wir unterwegs. Dass dies nur zur Spezialisierung, zur Degeneration der Sinnesschärfe und nicht zur Potenzialentfaltung führt, dass weiß man durch dummschlau Präsentiertes stets abzuwehren. Die gesamte Medienbranche hat sich dem zugewandt: *Wer für seinen Markt nicht aufschreit,* der stirbt und wird nicht weiter beachtet. Also schreien all diejenigen, die wissen, dass nur Bares auch Wahres ist. Das ist die Aufmerksamkeitsfalle, an die wir uns positiv angepasst haben: Die Selektion des Stärkeren ist die Auslese des Leiseren und des Unauffälligeren.

Wie anders wäre unsere Wahrnehmung aufgestellt, wir würden stets nach dem *Win-win*-Prinzip unsere Aufmerksamkeit freischalten. Wir wären dann keine Einzelkämpfer, sondern kooperativ unterwegs. Unsere ganze Gesellschaft wäre eine andere. Schüler würden gemeinsam mit Lehrern lehren und lernen. Auch das Beamtenwesen würde kooperieren und nicht Herrschen müssen. Politik wäre für das Volk da und nicht umgekehrt, das Volk für die politischen Interessen missbraucht. Auch die Arbeitsstelle wäre eine kooperative Institution, in der die Gemeinschaft der Beschäftigten zusammen am Ziel arbeiten würde. Sogar Lebensmittelmärkte würden mit dem Kunden kooperieren und nur das vermarkten, was der Kunde wünscht - salutogene Produkte. Auch der Arzt wäre wieder ein im Einklang mit der Gesundheit praktizierender Heiler. Wir würden nicht Schuhkartons bauen und sie Häuser nennen, Parzelle neben Parzelle, sondern uns wohnlich einbinden in die Landbasis. Das Kapital wäre ein regional gebundener Wert (vielleicht nach SILVIO GESELL), der sich an die Interessen, Wünsche und Notwendigkeiten der Gemeinde anpassen würde und mit der Landbasis kooperiert. Weil Kooperativität, das Hauptprinzip der Evolution, eine gänzlich andere Gesellschaft entwerfen würde, wird sie nicht flächendeckend unterstützt. Zu viele unken ständig herum, dass eine Gesellschaft mittels Kooperativität keinesfalls so erfolgreich der Konkurrenz trotzen könnte, wie eine um *Kampf und Sieg* gefeite Gesellschaftskultur. Jedem Politiker, jedem Unternehmer, ja allen Führungspersonen kann ich mit Leichtigkeit davon unterrichten, dass das Gegenteil sogar der Fall ist: Eine an Kooperativität gebundene Strategie der Steigerung um Lebensqualität ist einer kampfbetonten Führung (sogar a priori) überlegen - und zwar im Ertrag, im Mehrwert und im Erwecken kreativen Potenzials. *Aber sie wollen es nicht hören.* Zu durchschlagend haben sie Angst vor dem Gefangenendilemma. Es spukt in deren Köpfen herum wie eine krankhafte Furcht. Dass man es nicht umgehen könne, dass sich daran sogar Nobelpreisträger ihre Synapsen abgewetzt haben, das schreckt sie ab. Dass aber das Gefangenendilemma einzig den egoistischen Entwurf schmälert und

das sein Prinzip, das zu ihm führte schon falsch war, darauf kommen sie nicht. Zu groß die Schar der Gigantendenker und damit zu sehr in Marmor gehauen diese Weisheit, als dass sie es wagen würden, nochmal von Anfang an zu denken. Das ist der Kern dieses ganzen unsinnigen Kampfprinzips: Zurück zum Anfang und die Sache noch einmal neu bedenken. Welches Verhalten sichert die Unversehrtheit und den Selbsterhalt besser, Kampf oder Nichtkampf? Was ist besser, in einen Kampf zu gehen oder erst gar nicht in einen Kampf zu gelangen? Welches Verhalten aber wurde erlernt und zu welchen der beiden existieren quasi überhaupt gar keine Verhaltensangebote in der Gesellschaft? Es ist der Nichtkampf. Er findet überhaupt gar keine weitere Beachtung in der Gesellschaft und dies, obwohl er vorteilhafter für die Entwicklung und Entfaltung der Menschen ist. Versteht man dies, so entlarvt unser gegenwärtiges System das Prinzip Herrschaft um jeden Preis. Die Kampfthesen DARWINS und MALTHUS sind Anpassungen an unsere Gesellschaft, *wie sie zu sein hat.* Sie repräsentieren keineswegs Anpassungsmechanismen der Evolution.
Die Kehrseite dabei ist fatal. Denn alles, was der Evolution aus dem Ruder läuft und schon aus dem Ruder gelaufen ist, existiert nicht mehr und verschwindet von der Bühne des Lebens, oder stirbt langsam aus. *Exitus denen, die nicht mit ihrer Vorstellung von Leben und leben lassen kooperieren wollen.* Würde die Evolution dem Kampfprinzip folgen, so würde es der Evolution um eine einzige Superspezies gehen. Nur um ihretwillen sollen sich also drei Milliarden Jahre lang Abermillionen von Arten entwickelt haben, gegen sich gekämpft haben, um den besten zu küren? Wer solch einen Unsinn wirklich glaubt, der schaut nicht in die Natur: Das Prinzip der Evolution ist gar nicht das, welches wir unserer Wahrnehmung aufgezwungen haben. Es geht ihr gar nicht nur um Artenvielfalt und die einzelnen Spezies.

DAS PRINZIP DES LEBENS: *DIE KOOPERATIVE ZELLE*

Wenn ich mich in einem Spiegel betrachte, so nehme ich mich als eine einzige Person war. Ich nehme dabei nicht wahr, dass ich eine

Anhäufung von etwa 50 Billionen Zellen bin, die ständig untereinander Botschaften austauschen und die miteinander kommunizieren. Bin ich diese fünfzig Billionen Zellen, oder bin ich ein Mensch?
Niemand ist nur das, was er wahrnimmt zu sein. WERNER HEISENBERG benannte ein Buch nach dem Problem: *Der Teil und das Ganze* und er schlussfolgerte darin, dass das Ganze stets mehr sei, als seine Teile vermuten lassen. *Man könne die einzelnen Teile noch so gut und präzise studieren, man würde daraus niemals schlussfolgern können, was diese Teile in der Gemeinschaft für Phänomene offenbarten.* Seitdem ist dies eine Binsenweisheit. Auf und im Menschen leben zusätzlich mehr Viren und Bakterien (Wirte), als ein jeder von uns Zellen besitzt. Viele davon leben in Symbiose mit unserem Organismus. Einige von ihnen sichern sogar unser Überleben. Entfernte man sie, so würden wir augenblicklich sterben.
Die ältesten Lebewesen, so weiß man schon in der Schule zu berichten, seien 3,5 Milliarden Jahre alte Bakterien. Doch auch diese Sicht auf die Lebenswissenschaft, die Biologie, ist falsch. Heute wissen wir: Die älteste uns bekannte Lebensform ist die Zelle selbst, die Urzelle. Sie *ist* ein Lebewesen. Sie verfügt über eine Außenwahrnehmung, über ein Verdauungsorgan, über ein Atmungssystem und sie verfügt über einen vollständigen Nahrungskreislauf. Sie besitzt ferner ein Nervensystem, ein zielgerichtetes Datenverarbeitungsorgan (die Zellhülle), sie ist Besitzerin eines Immunsystems und sie kann sich vermehren und sich in vielfältiger Weise mit anderen Zellen austauschen. Sie ist im winzig kleinen Maßstab genau das, was auch wir sind, ein Lebewesen. Lebewesen in unserem klassischen Sinn sind heute Organismen, die selbst aus zahlreichen Organismen zusammengesetzt sind. Sie sind ein eigener biologischer Kontinent, in dem es so zugeht, wie auf unserem Planeten selbst. Nicht der Mensch, sondern schon lange bevor die Evolution die Linie der Zweibeiner erschuf, eroberte die Zelle den gesamten Planeten und erfüllte ihn mit Leben. Auch alle Pflanzen und Bäume, das Plankton, alle Bakterien oder Viren, Fische oder Säugetiere, Dinosaurier oder Vögel - wir alle stammen von der Architektur der Zelle ab, von ihrer unermesslichen Potenzialität. Und das Bemerkenswerte dabei ist auch noch, dass sich die Zelle seit ihrer Bildung überhaupt nicht

mehr wesentlich verändert hat: Alles, was sie erschuf, so sagen Biologen heute, erschuf sie mittels ihres Potenzials des Lebens zur Kooperativität mit der Außenwelt, *den Möglichkeiten zur Anpassung.* Somit ist die Zelle das anpassungsfähigste Lebewesen, das wir kennen. Wir, der Homo sapiens sapiens sind ihr Entwurf. Alle Lebewesen sind in ihrem Potenzial zur Anpassung und Verbreitung des Lebens enthalten. Die Zelle ist ein Wunder an Kooperativität und Potenzial. Wir wären ein dummes Tier, würden wir dies einfach weiterhin ignorieren und nicht in unsere gesellschaftlichen Leitbilder integrieren. Kooperation, nicht Kampf, ist die Eigenschaft der Zelle, die sie als das effizienteste aller Lebewesen auszeichnet.
Unser Verstand sagt uns, dass wir eine Einzelperson sind, aber das stimmt nicht. Jeder Einzelne von uns ist eine Gemeinschaft, *ein Wunder des kooperativen Lebenspotenzials, das in uns wohnt.* Haben wir in uns eine gute Kooperativität der Zellen untereinander entwickeln können (Salutogenese), dann sind wir gesund. Haben wir sie nicht, dann werden wir krank. Dies hängt einzig von der Kommunikation der Zellen untereinander ab. Welche Informationen sie bekommen ist außerordentlich wichtig für unseren Gesundheitszustand. Aber wie gelangen Informationen nun in die Zellen hinein? Ganz einfach, von außerhalb. Zellen haben eine Hülle, die sie umgeben. Diese Hülle hat Tausende von, nennen wir sie Schlösser, eingebaut, mit denen Informationen, nennen wir sie Schlüssel, in die Zelle hineingelangen können. Passt ein Schlüssel zum Schloss, dann gelangt Information in die Zelle und ringt ihr ein Verhalten ab - *eine Veränderung der Polarität der Eiweiße in der elektrischen Ladung zu plus oder minus findet dann statt.*
Eine Information *in* der Zelle, die von außen eindringt, ist immer auch ein ›Beweger‹. Ein Beweger bewegt etwas. Ein Beweger veranlasst die Zelle zu einer Reaktion, zu einer *Verhaltensreaktion,* die durch ihn in Bewegung gelangt. So weit so gut. Was aber bewegt der Beweger *in* der Zelle? Aminosäuren.

Aminosäuren sind Proteine, also Eiweiße, aus denen Aminosäureketten gebildet werden und somit ein Eiweißmolekül bilden. Aminosäuren sind die Baupläne des Lebens. Hier erschafft das Leben aus dem Unfassbaren das Fassbare, aus dem Unsichtbaren das Sichtbare - aus dem Unsinnlichen das Sinnhafte. Ohne diese Prozedur der Eiweiße kann sich Leben nicht entfalten. Der Schlüssel des Lebens ist, Eiweiße in eine Reaktion zu bringen und das heißt, Eiweiße in Ketten von Eiweißen aneinander zu binden. Die Bildung von Aminosäuren in unzählige Varianten ist das Reaktionsmuster des Lebens selbst, sein Stoff, aus dem es Verhalten erfindet. Somit sind die Urbausteine jedweder Kreativität auf diesem Planeten die Erfindung der Aminosäuren in Kombination zueinander. Diese Beziehungsbindungen, die Aminosäuren miteinander eingehen, können einzig durch eine Veränderung der elektrischen Ladungszustände in den jeweiligen Aminosäuren entstehen: *Spannung und Entspannung*. Sie finden so zueinander und sind so miteinander geschaltet, dass sie sich entweder gegenseitig abstoßen (kein Verhalten möglich) oder sie sich zueinander bewegen und sich somit aneinander binden. Dieser winzige Prozess bedingt immer ein Verhalten. Der Sinn der Beweger ist es also, Aminosäuren so aneinander zu binden, dass eine Reaktion dabei herauskommt, die *a)* mehr ist als seine einzelnen Teile vermuten lassen und *b)* die dem Gesamtorganismus den Selbsterhalt, verbunden mit einem Wachstumsschub, ermöglichen. Dadurch wird auch die Unversehrtheit der jeweiligen Organe beibehalten und eine Steigerung der Lebensqualität im Gesamtorganismus ermöglicht - was man auch eine Verankerung von Potenzial nennen könnte. Dieser ganze Vorgang ist eine Kooperation in höchster Vollendung.

Jedes Lebewesen, das uns als Einheit erscheint, als kohärentes Wesen besteht, entsteht im Grunde genommen aus unzähligen solcher Verbindungen zueinander. So wie unser Gehirn in der Lage ist, große Nervennetze aus einzelnen Synapsen aneinander zu binden und ein komplexes Verhalten dadurch zu koordinieren, so sind unsere Körperzellen ebenfalls in der Lage, untereinander Verbindungen einzugehen und systemunabhängig zu agieren, wenn es nötig ist. Am besten ist uns das von unserem Immunsystem bekannt, dass ja gar kein Organ ist, sondern im ganzen Körper durch unsere Zellen vertreten wird. Einzig die Systemvielfalt in unserem Körper bildet hier noch, aus Sicht des Menschen, die größeren Teile (Herz, Leber, Niere, Auge, Haut etc.) ab und wir können sie vom Ganzen, und voneinander als Teile betrachten. Aus Sicht der Zelle ist das aber Unsinn. Denn aus ihrer Sicht ist alles untereinander kohärent, eins und miteinander verbunden. Ohne die kooperative Kraft, die allen Zellen zu eigen ist, wäre diese für das Überleben jedes Einzelwesens so wichtige Überschaubarkeit von Innen- und Außenwelt gar nicht möglich. Kooperativität ist das Prinzip der Zelle und damit auch der Sinn des Lebens. Ohne Kooperativität ist Wachstum nicht möglich.

DIE GEBURTSSTUNDE DER INTELLIGENZ

So falsch unsere Vorstellung bis heute hinein war, nämlich, dass sich die Umwelt unabhängig von der Evolution der Lebewesen gestaltet und die Lebewesen nur einen Teil der Umwelt widerspiegeln, quasi in ihr Platz nehmen, so atemberaubend ist die Tatsache, dass Umwelt und Lebewesen das Leben sind, das sich seit Anbeginn der Schöpfungsgeschichte auf diesem Globus selbst inszeniert. Lebewesen sind an bestimmte Umweltinformationen angepasst und an andere gar nicht, weil sie in unterschiedlichen Umwelten leben.
In den letzten gut fünfundzwanzig Jahren hat man in der Zellbiologie geglaubt, die gesamte Biologie durch einen Gendeterminismus auf die Schliche zu kommen, indem man den Austausch der DNS- und RNS-Kommunikation, mittels des Genomprojekts entschlüsselt. Heraus kam etwas noch viel Erstaunlicheres: Um einen Menschen zu produzieren, braucht es etwa einhundertfünfzig Tausend Proteine, also Eiweiße. Denn aus so vielen unterschiedlichen Eiweißstoffen (Moleküle) sind wir gemacht. Da für jedes einzelne Gen ein Protein steht, kann man leicht herausrechnen, dass unsere DNS in unseren Chromosomen aus ebenfalls einhundertfünzig Tausend Proteinen bestehen sollte. Denn woher sollten sonst die vielen Proteine in unserem Körper stammen und wer hat uns schließlich, im materiellen Sinne ausgedrückt, gemacht, wenn nicht die DNS-Eiweiße in unseren Chromosomen? So dachte man beim Genomprojekt, würde man den Schlüssel zum Bau eines Menschen im Nachbau seiner Proteine finden. Aber die Überraschung war, dass man nur etwa fünfundzwanzig Tausend Gene im Menschen gefunden hat. Das entspricht in etwa einem Fünftel der benötigten Menge an Gene.

Wo ist der Rest? Und damit war die Blamage noch nicht einmal angekratzt, die die Forscher erwarten sollte, stellt uns das Ergebnis doch in unmittelbare Nähe zu den Würmern und Pflanzen. Es gibt sogar Schwämme, die mehr als das Dreifache an Genen besitzen als wir! *Sind Gene vielleicht gar nicht die Baumeister des Lebens?* Eine Frage, für die man in den 1990er Jahren in den Wissenschaften seine Karriere besiegelt hätte.

Warum hat das Lebewesen, das den Planeten beherrscht, nur so wenig Gene? Warum haben unzählige Tiere mehr Gene als wir? Weil viele Tiere mehr Umwelteinflüssen ausgesetzt sind, als wir. Wir sind keinem niederen Lebewesen nur allein deswegen überlegen, weil wir eventuell ein paar Hundert Gene mehr besitzen, als sie, oder gar weniger. *Die Gene können allein also überhaupt nicht für unsere Intelligenz, für unser bewusstes Handeln, unsere Lernfähigkeit, oder unserer Fähigkeit, ein ›Kosmopolit‹ zu sein, verantwortlich gemacht werden. Wer oder was ist es dann, was uns zur Spitze der Nahrungskette auf diesem Planeten werden ließ, wenn nicht unsere überragende Intelligenz?*

Nicht die Gene steuern biologisches Leben, sondern durch die jeweils von außen in die Zelle eindringende Information, ›der Schlüssel im Schloss‹, gestaltet sie den jeweiligen individuellen Beweger, was ein Verhalten *in* der Zelle aktiviert. Somit steuert die Zelle ihre Optimierung durch die Entfaltung eines Aminosäurenpotenzials, *dass sie in die Gene einbringt*. Damit wird dann der gesamte Gesundheitszustand des betreffenden Lebewesens optimiert und an die neuen Bedingungen bestmöglich angepasst. Dieser Prozess ist die obere Instanz der Gene! Was ein Gen ist oder zu einem Gen wird, das bestimmt die Zelle. Sie produziert Gene, Gehirne und Lebewesen, indem sie Kooperationen eingeht oder nicht.

Aus Sicht der Zelle lautet die Antwort dann ein wenig anders: *Gene sind Umweltspezialisten. Somit ist es für die Zelle besser, wenn sie die Umwelt für sich arbeiten lässt, als dass sie für die Umwelt arbeitet.* Wenn uns die Zelle die richtige Antwort schon liefert, dann ist die Frage: *Was ist dann eine Lebensumwelt?« Die Gretchenfrage der Zellbiologen war aber zunächst einmal diese: »Wie gelingt es der Zelle, mit einem Schlüsselsatz zum Reparieren eines Fahrrads, ein*

komplettes Passagierflugzeug, ja sogar einen Airbus A380, zu bauen? Weil sich Gene an die ganze Brandbreite der Umweltbedingungen optimieren, an die sie gebunden sind. KONRAD LORENZ fand dies als Erster heraus, und wieder nur aus der Beobachtung. Er sagte, *dass die Flosse eines Fisches die Bedingungen des Wassers widerspiegelt, die Flügel eines Vogels die Bedingungen der Luft und der Huf die Bedingungen des Bodens, auf dem das Huftier grast.* Die Bedingungen der Gene spiegeln somit auch den gesamten Einflussbereich der Umwelt wider, in der der Phänotyp lebt. Die Aufgabe der Gene ist es nun, Umweltbedingungen in der Lebensform zu stabilisieren, damit die in der Umwelt sich stets abwechselnden Bedingungen auf entsprechend angemessenes Verhalten über den Organismus stoßen. Die Zelle dirigiert diese Aufgaben an die Gene und sie schöpft aus der ihr zugrunde liegenden Umweltinformation neue Variablen zur Optimierung der Genkommunikation. Unser Gen-Potenzial ist an unterschiedliche Umweltbedingungen, und damit an zahlreiche Milieuwechsel angepasst.
Heute wissen wir, was offensichtlich ist, dass die fest einzementierte Vorstellung, dass unsere Gene unser Leben steuern, falsch ist. Unser altes Weltbild über das Leben ist ganz grundsätzlich falsch. Nicht nur unser Gehirn scheint klüger zu sein als wir, sondern: Auch unsere Zellen sind klüger als unsere Gehirne! Was ist schon menschliche Intelligenz verglichen mit dem Dirigentenstab einer einzigen Zelle? Und damit ist noch etwas *in* unserer Vorstellung über uns falsch, etwas von außerordentlicher Tragweite. Wenn das Gesamtinnere den Bauplan des Gesamtorganismus weder steuert noch ihn ohne fremde Hilfe instand setzen kann, *an welchen Fäden hängt der Steuermann und wer oder was gibt die Kursbestimmung des Lebens vor?* Antwort: Es ist die Außenwelt, die meine Innenwelt steuert. Die Außenbedingungen steuern das Leben und formen ihre Ressourcen und Potenziale heraus. Was aber folgt für uns daraus?
Es sind meine Vorstellungen, Haltungen, Gedanken und Geisteszustände, die meine Umweltwahrnehmung *betreuen*, die mich auf den Autobahnen meines Lebens führen, mein Inneres nach außen dringen lassen und einen gemeinsamen Kreislauf bilden: meine Weltbildwahrnehmung! Umwelt und Innenwelt, Außenwelt und Lebens-

form sind eins. Das Leben ist kein Zweig der zu zahlreichen weiteren Abzweigungen führt. Dieser Planet, er lebt. Wir werden dass, was Leben ist und was dieses Leben antreibt, also gar nicht aus dem herauslesen können, was das Materielle, das Sichtbare und das zu Sezierende an der Struktur ist, die das Leben hinterlässt, wenn sie als in-Form- und fassbare Materie erscheint. Sie ist über dreieinhalb Milliarden Jahre alt und hieraus erschließt sich das Alter des Lebens, das in allem ist, was heute lebt. Unsere Zeittafeln haben bestenfalls noch Nostalgiewert, mehr nicht. Die daraus für unser Thema wichtige Schlussfolgerung ist, dass alles miteinander zusammenhängt und kein Gemetzel, kein Kampfprinzip diesen Zusammenhalt hervorgebracht hat, sondern die in der ganzen Natur immanent existierende Kooperativität. Sie brachte schon aus einem glühenden Feuerball, der erkaltete, aus Sternenstaub alles Leben auf der Erde hervor - auch uns. Wir sind Kinder des Weltalls.

AUS AUSSEN WIRD INNEN

Als man in England vor fast dreißig Jahren mit der künstlichen Befruchtung anfing, da häuften sich bei diesen so gezeugten Neugeborenen eine Krankheit im Bindegewebe am Mund, dass sie aussehen ließ, ähnlich wie die Kinder, die an einer Hasenscharte litten. Man fragte sich, wie das käme, da diese Kinder eine viel höhere Rate dieser Abnormität aufwiesen, als normal ausgetragene Neugeborene. Da man damals noch an den Baumeister der Gene glaubte - Gene allein steuern den Bauplan des Organismus -, untersuchte man sie und fand nichts heraus. Bis man sich daran machte, das künstliche Milieu zu untersuchen und feststellte, dass dieses Milieu, dass man der Gebärmutter vollständig anpasste, an der Missbildung schuld ist. Es waren die Umwelteinflüsse, die in den Stammzellen die Erbsubstanz veränderten und die Abnormität im Gesicht der Neugeborenen hervorriefen. Dies brachte die Forscher auf das noch recht junge Gebiet der Epigenetik und sie stellten die These in den Raum, ob denn das gesamtmögliche Spektrum der Genentfaltung Anpassungen an ein Außenmilieu darstellen. An Umweltveränderungen mit dem Potenzial einer *Viele-Welten-Theorie.* Anders formuliert: *Sind einige Gendefekte gar keine Defekte im strengen Sinn, sondern Anpassungsmechanismen an mögliche Umwelten - und damit vorbeugende Maßnahmen zum Selbsterhalt?* Fallen sie uns nur deswegen auf, weil wir in einem stabilen Milieu leben und sie daher in diesem Milieu eher hinderlich als lebensförderlich sind, in einem anderen Milieu hingegen durchaus von Vorteil sein könnten? Es lohnt sich, über diese Idee einmal tiefsinniger nachzudenken, denn sie wirft Fragen auf, die unser Krankheitsbild revolutionieren könnten: Was ist dann überhaupt eine Krankheit und was sind Symptome, wenn Gene stets einem kooperativen Antrieb folgen? Sucht die Zelle nach bestmöglichem Überleben in ihren Möglichkeiten nach Variationen und wählt die ihr Bestmögliche dann aus? *Sind Gene selbst immer nur im Zustand der Potenzialentfaltung zu diesem Ziel hin in bau?* Ist der Plan zum Bau von Lebewesen gar kein absoluter, hocheffizienter Anpassungsplan? Wäre das so, dann wäre die Evolution nicht zielgerichtet in ihren Bauplänen im Sinne einer dominanten Lebensform, sondern wachstumsgerichtet im Sinne einer sie selbst erhaltenden Optimierung. Letzteres wäre auf Kooperation, ersteres auf Kampf angewiesen. Nicht das Ziel, einen möglichst perfekt angepassten Organismus als Ganzes zu erschaffen wäre dann der Plan der Evolution, sondern Variationen in Gestalt eines Organismus. Ihr Plan wäre Stabilität in unstabilen Verhältnissen, Anpassung an eine Bandbreite von Möglichkeiten, Kohärenz im Wechsel der Bedingungen, Ressourcenoptimierung durch Flexibilität, Potenzialentfaltungsbereitschaft in einer *Viele-Welten-sind-möglich-Theorie* und ein hochflexibler Umgang mit Informationen, als ein System von Kreisläufen, die durch Umweltinnenwelt-Einheiten (Superkooperativität) geschaffen würden. *Erhält das Leben sich selbst oder erhält es die Arten*? Es erhält sich selbst, indem es Wachstum zur Optimierung des eigenen Erhaltens anstrebt. Das tun wir auch. Wir streben nach Erhalt unseres Selbstes, unserem Selbsterhalt und konzentrieren uns dabei nicht auf Einzelheiten unseres Organismus. Und weil wir die Einzelheiten unseres Körpers kennen und wissen, dass auch sie nur in ihrem Zusammenhalt das Ganze am Existieren halten, sind wir gewillt, alle Teile zu erhalten. Wir nennen dies die Wahrung der Unversehrtheit. Dass alles stünde in Zusammenhang mit dem Herstellen von Kooperativität mit der Außenwelt, nicht mit Kampf. Und dazu entwickelte die Erde *ihre* Evolution in allen Lebewesen und richtet ihre Umweltintelligenz auf ihre spezielle Ökologie aus. Alles greift ineinander. Wobei wir beim zweiten Beispiel angelangt wären.

ÖKOLOGISCHE INTELLIGENZ ÖQ

2. Umwelt und Innenwelt sind eins

Wir leben noch immer mit einem Bild über Intelligenz ganz allgemein, das völlig falsch ist. Wir glauben, dass intelligente Menschen Alleswisser oder extreme Spezialisten sind. Körperintelligente Menschen kommen mit einer Olympiamedaille nachhause, kopfintelligente Menschen bekommen hohe Auszeichnungen. Für viele ist es schon schwer genug, ein Diplom, einen Meisterbrief oder gar einen Doktortitel zu erlangen. Ganz allgemein halten wir Akademiker für die intelligenteren Menschen. Doch ist es intelligent, nur solche für intelligent zu halten, die sich fast ausschließlich nur mit ihrem Kopf bemühen? Ist beispielsweise der Pfeilschwanzkrebs, den wir als einfaches Lebewesen klassifiziert haben, intelligenter als wir? Er lebt seit vierhundert Millionen Jahren und überlebte so ziemlich alle Katastrophen, die wir aus der Erdgeschichte nur vom Namen her kennen. Oder der Nautilus, dessen Art, die Nautiliden, schon vor fünfhundert Millionen Jahren lebten. Auch er überlebte jede Katastrophe, die andere Arten aussterben ließen. Beide entwickelten sich auch nicht nennenswert weiter, was auch für den weißen Hai gilt. Er lebte schon zu Zeiten der Dinosaurier, vor sechzig Millionen Jahren und verdrängte den *Megalodon*, eine Haiart so groß wie ein Wal. Ist es nicht eher so: Wer überlebt ist intelligent, wer lange überlebt, ist intelligenter und wer am längsten überlebt, ist eine Intelligenzbestie? Wer dem jedoch zustimmt, der ist weniger intelligent, wie wir jetzt wissen, denn Leben ist ja auch immer das Leben, das in allen Überlebenden weiterlebt, die heute leben; und damit sind sie die Überlebenstüchtigsten überhaupt. Denn sie entstammen dem Prinzip des Lebens, das wir zuvor über die Zelle schon kennen gelernt

haben. Damit aber haben wir auch eine neue Antwort auf unsere Frage, was Intelligenz ist.
Intelligent ist nicht der, der eine bestimmte Ressource seines Spektrums, Potenzial auszubauen ausreizt und damit erfolgreich in unserer Gesellschaft ist, sondern der, der möglichst viele Ressourcen zu Potenzial verbinden kann und diese an der Außenwelt teilhaben lässt! Diese Form der Intelligenz wird auch *Ökologische Intelligenz ÖQ* oder *Umweltintelligenz* genannt. Sie ist die Form der Intelligenz, die den Einzelnen in seinem Überlebensplan erfolgreich werden lässt. Sie erst lässt die Potenziale, die sich im Ausbau der psychosozialen Intelligenz ergeben, möglich werden und sie strukturiert diese Intelligenzform auch. Aller Erfolg geht auf das Ausbilden einer starken ökologischen Intelligenz zurück. Ökologische Intelligenz ist im Kleinen das, was die Natur für das Leben ist. Sie erschafft aus der Natur heraus Werkzeuge, die die eigene Position erhöhen helfen.
Wie gehe ich mit der Umwelt so um, dass sie mir zu Vorteil wird?
Erziehung, berufsfördernde Bildung und eine Anpassung an die Gesellschaft führen zu den äußeren Faktoren, die einen Teil des Inneren in jungen Menschen bilden, die in der Leistungsgesellschaft an ein Leistungsniveau herangeführt werden sollen, das später von ihnen als Automatismus abverlangt wird. Unsere Kulturbedingungen spiegeln somit unsere Umwelteinflüsse wider. Zumeist ist dies ein einseitiges Abverlangen, bei dem Schüler sich an das erforderliche Leistungsniveau anpassen. Durch dieses Erziehungs- und Bildungsnadelöhr entstehen vielerlei Abwehrmechanismen gegen den Druck, den junge Menschen im Inneren fühlen und sie dann, weil sie aufbegehren, als widerspenstig für die Angepassten erscheinen. Wenn dazu auch noch eine Versagensangst vor den Erwartungen der Eltern hinzukommt, ist es schwierig, in der Pubertät eine Identität aufzubauen.

Alles andere in mir, dass sich gegen diese Anpassung sträubt, ist dadurch von der Gesellschaft und meinen Eltern zu einem Versagenspotenzial verspottet, das in mir wächst, wie die Hand, der Arm oder der Fuß, die auch zu mir gehören. Die Gesellschaftsnorm sagt zu mir, es sei nicht richtig, auch zu diesen Möglichkeiten eine positive Entfaltungsbereitschaft zu entwickeln und dieses Potenzial wert-

zuschätzen. Ich darf damit nicht wirksam sein. Ich soll diese in mir existierenden Gefühle nicht zur Kenntnis nehmen - ich soll sie verdrängen, weil ich von einem Leistungs- und Gesellschaftskorsett dazu gezwungen werde, mein Potenzial so anzuerkennen, wie die das wollen. Schlussfolgerung: Ich darf nicht sein, wonach es mir verlangt.

Auch wir Erwachsene haben solche Prozesse durchlaufen und waren nicht immer so angepasst, wie wir es heute sind. Die Frage ist nun die: »Welche Bewältigungsstrategie entwickle ich dafür, mich trotz allen gesellschaftlichen Widersprüchen auch in den Bereichen meiner Persönlichkeit zu entfalten, in denen ich zur Unwirksamkeit verdonnert bin?« Wie erfahre ich ökologischen Wachstum in der Fülle, wie ich ihn mir ersehne, wenn doch nur ein wenig davon auszubilden in Mode ist? Die Komponente, die hierbei überhaupt gar keine Beachtung findet, ist das Ausbilden und Festigen von Ökologischer Intelligenz, die zu einem großen Teil stark persönlichkeitsbindenden Einfluss für die Entwicklung zum Erwachsenwerden hat. Wir hören viel über die Emotionale Intelligenz EQ, die auch wichtig ist. Mindestens ebenso wichtig ist auch die Ökologische Intelligenz, von der man nur selten etwas hört. Man kann die für uns so wichtige innere Wachstumsbereitschaft gar nicht vollends verstehen, wenn man die Verbindung zwischen dem Coping-Apparat und dem Ausblühen der ökologischen Intelligenz unberücksichtigt lässt. Entwickeln sich beide parallel zueinander, dann tritt der Glücksfall ein und der Mensch entwickelt sich optimal. Die Frage, die der Konfliktbewältigung eine Richtung gibt, ist immer eine Antwort über ökologische Zielsetzungen: »Alles Leben ist Problemlösen«, sagte Sir KARL R. POPPER. Das ist das Prinzip der ökologischen Intelligenz, sie widmet sich den Lösungswegen. »Leben ist ein erkenntnis- und energiegewinnender Prozess«, sagte KONRAD LORENZ. Diese beiden Sätze binden *in uns* erst die Ökologische Intelligenz zu einer Ressource zusammen, um die Lebensqualität und die Lebenssicherung zu steigern. Diese innere Ressource will sich mit allem dafür Förderlichem im Gehirn vernetzen und die dadurch neu entstehenden Potenziale zur Entfaltung anregen - und zwar schon im Kindes- und Jugendalter. Sport ist die einzige Möglichkeit, die wir ihr widmen, dies in kümmerlichen Ansätzen selbst zu entwickeln.

Ökologische Intelligenz ÖQ leicht verstanden: Verbindet man die beiden Lehrsätze von POPPER und LORENZ, die allen biologischen Systemen zugrunde liegen, dann kann man sagen: »Der Bewältigungsapparat kann nur dann sinnvolle Strategien entwickeln, wenn ihm ökologische Prinzipien der Kooperativität zugrunde liegen. Wachstum ist das sich Einverleiben von kooperativen Möglichkeiten und Vernetzungen. Wachstum ist dem fruchtbietenden Austausch zum Aufbau potenzieller Vielfalt im Menschen gewidmet, die den Zwecken des Überlebens, der Steigerung und Festigung von Lebensqualität und Lebenssicherung unterstellt sind. Ihre Beziehungen zueinander sind unabdingbar davon geprägt, Wechselwirkungen und Bindungen zu schaffen und zu erhalten, die dem Individuum und der Umwelt Entfaltungspotenziale untereinander austauschen und entwickeln lassen, damit das gesamte Ökosystem wächst. Die Zunahme von ökologischer Stabilität und das Vermehren von Lebenskraftpotenzial ist das Wesen der Ökologie - *das ist der übergeordnete Drang des Lebens selbst, seine Kernaufgabe.*« Ökologische Intelligenz dient also dem Wachstum des Lebens, der Außen- und Innenweltangleichung und ist daher am Wachstum der ökologischen Welt ganz allgemein beteiligt - und kein egoistische Prinzip für die Lebensformen ganz allein.

Irrationale Verhaltensweisen und Perversität liegen dann vor, wenn der Mensch nicht mehr mit seiner Außenwelt in Kommunikation tritt, um sein inneres Potenzial anhand der Umwelt auszureizen und in Einklang zu bringen. Lebewesen reizen ihre Sinnesorgane immer in Anpassung an eine äußere Umwelt aus. Sie bleiben zeitlebens eine Verbindung mit dieser Außenweltbedingung. Anpassung geschieht niemals einseitig und sie geht auch nie nur vom Lebewesen ganz allein aus. Die Außenwelt kann nicht fortbestehen, wenn die in sie eingebundenen Lebensformen sich als von ihr abgekoppelte Einheiten begreifen würden. Sie würden damit ihren Verfall vorprogrammieren, und zwar *den Verfall ihrer ökologischen Umweltanbindung* wie auch den Verfall ihrer tiefenstrukturellen Bindung an dieses ökologische Gesamtsystem, mit dem sie aufs Tiefste verbunden sind und dessen Innerstes sie als ein Abdruck dieser Wechselbeziehung darstellen. Entkoppelt sich eine Lebensform von ihrer biologischen Verbundenheit mit den sie am Leben haltenden ökologischen Prinzipien, dann verkümmert sie sich selbst, weil sie ihre bisherigen Lebensbedingungen kappt: Jedes Lebewesen, auch der Mensch, bildet ein unsichtbares Geflecht, das ihn an sein Ökosystem bindet. Dieses Geflecht tauscht Informationen aus, wovon wir so gut wie nie etwas bemerken. Zwar kann das Ökosystem ohne die Lebensart weiter fortbestehen, doch die Lebensarten nicht ohne das Ökosystem, an das sie angepasst sind. Der Regenwald ist ohne Ameise lebensfähig, die Ameise des Regenwaldes aber nicht ohne den Regenwald. Würde aber alles Leben aus dem Regenwald vernichtet, der Regenwald würde absterben. Versteht man die Dinge erst einmal aus dieser Perspektive, dann fällt es einem wie Schuppen vor die Augen: *Der Regenwald ist das Lebewesen aller in ihm lebenden Wesen*. Aus genau diesem Grund dringt der nachfolgende Satz auch so tief in uns ein: *Der Mensch braucht die Erde, aber die Erde braucht den Menschen nicht.* Wir wissen das alle, doch wir blenden es sofort wieder aus, weil wir sonst handeln müssten und uns mit den Machthabern aufs Härteste auseinandersetzen müssten.

Ökologische Intelligenz ist nur über die Erfahrung möglich. Nur wer in der Welt ist, sich ihr zuwendet, wird sich diese Form der Intelligenz aufbauen können. Sie verknüpft alle Intelligenzformen miteinander, die ebenfalls aufgebaut werden sollen, und lenkt damit die Richtung der Ressourcen und das Ausblühen der Potenziale konzentriert auf den Weg, den man gehen möchte. Dies, und nur dies ist wahrer Erfolg. In einem naturalistischen Bild wäre Ökologische Intelligenz der optimierte Vorgang, sich mit den gesamten Ressourcen an seine Außenwelt anzupassen, dabei dann weitere Potenziale zu entwickeln und dadurch neue Möglichkeiten und Ressourcen in der Außenwelt entstehen zu lassen. Das Räderwerk der Zellen und der Gene ist dieser Kreislauf. Daher ist das Herausbilden von ökologischer Intelligenz wichtig und sollte in Bildung und Erziehung hohe Beachtung finden. So geht auch immer der Ausbau reichhaltiger und komplexer Bewältigungsstrategien mit dem Ausbau von ökologischer Intelligenz einher. Sie, die Bewältigungsstrategien, sind im

Endeffekt eine Hochspezialisierung ökologischer Anpassungsprinzipien.
Dies bis hierhin Beschriebene gilt auch im Besonderen für uns Menschen, für alles sozial Angepasste. Für alles psychisch Angepasste und alles menschlich angepasste. Der Mensch ist ein soziales Wesen. Sein Gehirn ist ein auf soziale Reize spezialisiertes Organ. Es kommuniziert zu einem überwiegenden Teil nur mit sich selbst. Was eine Anpassung an die Kultur darstellt: Der Mensch ist Schöpfer von Kulturmöglichkeiten, er ist ein Lebewesen, das auf Kultur spezialisiert ist. Ohne ein menschliches Interaktionssystem, ein Sozialsystem, kann der einzelne Mensch nicht überleben. Ohne Berücksichtigung auf seine eigene Psyche kann der einzelne Mensch nicht überleben. Aus der Geschichte des Lebens wissen wir, dass der Prozess der Evolution auch immer all diejenigen Lebensformen ausgelöscht hat, die irgendwann zu dumm geworden sind, weil sie den Bezug zu ihrer Umwelt verloren haben. Könnte das auch irgendwann auf uns zutreffen? Heute setzen wir alles daran, uns selbst immer weiter zu verdummen, um letztlich Dummheit für Fortschritt und gelungenes Handeln zu halten.

WÜRMER UND KREBSE AUF ABWEGEN

Lebewesen können sich auch entgegen des ökologischen Prinzips entwickeln. So haben bodenlebende Würmer, die ein reichhaltiges Verhaltensrepertoire entwickelt haben, sich in eine seltsame, den Darwinismus widersprechende Weise entwickeln können. Auf dem Boden, auf dem sie lebten, mussten sie einst Nahrung finden, sich vor Fressfeinden wappnen, einen Partner finden, sich im Boden eingraben können, sich möglichst lange feucht halten und bei der Ablage ihrer Eier einen feuchten Untergrund finden. Dafür entwickelte dieser Wurm ein Wurmgehirn, ein Oberschlundganglion. Plötzlich aber haben sich einige von diesen Würmern, schlau wie sie waren, eine Welt erschlossen, ein Wurmparadies - den Darm von Säugetieren. Auf diese Weise entstand der Bandwurm. Dieser Aufbruch in das Schlaraffenland der Würmer hatte zur Folge, dass sich ihr Gehirn komplett zurückentwickelt hatte. Sie brauchten es nicht mehr.

Ein weiteres Beispiel zeigt der Namensgeber für eine rückwärts gerichtete Evolution, der Sacculinisierung. Der Krebs, *Sacculina carcini*. Er, frisch aus dem Ei geschlüpft, Besitzer eines Zentralnervensystems, also eines Gehirns, hat nichts anderes zu tun, als seinen Wirt, die Strandkrabbe *Carcinides maenas* aufzusuchen und sich sehr gezielt an dessen Unterseite, zwischen Kopf und Schwanz, einzubohren. »Sowie dies gelungen ist«, schreibt KONRAD LORENZ in *Der Abbau des Menschlichen*, »wachsen aus dem Vorderende des Krebschen strukturlose Schläuche in den Körper des Wirtes, den sie durchdringen wie das Mycel eines Pilzes seinen Nährboden. Auge, Extremitäten und Nervensystem des Parasiten verschwinden völlig; er wächst an der Außenseite des Wirtes zu einer riesenhaften Geschlechtsdrüse aus, die an größeren Krabben Kirschgröße erreichen kann.«
Bequemlichkeit, darauf will ich hinaus, ist zwar angenehm, aber sie darf nicht ein Dauerzustand werden; der wäre nicht ohne einen Rückschritt zu erleiden, in Kauf zu nehmen. Für uns Menschen heißt dies, dass wir aufpassen müssen, dass uns nicht auf Dauer unsere Ressourcen einschlafen, die Potenzialentfaltung verkümmert und damit die Bewältigung der Lebensprobleme als Fremdwort erscheint.
Aufklärung bedeutet auch, sich seiner gesamten Fülle an Ressourcen vertraut zu werden und Potenzial zu entwickeln, sich auch immer gut über die Verhältnisse zu informieren, in denen man lebt, damit man immer auch die richtigen Entscheidungen treffen kann, die zu einer gewissenhaften Lebensplanung dazugehören. Sich dabei mit vorgefassten Realitätsbildern, mit vordefinierten Wahrheiten und mit einer vorgekauten Wirklichkeit möglichst bequem zu harmonieren, wird uns vergessen machen, dass vor dem Darm der Magen existiert und das sich um den Krebs herum das unendliche Meer an Möglichkeiten ergießt. Es wachsen Generationen heran, zum ersten Mal in der Geschichte der Menschheit, die sich nur noch wenig abzumühen brauchen und die sich an dieses wenige Abmühen so sehr angepasst haben, dass sie es zu ihren Rechten erklärt haben, sich auch weiterhin wenig abzumühen. Dass das Leben leichter wird, dagegen kann nur schwer irgendjemand etwas vorbringen. Doch dass der Mensch damit sein gesamtes Wesen miteinschließt,

ist etwas, dass wir aus guten Gründen verhindern sollten. Um lebensfähig zu bleiben, braucht es eben Probleme, an denen man wächst. Schafft man diesen Problemlösungsprozess im Leben ab, dann wird sich der Mensch rückwärts gerichtet entwickeln und sein Schlaraffenland wird immer noch groteskere Formen annehmen. Das Lob, das der Ichstärke gebührt, ist ein Loben auf die Fähigkeiten, Lösungsmuster für die unterschiedlichsten Konfliktprobleme im Laufe des Lebens zu erlernen. Wollen wir unsere Hirnleistungen beibehalten und steigern, dann werden wir uns gegen all die *sinnlosen* und *unsinnigen* Formen der Bequemlichkeit aussprechen müssen, die uns die Industrie in so wunderbarer und vielfältiger Weise immer wieder aufs Neue anbietet. Dieser Entwicklung, die kein gutes Ende nehmen wird, muss die Politik die Stirn bieten, will sie ehrlich sein mit ihren Rufen nach Ressourcen und Potenzial in Ausbildung, Pädagogik und Arbeitswelt. Doch ist ihr am Wichtigsten, dass eben die Wirtschaft wächst und damit der Konsum von unsinnigen Bedürfnisszenarien.

Aber auch an jeden Einzelnen gerichtet sollte gelten: Vertraue nicht auf andere, denn andere gehen mit dir nur immer ihre eigenen Wege, und wenn sie dich nicht mehr für ihre Ziele benötigen, werden sie dich loswerden wollen. *Höre auf zu nehmen, was im Angebot ist. Sei du dir dein eigenes Angebot.* Erschaffe dir deine Welt und werde nicht Teil einer Welt, die nicht die ist, die du dir von Kindesbeinen an ersehnt hast. »Folge niemand, sei du selbst«.

BEWÄLTIGUNGSKOMPETENZ

Wenn wir in die Enge getrieben werden, sei es mental oder körperlich, dann setzt sich immer die Kompetenz durch, die wir in unserem *Stammhirn* besitzen: Flucht, Erstarren oder Angriff. Das sind sozusagen unsere archaischen Grundkompetenzen, die wir alle besitzen. Werden diese archaischen Kompetenzen dominant und lebensführend eingesetzt, dann entwickeln wir keinerlei Coping-Fähigkeiten im Umgang mit unseren Mitmenschen. Im Notfall sind diese alten Programme gut. Doch wer entscheidet darüber, ob der Notfall eintritt? Die Häufigkeit seines Gebrauchs. Sie entscheidet darüber, ob

ich mich auf die alten Muster oder auf neue Muster zur Bewältigung von Konflikten einlasse. Betrachten wir unser Gehirn als ein Haus, so befinden sich die archaischen Konzepte im Kellergeschoss. Was aber passiert, wenn das Kellergeschoss plötzlich und auf lange Sicht das Sagen über das ganze Haus bekommt? Wäre es nicht wichtig, zu erlernen, dass das Obergeschoss das Sagen über alle weiteren Geschosse bekommt? Differenzierte und komplexe Bewältigungsstrategien zu erlernen sind anstrengend, weil sie dem Kellergeschoss anfangs ständig das Zepter entreißen müssen. Doch auch hierbei gilt, *wenn ich das häufig trainiere, dann entstehen in meinem Gehirn nutzungsabhängige Muster, die mein Verhalten immer leichter und stärker machen werden und ich muss nicht mehr andauernd gegen mein Kellergeschoss ankämpfen.* Um solche Strategien jedoch auch zu erlernen, muss man die alten Strategien erst einmal dagegen halten können: *Sind die neuen Muster besser als die Alten?* Wenn ich aber ein Mensch bin, der sich nicht weiterentwickelt, dann werde ich die Sinnlosigkeit solcher Strategien propagieren und rechtfertigen. Änderungen des Coping-Apparates gehen also immer auch mit Änderungen der eigenen Lebensführung einher. Bleibt sie stets gleich, verteidigt jemand nur den Bestand, dann schneidet er sich auch immer gleich von Veränderungskonzepten und dem Bemühen ab, Auswege frühzeitig angehen zu wollen.
Gewalttäter sind zweikampfverliebte Konfliktlösungsfetischisten. Sie von einem anderen Weg zu überzeugen hieße, ihnen eine bessere Lösung anzubieten, als es der Zweikampf und seine Methoden sind. Sie dazu zu bringen, dass sie ihre Potenzialentfaltung loben und ihre vielfältigen Ressourcen überhaupt als eine Strategie zur Steigerung ihrer Lebensqualität zu akzeptieren, braucht es ein Aufgeben ihrer Zweikampfhaltungen. Sie sind das Epizentrum ihrer Desorientiertheit. Es ist nicht, wie heute in Mode gekommen, die Aggressivität der Bauplan der Täter! Wenn Kinder und Jugendliche unter Bedingungen aufwachsen, wo zerstörerisch aggressives Verhalten so ausgeübt, vermittelt und wahrgenommen wird, als wäre es erfolgreich, so bilden sich im Gehirn des Kindes und weiter beim Jugendlichen und jungen Erwachsenen festgefahrene Strategien, die von Zweikampfhaltungen dominiert werden. Denn genau das

haben sie erfahren: Den Zweikampf, bei dem sie stets verloren haben, weil er über zerstörerische und machtvolle Aggressivität erzieherisch vermittelt und damit gebildet wurde. Das Gehirn von Kindern setzt immer nur die Nervennetze zusammen, die am häufigsten über die Sinneswahrnehmung befeuert werden. Biologisch betrachtet ist es so, dass solche Kinder ganz besonders empfänglich für Zweikampfbedingungen werden. Sie verstehen ihr Verhalten als einen Selektionsvorteil im Umgang mit ihren Mitmenschen. Zweikampfstrategien und Zweikampfhaltungen werden von den höheren Hirnstrukturen übernommen und dominieren auch die Fähigkeiten, die im Stirnhirn zu Coping-Fähigkeiten angeknüpft werden. Oft unterdrückt dies dann die Ausbildung von Moral oder ethischem Bewusstsein. Man spricht hier auch von einer ›Prädisposition‹, weil alle Hirnschichten im Sinne der verfestigten Zweikampfhaltungen auf alle weiteren Areale dominierend ausgeweitet werden. Gewalttäter nehmen eine aggressive Umwelt nicht nur viel deutlicher wahr, sondern sie nehmen Gewalt ganz besonders auf und lassen sich von ihr magnetisch anziehen. Kinder die mit Gewaltvorbildern groß werden, messen zerstörerischer Aggressivität eine erheblich höhere Bedeutung zu, als kreativ konstruktiver Aggressivität. Sie meiden ihre Fantasie, ihre Ideen, ihre komplexeren Fähigkeiten und verknüpfen sie auch nicht miteinander, weil sie darin ihre Ichschwäche wahrnehmen. Sie sind ja nach ihrer Wahrnehmung stark, betonen den Körper und die Ehre. Nimmt man ihnen abrupt diese vermeintliche Stärke weg, dann brechen sie eher zusammen. Die Kunst besteht nun darin, ihnen im Vergleich zu ihrer vermeintlichen Stärke aufzeigen zu können, dass sie etwas viel Stärkeres bekommen können. *Dies müssen sie erleben und vorgezeigt bekommen.* Es nützt nichts, sie zu irgendetwas zu überreden, eher sollte man zusammen mit ihnen die für sie wichtige Erfahrung erlebbar machen. Und genau hierin liegt auch das Unbehagen versteckt, das vor allem die meisten Sozialarbeiter, Pädagogen und Psychologen haben; sie wissen nämlich nicht, wie sie Gewalttäter dazu bringen können, genau eine solche einschneidende Erfahrung zu machen. Hier prallen nämlich zwei Bewältigungsmuster im Jugendlichen aufeinander, die oft unterschätzt werden: *Die Angst und der Konflikt.* Wie bewältigen sie

dies beide, ohne dabei ihr Gesicht zu verlieren? Nur indem der Therapeut sie zu einer neuen Erfahrung einlädt und sie diese Erfahrung gemeinsam *aktiv* bewältigen.
Gewaltkompetenz erlangt man, indem Gewalt als eine schon früh gebahnte Bewältigungsstrategie entwickelt wurde und diese durch den eigenen wiederholten Gebrauch erhärtet und verfestigt wird. Wenn ein Therapeut oder Trainer eine geeignete Strategie besitzt, die er der verhärteten und gebahnten Zweikampfhaltung entgegen bringen kann, dann dauert es trotzdem zwischen einem und zwei Jahren, bis der Gewalttäter neu gebahnte Bewältigungsstrategien in seinem Gehirn verankert hat. So lange sollte er die neuen Bewältigungsstrategien in entsprechenden Bewältigungsszenarien trainieren. Man wird die Haltungen nicht so schnell wieder los, denn eine (maladaptive) Bewältigungsstrategie, wird man nicht in ein paar Wochen los. Man sollte mit Gewalttätern gemeinsam deren Ressourcen stärken. Der größte und auch schnellste Erfolg, den Therapeut und Täter in der Therapie haben können, ist, wenn man mit dem Täter eine Bewältigungssituation herbeiführt, in der er bisher nur mit Gewalt geantwortet hat. Ihm hierbei jetzt eine neue Strategie (Deeskalation als *Lehre vom Überwinden des Zweikampfs*) nicht nur anzubieten, sondern ihn dabei auch erfahren zu lassen, dass er selbst merkt, dass sie besser ist, als seine bisherige Strategie, wäre die beste Lösung für ihn. Dadurch bekäme auch die Therapie einen großen Schub nach vorne, sodass sich das Selbstvertrauen zur Handhabung der neuen Strategie in Bedeutsamkeit für den Täter wandelt und er Freude dabei empfindet, diese anzuwenden. Voraussetzung dafür ist allerdings, dass man gemeinsam mit ihm alle ihm in den Sinn kommenden Zweikampfmöglichkeiten durchgeht *und die Täter dabei selbst auf die Lösungen kommen lässt.* Sie entwickeln dadurch einen sehr starken Willen, sich davon dann auch leiten zu lassen und erkennen dabei, dass sie sich selbst ihr stärkster Feind sind. Im Vergleich zu ähnlichen Trainings in Schulen habe ich im Vollzug immer erlebt, dass die Insassen die Übungen zur Verfestigung ihrer neuen Haltungen durchaus vier Stunden am Stück üben können und dass ihnen selbst weitere Übungen einfallen, die sie dann voller Stolz vorzeigen. Oft fragen sie mich dann, ob sie ein sol-

ches Training nicht mehrmals in der Woche durchführen könnten. In Schulen habe ich einen so hohen Eifer nur vereinzelnd erlebt. Ich vermute, weil solchen Schülern die Konsequenzen ihres Verhaltens überhaupt nicht bewusst sind. Daher sehen sie im Wandel ihrer Haltungen auch keine Notwendigkeit. Man könnte hier nun argumentieren, dass sie Deeskalation deswegen nicht annehmen können, weil die Schule heute ein gewalttätiger Ort ist. Aber das kann nicht stimmen. Im Vollzug herrscht erheblich mehr Gewalt und doch wollen sehr viele Insassen diese überwinden.

Die Aufgabe der Therapie oder des Trainings ist, dem Täter in seinem Ohnmachtsgefühl, ein Gefühl zu vermitteln, besser mit diesem Ohnmachtsgefühl umgehen zu können. Wenn er dabei in das neue Bewältigungsmuster findet, bekommt er somit viel Eifer und Lust, es immer wieder zu tun. Hier nun, an seinem Willen, seine Bewältigungskompetenz zu steigern und ihn in die dafür benötigten Haltungen zu begleiten, wäre eine optimale Therapie: Die Lehre vom Überwinden des Zweikampfungeistes im Menschen. Der Wert, Konfliktfähigkeit über entsprechende Situationen einzutrainieren, kann gar nicht hoch genug geschätzt werden. Leider gibt es derzeit nur sehr wenige Therapeuten oder Trainer, die sich mit dieser Kompetenz selbst ausstatten und sie anwenden. Alle Versuche, den Gewalttäter ohne diese emotionale Aktivierung seiner Ohnmacht und sich allein auf kognitive Stile zu verlassen, sind ziemlich nutzlos. *Gewaltverhalten hat seinen Ursprung in den Haltungen zur Gewalt und nicht am Ausüben der Gewalt selbst.* Dies ist ein Missverständnis, dem der Mangel an Wissen über die Psychologie der Gewalt in Pädagogik, Sozialarbeit und Justiz anhaftet. Zu meinen, man wolle die Gewalt nicht, kann nur bedeuten, sie - die Gewalt, aus dem Menschen herauszuholen. Alle Strategien der Gewaltprävention, die das nicht verstehen, werden auch keinen Erfolg haben können. ***Alle Gewalthaltungen sind dem Gewaltverhalten übergeordnete Geisteshaltungen zur Angstbewältigung.*** Wer aber die Angst bewältigen will, der muss in sich Sicherheit aufbauen. Also ein Konzept, dass die Angst herunterfahren lässt und der Situation Bewältigungskompetenz entgegenbringen kann. Ein typisches Beispiel, keine Bewältigungsstrategie erlernt zu haben ist MIKE TYSON, der zwar im

Ring nach Regeln boxen kann. Doch wenn eine nicht zu bewältigende Situation, beispielsweise ein Boxkampf gegen EVANDER HOLYFIELD kommt, dann wird dennoch auf die sehr früh gebahnten Bewältigungsstrategien zurückgegriffen. Und EVANDER HOLYFIELD wird dann mal einen Teil seines Ohres abgebissen. Oder der französische Nationalspieler ZINÉDINE ZIDANE, der bei der Fußball-WM 2006 im Endspiel den italienischen Spieler MARCO MATERAZZI mit einem Kopfstoß gegen die Brust zu Boden stieß. Lernt ein Mensch, der gerne zuschlägt, nicht, dass es auch andere Wege gibt, sich den eigenen Problemen zu stellen, dann wird sich genau dass zu seiner Bewältigungskompetenz entwickeln, was von unten nach oben im Gehirn dominiert: So wird der Feldwebel zum General im Gehirn und das Böse im Menschen setzt sich dem guten Willen gegenüber immer durch. Solange das alte emotionale Muster in der Konfliktsituation nicht zum Vorschein kommt, solange glaubt man, dass derjenige es auch nicht mehr braucht. Er ist ja ganz nett, zugänglich und verfügt über ein ansprechendes Charisma. Kommt aber das alte emotionale Muster hoch, dann entscheidet sich, was tatsächlich oder ganz prinzipiell neu erlernt wurde.

Aus diesem Wissen heraus lässt sich erahnen, dass das, was landläufig als Antigewalttraining bezeichnet wird, gar nicht das berücksichtigt, was wir hier beschrieben haben: Die ›Zweikampfhaltungen‹ im Kopf des Täters zu verändern. Denn dies hieße, dass man endlich auch einmal das ernst nehmen müsste, was Deeskalation ist, nämlich nach Möglichkeiten zu suchen, einen Weg aus der Gewalt heraus anwendbar zu machen. Schauen wir uns nun an, was dies beinhalten sollte.

DEESKALATION 2.0
KÄMPFE ÜBERWINDEN

»Einen Menschen mit seinem Schatten zu konfrontieren heißt, ihm sein Licht zu zeigen.« CARL GUSTAV JUNG

»Die Gegenkraft ist nicht der Feind der Kraft«. HANS PETER DÜRR

»Der Feind versteckt sich dort, wo wir ihn am Wenigsten vermuten.« JULIUS CÄSAR

»Du bist nicht auf der Erde, um unglücklich zu werden. Doch Glück ist allein der innere Friede. Lerne ihn zu finden. Du kannst es. Überwinde dich selbst und Du wirst die Welt überwinden.« BUDDHA

Deeskalation kann uns neue Möglichkeiten eröffnen und uns aufzeigen, was wir bisher auf unseren Wegen in den Kampf alles übersehen haben. Sie bietet dazu eine praxisbezogene Alternative an, die bislang als *nicht möglich* galt. Hierbei ist es von fundamentaler Bedeutung, Deeskalation nicht nur als eine Deeskalationshandlung im klassischen Sinne zu verstehen, sondern, Deeskalation als einen *Eingriff in ein System sich bedingender Reaktionsmuster* zu verstehen, die über Angst und Verdrängung Gewalt als Motiv der Bewältigung bloßstellt. Dieses System versucht, über den Eskalierer Eskalationen zu maximieren. Beide, Eskalierer und Deeskalierer handeln in der Gewaltsituation stark gefühlsbetont. Doch die Verantwortung des Deeskalierers besteht darin, dem System die Entfaltung von Gewalt übertragenden Mitteln zu nehmen. Wir nehmen im folgenden Text beide Seiten, den Eskalierer und den Deeskalierer genauestens unter die Lupe und werden verstehen lernen, dass Deeskalation *der Beseitigung der in einem System sich entfaltbaren Gewaltmöglichkeiten* dient und nicht, wie noch immer angewendet wird, der alleinigen Abwehr der Eskalationsgewalt des Eskalierers dienen sollte. Wir werden feststellen, dass eine Abwehr von Gewalt die Aufgabe von Selbstverteidigung ist und dass Selbstverteidigung keine Deeskalation darstellt, noch sein kann.

GEWALT GEWALTLOS BEWÄLTIGEN

Abwehrhandlungen von Gewalt entspringen der Abwehr durch ›Angsthaltungen‹ und werden von den dafür in unserem Gehirn vorhandenen neuronalen Systemen mit Verhalten besetzt. Das läuft vollkommen unwillkürlich in uns ab und lässt uns daher stets in ein Verhalten abrutschen, dass wir den Zweikampf nennen. Zu ihm bindet unser jeweiliges Verhalten dann stark emotionale Haltungen ein, die die Abwehr von Angsthandlungen über Affekte unterstützen. Diese stark emotionalen ›Haltungen‹ und ›Handlungen‹ setzen sich nach ihrer Häufigkeit des Ausführens - die mit zunehmender Befeuerung in unserem Gehirn zu Nervennetzwerken heranwachsen, zusammen, und dominieren dann unser Verhalten zur Abwehr von Gewalt. »Nicht mein Verstand bestimmt Handlungen für oder gegen etwas, sondern die Häufigkeit meiner Entscheidungen für oder gegen etwas zu handeln bestimmen meine inneren Haltungen und unwillkürlichen Handlungen auf Dauer, durch die dann Haltungs- und Handlungsdominanz entstehen.« So entsteht der Kampf als Haltung zu Konflikten aller Art und setzt sich als Zweikampfhaltung im Kopf fest. Dadurch erst werden Rechtfertigungsgründe gefunden und Legitimationsstrategien für die darauf folgenden Handlungen entworfen. Unser Gehirn lässt unserem Ich die Botschaft zukommen: ›So ist es richtig - und gedacht hast du nie anders!‹ Dieser Prozess findet in jedem Gehirn statt und Biologen nennen ihn Selbstorganisation. Das Gehirn ist ein sich selbst organisierendes Organ und bildet in seinem Ich ständig solche Botschaften ab, sodass jeder von uns zu jeder Zeit von sich und seinen Rechtfertigungen überzeugt ist (Infallibilität).
Jeder Mensch geht davon aus, dass er stets zu jeder Zeit und in allen Situationen richtig handelt. Und da viele Gruppen tradiertes Verhalten als bewusstes Vernunfthandeln übersetzen und dieses dann für absolut halten, ist es äußerst schwierig, bei ihnen Gehör zu finden.

Denn machten wir uns selbst zu unseren Beobachtern, wechselten wir also unsere Perspektive zu uns selbst, so fällt auf, dass Gutmenschen wie auch Gewalttäter über das gleiche Gehirn mit den gleichen selbstorganisierenden Möglichkeiten verfügen. Die Frage, *was erzeugt in uns den Zweikampf, wie entstehen Konflikte aus hirntechnischer Sicht* oder *warum fühlt sich jemand wann und wie bedroht,* sind Fragen, die dadurch in einem anderen Licht betrachtet werden können. Stellen wir uns diese Fragen aus der Sicht eines Beobachters, dann blicken wir auf das, was wir bislang alles übersehen haben - das ist der Unterschied. Wir sollten nicht nur nach etwas suchen, was wir noch nicht sehen können, sondern, wir können auch das finden, was wir bisher bei unserer Suche nach Neuem alles übersehen haben. Und genau das haben wir in der Selbstverteidigung *und* der Deeskalation getan: Wir übersahen wichtige Möglichkeiten und Potenziale darin, die sich einem eröffnen, sobald man beide systemisch betrachtet und beobachtet, was dort wie abläuft.
In der Selbstverteidigung haben wir unterschiedlichste Entscheidungsgrundlagen für ein selbst kontrolliertes Verhalten im Kampf gefällt und haben diese über das Effektivitätsprinzip mit Haltungen und Handlungen besetzt. In der Praxis zur Deeskalation genügt dieser Blick jedoch nicht, da er Handlungen über Angst- und Abwehrhaltungen stark eingrenzt und fremdbestimmt wirken lässt. Es ist von ebenso großer Wichtigkeit, die Handlungen des Deeskalierers zu untersuchen, inwiefern er seine Haltungen und Handlungen vom Gewalttäter emotional einfärben lässt und dadurch zu sehr selbstverteidigend einwirken will. Was dann den Konflikt verschärft, doch Deeskalation will das Gegenteil erreichen. Die entscheidende Frage lautet: Was *will* Deeskalation leisten, und: Was *kann* der Deeskalierer leisten?
Deeskalation bindet das Verhalten immer an ein Geschehen, das versucht ist, Gewalt *direkt* zu übertragen.
Was aber ist Deeskalation und was gibt es vor zu können?
Die Frage, die sich daran anschließt und von so gut wie Niemanden gestellt wird, ist: »Von welcher Eskalation ›De‹ denn nun wirklich wegführen soll!?« *Von der Gewalt des Gewalttäters oder von der Gewalt des Deeskalierers oder gar von der Gewalt beider?* Das ist

die Gretchenfrage im Zusammenhang von Deeskalation, denn seine Beantwortung gibt sein Handeln erst vor. Die Antwort ist: *von der Gewalt beider.* Denn wenn Deeskalation ein Verhalten bestimmen soll, das von der Gewalt weg weist, dann folgt daraus auch, dass Deeskalation den Versuch unternehmen sollte, die Unversehrtheiten beider zu schützen und zu wahren. Der Grad der Eskalation bestimmt oftmals auch die Antwort, also die Handlungen des Deeskalierers. Und diese Antwort spiegelt zum einen das jeweilige Praxiswissen der erlernten Deeskalationsfähigkeiten wider, zum Anderen das noch selbst vorhandene Vermögen, Eskalation, also Gewalt, in die Deeskalation mit einzubinden.

Natürlich verknüpfen wir gedanklich den Begriff der Deeskalation auch damit, dass Deeskalation sich ausschließlich gegen den Eskalierer und gegen das von ihm angestrebte Gewaltverhalten richtet. Dies sind die wesentlichen Argumente, unter denen viele Deeskalation verstehen und auch vermittelt bekommen. Dem systemischen Ansatz genügt dies jedoch nicht.

Was oftmals bei der Deeskalation übersehen wird, ist, dass vor einer Handlung die gelingen will, auch immer eine Haltung stehen sollte. Wenn wir eine innere Haltung zur Handlung anbieten wollen, dann entsteht eine geistreiche Handlung. Diese Definition bestimmt, dass auch der Deeskalierer seine Aggressivität und Gewaltbereitschaft, seinen Konfliktgeist kennenlernen sollte und keinerlei Kampfszenario aus der Deeskalation hervorbrechen lassen darf. Weder aus seiner Tätigkeit, noch als Antwort auf das Gewaltverhalten des Eskalierers. Das ist der Unterschied: Viele Selbstverteidigungsexperten haben keine innere Haltung zur Deeskalation entwickelt, wohl aber eine zur Selbstverteidigung. Daher bieten sie oftmals eine leicht abgespeckte Version der Selbstverteidigung an, die im Sinne ihrer Haltungen zur Selbstverteidigung Deeskalation bestimmt.

Fokussiere ich all mein Deeskalationsverhalten allein auf das mir entgegengebrachte Gewaltverhalten des Eskalierers, und zwar unabhängig davon, ob psychische und physische Gewalt abgewehrt werden muss, dann kann auch gewöhnliche Selbstverteidigung Deeskalation sein. Denn Selbstverteidigung betrachtet ausschließlich die eigenen *Legitimationshandlungen zur Verteidigung* als Grund, nur sich selbst vor dem Eskalierer und *dessen* Gewaltverhalten zu schützen; dies liegt an den eingeprägten Haltungen, zu denen Selbstverteidigung Handlungen anbietet und dementsprechend dann eingeübt wird. Sofern ein Selbstverteidiger seine Verteidigungsabsichten im Sinne der Notwehr ausübt, kann es ihm egal sein, ob der Eskalierer am Ende der Auseinandersetzung körperlichen Schaden davonträgt. Selbstverteidigung setzt auf Impulseinwirken empfindlicher Stellen am Körper des Eskalierers und einer schnellen Abfolge solcher Technikkombinationen - Effektivitätsprinzip in der Selbstverteidigung. Dies stellt jedoch aus Sicht der Deeskalation eine Eingrenzung der Determiniertheit durch eine zu enge Sichtweise dar. Was wir also in der Deeskalation benötigen, das sind andere Haltungen zur Abwehr von Gewalthandlungen. Dies kann nicht im Zweikampf gelingen. Die Haltungen des Selbstverteidigers beziehen sich aber, völlig zu Recht, auf Zweikampfeffektivität.

Selbstverteidigung ist die hohe Kunst der Zweikampfkenntnis. Deeskalation ist die Lehre vom Überwinden des Zweikampfs. Beiden liegen Haltungen und Handlungen zugrunde, die unterschiedlicher gar nicht sein können.

Was unterscheidet dann aber Selbstverteidigung von Deeskalation und Deeskalation von Selbstverteidigung? Denn Selbstverteidigung definiert ihre Notwehrhandlungen aus der Begrenztheit der Unmittelbarkeit, was heißt, dass Selbstverteidigung aus der unmittelbaren Handlung des Eskalierers heraus einwirken soll. Sie sieht bloß die Faust als Gewalteinwirken und unmittelbare Verletzung der eigenen Unversehrtheit und macht dann *kurzen Prozess* mit dem Eskalierer. Was in der Selbstverteidigung richtig und logisch ist, das kann in der Deeskalation völlig falsch sein, weil beide unterschiedliche Ziele verfolgen. Setzen wir als Deeskalations*haltung* eine Handlung *von der Gewalt weg* als Grundbedingung unseres Handelns ein, dann können wir keineswegs unmittelbar aus dieser beengten Perspektive heraus handeln. Denn Deeskalation ist keine Notwehrhandlung, noch setzt Deeskalation eine Notwehrsituation zum Handeln voraus; Selbstverteidigung hingegen schon, weswegen Selbstverteidi-

gung Haltungen und Handlungen *in die Gewalt hinein* als ein Angriffs- oder Verteidigungsprinzip betrachtet, aus denen heraus sie ihre Effektivität definiert. Betrachten wir dies als Gesamtverhalten oder Gesamtszenario, so können wir nicht übersehen, dass schon die Anfangsbedingungen von Deeskalation und Selbstverteidigung in ihren Gegensätzen zur Abwehr und damit im Umgang von Gewalt bestehen. Handlungen, die von der Gewalt wegführen sollen, liegen ganz anderen kognitiven Prozessen im Gehirn und der Psyche - in der emotionalen Bewertung der Situation, zu Grunde, als Handlungen in die Gewalt hinein, um dabei über Zweikampfeffektivität den Gegner zu besiegen.
Wenden wir ein solches Deeskalationsverhalten an, dann kann Deeskalation nur ein Verhalten vorgeben, das den Deeskalierer von der Entfaltung dieser im Gesamtsystem aufkommenden Eskalationsbedingtheit wegführt; somit, *und nur somit*, wäre Deeskalation dann ein von Eskalation *an sich* wegweisendes Verhalten. Selbstverteidigung hingegen zeichnet sich dadurch aus, dass sie genau dagegen ihr Handeln vorgibt. Ich gehe hier so ausführlich gerade auf die Unterschiede von Deeskalation und Selbstverteidigung ein, da sich dies alles noch längst nicht bei allen herumgesprochen hat, die qualifizierte oder zertifizierte Maßnahmen zur Deeskalation anbieten. In der großen Mehrheit werden Haltungen zur Selbstverteidigung als Deeskalationstrainings angeboten und noch immer nicht verstanden, dass Deeskalation Handlungen beinhaltet, die von einer Eskalation wegweisen sollen; damit ist auch gemeint, dass Eskalationshandlungen a priori gar keine Deeskalation sein können.
In der Selbstverteidigung gehen wir in die Gewaltabsichten des Eskalierers hinein, vereiteln diese durch ein gezieltes Verteidigungskönnen und schlagen schnell, effektiv und mit hoher Impulskraft und möglichst schneller Impulsfolge auf den Eskalierer ein, damit er von seinem Tun ablässt. Im besten Fall sind Selbstverteidigung und Deeskalation zwei Seiten ein und derselben Medaille. Denn beiden liegen der Selbsterhalt und die Unversehrtheit zugrunde - das dürfen wir auch bei bester Deeskalation nicht vergessen. In der Deeskalation liegt die Kunst darin, die Gewalthandlungen so zu steuern, dass ihnen keinerlei Kampfhandlungen möglich gemacht werden.

Kampf ist bloß Mittel zur Übertragung von Gewalt. Und dies bedeutet, im Gegensatz zur Selbstverteidigung, dass bei allen Handlungen zur Deeskalation die Impulsenergie dafür genutzt werden sollte, aus dem aufgezwungenen Gewaltübertragungswillen des Eskalierers heraus zu kommen. Nach genau diesem Prinzip entwickelt systemische Deeskalation seine Techniken. Dies kann jedoch nur gelingen, wenn der Deeskalierer den Zweikampf überwindet, also den Zweikampf daran hindert, sich während der Deeskalation zu entfalten. Was einer mentalen Positionierung und Grundhaltung zum Nichtkampf entspricht. Man unternimmt also alles, um dem Zweikampf seine Entfaltungsmöglichkeiten zu nehmen. Dies nenne ich das ›Minimalisierungsprinzip von Gewalt‹, oder, das ›Effektivitätsprinzip der Deeskalation‹. Ihnen liegen die inneren Haltungen zugrunde, Deeskalation im gesamten Eigenverhalten zu optimieren - *Nichtkampfkunst.*
Ein solches Vorgehen kann auch als *die Kunst der Deeskalation* betrachtet werden, als eine Nichtkampfkunst. Ihr liegt ein Verhalten zugrunde, das ein Überwinden im Denken, Fühlen, Handeln und Anwenden von Kampf, sowie den dazugehörigen Taktiken innewohnt. Ihre Leitidee ist: ›Die Lehre vom Überwinden des Zweikampfs‹. Dieses Überwinden wird ebenfalls systemisch interpretiert. Man soll *a)* den Zweikampfaufforderungen des Eskalierers niemals folge leisten, und *b),* man soll seinem eigenen Zweikampfgeist nicht nachgeben. Der Nichtkampfweg produziert die dafür nötigen inneren Haltungen dazu, Handlungen zur Deeskalation aus sich selbst heraus entstehen zu lassen. Der Nichtkampfweg ist ein Lebensweg, der die eigenen Konflikte kampflos zu bewältigen lehrt und dadurch die inneren Ressourcen und die dazugehörige Potenzialentfaltung mobilisiert, die durch den Kampfwillen nur eingeschränkt nutzbar sind. Wer gegen Eskalationen Deeskalationen anwendet, der wird gezwungen sein, ein Verhalten zu erlernen, *von der Gewalt des Eskalierers* und auch *von seinem eigenen Gewaltwillen weg zu kommen.* Ein solches Verhalten kann nicht in einem Zweikampf stattfinden, noch kann es seine Legitimations- und Bewältigungsstrategien als ein Geschehen *im* Zweikampf selbst geben. Dies sind die wesentlichen Unterschiede von systemisch orientierter

Deeskalation und effektiver Selbstverteidigung. Denn Zweikampf ist vor allem Kampf und Kampf ist Ort und Raum, in denen sich Gewalt entfaltet und überträgt. Das genaue Gegenteil hingegen ist das, was Deeskalation ist: weg von der Gewalt, also weg vom Kampf. Kämpfen ist keine Deeskalation.

Gerade weil so viele ihre inneren Konfliktkämpfe nach außen tragen und andere dafür missbrauchen, benötigen wir gute Maßnahmen, die sich dafür starkmachen, Auseinandersetzungen mit sich selbst zu ermöglichen, damit die inneren Konflikte aufgelöst werden können. Nur so kann es gelingen, eine positive Haltung für die eigenen inneren Aggressionen zu erlangen, die in kreativ konstruktive Weise in positive Wirksamkeit umgestaltet werden können.

Erstes Postulat der Deeskalation:

Deeskalation nimmt *a)* den Kampfgeist ein, *b)* überwindet den Zweikampf und *c)* verhindert die Entfaltung weiterer Gewaltpotenziale beim Eskalierer *und* Deeskalierer schon zu Beginn der Gewalthandlungen.

Zweites Postulat der Deeskalation:

Deeskalation will über Eskalationen gewinnen, *sie will nicht den Eskalierer besiegen.* Denn dies hieße, dass Deeskalation sich etwas Gleichwertiges zur Selbstverteidigung suchen würde. Deeskalation besiegt Gewalt, nicht aber den Gewalttäter und ist auch nicht darum bemüht, den Täter besiegen zu wollen.

Drittes Postulat der Deeskalation:

Selbstverteidigung kann eine Randbedingung des Deeskalierens darstellen, nie aber darf sich die Idee der Selbstverteidigung in den Mittelpunkt der Deeskalation drängen. Selbstverteidigung ist nur insofern eine Randbedingung von Deeskalation, wenn die Fertigkeiten des Deeskalierers nicht ausreichen und der Gewalttäter eine gewalttätige Nothandlung beim Deeskalierer erzwingt (Notwehr).

Folgerungen:

Wer dem allem nun gerecht werden möchte, dem sei angeraten, Deeskalation nicht als Teil eines größeren Konzeptes zu betrachten, da die ganzheitliche Wirkung von Deeskalation so nicht angewendet werden kann. Sondern, Deeskalation *a)* auch als eine sportliche Tätigkeit zu akzeptieren, als eine *Bewältigungsstrategie von Ichschwäche durch Körpertherapie und Körperarbeit, b)* in der Deeskalation auch psychologische Fertigkeiten zur Kontrolltheorie zu sehen, und *c)* Deeskalation als eine systemische Handlung zu begreifen, die vor allem sozialpädagogischen und sozialpsychologischen Prinzipien genügen soll. Nur dadurch kann Deeskalation eine therapeutische Wirkung entfalten. Deeskalation sieht in seiner Kompromisslosigkeit zum Überwinden des Zweikampfs seine Effektivität. Sowie in der Selbstverteidigung der eigene Kampfgeist hochgehalten wird, so wird in der Deeskalation die Überwindung des eigenen Kampf-, Konflikt- und Zweikampfgeistes hochgehalten. Im Zweikampfgeist binden sich die inneren Haltungen zur Bewältigung der eigenen Konflikte und werden somit zur eigenen Bewältigungsstrategie gegen Problemsituationen gebahnt. Eine über lange Zeit hin antrainierte Zweikampfperfektion, modelliert und bahnt somit unbemerkt ein großes Netzwerk an sich miteinander gleichgeschalteten Nervenverbänden im Gehirn, die sich gegen einen äußeren Konfliktverursacher, nicht aber für eine Bewältigungsstrategie eines inneren Feindes starkmacht. Der innere Feind, dessen Haltungen man selbst repräsentiert, wird über eine Ellenbogen- und einer übersteigerten Wettbewerbsgesellschaft und eines permanent immer besser, weiter, höher und mehr zu besitzenden Materialismus in die Köpfe der Menschen eingetrieben. Dies bildet sich dann schleichend und völlig unbemerkt zu einem Prinzip des eigenen Fortbestehens und damit als Rechtfertigung gegenüber den eigenen Haltungen und den Angeboten, die über diese Kampfgeisthaltungen bis ins unermessliche gesteigert werden. Die dadurch entstehende Konfliktrealität nach einem stets von außen kommenden und somit zu bekämpfenden Feind ist eines der größten Missverständnisse und Übel unserer Spezies. Es ist auch Teil der Ursache dafür, dass wir im Zeitalter übermäßig angewandter *Gewalt gegen Gewalt* leben. Diese Kampftheorie hat uns blind gemacht, nach anderen Lösungen zu suchen und sie hat vieles übersehen, was wir erst heute wiederfinden und neu verstehen. Kinder und Jugendliche werden immer blinder gegenüber den Alternativen dieser konstruierten Konfliktbilder und auch immer gieriger, sich nach solchen falschen Vorbildern umzuschauen. Es ist traurige Gewissheit, dass nur die Methoden Unterstützung finden, die mit brachialen Vorteilen für sich werben, andere, kooperative oder konfliktlösende Modelle werden in Bildung und Erziehung so gut wie ausgeschlossen; aber in Sonntagsreden hochgehalten.

DEESKALATION MIT TÄTERN

Das Geheimnis des Erfolges bei erfolgreich angewendeter Deeskalation ist ›Falsifikation‹. In der Wissenschaftstheorie hat der Philosoph Sir KARL R. POPPER dieses Prinzip vorgeschlagen, um Theorien anhand ihrer Beweisbarkeit zu festigen. Bisher galt in den Wissenschaften die reine Überprüfbarkeit der Theorie, was man ›Verifikation‹ nennt. Bei der Falsifikation geht man genau anders herum vor. Man versucht mit jedem Beispiel, das man vorbringt, die Theorie zu Fall zu bringen. Gelingt dies nicht, so beweist sich die Theorie gerade dadurch als besonders sicher. Das Prinzip ist also: *Versuche Möglichkeiten für deine Deeskalation anzuwenden, mit denen du sie zu Fall bringen kannst.* Genau das habe ich mit zahlreichen Gewalttätern und Selbstverteidigungsexperten getan. Das Ergebnis war für alle Beteiligte stets verblüffend. Diskutiert man hingegen die Möglichkeiten der systemischen Deeskalation, so ist seine Wirkung das genaue Gegenteil - es wird von jedem als für unsinnig und unmöglich abgetan.
Gewalttäter kritisieren Deeskalation aufs Schärfste und wollen sie damit zu Fall bringen. Als Trainingstherapeut versuche ich deren Kritikfähigkeit *bis zum Äußerste*n anzuregen. Doch lernen sie dabei, dass jedwede Kritik nur Rechtfertigungsgrund und Legitimationsstrategie für ihren Konfliktkampfgeist sind. Sie beweisen es sich sozusagen selbst, dass sie im Unrecht sind. Denn ich gehe mit ihnen alle Möglichkeiten der Deeskalation durch und veranschauliche ihnen anhand von zahlreichen Zweikampfmöglichkeiten (Selbstverteidigung), dass der *Selbstschutz*, der *Selbsterhalt* und die *Unversehrtheit* stets mit zahlreichen Mitteln aus der Deeskalation besser verteidigt sind, als mit den Mitteln, mit denen sie meine Deeskalation zu Fall bringen möchten, der Zweikampftheorie. Dabei, und das

ist bemerkenswert, kommen sie an ihrer eigenen Logik nicht vorbei und scheitern dabei an ihrer eigenen Erfahrung, meinen Anweisungen Recht geben zu müssen. Doch das wirklich Entscheidende dabei ist, dass sie dabei auch ihr Weltbild ins Wanken bringen und anfangen, ihre Haltungen und Handlungen zur Gewalt zu hinterfragen. Hier angekommen lässt die Insassen diese Einsicht nicht mehr los. Ich habe es bisher immer im Vollzug erlebt, dass sie anfangs meinen Bemühungen sehr skeptisch und ablehnend gegenüberstehen. Für mich ist dies die beste Voraussetzung. Doch kippt diese Ablehnung von Minute zu Minute immer mehr in die Bereitschaft, sich intensiv einzubringen und mitzumachen. Am Ende eines Trainings sind sie schweißüberströmt, hochaufmerksam und wissbegierig allem Gegenüber, was mit dem Nichtkampfweg zu tun hat.

Was beim Erfahren des Nichtkampfs über *Die Lehre vom Überwinden des Zweikampfs* im Kopf des Täters passiert, kann man als ›Verlust des gewalttätigen Wertegleichgewichts‹ bezeichnen. Der Täter ist auf die Reflektion seiner Gewaltabsichten mit der Reaktion der Opfer in dem Sinne vertraut, - ja verschmolzen -, dass er vorausahnt, dass sie unbeholfen in seine Zweikampfaufforderungen stürzen; *was seine Legitimation zur Ausübung von Gewalt stärkt.* Dadurch aber, dass nun an seinen Zweikampfaufforderungen *vorbeigegangen* wird, stürzt nun der Täter in eine neue innere Wertewelt, in die er von Übung zu Übung, von Therapieminute zu Therapieminute immer weiter hineinfällt. Er öffnet jetzt die Panzerschranktür, die er sich vor seiner gewalttätigen Wertewelt aufgebaut hat und hinter der sich sein *gepanzertes Herz* verbirgt; ihm wird bewusst, dass diese neue Wertewelt ein Teil von ihm selbst ist, ja das sein gepanzertes Herz selbstständig die Panzerschranktür geöffnet hat! - und dass sein bisheriges einseitiges und gewalttätiges Begreifen der alten Wertewelt als Ganzes ihn in all die Verhaltensverhärtungen gebracht hat, die ihn letztlich bis in den Knast gebracht haben. Anfangs fühlt er sich dabei unsicher und hierbei gehe ich nun gezielt und tiefenpsychologisch auf jeden individuell ein und überzeuge sie davon, diese neue Wahrheit anzunehmen und zu erkunden. Ich stärke hierbei bei den Insassen ihren Willen und Mut, sich selbst davon zu überzeugen, diesen Teil der inneren Lebenswirklichkeit anzunehmen. Missionieren hilft hierbei nicht und führt zur schnellen Verriegelung der Panzerschranktür. Einzig die Tatkraft und Authentizität des Therapeuten ist hierbei Heilmittel und pädagogisches Geschick, die alte Wertewelt mitsamt seinen Haltungen in neue Haltungen und Wertesysteme zu überführen.

Das Seltsame ist nun, dass die Täter fast ausnahmslos auch davon überzeugt sind (Evaluation des Therapietages), dass sie nicht mit einem Therapeuten, sondern mit einem Menschen ganz besonderer Qualität und *auf gleicher Augenhöhe* den Tag verbringen durften und sie diese Trainingstherapie als festen Bestandteil beibehalten wollen. Die Verantwortung des Therapeuten ist es, dieses ganz besondere nicht als Persönlichkeitsschmeichelei anzusehen sondern darin die Verantwortung zu erkennen, dem auch weiterhin gerecht zu werden.

WIE EIN KÄMPFER ZUM NICHTKÄMPFER WIRD

»Ein Mann mag tausendmal tausend Männer in einer Schlacht besiegen, doch der größte Kämpfer ist, wer sich selbst besiegt.« BUDDHA

Beginnt man mit dem Kampftraining, so versucht man sich zu schützen oder möchte seinen Körper bewegen und vervollkommnet so seine Techniken. Man optimiert sich in zahlreichen Strategien gegen körperliche Angriffe aller Art und will dann immer und immer wieder gegen andere gewinnen. Mit der Zeit, wenn man sein Können in größerer Überlegenheit anderen Kämpfern gegenüber messen konnte, meldet sich der Verstand und lässt einen nach anderen und besseren Vorgehensweisen suchen, durch die man nicht so häufig zu kämpfen braucht. Der Verstand bringt einen immer mehr in die Richtung, dass man nach gerechteren und faireren *Kampflösungen* zu suchen beginnt. Je besonnener dabei die Suche nach *Wetteifer* und *Wettkampf, gewinnen* und *siegen* wollen, nach *Überlegenheit* und *Dominanz,* nach *sich messen* und *sich beweisen wollen* werden, desto weniger wird man dann beabsichtigen, sich im Zweikampf zu messen, um sich als Kämpfer zu optimieren - weil man immer weniger über andere siegen will. Der ganze Mensch beginnt sich jetzt in die Lage seiner vermeintlichen Gegner zu versetzen und er beginnt zu verstehen, dass die vermeintlichen Gegner die gleichen Gegner sind, wie man selbst auch für sie immer den gleichen Gegner darstellt. *Es sind die Eigenschaften eines Gegners die man benötigt, seine Feindpräsenz, damit man im Inneren die Erwartungshaltungen der Legitimität der eigenen Kampfhandlungen zu rechtfertigen erlernt.* Zum ersten Mal mag hier die Frage aufkommen, ob es denn eigentlich überhaupt einen äußeren Gegner oder Feind geben kann. Die inneren Haltungen zu einem äußeren Gegner verblassen zunehmend und an ihrer statt wächst die Einsicht, dass man auch sich selbst zum Feind hat. Man erkennt, an dieser Stelle bei sich angekommen, die Übermacht seines Konfliktkampfgeistes. Diese Begegnung mit sich selbst lässt einen von nun an nicht mehr los. Je mehr man sich in Respekt, Achtung und Mitgefühl anderen und sich selbst gegenüber übt, desto deutlicher tritt dabei das eigene ursprüngliche Wesen in das eigene Bewusstsein. Das, was einen bisher von den Anderen getrennt hat, verschwindet und die bisher so deutliche Grenze wird immer durchlässiger. Bis dort gar keine Grenze mehr für einen selbst ist. Man erkennt, dass die Konflikte mit anderen Menschen nichts anderes als ein Spiegel für die eigenen inneren Konflikte gewesen sind. Und so, wie die eigenen Konflikte mit sich und der neuen Bewusstheit erlöschen, erlöschen auch die eigenen Konflikte in einer äußeren Welt. Was bleibt ist Frieden und die schier unglaubliche Eröffnung der schon immer vorhandenen eigenen Potenziale, die sich nun wie von selbst, mit wenig Mühe, verwirklichen lassen. *Erfolg* und *nicht kämpfen* zu müssen sind vollkommen miteinander verwoben. Zu meinen, man müsse stets für den erwünschten Erfolg kämpfen, führt auf längerer Sicht zu Misserfolg; wer stets für den Erfolg kämpft, dem ist der Misserfolg auf Dauer gewiss, weil Kampfhaltungen die inneren Ressourcen nur bruchstückhaft zur Potenzialentfaltung anleiten können. Für die meisten Menschen ist diese Erkenntnis unannehmbar, weil sie über anerzogene Kampfhaltungen die eigenen Weltbilder immerfort nur innerhalb dieser Kampfglocke Zivilisation betrachten. Etwas ohne Kampf zu wollen und ohne Kampf zu bekommen, ist für solche Menschen Schwäche und Utopie, eben etwas Unmögliches; wir alle halten unsere Kampfhaltungen hoch und führen unser Leben fast ausschließlich nach ihnen

NICHTKAMPF, HEILUNG DER GEWALT

Das ist die Lehre der Kampfkünste: Besiege das Schwert, die Faust und den Willen die *dich* zum Kampf führen. Nur so wirst du die höchste Kunst des Kämpfens erlangen und nicht mehr kämpfen müssen - den Nichtkampf. Der ärgste Gegner befindet sich dort, wo du ihn am wenigsten vermutest - ***in dir selbst***, in der eigenen Haltung zur Außendarstellung der eigenen Person - *in der Wirkmächtigkeit zur ständigen Überprüfung dazu*. Besiegst du diese Selbstdarstellung, gewinnst du dich dabei ganz, vollkommen und klar. Hüte sich jeder vor dem Kampfkunst-Weg, der einem zuflüstert, man sollte immerfort siegen und besser sein wollen als alle anderen. Kampf, Zerstörung und ein übermächtiger Konfliktkampfungeist sind alles, was man dabei gewinnen wird. Der Verlust ist immens: alles was du hättest geben, erreichen und werden können wirst du so niemals erlangen.

Nach außen produzierte Kämpfe verhindern ein Wachstum nach innen hin. Daher kann Erfolg im Sinne einer Steigerung der Lebensqualität über Kampf auch nur sehr begrenzt möglich werden. Selbst in dieser Betrachtungsweise ist ein Konflikt immer auch ein Systemganzes, das in Teilen das Ganze als sich bedingende Konfliktpole betrachtet. Und genauso verfestigen sich Konfliktprobleme tatsächlich. Konflikte sind wie Perlen an einer langen Kette. Jede Perle ist ein Konflikt. Die Konfliktkette ist um mehrere Hälse oder Ereignisse geschlungen. Gibt beispielsweise ein Psychologe eine Diagnose ab, so ist, fast wie in der klassischen Deeskalation, immer nur der Klient das zu beobachtende und zu betrachtende Objekt dieser *ganzen Kette an Konfliktereignissen*. Und somit oftmals nur ein Kettenstückwerk. Daher kann eine durch eine solche Betrachtungsweise angeleitete Darlegung subjektiver Fakten oder einer Diagnose, niemals das Problem des Konflikts bloßlegen. Dies ist aber Voraussetzung dafür, dass Probleme oder Konflikte gelöst werden können. Sie sollten vom Menschen *abgelöst* werden. Deeskalation als Körperkunst sieht hier Möglichkeiten, in dem sie über Körpertechniken die Entwicklungen aller Sinnesfunktionen zum Wahrnehmen des eigenen Konfliktgeistes beim Eskalierer anregen. Vielfältige Aspekte des *Kämpfen Müssens* im Täter-Ich werden somit bloßgelegt und diese wieder auf ihn zurückgeworfen; und zwar durch eigene Handlungen zur Deeskalation. Auch die eigenen Haltungen dazu werden dem Gewalttäter dadurch plötzlich gewahr. Weil die Körpertechniken die Frage in die eigene Aufmerksamkeit rückt, »wieso habe ich denn bisher nie nach Alternativen zum Zweikampf gesucht, wenn ich doch behaupte, ich sei es der sich immer nur den Attacken eines anderen erwehren müsse?« Und eine wichtige Erkenntnis folgt: »Ich bin es, der das alles verursacht - nicht ein äußerer Feind«. Während des Deeskalationstrainings treibe ich mit Nachdruck diese Selbsterkenntnis beim Gewalttäter voran, die sie dann als unumkehrbar für sich empfinden. Über die Körpertechniken erfahren sie dies am eigenen Leib *und* Geist. Während ich das Gesamttraining abhalte, gehe ich auf jeden Einzelnen individuell ein, wobei ich mich auch eines ichkonfrontativen tiefenpsychologisch rhetorischen Stils bediene. Wird beispielsweise die Tat selbst als Ursache-Wirkungskreislauf betrachtet, so wird die Psychologie oder Therapie versagen müssen, die hier wider besseren Wissens Heilung versprechen. Sie kann nur Anstoß für eine erhöhte Aufmerksamkeit im Gewalttäter sein, dessen Aufdröseln dann in einer Intensivtherapie (Nichtkampftherapie) mit einem dafür befähigten Therapeuten eine Loslösung der bisherigen Eskalierungsabsichten zu durchbrechen hilft und Alternativangebote zum alten Verhalten dabei einzubinden versteht. *Eine Gewalttätertherapie ist eine Intensivtherapie und ihr sollte eine hohe Therapieintensität vom Therapeuten folgen.* Eine Heilung von der Gewalt kann sonst nicht auf Dauer gelingen. Sie sollte die Außendarstellung des Feindes im Inneren des Täters auflösen können. Gewalttäter kommen gewöhnlich nicht freiwillig zu einem Therapeuten, sondern, die Therapie stellt eine Maßnahme dar, zu der er überredet oder verpflichtet wird. Der Gewalttäter weiß zunächst nicht, dass sein Gewaltproblem auch die Aufbröselung seines inneren Konfliktkampfungeistes und seiner damit verbundenen Konfliktstandfestigkeit bedeutet, damit er sein Verhalten überhaupt ändern kann. Anders als bei Klienten, die freiwillig um Besserung den Willen, die Absicht und die Aufmerksamkeit dafür mitbringen, wird man den Gewalttäter zu all diesen Bereitschaften, sein Problem zu erkennen, es ändern zu wollen und sich dafür über Monate abzumühen, oftmals von Therapietag zu Therapietag neu überreden müssen. Dazu bedarf es eines feinen Fingerspitzengefühls und einer dementsprechenden Erfahrung und Kenntnis beim Therapeuten.

Deeskalation, im hier vorgestellten Sinne ist eine Bewältigungsstrategie auf hohem Niveau. Hierbei versteht der Mensch ganz intensiv und oft auch zum ersten Mal in seinem Leben, dass ihn der Kampf - der eigene Konfliktkampfungeist, auf Wege geführt hat, die zur Zerstörung der erhofften Lebensqualität führten. Diese Erkenntnis und die Erfahrungen dazu gehören auch zur Ichstärke, denn dazu führt die damit einhergehende Erkenntnis auf das eigene neue Weltbild, das sich automatisch einstellt. Dinge, die zuvor für unmöglich gehalten wurden, sind hier möglich - weil nicht die Außenbedingungen, sondern die eigenen Haltungen der Grund für den eigenen Untergang sind. Folgen wir nun dem Lob der Potenzialentfaltung.

LOB DER POTENZIALENTFALTUNG

»In diesem neuen Jahrhundert wird es die Pflicht von uns Klinikern sein, Patienten beim Erkunden neurochemischer, verhaltensgerichteter, psychischer und umweltbezogener Modifikationen anzuleiten, mit denen sie einer Krankheit gegensteuern können. Dazu ist es auch notwendig, daß wir mehr Zeit darauf verwenden, im Leben der Patienten nach positiven Potentialen zu suchen, also nach den Stärken und Begabungen, die noch nicht voll ausgeschöpft sind, und nach den verschütteten Freuden und Quellen der Zufriedenheit, die er sich bislang nie zugestanden hat. Viele Störungen sind derart beeinträchtigend, daß die Patienten nie entdecken konnten, daß sie in bestimmten Dingen besonders begabt sind und aus der Beschäftigung mit ihnen viel Genuß, Anregung und innere Zufriedenheit ziehen könnten.« JOHN J. RATEY

Im übertragenen Sinn ist unser ganzer Körper und unser ganzer Geist eine Anhäufung vielschichtigster Ressourcen. Wenn ein Mensch sich aufmacht, seine Ressourcen zu ergründen, dann versucht er herauszufinden, aus was er gemacht ist, welche Möglichkeiten damit verbunden sind und wie weit er damit in seiner Welt kommt. Erziehung ist meistens der Versuch von Eltern, ihre Kinder an ihre eigenen Gepflogenheiten anzupassen. Selten ist es ein Prozess, bei denen die Eltern die Ressourcen der Kinder ausreizen und deren Potenziale fördern. Die Ausbildung der Ressourcen beim Menschen beginnt schon mit der Befruchtung der Eizelle. Dort passen sich die übertragenen Zellen und Gene (das Genom) an das Milieu der Gebärmutter an und bilden die möglichen Ressourcen aus, aus denen dann ein Mensch entsteht. Hier kann sich schon vieles ganz anders ergeben, als im Plan vorgesehen, doch meistens verläuft alles gut. Hat der Fetus seine Sinne ausgebildet, so schärft er sie dadurch, in dem er schmeckt, riecht, hört und seinen Körper selbst wahrnimmt. Dieses vorgeburtliche Lernen formt schon hier Vorlieben, Gewöhnung und Abneigungen aus, die nach der Geburt im Verhalten des Neugeborenen Halt im Gehirn erzeugen können. Er koordiniert schon als Fetus seinen Körper, indem er beispielsweise seinen Daumen in den Mund nimmt, sich dreht oder wendet, seine Arme und Beine ausstreckt und indem er all das wahrnimmt, was sich um ihn herum abspielt. Auch schmeckt er seine Umwelt ganz genau und stellt sich dabei schon auf das Nahrungsangebot ein, dass ihn als Neugeborener erwarten wird. Schon hier entwickeln sich in ihm viele Regelsysteme, die darauf abgestimmt werden, wie er seine Umwelt wahrnimmt und was er zu sich nimmt. Auch findet eine Synchronisierung seines Gemüts mit dem der Mutter statt. Streiten sich Eltern heftig, laut und häufig miteinander, entwickelt sich im Gemüt des Fetus eine Unruhe, die sich zu einem Regelsystem entwickeln kann, dass dieses Kind zeitlebens unruhig bleiben lässt. Wächst der Fetus gesund auf, entwickelt das Neugeborene viele Ressourcen, die nun abhängig von der vorgefundenen Umwelt gefestigt, gestärkt, eingeschränkt, zerstört oder ausgebaut werden können. Lernt ein Kind sprechen, dann lernt es dies, weil die *Ressource zur Entwicklung von Spracherfassen* und das *Erlernen von Sprachlauten, Grammatik, Satzbildung und Imitation* vorhanden sind. *Einen Satz zu sprechen, ihn später auch aufschreiben zu können, ist ein Vorgang, der über das Ausbilden der Ressourcen, die vom Sprechen zum Schreiben führen, über die Veranlagung Sprechen und Schreiben zu können im Gehirn verankert sind.* Jeder Mensch macht unterschiedlichste Erfahrungen, und zwar seit seiner Zeugung, bis zur Entwicklung zum Neugeborenen, zum Kind und Minderjährigen, zum Jugendlichen und jungen Erwachsenen und schließlich bis ins hohe Alter hinein. Von der Wiege bis zur Bare hört dieser Prozess, Potenzial auszubauen, nicht auf. Es sei denn, dieser Prozess wird absichtlich durchbrochen und Ichschwäche wird kultiviert.

ICHSTÄRKE

Das, was uns Menschen wirklich von den Affen und von allen anderen Lebewesen unterscheidet, finden wir in unserem Gehirn. Es ist unser frontaler Cortex, unser Stirnhirn. Alles, was durch das Stirnhirn möglich wird, macht unsere menschliche Natur und Einzigartigkeit aus. Alle Fähigkeiten, die wir über unser Stirnhirn erwerben, liegen unseren Erfahrungen zugrunde. Nur über Erfahrungen bauen wir die vielen Ressourcen aus, die sich im Stirnhirn zu Potenzial entwickeln können.

Unser Selbstbild, unsere Ichfunktionen, alle Metarepräsentanz, alle Ziele, Orientierungen, Leitbilder, unser Verantwortungsempfinden, unsere Haltungen, unsere Empathie, alle Handlungsplanung, alle Folgenabschätzung, unsere Fähigkeit zur Motivation, zu moralischem Verhalten und unsere Impulskontrolle sowie unsere Fähigkeit zur Bewältigung von Problemen oder Konflikten. All dies wird mit unserem Stirnhirn repräsentiert und ausgeführt. Diese ganzen Fähigkeiten optimal im Alltag zu handhaben, sich darin zu trainieren und seine Potenziale auszubauen, ist das, was unsere Persönlichkeit starkmacht.

Ichstärke zu entwickeln fällt gerade vielen Jugendlichen sehr schwer, weil die Entwicklung und das Ausreifen des Stirnhirns mit der Pubertät zusammenfallen. Zum einen rüttelt die Pubertät das Gehirn kräftig durcheinander, um Ordnung zu schaffen und unnötigen Ballast abzuwerfen. Zum Anderen öffnen sich erst in der Pubertät, so um das zehnte oder zwölfte Lebensjahr, die Pforten, die das Stirnhirn stärken können, aus. Die Idee, die hinter dem Ausbilden von Ichstärke steckt, ist das Entwickeln von Selbstwirksamkeit. Selbstwirksamkeit heißt nicht nur einfach, für irgendetwas selbst wirksam gewesen zu sein, sondern für die Dinge, die uns als Menschen ausmachen, kompetent genug und erfahren genug zu sein. Selbstwirksamkeit ist ein Potenzial.

Das Leben bietet viele Möglichkeiten, Ichstärke auszubilden. Wer ein festes Selbstwirksamkeitskonzept in sich selbst integrieren will, der sollte sich in die weite Welt hinauswagen und sich mit ihr arrangieren. Er sollte seine Kompetenzen ausfeilen, sich in unterschiedlichste soziale Gruppen integrieren, seine Stärken in die Gruppen einbringen und dabei an sich und seinen Ressourcen wachsen können. Alle Eigenschaften die Ichstärke ausmachen, sind mit Verhaltenskonzepten verbunden, nicht nur mit Denksportaufgaben für die nächste Bildungsnote. Wer an seiner Impulskontrolle arbeiten möchte, der sollte Deeskalation trainieren und sich dabei auch steigern wollen. Das gilt auch für Empathie oder beispielsweise für Handlungsplanung oder Orientierungen. Gerade Orientierungen werden oft unterschätzt, denn sie führen einen in die Richtung, in die man sich lenken lässt. Schaut man ständig RTL oder SAT1 und orientiert man sich somit ausschließlich nur an kommerzielle Sender, dann wird man sich auch von genau solchen Programmen programmieren lassen. Das Gehirn lernt immer - auch dann, wenn wir uns einreden wollen, dass es jetzt gerade nichts zu lernen habe! Es genügt nicht, sich selbst zu sagen, *das kann ich ja ändern* oder, *ich bin niemals so*, denn das Gehirn ist ein erfahrungs- und nutzungsabhängiges Organ. Es bildet sich quasi genauso, wie ein Muskel. Je häufiger ich mich mit meinen Sinnesorganen auf verdummende Weise orientiere, desto stärker bilden sich dann auch mich dumm haltende Nervennetze in meinem eigenen Gehirn aus. Es ist wichtig, sich mit seinen eigenen Ressourcen zu konfrontieren und ihnen zu folgen, sich dabei auch abzumühen, aber es ist auch außerordentlich bequem und einfach, sich von allen Seiten her von unnötigen Eindrücken berieseln zu lassen. Und bekanntlich nimmt der Mensch immer den leichtesten ihm angebotenen Weg: der Ablenkung von sich selbst.

Haltungen, Empathie gegenüber den Mitmenschen zu zeigen, Verantwortung für das eigene Verhalten zu tragen, fördert sozialemotionale Kompetenz; oder ihre Inkompetenz, wenn man sich darin nicht übt. Handlungsplanungen und ihre Folgenabschätzung zu studieren, fördert und trainiert automatisch die Impulskontrolle. Wer sich aber nicht um die Folgen seines Verhaltens schert, der wird auch später keine Impulskontrolle besitzen können.

Ichstärke im Leben auszubilden ist keineswegs bloß das Beantworten von Fragen wie: *Was kannst du besonders gut, worin liegen deine Stärken?* Ichstärke auszubilden bedeutet mit seinem Stirnhirn unterwegs zu sein und den starken Willen dazu auszuprägen, sich mit seinem Befüllen zu konfrontieren. Das heißt auch, dass man Schwächen zugeben muss und sich nicht der eigenen Schwächen gegenüber verstecken soll. Reife und Stärke beginnen bei diesem Schritt, der eigenen Schwächen. Sie sich selbst zuzugestehen ist wichtiger als in der Erkenntnis zu verharren, sie würden einen vor den Anderen entblößen und deshalb muss man sie sein ganzes Leben lang vor allen verstecken. Es bedeutet, auf andere zuzugehen und sich selbst nicht als das Wichtigste in einer Beziehung zu einem oder zu mehreren Menschen, oder zu allen Dingen um einem herum zu sehen. Rücksicht zu nehmen auf die Belange der Mitmenschen und nicht seinen Impulsen immer nur nachzugeben, weil man den Impuls dazu gerade bekommt, lässt Stärke entwickeln. Wenn man zu Beginn der Entwicklung von Selbstwirksamkeit seine Ichstärke zu festigen versucht, dann kontrolliert man mit seinen Fähigkeiten viele Bereiche seines Gehirns. Ichstärke ist das Unterstützen des Generals im Gehirn, dem Stirnhirn-Potenzial, es so stark zu machen, dass die zahlreichen Feldwebel und Hauptmänner einem nicht unkontrolliert befehlen können, was gerade jetzt zu tun ist, oder wohin man seine Aufmerksamkeit zu richten habe, nur weil dort irgendein Spektakel die eigene Aufmerksamkeit in den Bann ziehen will. Aufmerksamkeit ist eine sehr knappe Ressource. Sie ständig durch Informationsmüll erschlaffen zu lassen heißt, für das Wesentliche im Leben gar keine Kräfte und Möglichkeiten mehr mobilisieren zu können. Gerade in jungen Jahren ist es sehr wichtig, diesem Prinzip zu folgen, denn je später man damit beginnt, desto zahlreicher werden all die Dämonen und Geister, die einen davon wieder abzubringen versuchen.

Kinder und Jugendliche brauchen Erfahrungen im Umgang mit Mitgefühl, damit sie die Erfahrung machen können, dass es Spaß macht, sich in andere hineinzuversetzen, weil sie dann auch positive Reaktionen der Mitmenschen erfahren können. Empathie, also Mitgefühl mit sich selbst und mit anderen, ist schlichtweg die Eintrittskarte in alle sozialen Gemeinschaften. Kinder sollten schon früh erfahren, dass es Spaß macht, etwas langfristig zu planen, weil dadurch das Selbstvertrauen anwächst. Dass es Spaß macht, Impulsen zu widerstehen, weil die Erwartungen der Mitmenschen dabei positiv erlebt werden. Selbstwirksamkeit und Ichstärke können nicht unterrichtet werden. Sie sollten über die Familie erfahren werden. Je größer und umfangreicher ein Mensch an seiner Ichstärke gearbeitet hat, desto einfacher, subtiler und auch umfangreicher werden ihm später Dinge zufallen, die ohne das Ausbilden von Ichstärke, als äußerst schwer zu erlangen empfunden werden. Ichstärke bedeutet keineswegs bloß an den Dingen zu wachsen, die man über äußere Bestätigung erlangen kann. Ichstärke bedeutet, an sich selbst zu wachsen, sich selbst zu kennen und zu begreifen, dass man selbst schon die Enzyklopädie des Lebens, aller Fragen und Antworten, in sich selbst trägt; sie zu entblättern ist das, was ich Ichstärke nenne. Alles andere ist geprägt von einem konstruierten sozialen Materialismus und dieser widersetzt sich der menschlichen Natur. Je intensiver sich ein Mensch ihm hingibt, sein Heil nur in ihm versucht zu erlangen, desto manifester werden sich in einem solchen all die Krankheiten einfinden, die wir Zivilisationskrankheiten nennen. *Unsere Zivilisation kämpft gegen alles um uns herum und in uns drin. Zivilisation ist Kampf. Alle Zivilisationskrankheiten sind Kampfkrankheiten.*

Je mehr bewältigbare Umwelten vorhanden sind, desto umfangreicher können die Erfahrungen sein, an denen man wächst. Begreift man dies nicht als Notwendigkeit, sondern als Übel, weil es Ausdauer und Selbstdisziplin verlangt, als einen gesunden Wetteifer zu sich selbst, als Übung an der man wächst und zu der man sich selbst in Umwelten begibt, um sich selbst zu trainieren, zu testen, zu fühlen und zu optimieren, dann wird ein solcher Mensch immun gegen alle Formen von Drogen, Rausch, Desinformationen und Lethargie werden; *weil sein ganzer Leib gierig wird, auf sich selbst und auf das Erwecken von Potenzial.*

Wenn es gelingt, sich mit all dem zu vernetzen, wovon ich weiter oben schrieb, dann werden wir dabei automatisch unsere Ressourcen im Gehirn miteinander vernetzen. Dies führt dazu, dass sich diese Nervennetze untereinander besser verschalten und wir in dem, was wir unsere Zielvorstellungen nennen, immer bessere Resultate erreichen werden. So bauen wir, was das Wichtigste der Ichstärke

ist, eine kohärente interdisziplinäre Kompetenz auf, die sich globalisierend versteht. Immerhin wollen wir es vermeiden, ein Spezialist in einem einzigen Gebiet zu werden, dem es dann dazu drängt, ein Klugscheißer und Besserwisser sein zu wollen.
Nur ein solcher Weg, der Wille zur eigenen Ichstärke, dessen Wegstrecke jeder selbst wählen kann, führt zur Entfaltung von Potenzial und zu neuen Ideen. Alles andere führt dazu, sich selbst in seiner Ichschwäche stark zu geben, sie als Klugheit und Beweis der eigenen Intelligenz vor all denen zu hofieren, die es ihnen gleich tun.

RESSOURCEN OPTIMIEREN

Sie wachen aus einem tiefen Schlaf auf und merken für den Bruchteil eines Augenblickes nicht, dass Sie Sie sind. Langsam kommen Ihnen die eigenen Sinne zu Bewusstsein und Sie werden wach. In dem Moment, in dem das Wachsein Ihnen zu Bewusstsein rückt und Sie sich über sich selbst bewusst werden, ordnen sich alle ihre Sinne zu einem Bündel zusammen, das Ihnen ihre Welt in Ihnen erscheinen lässt. Auch Sie erscheinen gewissermaßen sich selbst, weil Sie in sich selbst existieren. Dieses Hervorquellen der Welt, in der Sie sich selbst erscheinen und in dem in Ihnen Ihre Welt erscheint, ist ein Vorgang, der einzig durch die Repräsentanz und Gleichschaltung Ihrer Ressourcen geschieht. Hirnforscher nennen diesen Prozess Konsolidierung. Der Prozess des Wachwerdens ist das Zusammenbündeln einzelner großer Nervennetze in unseren Gehirnen, die zu einer uns selbst erscheinenden Einheit (Entität) zusammenfinden: dem Ichgefühl. Das Ichgefühl des Menschen ist dieser Rahmen, der aus den Grenzen der Ausreizung der Ressourcen besteht. Alles, was sie sind und wie Ihnen alles erscheint, ist der Rahmen und gleichfalls auch die Grenze, die Ihnen Ihre Ressourcen ermöglichen, die in Ihnen liegen; im Körper und im Geist.
Ressourcen ermöglichen uns das Wahrnehmen und Handeln in unserer Welt, in unserer Realität. Einen Ablauf zu planen, ihn über die in einem selbst gegebene Fähigkeit zu koordinieren und ihn zum Ziel zu führen, gelingt nur, weil wir unsere Ressourcen mobilisieren. Reize ich sie immer weiter aus, so habe ich auch immer mehr Ressour-

cen, die ich zu weiteren Zwecken mobilisieren kann. Die Verteilung der eigenen Ressourcen zu bewerkstelligen, sie in Haltungen und Charaktereigenschaften zu überführen, ist uns nur über eine angemessene Verteilung möglich. Um ein optimales Ergebnis zu erreichen, dass zum eigenen gesetzten Ziel passt, sollte ein Mensch seine inneren Ressourcen nicht nur kennen. Er sollte sie dem Ziel entsprechend genau an den Ressourcen ausrichten können, durch die ein Erfolg möglich wird. Dies setzt voraus, dass der Mensch seine Psyche dementsprechend ausgereift hat.

Ressourcen sind jedoch beschränkt. Beispielsweise hören wir nicht so gut wie ein Hund, riechen nicht so gut wie ein Wildschwein, rennen nicht so schnell wie ein Pferd und können Lasten nicht so heben wie ein Elefant. Überschätzung ist also etwas, dass wir, so gut es eben geht, unterbinden sollten. Beschränkte Fähigkeiten stehen nämlich sehr häufig unbeschränkten Bedürfnissen gegenüber: *Ich will mehr, als ich selbst dafür in der Lage bin, es aus mir selbst zu vollbringen.* Welche eigenen Bedürfnisse bin ich selbst in der Lage nur mittels meiner eigenen Ressourcen zu befriedigen? Diese Frage zu stellen und einmal selbst zu beantworten ist sehr wichtig, denn sie stellt uns selbst auf unseren individuellen Boden der Tatsachen zurück. Und sie zeigt uns eindeutig auf, welche Ressourcen wir tatsächlich auch selbst besitzen und um welche wir uns noch gar nicht ausreichend gekümmert haben.

Die Gretchenfrage im Zusammenhang mit unseren Ressourcen ist die, die Marc Aurel in der Philosophie berühmt machte: »Was ist es in sich selbst?« Was ist der Zweck einer Ressource durch sich selbst? Um dies herauszufinden, sollte man einmal seine Ressourcen aus der Zwangsjacke der alltäglichen Bedürfnisse herausholen und sie einladen in neue, umfassendere Welten. Welten, in denen die Ressource auch mal an ihre natürliche Grenze gelangt. Was ist unser Ohr tagtäglich gewohnt und auf was hat es sich geprägt und was hat es dadurch gleichfalls für einen selbst unhörbar gemacht? Dass gleiche gilt für unser Sehsystem, die Sprache, die Komplexität der Gedankengänge usw. Wer nie erfahren konnte, bei wie vielen Gedankengängen sein eigenes Denken nicht mehr mitkommt, der kann sein *Denken um mehrere Ecken herum* auch nicht verbessern und denkt mit der Zeit, dass er ja sowieso zu blöd für komplizierte Sachverhalte ist und lässt es dann bleiben. Auch die Ausdauer dazu kann man verbessern. Zunächst aber sollte man es auch wollen: *Kann ich wollen was ich will, oder bin ich zu bequem dafür, meinem Wollen auch Taten folgen zu lassen?*

Wenn wir nur das tun, was von unserer von Effizienz geprägten Gesellschaft erwartet wird, dann nutzen wir unsere Gehirne so gut wie gar nicht. Unsere Gesellschaft bedient uns ja so wunderbar einfach mit all dem, was wir haben wollen. Sie ist aber kein Lehrmeister im Handeln zu dem, was wir tatsächlich aus unserem Leben machen wollen und was wir mit unserer Lebenszeit anfangen wollen. Dazu sollten wir unsere Hirne weit aufmachen. Beim Hören zuhören, beim Sehen unsere *Maglite*® ausmachen und den Flächenstrahler aktivieren, bei Gesprächen eher zuhören als immerzu nur Selbstrepräsentierer der eigenen ach so verzückten Ideen, Vorstellungen und in Marmor gestanzten Lebenserfahrungen zu sein. Dazu sollte man zunächst einmal überhaupt seine Ressourcen so weit aufgemacht haben, dass man sich auch als Beobachter entgegentritt. Beim Fühlen nicht auf den Effekt setzen, sondern auf die Sprache des Fühlens hören, auf seine Zwiesprache in den tieferen Schichten seines Selbst. Beim Nachdenken nicht zielgerichtet den Gedanken ausknipsen, vielleicht auch mal den Gedanken Gedanke sein zu lassen, ohne ihm zu folgen. Gehen Sie Ihren Ressourcen auf den Grund, lernen Sie sich selbst kennen, *seien Sie intim mit sich selbst.* »Heute mach ich mal was ganz Besonderes: Ich besuche mich selbst«, sagte KARL VALENTIN. Nur so werden wir unsere Ressourcen überhaupt wahrnehmen und mit ihnen umzugehen erlernen. Seien Sie sich selbst gegenüber achtsam. *Erwecken Sie die Fähigkeit in Ihnen, Ihr Ganzes zu sein.* Verlassen Sie all Ihre Einstellungen, die ihnen bisher aufgedrängt wurden, nur ein Teil, ein teilnahmsloser Beobachter ihres eigenen Lebens und Ihrer eigenen, von außen aufgezwungenen Bedürfniswelt zu sein. Erwirken Sie Zutrauen zu sich selbst, genau die Dinge auch erreichen zu können, deren Schranken Sie nur deswegen besitzen, weil Sie bisher davon ausgegangen sind, kein inneres Potenzial erlangen zu können. Das ist lediglich Werbung des Konsums. Das Handy ist ein Paradebeispiel für den Werdegang eines Konsumgutes. Stellen wir uns mal vor, die Menschen wären fast alle so klug und sich selbst gegenüber genug und sie würden das Handy bloß zum Telefonieren nutzen. Ein heute schon fast unvorstellbares Bild. Konsumgüter profitieren davon, dass wir nicht uns selbst genügen sondern Bedürfnisse erringen, die nur sie in uns stillen können. Wirtschaft und Wirtschaftswachstum müssen das Ziel von Gesellschaften sein, die sich dem Kapitalismus verschrieben haben. Daher ist der naive Konsument, der nur für die Interessen des Wirtschaftswachstums sein Leben hergibt, einer, den die Wirtschaftspolitik mit ihren Mitteln fördern wird: Er ist das Idol des zivilisierten und sich selbst modern nennenden Menschen, der Konsument von Dingen und immer noch mehr Dingen.

POTENZIALE AKTIVIEREN

Das, was sich ein anderer nicht zutraut, ist auch oftmals nur die Grenze der eigenen Wahrnehmbarkeit um die Dinge herum. Ressourcen sind wie Fenster. Wenn ich sie nicht öffne, dann werde ich nie erfahren können, was für Potenzial sich hinter ihnen verbirgt. Der Erfolg, das eigene Leben zu meistern, hängt sehr stark damit zusammen, die eigenen Ressourcen weit ausgereizt zu haben. Das eigene Wahrnehmungsfeld wird dadurch permanent erweitert. Man sieht mehr, man durchdenkt mehr, man vertraut sich mehr - weswegen man sich auch weiterhin immer mehr zutraut. Hier beginnen sich nun Potenziale aufzutun. Stark ausgereizte Ressourcen wechselwirken mit äußeren Gegebenheiten und saugen diese nun offenen Informationen dazu wie einen Schwamm auf, verwerten sie und fügen sie in die entsprechenden Ressourcen ein. Unser Gehirn sorgt dafür, dass dieser Prozess völlig automatisch abläuft. Hier werden den Ressourcen nun Informationen zugefügt, die mit der Zeit die Fähigkeiten ausarbeiten, das gesamte Nervennetz immer wieder neu zu ordnen.

Potenziale sind verwirklichte Ideen. Ideen haben ihren Ursprung in ausgereizten Ressourcen. *Um Ideen zu verwirklichen, muss man Kontakt zu all den Begebenheiten aufnehmen und aufrecht erhalten, die zum Erreichen und Realisieren der Idee notwendig sind.* Nur so

werden Ideen dann auch realisiert. Es nützt wenig, wenn ich vielleicht gut singen kann, ich aber niemals auf die Bühne gelange. Es nützt wenig, wenn ich etwas entdeckt habe, aber niemand davon erfährt. Es nützt gar nichts, zu wissen, man könne die Welt verbessern, sich aber selbst nicht in die Welt hinausbegibt. *Ich könnte* ist eine Ausrede für das *Nichtwollen.* Jeder der erfolgreich geworden ist, kennt solche Sätze, die nur widerspiegeln, dass sich derjenige gar nicht herauswagt und dies nun mit solchen Verlautbarungen rechtfertigt: *Ich könnte, wenn ich wollte,* aber ich will ja gar nicht. Wer selbst in Sachen Optimierung der eigenen Ressourcen unterwegs ist, der wird einen solchen Satz niemals sagen, denn ihm genügen sein eigenes Potenzial und das Erleben um dessen Entfaltung. Das ist der Unterschied zu den Ressourcen: Potenzial entfaltet sich, evolviert, verwirklicht sich mit seinem Träger. »Ich muss selbst zu dem werden, was ich will.« Das ist es, was den Potenzialentfalter auszeichnet. Er ist auf diesem Weg *aktiv* unterwegs.
Während wir bei der Ressourcenoptimierung fast noch auf uns allein gestellt waren, gelingt dies bei der Entfaltung der Potenziale nicht. Hier begebe ich mich in die Menschenmenge und mache in den Beziehungen zu ihnen völlig neue Erfahrungen, wenn ich meine Idee in die Tat umgesetzt sehen will. Oft geschieht es dann, dass ich erst jetzt erfahre, dass sich schon viele Menschen mit demselben Problem oder derselben Idee herumgeschlagen haben und es nicht lösen konnten. Oder, ich muss leider erkennen, dass schon jemand Anderes meine Idee verwirklicht hat. Dann brauche ich eine neue Idee. Oder, meine Entdeckung ist schon von anderen teilweise entdeckt worden, aber sie haben Lücken hinterlassen oder sind auf weitere Wege nicht gekommen. Oder, ich kann zwar auch vor Publikum singen und bekomme Beifall, aber die Musikrichtung, die ich einschlagen wollte, ist schon durch einige Größen aus der Szene völlig belegt. *Kann ich mich ändern oder verschwinde ich sang- und klanglos von der Bühne?* Daran scheitern übrigens viele Begabte. Sie denken, dass ihre Begabung ausreichen müsse, und lernen nicht dazu, weil sie kein Fehlermanagement betreiben wollen und glauben, sie würden dann ihre Position verlieren.

Um solche Situationen zu bestehen, ist es sehr hilfreich, auf ausgereizte Ressourcen zurückgreifen zu können, denn sie ermöglichen einem nun, über das eigene Spektrum hinauszugelangen. Wer sich nun zu Beginn dieser Reise in die Welt der eigenen Potenziale begibt, der kann sehr weltoffen und weit ab von seinen persönlichen Gefühlen die Dinge erneut angehen und meistern. Denn dabei geschieht Wertvollstes. Durch dieses Ausprobieren und Ausreizen aller zur Verfügung stehenden Mittel erreicht man, dass einem immer wieder neue Mittel zufallen. Dieser Weg stärkt einen nämlich genau dann, wenn man dort angekommen ist, wo es einen hinzieht. Wer zu früh ankommt, kann auch schneller und oftmals auch bodenloser fallen, weil die zahlreichen Zwischenschritte, die einen auf dem Weg hin stärken, nicht begangen wurden und zahlreiche Erfahrungen für das Entwickeln gesfestigten Potenzials fehlen. Im Sport lernt man nichts aus seinen Siegen, aber alles aus den Erfahrungen, die einem eine Niederlage bietet. Man geht aus seinen Niederlagen stets stärker hervor. Daher wird man auch immer nur Etwas, ist es aber nie von vornherein. Das Abwetzen des Weges ist vergleichbar mit der Bildhauerkunst. Zwar hat man den richtigen Stein, auch das richtige Werkzeug in der Hand und die richtige Idee im Kopf, doch kommt es am Ende immer anders, als man dachte. Weil das eigene Erleben zur Durchführung der Idee erst mit der Erfahrung mit vielen unterschiedlichen Ressourcen im Gehirn (unbewusst) kommunizieren und dadurch dann etwas Wertvolleres entstehen kann, als durch die Idee selbst. Das Wertvolle daran ist, dass man nun selbst diese komplette Idee als Potenzialbaustein geworden (Verschmelzung) ist und dieser Baustein an viele weitere Bausteine angedockt wird. Bei der Verwirklichung der nächsten Idee können dann die schon vorhandenen Bausteine eine Lawine an Potenzial lostreten, oder mit anderem Potenzial verschmelzen. Der Endzustand der Bildkunst ist nie nur das, was die Idee dazu anfangs repräsentierte. Meistens ist es noch besser - eben wegen des Abwetzens an den eigenen Fähigkeiten, Begabungen und Ressourcen. Dieses Abwetzen ist der Weg, der jedem Erfolg vorangeht.
Diese Stärkung der Persönlichkeit ist seinem Wesen nach genau das, was Ichstärke bedeutet. *Ichstärke ist das Ansammeln von Erfahrun-*

gen im Umgang mit schwierigen Situationen, zu denen man den Halt nicht verliert. Aufgegebene Ideen kennt niemand. Selbst eine schlechte Idee, die man verwirklichen konnte, ist oftmals besser als die beste Idee, die in der Schublade vor sich hinmodert, weil sie verwirklicht ist und sich in die Realität hinauswagt.

Um der Optimierung neue Anreize zu geben, potenziere man die Möglichkeiten, die sich aus den Ressourcen ergeben, und begebe sich in Kontakt mit den Menschen, die schon etwas weiter auf dem Gebiet unterwegs sind (Verifikation und Falsifikation), in das man eintauchen möchte. Der Austausch und die Überprüfbarkeit der eigenen Fähigkeiten, die man nicht scheuen sollte, ist sehr befruchtend für die Verwirklichung der eigenen Idee, aber auch für die, die ihre Ideen schon verwirklicht haben. Wer hierbei ganz egoistisch vorgeht, wird es schwer haben, seine Kontakte zu denen aufrecht zu halten, zu denen ein Kontakt wünschenswert wäre. Man sollte diese Kontakte als bedingungslose ›Think Tanks‹ begreifen, von denen immer auch alle profitieren können und in denen es zur Zusammenarbeit kommt - nicht zur Besserwisserei. Eine loyale Beziehungspflege ist bei der Entfaltung der Potenziale sehr wichtig. Sollten Sie sich ein Ziel setzen, dann vergessen Sie dabei nicht, dass das Ziel Ihre bedingungslose Loyalität braucht, um verwirklicht zu werden.

Auch hier können wir wieder sehen, dass Schule davon nicht gerade viel versteht. Sie unterstützt die Entfaltung der Potenziale auch nicht. Seine Ressourcen zu optimieren und seine Potenziale zu aktivieren hat aber auch noch einen nicht zu unterschätzenden Vorteil für das eigene Leben: Man ist zu dem geworden, wohin man die Ressourcen und Potenziale geführt hat. Das ist ein sehr großer Unterschied zu all denjenigen, die sich das Wissen, und die Erkenntnis angelernt haben, aber im Inneren dazu gar keine Lebenserfahrungen aufbauen konnten. Daher gleichen verwirklichte Ideen ein wenig Neugeborenen und Kindern. Auch Ideen werden aus dem Menschen heraus geboren.

EMOTIONALE KOMPETENZ AUFBAUEN

Keine Intelligenzform hat so sehr in den Schlagzeilen gestanden, wie die Emotionale Intelligenz EQ. DANIEL GOLEMAN, der Wegbereiter der *Emotionalen Intelligenz EQ*, sagt: »Was nützt ein hoher IQ, wenn man ein emotionaler Trottel ist?« Es gibt heute so gut wie kein Seminarleiter, der nicht irgendetwas in seinen Vorträgen über die Emotionale Intelligenz zu sagen weiß. Doch forscht man selbst in Sachen emotionaler Intelligenz, so kommt man nicht um einen Namen umhin, der in Deutschland jedoch so gut wie unbekannt ist, MANFRED CLYNES. CLYNES, der zunächst Konzertpianist wurde, floh vor den Nazis nach Australien, wo er als erster Pianist die Goldberg-Variationen spielte. In den USA angekommen lernte er ALBERT EINSTEIN kennen und gab in seinem Haus Klavierabende. Die NASA interessierte sich für diesen multibegabten Neurophysiologen und beauftragte ihn mit der Aufgabe, herauszufinden, wie Menschen bei längeren Raumfahrten ihre Emotionen kontrollieren würden. *Würden sie sich untereinander angehen und hohe Aggressivität gegeneinander ausüben?* Er entwickelte für die NASA einen genauen Plan, wonach er den Emotionen die höchste Beachtung schenkte und meinte, dass Menschen in Gruppen, die über Jahre in Raumfahrzeugen im Weltall unterwegs sein würden, bestimmte Substanzen zu sich nehmen sollten, damit sie quasi ruhiggestellt würden. CLYNES entwickelte ein Konzept dazu dass er Cyborg nannte. Heute kennt jeder diesen Begriff und in Hollywood wurden zahlreiche Filme durch sein Konzept inspiriert. Er war zu der Zeit auch Therapeut und entwickelte eine sehr interessante neue Möglichkeit in der Therapie, emotionale Muster über ihre ›Mikrostruktur‹ zu steuern, sodass der Therapieerfolg dadurch erheblich effizienter wurde. Denn, so erkannte er, *die Mikrostrukturen der Emotionen folgen universalen Gesetzen;* alle Menschen besitzen dieselben emotionalen Strukturen, egal welcher Kultur sie angehören mögen. Er war der erste Hirnforscher, der das nicht nur herausfand, sondern dies auch empirisch nachweisen konnte. Erst diese Nachweise bereiteten der emotionalen Intelligenz ihre umwerfende Reise um die ganze Welt - unter anderem auch durch DANIEL GOLEMANS berühmten Bestseller *Emotionale Intelligenz EQ*.

CLYNES nannte diese völlig neuen Gefühlsübungen, die er in seinen Therapien einsetzte »Sentische Zyklen«. Heute vertreibt CLYNES, der Musiker geblieben ist, eine seiner Erfindungen, nämlich den von ihm entwickelten ›SuperConductor‹, mit dem man die emotionale Mikrostruktur musikalischer Interpretationen großer Komponisten wie beispielsweise BACH, MOZART oder BEETHOVEN nachspielen kann und dabei erfährt, wie sie ihre Gefühle dabei ausgedrückt hatten.
All die Arbeiten über die Emotionen der Menschen haben CLYNES, mittlerweile 85 Jahre alt, weltweit zu einem der führenden, aber in Europa noch immer weitestgehend unbekannten Emotionsforscher gemacht. Erst nachdem er sein Buch *Sentics. The Touch oft emotions* 1977 veröffentlichte, begannen sich Wissenschaft und Journalismus für seine Forschung zu interessieren. Er war auch der Erste, der die Mikrostruktur emotionale Muster in der Kunst und in der Umwelt nachweisen konnte. Damit belegte er, dass Fühlen das Bilden von Informationen und Strukturen maßgeblich beeinflussen, ja mitprägen und auch immer in jeder Information als Gefühlsstruktur eingespeichert wird. Was heißt, dass Gefühle, Empfindungen und Emotionen wichtige Bestandteile evolutionärer Prozesse darstellen - *sind Emotionen eine universelle Sprache der Lebewesen, so wie die Mathematik die universelle Sprache der Wissenschaft ist?* Emotionen bestimmen den Charakter und die körperliche Form mit - sie sind Sprache, Struktur und in allem enthalten. CLYNES konnte sie auch in Skulpturen und Bildern nachweisen. Beschäftigt man sich einmal intensiv mit den Arbeiten und Möglichkeiten von CLYNES und bringt seine Therapiemöglichkeiten in die Therapie von beispielsweise Gewaltstraftätern mit ein, so kann man sie ohne weiteres lesen - über ihre Verhaltensstruktur. Ihre Emotionen machen dies möglich. Auch kann man mit den sentischen Zyklen sehr schnell an die versteckten Emotionen der Täter gelangen. Um emotional empathische Kompetenz anzuhäufen, ist das Erleben und Ausdrücken der vielen Emotionen die wir Menschen bekommen können, sehr wichtig. Wir können dann viel besser auch auf die Gefühle unserer Mitmenschen eingehen.
Ziel der Übungen ist, sich selbst beim Empfinden der jeweiligen Emotion über das Gefühl auszudrücken. Emotionen können sein:

Kummer, Freude, Leid, Liebe, Ehrfurcht, Zorn, Erotik, Hass, Glück, Angst, Aggressivität, Fürsorge, Furcht, Müdigkeit, Geborgenheit, Ärger, Zufriedenheit, Verachtung, Scham, Schuld, Aufgeregtheit, Ekel, Eifersucht, Neid, Hilflosigkeit, Reue, Zuversicht, Naturverbundenheit oder Spiritualität. Bei Gewalttätern sollte man nicht locker lassen, wenn man sie mithilfe emotionaler Gefühle in ihr Selbst transformieren möchte und Blockaden oder ausweichendes Verhalten vermeiden möchte. Auch als Therapeut sollte man dabei mitmachen und Vorbild sein, ganz besonders bei Therapietrainings mit Gewalttätern. Man kann diese Gefühlstherapie auch mit Körpertherapie verbinden und gruppendynamisch ausweiten. Der Therapeut sollte darauf sehr großen Wert legen, dass die einzelnen Emotionen differenziert beim Klienten wiedergegeben werden. Wut, Zorn oder Ärger wären solche Beispiele, die in ihrem Gefühl recht unterschiedlich sind, doch von vielen als identisch interpretiert werden.
Auch solche Übungen werden in Schule nicht angeboten oder trainiert. Und dies, obwohl wir alle wissen, wie wichtig und auch wertvoll der kontrollierte und mitfühlende Umgang mit unseren Emotionen und denen unserer Mitmenschen ist. Das emotionale Spektrum sowie dessen Dichte bei jungen Menschen ist oftmals erschreckend eingeengt, dass es einen schon nachdenklich stimmt, Jugendliche über die Kommunikation mit ihren Emotionen zu erleben. In Schulklassen ist dies die größte Hürde, die ein Pädagoge heute bekommen kann, wenn er seinen Lehrstoff in die Köpfe der Kinder und Jugendliche bekommen will. Sie sind nur schwer in die Lage zu bekommen, dass sie ihren emotionalen Impulsen nicht nachgeben und sie kontrollieren. Denn die Fähigkeit, seine Gefühle zu kontrollieren, die der Mitmenschen lesen oder verstehen zu können, ist eine wichtige Voraussetzung für weitere wichtige Kompetenzen wie die

PSYCHOSOZIALE KOMPETENZ

Wer heutzutage in seinem Berufsleben erfolgreich sein möchte, und oftmals heißt dies bloß nur noch, seinen Arbeitsplatz zu halten und ein klein wenig aufzusteigen, damit man sich das ganz normale Leben überhaupt noch leisten kann, der wird nicht ohne weitreichende psychosoziale Kompetenz dorthin gelangen. Galt sie früher in Workshops vor allem den Führungskräften oder Selbstständigen vorbehalten, so ist sie heute für fast alle Bereiche im Leben unersetzliches Knowhow, um weitestgehend flexibel in seiner Persönlichkeit zu bleiben. Im kulturellen Miteinander ist es jedoch von höherem Wert, sich in seine soziale Gemeinschaft, im sozialen Miteinander einige Werkzeuge anzulegen, mit denen man Verhaltensprävention betreiben kann. Seit etwas mehr als dreißig Jahren hat jeder auf seine Weise die Alltagspsychologie für sich entdeckt. Viele versuchen ihre Mitmenschen, vor allem ihre Partner, psychologisch zu analysieren. Doch mit professioneller Psychologie hat dies meist wenig zu tun. Psychosoziale Kompetenz hat auch damit zu tun, sich nicht in Dinge einzumischen, die die Privatsphäre eines anderen betrifft. Die Menschen mögen es nicht, wenn man ihnen einfach so den eigenen Standpunkt erklärt, ihnen die eigenen Ideen offenbart, oder sie vom Gegenteil zu überzeugen wünscht. Oft ist man dann nämlich plötzlich und vollkommen unerwartet mitten in einer Auseinandersetzung, einem verbalen Zweikampf, über den man sich nur noch, um im Recht zu sein, *durchboxt*. Zurückhaltung, obwohl man etwas angeblich Wichtiges vortragen könnte, ist eines der schwierigsten Kompetenzen, die man sich zulegen kann; sie lohnt sich jedoch sehr. Denn sie lenkt das Interesse auf die eigene Person und verhindert, dass man durch Besserwisserei unangenehm auffällt.

Ehrlichkeit ist ein weiterer wichtiger Punkt. *Ehrlichkeit zu sich selbst* ist nach meiner Auffassung die höchste Tugend überhaupt. Sie führt zur Loyalität anderen gegenüber, die einem wichtig sind. Neurobiologen haben Versuche angestellt, herauszufinden, wie oft wir täglich lügen. Sie fanden heraus, dass wir alle im Durchschnitt bei jedem vierten Gespräch unehrlich sind - *mit uns selbst* und dabei dann anderen gegenüber Unwahrheiten aussprechen. Ehrlich mit sich selbst zu sein strahlt auf die Äußerungen und Haltungen zurück, die man besitzt und auf die unsere Mitmenschen mit Verlässlichkeit reagieren. Sich in Ehrlichkeit zu üben führt auch dazu, sich stets darüber bewusst zu sein, was man wirklich will und ist daher zusätzlich noch ein Bewusstseinstraining. Einen Menschen in seinen Äußerungen

und Haltungen als verlässlich einstufen zu können, ist von sehr hohem Wert, weil Verlässlichkeit die Währung ist, mit der man auf andere wirkt.
Auch Gewalttäter geben in ihren Interviews stets als oberste Beschreibung über sich selbst häufig Ehrlichkeit an. Doch sind sie beispielsweise über die Dauer eines Therapietrainings nicht ehrlich - *im Umgang mit sich selbst.* Und damit im Umgang mit uns Trainern und der Gruppe. Sie versagen an diesem Wunsch, ehrlich sein zu wollen, weil sie in ihrem Leben bisher sehr oft unehrlich im Verwirklichen ihrer Wünsche geworden sind und nur nach einem Ausgleichen ihres Verlustes an Bindung und Wachstum aus sind. Auch als Sporttrainer habe ich immer festgestellt, dass Sportler oft bei meinen Anweisungen mogelten und den Weg des geringsten Widerstandes bevorzugten, wenn das Trainingskonzept anstrengend war. Ich schaute solche dann immer direkt an und sagte ihnen, »*dass sie das jetzt ja nicht wegen mir sondern ihretwegen übten und dass sie jetzt gerade nicht mich beschummelten, sondern sich selbst, denn ich kann das alles, du aber bist hier, weil du das können möchtest.*« ***Wir alle beschummeln uns selbst sehr häufig und jedes Mal, wenn wir die Unwahrheit sagen, sagen wir sie uns zuallererst.*** Doch wer sich selbst nicht ernst nimmt, wer sollte das dann für einen selbst übernehmen und wie kann ein solcher dann andere ernst nehmen?
Zuhören können, obwohl man etwas zu sagen hat oder einem etwas auf der Zunge liegt, was man gerne loswerden möchte, ist eine weitere hoch geschätzte Kompetenz, die uns stärkt, wenn wir sie erlernt haben. Ihr liegt aber die Fähigkeit zugrunde, den eigenen Sprachstil verfeinert zu haben und ein hohes Maß an Allgemeinbildung zu besitzen. Zuhören bedeutet nicht bloß zu hören, was einem zugetragen wird, sondern den ganzen Menschen dabei aufzunehmen. Ihm seine Repräsentanz zu geben und zu verstehen, was er auch ohne Worte, nämlich mit seinem Körper und seinen Emotionen, mitzuteilen hat.
Auch die Sprache zu beherrschen, die dort gesprochen wird, wo man lebt, ist außerordentlich wichtig, um sich entsprechend auszudrücken. So habe ich beispielsweise erlernen können, dass Pädagogen ihren eigenen Sprachgebrauch (Idiom) besitzen. Spricht man ihn

nicht und artikuliert man sich nicht innerhalb ihrer Ausdrucksweisen, dann verstehen sie einen oft gar nicht oder haben für dasselbe Wort eine ganz andere Anwendung oder beziehen sich auf einen anderen Bedeutungsgehalt. So ist es auch mit Psychologen, Sozialarbeitern, Politikern, Dezernenten oder Geistlichen. Aber auch Gewaltstraftäter besitzen ihre eigene Sprachkultur. Bildung beginnt mit der Sprache. Daher ist die Sprache auch immer die Eintrittskarte in das Berufsleben. Je nachdem, wo man hingelangen möchte, sollte man sich für Sprachgebräuche und um Allgemeinbildung bemühen.
Psychosoziale Kompetenz stärkt auch unsere individuelle Menschlichkeit. Für die meisten ist dieser Begriff derart abgegriffen, dass sie damit nur Personen wie MUTTER THERESA, den DALAI LAMA oder ähnliche Personen verbinden. Menschlichkeit bedeutet jedoch mehr. Menschlichkeit ist die Fähigkeit, das zu werden, was in uns als Mensch verborgen liegt. Als Mensch kann ich jederzeit immer noch menschlicher werden. In unserer Gesellschaft wird ein bestimmter Typus Mensch (gesellschaftlicher Phänotyp) bevorzugt unterstützt, andere hingegen nicht. Wird ein Mensch menschlicher so meine ich damit, dass er sich von Konventionen löst, von überflüssigen Sehnsüchten trennt, herausfindet, was in ihm steckt und den Weg geht, der *in ihm liegt*, er diesen nur noch zu entfalten braucht. Jeder Mensch ist schon eine Antwort auf all die Fragen, die er sich selbst stellen wird. Und jeder Mensch ist dazu in der Lage, alle Antworten darauf selbst zu finden; wenn er sich mit seinen Füßen selbst auf den Weg macht. Selbst die Musik MOZARTS hat nicht etwa MOZART erfunden. Die Möglichkeit Musik zu komponieren ist schon vor MOZART, ja schon vor allen Menschen gegeben und in der Natur enthalten, denn alles ist Schwingung. Das ist physikalische Realität. Auch der Nichtkampf ist schon vor der Veröffentlichung durch mich im Wesen unserer Menschlichkeit enthalten, weil sein Prinzip das Leben durchfließt.
Menschlichkeit ist eine oftmals verzerrte Tugend, wobei man häufig der Auffassung ist, sie bedeute, das Gute noch besser zu machen. Die Pflege des Menschen am Menschen sei etwas, für dass das Merkmal Menschlichkeit herhalten solle. Menschlichkeit lässt uns unseren Kern als *Lebewesen Mensch* erfahren. Menschlichkeit ist

das, was uns im Leben zum Menschen macht und woran unser Leben als Mensch haftet. Menschlichkeit ist, so verstanden, eine Kompetenz, die uns der Eigenliebe und der Nächstenliebe näher bringen könnte. Wenn wir an unserer menschlichen Kompetenz wachsen, werden wir an unseren Platz im Lebensfluss des Lebens erinnert und für diesen Platz gestärkt. Ideologische Beeinflussungen über den politischen Mainblock werden uns dann immer weniger lenken und irreleiten können. Wer als Mensch weiß und erlebt, was er als Mensch bedeutet, welche Bedeutung er dabei auch zu sich selbst erfährt, der erlangt automatisch zu dem, was wir alle wissen, es aber tagtäglich immer wieder aufs Neue verdrängen: Alle Menschen sind gleich - weil sie als Menschen im Fluss der Menschlichkeit ihr wahrhaftiges Zuhause haben. Dieses Band würde, würde es erfahrbar gemacht werden, die beste Prävention darstellen, die wir erlangen könnten. Wenn ich aber in einer Vorstellungsgewohnheit verhaftet bin, in der ich mich ständig als außergewöhnlich, als besonders und zu Besserem berufen sehen will, dann sind alle anderen Menschen nicht so, wie ich selbst bin. Hier haben Rassismus und Fanatismus ihren wahren Kern und ihren Irrsinn über die Vorstellung von sich selbst und darüber, wie andere in Beziehung zu diesem Selbstbild aufgestellt sein sollen.
Wir alle erfahren und erlernen in unserem eigenen Leben, ein Mensch zu sein. Wie weit wir dabei bereit sind, uns mit Menschlichkeit aufzufüllen liegt an dem, wie lebendig wir uns selbst gegenübertreten wollen. Menschlichkeit ist der einzige Weg, der vor uns ausgebreitet liegt. Alles andere ist eine folgenschwere Illusion und ein bodenloser Selbstbetrug.
Und so kommen wir auf die nächste wichtige psychosoziale Kompetenz. Sich selbst nicht als das Maß aller Dinge zu betrachten - *wohl als das Maß der eigenen Dinge,* nicht aber zu meinen, dass andere darin genau so intensiv verharren möchten, wie man selbst. Das eigene Selbstverständnis zum Maß für alle zu nehmen ist der Funke, der zur Diktatur führt. Alle Menschen haben die Tendenz, ihre eigenen Wahrheiten selbst zu entdecken, ihre eigene Realität zu erschaffen und in ihrer eigenen Wirklichkeit zu leben. Daher ist es Un-

sinn, sie zu den eigenen Überzeugungen zu überreden. Viel besser wäre es, wenn sie selbst dorthin fänden, wo es sie hinzieht.
In der Kommunikation gilt eine Botschaft insofern als Information, wie sie verstanden wird und nicht, wie sie ursächlich gemeint war. *Nicht der Sender bestimmt demnach den Informationsgehalt, sondern der Empfänger.* Jeder Empfänger von Informationen empfängt immer nur die Botschaft, *die er als Informationsgehalt in seinem Gehirn dazu anknüpfen kann.* - Und nicht die, die er erkennen soll! Kommt jemand mit zahlreichen neuen Informationen auf einen zu und überrumpelt dieser den Empfänger mit *seinen* Wahrheiten, dann kann der Empfänger hierin oft nur einen Eingriff in sein Selbstverständnis und seiner Weltbildwahrnehmung verstehen, nicht aber den Informationsgehalt, den der Sender als Wahrheit seiner Aussage beschreiben würde. Dies ist ein Grundproblem sozialen Unfriedens. Viele Aufklärer sind nur deswegen so lästig für die meisten Menschen, weil sie dies Prinzip nicht verstehen. Kommt aber jemand von selbst auf ein solches Thema und gibt man ihm dabei nur einen kleinen Tipp, sodass er ins Überlegen über seine vorgefasste Meinung gelangt, so sucht er selbst weiter - *nach seiner Wahrheit.* Daraus folgt, dass man einen Menschen nicht zu seiner eigenen Meinung hinziehen kann, noch dass man ihn über irgendetwas Besseren belehren sollte. Man kann ihn nur *einladen*, wenn er es wünscht und nur dann, wenn er mit einer *Einladung* dorthin auch einverstanden ist.

BEWUSSTHEITSZUSTÄNDE

»Wurzelnd ruhet der Berg, tief mit der Erde verwachsen,
Aber sein Scheitel ragt zu den Gestirnen empor.
Du bist beiden verwandt, mein Geist, dem Zeus wie dem Hades,
Und doch von beiden getrennt. Mahnend ertönt dir der Ruf:
Wahre dein Recht auf des Weltalls Höhn! Nicht haftend am Niedern
Sinke vom Staube beschwert dumpf in des Acheron Flut!
Nein, vielmehr zum Himmel empor! Dort suche die Heimat!
Denn wenn ein Gott dich berührt, wirst du zu flammender Glut.«

GIORDANO BRUNO

Die wohl spannendste und bei Weitem revolutionärste Wissenschaft, die sich aus der neuen Hirnforschung und der neuen Bewusstseinsforschung herauskristallisiert hat, ist die Neuroethik. Sie wirft soziale Fragen auf, die hochbrisant aber auch hochinteressant sind. Sie kann auch die Methoden der Bildung, der Erziehung und ganz wesentlich auch unser Selbstverständnis positiv befruchten. Aus ihr stammt die Frage, die THOMAS METZINGER stellte und die die Neuroethik auf einen Schlag in den Fokus der Medien brachte: »Was ist ein guter Bewusstseinszustand?« Ist RTL, SAT1 und Pro7 zu schauen, ein guter Bewusstseinszustand? Die Hirnforschung hat in ihrer neuen Sicht, unser Gehirn und damit uns selbst besser zu verstehen, zu solchen Fragen ermuntert. Denn das Gehirn ist ein nutzungsabhängiges, von Erfahrungen gelenktes, sich selbst organisierendes Organ, das uns auf diese Weise durch *unsere* Realität führt. Die Frage ist, *wie steuern wir uns selbst durch den Alltag und wie erlernen wir besser, uns so zu steuern, dass wir auch von dem gelenkt werden, von dem wir gelenkt werden wollen*? Krass ausgedrückt leben die meisten Menschen wie Pingpongbälle in der Gemeinschaft, in der sie Fuß gefasst haben. Sie irren von einem Bewusstseinszustand in den nächsten, ohne diese selbst steuern zu können. Das was ihnen das erstbeste Angenehme ist, dem wenden sie sich zu. Dieses Hineinfallen in die angebotene Informationsflut macht aus uns lenkbare Marionetten, wobei wir von überschwänglichen Gefühlen, Emotionen, Spannungen und Einflüsterungen gelenkt werden. Ohnehin verarbeitet unser Gehirn alle Wahrnehmungen des

Tages nur zu etwa fünf Prozent über bewusste Zustände und von diesen Zuständen filtert und selektiert, unser Gehirn sogar noch über neunzig Prozent aller wahrnehmbaren Informationen komplett aus. *Unser Gehirn lässt uns nur die Dinge zu Bewusstsein kommen, die an ihr bisheriges Informationsverständnis angeknüpft werden sollen.* Wenn man dies für sich versteht, dann beendet man die Parole, dass man ja eigentlich alles in sein Gehirn hineinlassen könne, weil man es ja sowieso selbst immer überwacht und dabei bewusst alles ausselektiert, was einem selbst nicht gefällt. Es ist genau anders herum: *Du bist Dein Gehirn und es ist schlauer als Du.* Du wirst niemals Dein Ich schlauer lenken können, als es Dir Dein Gehirn erlaubt!
Wären wir nicht schön blöd, wenn wir uns nicht so bildeten und so erzögen, wie es für unser Gehirn am besten wäre? Wäre es nicht gut, uns das Leben zu erleichtern und uns nach den Strukturen in der Welt umsehen würden, die unserem Gehirn optimal von Nutzen wären? Sicher wäre es das. Lebten wir nach unseren Ressourcen und Potenzialen und führten wir uns unsere Bewusstseinszustände selbst zu, oder lebten in einer Gesellschaft, die darauf Rücksicht nähme, unsere Gesellschaft wäre eine vollkommen andere. Menschen, die darin lebten und in unsere Zeit zurückkämen, würden glauben, sie besuchten einen völlig fremden Planeten. Dadurch, dass aus Sicht der Politik, der Hochfinanz, der Wirtschaft und der Weltpolitik alles nach den Maßstäben des wirtschaftlichen Wachstums ausgerichtet wird, die Mehrheit dies nicht mitbestimmen darf und das auch zukünftig auf gar keinen Fall soll, wird die kriminelle Elite dieser Welt diese Forschung der Bewusstseinszustände und der Neurobiologie für sich auszunutzen und nur für ihre Vorteile einzusetzen verstehen. Das mag für einige zynisch klingen, die Erfahrung aber lehrt mich, dass es nicht anders kommen wird: Demokratie, so wie sie sich selbst versteht, ist Volksglaube und hat mit der praktischen Politik nur sehr begrenzt etwas zu tun.
»Es geht auch um das allgemeine Bild des Menschen und um politisch-kulturelle Konsequenzen«, schreibt THOMAS METZINGER. Welche Bewusstseinszustände fördern Gewalttaten? Welche Bewusstseinszustände werden manipuliert? Welche Bewusstseinszustände wer-

den über die Bildschirmmedien verbreitet und welche wollen wir über sie verbreitet wissen? Kann ein Mensch selbst haftbar gemacht werden, wenn er sich Bewusstseinszuständen verweigert, die seine Gesundheit fördern, diese aber bewusst ablehnt und die Gemeinschaft dafür aufkommen muss? Welche Bewusstseinszustände braucht die Pharmaindustrie, um möglichst viel Krankheit und damit möglichst viel Geld zu produzieren? Welche die Politik und welche das Kapital der Hochfinanz? Und: Welchen Bewusstseinszustand haben Sie, wenn sie über sich selbst nachsinnen und sich ein Bild über sich selbst machen? Haben Tiere Bewusstseinszustände in irgendeiner Form? Wir Menschen haben uns seit Jahrtausenden daran gewöhnt, uns selbst zu sagen, dass nur wir über ein Bewusstsein verfügen und dass das Bewusstsein so etwas wie die Krone in der Entstehungsgeschichte der Welt und der Lebewesen sei. Dieses Bild aber scheint zu bröckeln und die Brocken, die dabei abfallen, sind ziemlich groß.
›Mind Doping‹ ist ein Trend, der die Leistungsbereitschaft eines jeden von uns unterstützen kann - in naher Zukunft könnte ein Arbeitgeber sagen: *Wie, Sie nehmen keine Ihre Leistung fördernde Pille zu sich? Ja wie soll ich Sie dann einstellen, wenn die Konkurrenz aber solche Pillen einnimmt und deswegen auch bessere Produkte herstellt, als wir?* Das wird ein Milliardenmarkt, wie ihn die Pharmaindustrie seit dem Aufkommen von Antibiotika nicht mehr erzielt hat. *Wie könnte ein Realschullehrer die Arbeit eines Schülers bewerten, wenn er weiß, dass dieser Neurostimulanzien zu sich genommen hat, die anderen aber nicht? Wie gehen Lehrer mit Hirndoping um? Wie bewerten Professoren Diplom- oder Doktorarbeiten, bei denen sich Neuropillen für die ausgeklügelte und auch sehr gute Arbeit verantwortlich zeigen? Gibt es irgendwann eine Gesellschaft, die das Einnehmen solcher Pillen genau so für selbstverständlich betrachtet, wie das Stylen der Haare, das Mähen des Rasens oder das Besprühen des Körpers mit einem angenehmen Duft?* Heute ist es nicht mehr nachvollziehbar, aber als der Kaffee über die Türkei nach Europa kam, war Kaffe, wegen seiner aufputschenden Wirkung, in vielen europäischen Ländern verboten. Es gab sogar Länder in Europa,

die für das Einnehmen von Kaffee die Todesstrafe festschrieben; so können sich Verhältnisse ändern, doch auch beginnen.
»Seit fast 150 Jahren schützt das deutsche Strafrecht den Hausfrieden, den privaten Raum unserer physischen Existenz. Sollte uns unser Bewusstseinsfrieden nicht mindestens ebenso viel wert sein?«, fragt sich REINHARD MERKEL. Wenn man sich einmal über Bewusstseinszustände Gedanken macht, dann erscheinen Fragen, über die man so gut wie noch nie nachgedacht hat. Sie erweitern und präzisieren unser Verständnis von Moral und Ethik und geben uns selbst dabei die Möglichkeit, zu wählen, wie wir einen solchen Zustand bewerten.
Erfahrungen werden über zuvor ausgeprägte Andockstellen im Gehirn eingepasst und sorgen dann für eine erhöhte Aufmerksamkeit. So zentriert unser Gehirn den Kompass unseres Ichs. Das Subjekt *Ich* wird somit mit dem Objekt *Erfahrungskörper* verschmolzen und bildet mit ihm eine Wahrnehmungseinheit. So werden Bewusstseinszustände erfahren. Wie viel Kraft erst können Bewusstseinszustände für einen selbst erwirken, wenn man sie zu erwirken versteht? In welche Bewusstseinszustände gelange ich Tag für Tag, ohne dass ich diese eigentlich selbst bestimme und sie mir bewusst meiner Aufmerksamkeit zuführe? Gehen wir einmal den Bewusstseinszuständen nach, die Jugendliche heute oft erleben. MANFRED SPITZER sagt völlig zu Recht: »Wenn wir so weiter machen wie bisher, dann werden wir eines Tages die T-Shirts für China nähen!« Und er fährt fort:

»Kinder und Jugendliche verbringen sieben bis acht Stunden täglich mit Schlafen. Was kommt als Nächstes? Die Antwort heißt Bildschirmmedienkonsum. Etwa fünfeinhalb Stunden täglich. Danach kommt mit vier bis viereinhalb Stunden täglich die Schule. Und danach kommt gar nicht mehr viel. Jetzt kann man ja meinen, das sei alles nicht so schlimm, doch die Hirnforschung zeigt uns ein anderes Bild: Lernen findet nicht nur während des Schulunterrichts im Gehirn statt. ***Das Gehirn lernt immer, pausenlos.*** Lernen findet dann statt, wenn Sie ihr Gehirn gebrauchen. Weil Lernen nichts anderes ist, als die Spuren des Gebrauchs des Gehirns. Es gibt eine gute Untersuchung, eine *longitudinale Studie*, bei der man über eintausend Geburten erfasst hat, die man über dreißig Jahre beobachtet hat.

Über jeden Einzelnen wurde Buch geführt, wie er sich wann wohin entwickelte. Man fragte sich, was aus ihnen geworden ist. Man hat unter anderem auch erfasst, wie hoch bei jedem Einzelnen der TV-Konsum in verschiedenen Altern war. Auch hat man deren Gesundheit permanent untersucht. Heraus kam bei der Studie, dass der Fernsehkonsum unter anderem festlegt, wie viel Übergewicht die Menschen haben. Je höher der Fernsehkonsum war, desto übergewichtiger wurden sie. Wie ist das möglich? Weil Fernsehkonsum träge macht und zu Fast Food konditioniert.«

Der permanent durch TV-Konsum herbeigeführte Bewusstseinszustand führte dazu, dass die Versuchspersonen das Fernsehen wichtiger fanden, als die Gesundheitspflege über nährstoffreiche Nahrung und über Bewegung. Das erste erschreckende an der Untersuchung war, dass man feststellte, dass erhöhter TV-Konsum zu früheren Tod führt, »weil Fernsehkonsum«, so SPITZER, »die Gesundheitsrisiken, an ›koronaren Herz- und Kreislauferkrankungen‹ zu leiden, erhöht. Selbst wenn man auf der Couch liegt und passiv Fernsehen schaut, nimmt man mehr zu, als wenn man sich passiv auf die Couch legt und nichts tut. Das liegt daran, dass beim Fernsehen die Muskelversorgung aktiv abgeschaltet wird.«

Man untersuchte auch, welchen Schulabschluss die Teilnehmer der Studie erlangten und diese Daten sollten sich Eltern in ihr Stammbuch schreiben. Wer mit fünf Jahren *weniger als eine Stunde am Tag* vor der Glotze hängt, erlangt später zu vierzig Prozent einen Universitätsabschluss oder auch einen beruflichen Abschluss. Keinen Schulabschluss hatten davon knapp zehn Prozent. Die Kinder, die mit fünf Jahren *mehr als drei Stunden am Tag* vor der Glotze abgehangen hatten, erreichten nur zu etwa acht Prozent einen Universitätsabschluss. Vierzig Prozent von denen erlangten einen Schulabschluss. Gar keine Qualifikationen erreichten von diesen Kindern später fünfundzwanzig Prozent. Jetzt überlege man sich dies einmal über ein paar Generationen hinweg!

»Wir wissen heute, dass der wirtschaftliche Erfolg einer Nation ganz wesentlich vom Bildungsstand der nachfolgenden Generation abhängig ist«, fährt SPITZER in seinem Vortrag fort. »Wie gut wir also in zwanzig Jahren wirtschaftlich dran sind, dass wissen wir heute

schon, wenn wir uns angucken, wie gut gebildet die heutige Generation ist. Die *longitudinale Studie* ist von einer Generation gemacht worden, die in den siebziger Jahren des letzten Jahrhunderts aufgewachsen ist, bis hinein in die Anfänge dieses Jahrtausends. *Heute schauen Kinder im Durchschnitt etwa fünfeinhalb Stunden in ihre Bildschirme.* Noch in den 1980er Jahren waren fünfzig Prozent der deutschen Fernsehprogramme gewalthaltig. Heute sind über achtzig Prozent aller Fernsehprogramme gewalthaltig. Zwar geht Gewaltverhalten nicht darauf zurück, dass man gewaltverherrlichende Darstellungen sieht und dadurch dann selbst gewalttätig wird. Eine Studie aus den USA zeigte jedoch, dass gewaltverherrlichende Darstellungen gewaltbereite Jungen und Mädchen gewaltbereiter machen und dass solche Szenen selbst harmlose Jungen und Mädchen, welche, die nie mit Gewalt in Kontakt kamen, auf Dauer, also bei langfristigen Konsum solcher Sendungen, harscher und roher in Beziehungen werden lassen. Gewaltverherrlichende Darstellungen erhärten das ohnehin schon vorhandene Gewaltverhalten.«
Noch eine verblüffende Studie. In den USA wurde Schülern beigebracht, wie man Bruchrechnen erlernt. So wie bei uns auch, erklärte der Lehrer den Schülern das Bruchrechnen und sie sollten dann, nach einiger Zeit, eine Arbeit darüber schreiben. In Japan hingegen erklärte der Lehrer das Bruchrechnen und teilte dann die Klasse in Gruppen auf. Jede Gruppe bekam nun zur Aufgabe, einer anderen Gruppe Bruchrechenaufgaben zu stellen, die sie dann lösen sollten. Dadurch, dass sie sich Aufgaben ausdenken sollten, lernten sie das Bruchrechnen ganz besonders gut, weil die so erforderlichen Rechenkünste in den Gehirnen der Gruppen, die die Aufgaben erstellen sollten, ja auch selbst lösen mussten. Die Gruppen haben im Wetteifer zueinander natürlich Aufgaben erstellt, die sehr knifflig waren. Ergebnis der Studie war hinterher, *dass selbst die schlechteste japanische Klasse immer noch mehr als doppelt so gut im Bruchrechnen wurde, wie die beste US-amerikanische Klasse.* Und nebenbei: Die japanischen Klassen waren mit gut siebenunddreißig Schülern gefüllt, die US-amerikanischen Schulklassen mit fünfundzwanzig Schülern; fast fünfzig Prozent mehr Schüler in den Klassen und dennoch doppelt so gute Leistungen! Wenn die Pädagogik es falsch

macht, dann nützten ihr kleine Klassen auch nichts. Welche Bewusstseinszustände wie bewertet und mit welcher Intensität (Aufmerksamkeit) angegangen werden, spiegelt das Erlernte wieder. Das wirklich Schwierige daran ist, dass Lehrer am Vormittag gegen Hollywood am Nachmittag und Spielekonsole/Handy in der Pause und am Abend nur verlieren können. Es zeigt aber auch auf, dass viele Jugendliche und vor allem Jungs Aufgaben brauchen, bei denen sie ihre Umwelt emotional erleben wollen. Gestalten wir sie ihnen in Schule so, dann bin ich mir sicher, wäre die Spielesucht gar nicht so ausgeprägt und der Lernerfolg wäre erheblich höher.

Viele Länder, vor allem China und andere asiatischen Länder, büffeln wie die Wahnsinnigen, weil sie wissen, dass sie nur so aus dem Schlamassel herauskommen, in dem sie noch stecken. Deutschland weiß gar nicht mehr, wie es ist, in einem Schlamassel zu sitzen. Der aber steht uns wieder bevor, wenn sich nichts ändert. Erinnern wir uns an den Bandwurm, der aus einem bodenlebenden Wurm entstand, in dem er sein Gehirn aufgegeben hat - aus Bequemlichkeit. Bequemlichkeit führt zur Verachtung von Potenzial, und das stimmt. Wir können das um uns herum beobachten.
Wie sind denn eigentlich im Gegensatz zu den Chinesen die Randbedingungen, unter denen wir aufwachsen? Die Randbedingungen ersetzen die Metahaltungen, nach denen sich Haltungen im Menschen ausbilden, sich für etwas einbringen zu wollen oder einbringen zu müssen. Randbedingungen können aber geändert werden. Randbedingungen sind nämlich Konstruktionen, die wir geschaffen haben und nur wir können sie auch wieder ändern oder abschaffen. Metaphorisch gesprochen sind wir Bandwürmer im Darm von Wohlstand, die gar nicht mehr mitbekommen, dass ihnen ihre Grundlagen entzogen werden, wenn sie sich nicht an das anpassen und hinsehen, was außerhalb des Darmes passiert. Dort werden nämlich die Nahrung und andere Rohstoffe für den Wirt immer knapper. Besinnen wir uns nicht auf unsere Potenziale, dann werden wir bitter erfahren müssen, dass nicht alle Welt schläft. Irgendwann könnte nämlich im Darm nichts mehr ankommen, wenn man nicht verstehen will, dass es einen Magen gibt, in dem sich die Konkurrenz immer breiter macht.

»Das liegt an den anderen gesellschaftlichen Randbedingungen, *an dem, was sonst noch passiert.* Und da passiert zu viel Unfug und gelangt in die Gehirne der Kinder«, mahnt SPITZER die Teilnehmer. Man kann es wenden, wie man will, immer kommt man am Ende auf die einzige alles entscheidende Frage: *»Wie wollen wir zukünftig leben und wie müssen wir derzeit leben??«* Und da die Gesellschaft sich diese Frage nicht stellt und für eine solche Frage auch kein politisches Interesse existiert, wird sich jeder selbst die Frage stellen und auch selbst beantworten müssen. Welche Bewusstseinszustände führen zu dem Leben, dass ich für mich will? Sie sollten allen anderen Bewusstseinszuständen nicht die Aufmerksamkeit geben, die sie Ihnen bisher vielleicht achtlos gegeben haben.

MÖGLICHKEITEN DER POTENZIALENTFALTUNG

Ich weiß, dass Führungskräfte zu Seminaren gehen, um ihr Potenzial zu entfalten. Ich weiß, dass Nobelpreisträger ihre Ökonomie verbreiten, dass sie zu noblen Interessenvertretern eingeladen werden und dass *upper-class*-Führungspersonen dort sogar anstehen, um Einlass gewährt zu bekommen. Wenn ein gefragter Mann, wie HELMUT SCHMIDT es ohne Zweifel immer wahr und es mit über neunzig Jahren noch immer ist, eingeladen wird, vor *upper-class*-Spitzenkräften vorzutragen, dann werden die Plätze gehandelt und nur die Wenigsten dürfen ihm Fragen stellen, geschweige denn nach dem Vortrag auch zu ihm. Worauf ich hinaus will, ist Folgendes: Die Oberschicht weiß, dass es einerseits um strategische Theorien geht und andererseits um geordnete Strukturen, die erstellt werden müssen, damit die Strategien erfolgreich vollzogen werden können. Die Lobby der Personaltrainings ist die, diese elitären Strategien zu stärken, zu vertreten zu vermarkten und unter die Aufsteiger zu streuen, und zwar so, dass eben diese glauben, sie würden damit auch persönlich große Erfolge erzielen. Das aber ist nur ein Spiel - *ihr Spiel.* Daher sind die Persönlichkeitstrainings, die man allen Ortens zuhauf vorfindet, immer über Interessen gestützt, die die Karriere als oberstes Prinzip anpreisen. *Wenn du dies machst, dann unterstützt du damit deine Karriere.* Der Mensch steht dabei

nicht im Mittelpunkt, sondern das Wachstum des Unternehmens - die Unternehmensziele und die eigene Karriere.
Mein Ansatz zur Entfaltung der Potenziale ist ein naturalistischer. Ich bin der Überzeugung, dass nur das in uns liegende Potenzial zu entfalten ist, um uns Menschen zu fördern, Punkt. Es soll keinem anderen Zweck dienen, als der Förderung der Gesunderhaltung des Einzelnen. Wenn wir die Ressourcen in uns wahrnehmen, sie ausreizen und unser Potenzial erkennen - unabhängig vom schnöden Mammon, von Karriere und Vorteilsstreben, dann entfalten wir das Stärkste in uns, dass wir Besitzen: unser Lebenskraftpotenzial. Dies führt uns automatisch dorthin, wo wir hingelangen möchten, wenn wir die Geduld und die Standfestigkeit aufbringen, uns und nicht irgendetwas an unserer statt zu folgen. Für einige ist das Gott, für andere das Universum. Für mich ist es die Natur in mir und um mich herum, die ich in Kommunikation, also in Beziehung miteinander bringe. Es ist aber vollkommen egal, wie wir das nennen: »Allah«, »Buddha«, »Shiva«, »Natur«, »Universum«, »Gott« oder »Liebe«. Wichtig ist allein, dass man diese Kraft entfaltet und sich ihr hingibt und dabei erlernt, dass man für nichts und niemanden zu kämpfen braucht. Ich glaube nicht, dass es eine stärkere uns antreibende Kraft gibt. Sie ist die freieste Kraft, die wir empfinden können und sie zeigt uns unser Potenzial auf. Viele Religionsstifter haben diese Kraft missbraucht, um sich selbst einen Wirt zu erschaffen, an dem sie sich festsaugen können, damit sie in Wohlstand leben können.

Wenn man erst einmal verstanden hat, dass man auf einem Irrweg unterwegs war, weil man zuvor meinte, man würde jetzt die ganze Welt neu entdecken oder ihr etwas vollkommen Neues zu sagen haben, was zuvor noch nie gesagt wurde, dann blickt man anders auf die Welt und in sie hinein. GOETHE wird in den Mund gelegt, gesagt zu haben, *dass es nichts gibt, was nicht schon ein anderer gedacht habe.* Das trifft zu. Es gibt nichts, was wir heute denken und Wissen, was die altvorderen Denker nicht schon gedacht, gewusst oder herausgefunden haben. Wir tun nur so, damit wir vor den Unwissenden als Wegweiser dastehen, und sind selbst dabei nur der Parasit, der seinen Wirt erschafft.

Eines der Möglichkeiten, seine Potenziale zu entfalten ist Achtsamkeit im Umgang mit sich, den Menschen und der Umwelt. Ein weiterer Punkt in der Entfaltung des menschlichen Potenzials ist sein Körper. Jeder Körper will bewegt werden. Es ist nicht seine Natur, zu ruhen. Sport, nicht Hochleistungssport, ist wichtig für den ganzen Leib. Breitensport erhöht die Lebensqualität, vor allem dann, wenn man sie in jungen Jahren bis ins Erwachsenenalter hinein ausübt. Solche Menschen werden im Alter im Kopf und im Körper gesünder leben können. Sport erhöht die Ausschüttung von Dopamin und Serotonin, zwei Hirnregulierer, die Nervenfortsätze stabil und vor allem aktiv halten. Sport hat einen dicken Effekt auf die Salutogenese der Menschen und kann auch in Therapien positive Effekte erzeugen. Wir leben in einer sehr kopflastigen Zeit. Wir integrieren zu über achtzig Prozent nur unsere Art und Weise, zu denken, zu reden oder zu analysieren in die Gesellschaft hinein. Körperliche Anstrengungen werden immer mehr verpönt. Schon allein die Kulturleistung, die wir seit der Industrialisierung in Tradition verpackt haben, dass Arbeiter zum körperlichen Abschuften da seien und damit minderer Tätigkeiten nachgehen und kopflastige Strategen Ideen und Konspirationen nachgehen, höherwertige Tätigkeit genannt wird, ist ein Anschlag auf die Würde aller Menschen. Selbst auf die, die diesen Unsinn noch immer vertreten. Es gibt weder eine niedere noch eine höherwertige Tätigkeit. Alle sind im Maßstab der Gesellschaft betrachtet gleich wichtig. Ausgewogenheit im Umgang mit der Erstellung von Berufsbildern wäre hier das richtige Maß, aber: Herrschaftsinteressen gehen nun einmal über alles. Daher ist denken und handeln, Körper und Geist in unserer Kultur des Abendlandes auch so getrennt worden. So ist das immer wieder und viel zitierte Leib-Seele-Problem gar kein philosophisches oder religiöses oder gar rein wissenschaftliches Problem. Es ist ein westliches Herrschaftsproblem, denn Herrschaft in der westlichen Welt beruht auf dem strikten Leugnen eines Einheitswissen, das uns sagt, dass wir zu jeder Zeit mit dem Göttlichen und dem Spirituellen, dem Natürlichen und dem Universellen, dem zu wissenden und dem selbst Erfahrbaren schon immer eins waren und es sind - über den Tod hinaus. Gerade unsere westliche Zivilisationskultur beruht ja darauf,

uns darin als ein Rätsel zu betrachten und das Wirkliche nur auf Verwertbares zu begrenzen.
Viele Fragen sich, *was kann ich tun, damit ich meine Potenziale entfalte.* Viel wichtiger aber scheint mir die Feststellung zu sein, was man *nicht* zu tun braucht, damit sich das eigene Potenzial überhaupt über die Aufmerksamkeit im Bewusstsein bemerkbar machen kann. Menschliches Potenzial ist ein Abbild des Menschen selbst, das in einen Teil der Natur eingepasst ist und die Natur solange für dieses Abbild sorgt, wie dieses Abbild auch versteht, dass es dazu eingepasst ist und zur Natur dazugehört. Meint dieses Abbild aber, dass es woanders hingehört, hört die Natur auf, diesem Abbild Kraft zu geben. Hören wir also auf, die unsinnigsten Fragen für die weisesten zu halten, die Fortschrittlichsten für die Wesentlichsten, die uns Genehmen für die Klügsten. Halten wir inne und schauen uns um, um zu sehen, was bisher alles an Möglichkeiten übersehen wurde: Der Menschen Menschlichkeit ist ihr ganzes Potenzial. Der Mensch sollte einfach nur Mensch sein und nicht ein Abbild für irgendwelche Bedürfnisse, denen er sich laut Recht und Gesetz zu beugen hat. Beugt er sich dessen, so beugt er sich einzig davor, eben nicht ganz Mensch sein zu können. (Hiermit meine ich natürlich nicht, dass man Straftaten begehen solle - ganz im Gegenteil!)
Keine Pille kann in uns etwas entfalten, was wir verloren haben. Nur unsere Sinne selbst können uns den Weg erhellen, doch den Dschungel muss jeder selbst mit seinen eigenen Füßen durchschreiten. Jeder lange Weg beginnt mit dem alles entscheidenden ersten Schritt. Gehen Sie ihn nicht selbst - keiner wird ihn je für Sie gehen.
Stellen Sie sich immer wieder vor, dass ihr Gehirn mehr Verbindungsmöglichkeiten besitzt, als das Universum Atome in sich birgt. Es dürfte damit klar sein, dass Menschen, die immer wieder sagen, »dieses und auch jenes kann *aber* nicht jeder - Du vielleicht, weil Du einen starken Willen hast...«, in Wahrheit meinen solche Menschen, dass sie es selbst nicht können *wollen*. Denn Können, das kann wirklich jeder.
Der bei weitem größte Teil unserer Gene wird dafür benötigt, die Milliarden Nervenzellen miteinander zu verknüpfen. Nutzen Sie die-

ses unermessliche Potenzial, aber sagen Sie nicht, sie wären dazu eigentlich nicht fähig, denn Sie

Abschließend werfen wir noch einen Blick auf unsere Motivation und wie diese im großen Stil manipuliert wird.

ANSTELLE EINES NACHWORTES: RAD ODER GETRIEBE

»Damit die Bösen gewinnen, reicht es, wenn die Guten nichts tun.« EDMUND BÖRG

»Als der Zen-Meister Po-Chang nach der Suche nach der Buddha-Natur gefragt wurde, antwortete er: Das ist, wie wenn man auf einem Ochsen reitet, um den Ochsen zu suchen.« FRITJOF CAPRA

»Nur die kleinen Geheimnisse müssen bewahrt werden. Die größeren bewahren sich selbst, aufgrund öffentlichen Unglaubens.« MARSHALL MCLUHAN

Die meisten Menschen denken, dass all die Unterhaltungen in Filmen und Fernsehsendungen nichts weiter als einfache Unterhaltung ist. Das war jedoch zu keiner Zeit der Fall. Die bedeutungsvollsten gesellschaftlichen Botschaften werden durch die Verankerung von emotionalen Szenen vermittelt. Emotionale Inhalte sind sehr wichtig im Gegensatz zu Diskussionen, wobei man ja auf Logik und Fakten setzt. Es gibt keine Logik der Fakten, wenn man unter einem starken Einfluss von Fiktionen steht. Das Gehirn filtert Realitätsbezüge, die in Form von Informationen sachlich verknüpft werden können, besser, wenn sie dabei gleichzeitig stark emotionalisiert wahrgenommen werden. Starke Emotionen rationalisieren den Vernunftfilter im Gehirn. Der Filter im Gehirn ist ausgeschaltet, der sagen könnte: *Ja ich stimme jenem zu und lehne dieses ab*. Was aber wäre denn der Erfolg von solcher Manipulation?

Die meisten Menschen wollen zu ihrem gesellschaftlichen Umfeld dazugehören. Sie wollen so sein, wie alle anderen, wenn es um Meinungen, Auffassungen und dem Zeitgeist geht. Der Mensch hat einen angeborenen sozialen Antrieb, sich mit der Gruppe gleichzuschalten, sich zu synchronisieren. Er ist Teil seines Säugetiererbes. Er schwimmt lieber mit dem Strom, als gegen ihn. Wir beurteilen unsere eigene geistige Gesundheit, indem wir Ideen gegenüber unseren Nachbarn und Freunden äußern, die sich über bestimmte

Themen zustimmend zurückäußern. Es ist egal, ob es sich dabei um Fakten oder um völligen Unsinn dreht. Solange jeder dem gleichzeitig zustimmen kann, weil allen die gleichen Informationen gegeben wurden, solange ist alles in Ordnung. So werden wir programmiert und dadurch ist es sehr schwer, sich ernsthaft damit zu beschäftigen, wie das Weltgeschehen tatsächlich abläuft. Denn es interessiert im Zeitgeist der programmierten Meinungen, dem ›Mainblock‹, niemanden, was nicht von allen kopfnickend bestätigt wird. Und so werden wir nicht wirklich das Bedürfnis verspüren, die Täuschungen zu untersuchen, oder zu entdecken, die gegen uns verwendet werden. Es ist schon erstaunlich, wie leicht es tatsächlich ist, die Massen zu manipulieren, sie als Wirtstier zu missbrauchen, ohne dass sie selbst davon etwas bemerken. Für sich selbst zu denken ist anscheinend die schwierigste Form des Denkens überhaupt, weil sie Selbsttreue verlangt.

WARUM ALLE IMMER DAS GLEICHE SAGEN

Die Mehrheit verfügt nicht über das notwendige Selbstvertrauen, sich in die eigenen Auffassungen gegen eben diese Mehrheit zu behaupten. Der Druck, sich an die gegebene Mehrheitsmeinung anzupassen bestimmt das Bild der Gruppe. SOLOMON ASH, ein US-amerikanischer Sozialpsychologe, machte dazu ein aufsehenerregendes Experiment in der Mitte des letzten Jahrhunderts. Er ordnete sein Experiment so an, das der eigentliche Versuchskandidat nicht wusste, dass nur er allein getestet wurde. In einem Raum mit sieben Leuten gab ein Versuchsleiter zwei Karten. Auf der einen Karte sahen sie drei unterschiedlich lange Linien gezeichnet, auf der anderen Karte nur eine. Alle sollten nun herausfinden, welche der drei Linien genau so lang war wie die, auf der Karte, wo nur eine Linie aufgezeichnet war. Was die Versuchsperson nicht wusste, die anderen Sechs waren mit dem Experiment vertraut und sollten nun gemeinsam eine falsche Linie als gleichlang ausmachen und bei ihren Behauptungen bleiben. Das erstaunliche war, dass so gut wie niemand sich diesem Druck der Sechs beugen konnte, obwohl die Linien so angeordnet waren, dass jeder schnell die beiden gleichlangen Linien erkennen konnte. Dieses Experiment wurde unter dem Begriff ›*Konformitätsdruck*‹ in der Sozialpsychologie bekannt und ist heute als ›*plurastische Ignoranz*‹ in allen meinungsbildenden Zentren von Zivilisation als ›*Haltungslenkung der Massen*‹ vorzufinden. Diejenigen, so fand ASH heraus, die sich den anderen Sechs nicht beugten und bei ihrer eigenen Feststellung blieben, waren ausnahmslos sehr selbstbewusste Personen. Im Laufe der Jahre wurden zahlreiche Experimente dazu erprobt. So hat die Kommunikationswissenschaftlerin ELISABETH NOELLE-NEUMANN, die Pionierin der Demoskopie in Deutschland, ein weitreichendes Modell für den Konformitätsdruck durch die Medien erarbeitet, das als ›*Schweigespirale*‹ bekannt wurde. Sie stellte fest, dass die meisten Menschen in der Öffentlichkeit nur die Meinungen vertreten, die über die Medien, vornehmlich dem Fernsehen, veröffentlicht wurden.

1. Menschen machen sich ständig unbewusst ein Bild darüber, wie es um die Öffentliche Meinung bestellt ist und passen sich dieser an - bleiben quasi ständig in Anpassungsbereitschaft zur Öffentlichen Meinung.
2. Die meisten empfinden eine Isolationsfurcht und wollen nicht sozial isoliert werden, daher passen sie sich an, synchronisieren sich mit der Mehrheitsmeinung.
3. Wenn Menschen merken, dass ihre unterdrückten Eigenannahmen im Aufwind begriffen sind, äußern sie sich schneller zu ihren Meinungen als Menschen, die sich in einer Minderheitsfraktion befinden. Dadurch erscheint die Mehrheitsmeinung noch stärker, ohne es tatsächlich sein zu müssen.
4. Das vorherrschende Thema, worüber sich die Mehrheit eine Meinung bildet, wird von den Meinungen beherrscht, die im Fernsehen dazu geäußert werden.
5. Grundvoraussetzung für die Meinungsbildung der Mehrheit ist, dass die Themen moralisch aufgeladen sein müssen, damit derjenige als moralisch schlecht gilt, der sich dieser Meinung entgegenstellt. Die ›faktische Minderheitsmeinung‹ wird somit dann zur Mehrheitsmeinung und

stellt alle Diskutierenden dadurch unter Konformitätsdruck, dem sich nur die Wenigsten beugen.

Die Minderheitsmeinung, beispielsweise des FBI, dass USAMA BIN LADEN nicht für die Anschläge vom elften September 2001 verantwortlich gemacht werden kann, *mangels Beweisen* (sic!), interessiert heutzutage Niemanden. Jetzt wissen wir, *warum*.
Das Gleiche gilt für den Abwurf der Uranbomben, die seit fast zwanzig Jahren im Einsatz sind. Schon HITLER ließ an panzerbrechenden Urangranaten forschen und wollte sie gegen die russischen Panzerverbände einsetzen.
Und ebenso gilt dies alles für die Ignoranz der Gewalt und ihrer Fratze. Gewalt wird über die Medien in einem bestimmten Kontext transportiert. Am Anfang dieses Kontextes steht soziale Gewalt. Am Ende steht der Krieg. Darin verbirgt sich eine Wahrheit, die von der Meinungsbildung tunlichst ausgegrenzt wird. Wir sollen sie auf gar keinen Fall wahrnehmen. Auch hier wissen wir, *warum*.
Wir werden jede Woche mit gewalttätigen einseitigen Berichten überschwemmt, damit wir eine bestimmte Meinung und Auffassung von Gewalt bekommen, mit der wir dann beschäftigt sind. Väter prügeln ihre Kinder zu Tode, Mütter werfen ihre Babys in einen Mülleimer. Jugendliche schlagen sich gegenseitig in der Schule zusammen, berauben, erpressen und vergewaltigen dort, oder sie erzwingen irgendetwas über die Androhung von Prügel. Das ist das Bild der Gewalt, das in der Öffentlichen Meinung umhergeistert - ohne einen sichtbaren Faden dazu aufzunehmen. *Was ist Gewalt? Warum haben wir sie und machen so intensiv Gebrauch von ihr? Warum lösen wir soziale Gewalt nicht, obwohl wir dies heute zu einem überragenden Teil könnten? Warum werden nicht die richtigen Maßnahmen ergriffen?* Wir wissen, *warum*.
Solange wir auf diesem Niveau mit uns selbst beschäftigt bleiben, wird sich in Sachen sozialer Gewalt nichts ändern. Ich behaupte, dass auf politischer Seite gar kein Interesse dazu besteht, ja mehr noch: Würde die Politik Gewalt tatsächlich wandeln, wie wir es heute schon können, dann würde sich die Staatsräson einschalten und der sozialen Gewalt wieder ihrem Status quo zuführen. Denn: Worauf beruht Herrschaft? Auf der Theorie, dass die Herrschenden uns

vor *der* Gefahr schützen. Was aber geschähe, *die* Gefahr wäre vorbei? Dann bräuchte Herrschaft eine neue Gefahr.
Herrschaft ist bisher gut damit gefahren, eine dauerhafte Gefahr aufrecht zu erhalten. Gewalt, das ist das Fazit dieses Buches, Gewalt lebt in allen Gassen und soll niemals aufhören, uns im Banne dieser Angst zu halten.
Im Gefängnis, wie Wilhelm Reich das nannte, befinden sich die allermeisten und diejenigen, die aus dem Gefängnis ausbrechen, müssen stets auf der Hut vor der unaufgeklärten großen *Mehrheit der Gefangenen* sein und sollten nicht zu laut damit prahlen, sich außerhalb des Gefängnisses zu befinden. Doch das Gute daran ist, dass sich diejenigen immer sofort erkennen, die außerhalb und ohne Gewalt auskommen. Sie sind die Brückenbauer für eine neue Form der Gesellschaft, die zwar nicht zu eigenen Lebzeiten kommen wird, die aber kommen wird, weil sie auf Dauer nicht aufzuhalten ist. Denn: Eine Idee, deren Zeit gekommen ist, kann durch nichts und niemand an seiner Entfaltung gehindert werden.
Gewaltlose Gesellschaften sind keine Utopien. Sie sind nicht nur machbar, sondern man kann in ihnen auch zu Wohlstand kommen; Wohlstand aber, der die anderen sechs Milliarden Menschen nicht ausschließt. Dazu brauchen wir Zivilcourage gegenüber dem, was uns wirklich im Innersten bewegt, Toleranz gegenüber denen, die Angebote dazu machen und manchmal auch zivilen Ungehorsam gegenüber denen, die uns in unserem Inneren bedrohen; *gewaltlos*. Wir müssen dabei nicht danach fragen, was die da oben (wer und was immer damit gemeint ist) für uns tun wollen, sondern, jeder Einzelne sollte danach streben, sein eigenes Leben nicht davon abhängig zu machen, was andere über ihn denken. Wer im Gefängnis bleiben möchte, dem wird kein gutes Zureden zur Selbsthilfe animieren können. Jeder sollte seine Energien für seinen eigenen Wandel nutzen, damit er zu dem Wandel wird, den die Meisten immer nur von den Anderen erwarten, diesen aber nicht sich selbst abringen wollen. Ich habe es in meiner Tätigkeit als Gewalttherapeut noch nie erlebt, dass sich der Täter um die Rechte und Ansichten seiner Opfer schert. Täter haben ein narzisstisches Selbstbild. Auch die Täter, denen wir das Attribut der Täter noch nicht gegeben

haben und sie so auch nicht als Täter sehen können. Wichtig bleibt einzig das eigene Streben und nicht die gewählte Erwartungshaltung. Erwartungshaltungen gleichen Handschellen und Fußketten, mit denen man weder Vorwärts noch Rückwärts kommt.

»ICH WEIß, ICH HABE RECHT-SYNDROM«

Es gibt eine interessante Studie darüber, warum wir, häufiger als es uns lieb ist, irrational denken und handeln, ohne dass uns die Tragweite dessen bewusst wird. Fakten, so die Studie, tragen nur in Ausnahmefällen dazu bei, dass wir unsere Meinungen ändern. Das was wir glauben, dirigiert unser Denken selbst dann, wenn die realen Zusammenhänge klar und deutlich gegen alle Eigenannahmen sprechen. Dieses psychologische Phänomen wird *›Backfire‹* genannt. Glasklare Fakten werden ignoriert, ganz egal welchen Tatsachen oder Fakten wir dabei ausgesetzt sind. Wir fahren in unserem Weltbild wie auf Schienen, von denen wir nicht mehr herunterkommen.

Der Motor für unseren *›Backfire‹* ist Angst. Angst davor, zugeben zu müssen, dass wir uns in unserer Weltanschauung geirrt haben. *»Für die meisten Menschen ist schon allein die Idee absolut bedrohlich, sich einzugestehen, man liege mit seiner Einschätzung falsch«,* sagt der Politikwissenschaftler und Leiter der Backfire-Studie BRENDAN NYHAN und fährt fort: *»Diese Verteidigungshaltung haben wir deswegen, weil wir kognitive Dissonanz vermeiden wollen.«* Mit kognitiver Dissonanz bezeichnen Sozialpsychologen einen Gefühlszustand, bei dem man eine Entscheidung gefällt hat, wohlwissend, dass andere Alternativen besser gewesen wären. Dabei entsteht im Inneren ein Störgefühl zwischen Wahrnehmen, Absichten und Handeln, die in Zweifel enden können, weil der zuvor eingeschlagene Weg sich immer deutlicher als Irrweg erweist. Das Phänomen des *›Backfire‹* schützt den Einzelnen durch Starrsinn am Festhalten des eigenen Irrweges und lässt ihn zahlreiche Rechtfertigungsgründe ersinnen, sich an seine Verhaltensentscheidung immer fester zu klammern.

Wir glauben, unsere Verhaltensentscheidungen werden durch rationales Denken und durch das Abwägen zahlreicher harter Fakten geformt. Wir glauben, wir würden Entscheidungen auf der Grundlage unserer Intelligenz und unserer Vernunft begründen. Doch in der Realität bauen wir unsere Meinungen, unsere Verhaltenskonzepte und unsere Entscheidungen sehr häufig auf unseren Glauben auf, möglichst unserem Weltbild zu folgen - egal ob Fakten und Tatsachen gegen unser Weltbild sprechen oder es zum Einstürzen bringen. Statt dass Fakten, Tatsachen und Vernunftgründe unser Verhalten steuern, steuert unser Glaube, wie unsere Welt zu sein hat, die Fakten die wir dabei bereit sind, in unser schon bestehendes Weltbild einzufügen. Mögen wir dabei noch so falsch liegen! Dies kann dazu führen, dass wir falsche Informationen akzeptieren (und auch genau wissen, dass sie falsch sind), nur weil wir sie besser in unser Weltbild anknüpfen können. Dabei werden wir dann auf Dauer immer weniger für Tatsachen und Fakten empfänglich.
Was auch in dieser Studie, wie auch schon beim *›Konformitätsdruck‹* herauskam, war, dass beim *›Backfire‹* diejenigen besser gegen *Selbstmanipulation* gefeit sind, die über eine starke Persönlichkeit verfügen. Je ängstlicher ein Mensch ist, desto eher werden alte und unwahre Weltbilder zum Schein vor Fakten, Tatsachen und Vernunft gestellt. *»Es ist schwer, optimistisch zu sein hinsichtlich der Effizienz der Menschen bei der Kontrolle der Realität«*, stellte NYHAN fest.

JAMES H. KUKLINSKI, ein weiterer Politikwissenschaftler untersuchte falschinformierte Menschen und stellte bei ihnen fest, dass sie ganz besonders fest und unerschütterlich gerade an solchen politischen Vorstellungen festhalten, *denen jeglicher Wahrheitsgehalt fehlt.* Er nannte dies das *›I know I'm right-syndrome‹* (Ich weiß, ich habe Recht-Syndrom). Mehr als die Hälfte der Probanden waren überzeugt, dass ihre Antworten richtig waren - in Wirklichkeit lagen jedoch nur drei Prozent bei mehr als die Hälfte der Fragen richtig. Vielleicht noch beunruhigender ist es, das diejenigen, die am meisten überzeugt waren, Recht zu haben, genau diejenigen waren, die am wenigsten über die realen Fakten bescheid wussten. *»Es bedeutet nicht nur, dass die meisten Leute sich der Korrektur ihrer tatsäch-*

lichen Überzeugungen widersetzen, sondern auch, dass gerade die Menschen, die dies am dringendsten tun sollten es am wenigsten tun«, stellte KUKLINSKI abschließend fest.

Eine Bevölkerung in ständige Angst zu versetzen fördert die Unfähigkeit, sich unabhängig eine andere Meinung zu bilden. Selbstbewusste, starke Persönlichkeiten haben es einfacher, neue und die eigene Auffassung widerstrebende Realitäten zu akzeptieren und sie in das eigene Weltbild einzuweben.

SEHEND, ABER DENNOCH BLIND

In England gibt es eine Redewendung: *The elephant in the room*. Es besagt, dass wir Dinge oder Begebenheiten oftmals nicht erkennen oder bemerken, die Riesenhaft sind. Weil wir gleichfalls mit zahlreichen anderen Wahrnehmungen beschäftigt sind, die unseren Einfluss auf die Realität schmälern, sehen wir den Betrug, der sich riesenhaft vor uns aufbäumt nicht: Wir sehen den Elefanten vor uns nicht mehr, wenn wir plötzlich mit einer Armee von Ameisen um uns herum beschäftigt sind. In den psychologischen Wissenschaften wird dies als »sehende Blindheit«, als Veränderungsblindheit (change blindness), als Wahrnehmungsblindheit (inattentional Blindness) oder als »Unaufmerksamkeitsblindheit« untersucht.

Noch einmal: Das FBI, das dem US-Justizministerium unterstellt ist, sagt: Uns liegen keinerlei Beweise vor, USAMA BIN LADEN für die Anschläge vom elften September 2001 zu beschuldigen und anzuklagen. Schaut man auf der Homepage des FBI nach, finden sich bei ihm tatsächlich keinerlei Anschuldigungen, das Jahrhundertverbrechen begangen zu haben - bis heute! Wichtig ist doch nur, dass wir dass alles glauben, weil wir damit beschäftigt sind, uns die zahlreichen Ameisen vom Leib zu halten und damit nur ihnen unsere Aufmerksamkeit schenken. Dasselbe gilt für den offiziellen Tod von USAMA BIN LADEN: Tatsächlich gibt es nicht einen einzigen Beweis dafür, dass die USA ihn wirklich gefasst, getötet, ins Meer geworfen haben oder das die *Operation Geronimo* überhaupt USAMA BIN LADENS Festnahme oder Tötung galt. Wenn ich etwas durchsetzen möchte, dass ich anhand der Wahrheitsfakten nicht durchsetzen

kann, dann spinne ich mir eine Lüge/Propaganda zu Recht, die zum Ziel hat, eine Rechtfertigung für meine Interessen durchzusetzen.
Die Kunst der Propaganda besteht ja gerade darin, Informationsameisen zu streuen, damit die Elefantenhorde nicht auszumachen ist. Und so kann es kommen, dass man einen funkelnden Edelstein vor sich liegen hat, ihn nicht sieht, sondern daneben greift und Dreck hochhält.

DEM RICHTIGEN UFER ZUSTREBEN

»Ich helfe den Leuten zu verstehen, dass jeder Einzelne jeden Tag etwas bewirken kann. Viele denken: Das hat nichts mit mir zu tun, das ist Sache der Politiker, der Wissenschaftler oder der Wirtschaftsbosse. Die Leute verstehen nicht, dass wir alle etwas beitragen können, auch wenn es wenig erscheint. Wenn Millionen Menschen im Kleinen tätig werden, verändert sich etwas. Man muss den Leuten helfen, zu verstehen, dass ihr Leben wichtig ist, dass sie Einfluss haben können. Sie dürfen sich nicht apathisch zurücklehnen und die Taten anderen überlassen. Wenn man diese Gefühle von Hoffnungslosigkeit und Hilflosigkeit überwunden hat, dann können die Menschen eine ungeheure Energie entwickeln, von der sie zuvor gar nicht wussten, dass sie diese auch besitzen«, sagt JANE GOODALL in einem Interview für den Dokumentarfilm *Jane's Journey*, der ihr Leben von der Sekretärin zur wohl bekanntesten Affenforscherin aufzeigt.
Ein jeder denkt, er sei ja bloß ein kleines Rädchen, doch kann ein jeder doch auch das gesamte Getriebe zum Stillstand bringen. Ein Rad kann für sich erfahren, dass es zum Herstellen ganzer Getriebe erschaffen ist und nicht nur dazu, um sich immerfort bloß um sich selbst zu drehen - dass ist das Wesen des Rades, das schon in jedem Rad steckt, ein Getriebe zu werden. Die Ressource Rad braucht Bewegung. Bewegung um alles Mögliche. Nur so kann es seine in ihm steckende Potenzialität, Getriebe werden zu können, erfahren. Bleibt es aber in Lethargie verfallen und dreht es sich allenfalls nur um sich selbst, so werden andere Getriebe es für sich benutzen. Die arglistige Kunst dabei ist dann bloß, das Rad davon zu überzeugen,

dass alles sich nur zu drehen hat. Dann wird ein solches Rädchen den leichtesten Weg auch für den sinnvollsten halten: den Kreistanz um sich selbst.
Die primitive Kunst der Diskussionsbombe (Konformitätsdruck, Schweigespirale, gesteuertes ›*Backfire*‹ und das *Ich weiß, ich habe Recht-Syndrom*, um Mehrheitsmeinungen zu bilden) besteht dann nur noch darin, solchen Rädchen ständig weiß zu machen, dass andere getriebebildende Rädchen die Feinde der kreistanzenden Rädchen sind. Den Rest machen die kleinen Rädchen selbst. Sie entscheiden sich nie für sich, sondern verlangen, dass Andere für sie denken und entscheiden, weil der Kreistanz zentrifugal wirkt, also alle Innenwelt zu einer sich verdichtenden Welt zwingt. Jemand der da sagt: *Stopp!,* der zwingt die kleinen Rädchen zur Außenschau und da die Außenwelt dabei sehr bedrohlich wirkt, wird der Stopper zur Bedrohung ausgemacht - und nicht der Umstand, dass man sich nicht weiter traut. Solange sich aber die kleinen Rädchen untereinander als Stütze für ihr eigenes Sicheinigeln zusammenrotten, um selbst Halt zu finden, solange wird ein Frieden auf Erden zum Herrschaftsprinzip outgesourced bleiben. Alle Rädchen werden benutzt und sind unmündig und unaufgeklärt gegenüber dem eigenen Schicksal. Die dabei geballte negative Aggressivität wird gesteuert, um Herrschaft zu festigen. Herrschaft wird niemals die Interessen der Rädchen vertreten. Und solange die Rädchen auch fest davon überzeugt bleiben, Rädchen in einem Getriebe zu sein, solange werden die Rädchen all das auch weiterhin unterstützen, was unsere menschliche Welt so eindringlich bedroht. Diese selbstproduzierte Unmündigkeit und Unaufgeklärtheit gilt es zu überwinden. Zum Frieden wird es sonst nicht reichen, aber zum Auslöschen unserer Spezies ganz sicher.

Die Fixierung auf das eigene Gewaltverhalten verhindert die eigene Potenzialentfaltung. Die Entfaltung der Potenziale stoppt alle Gewaltabsichten. Auf diese Kurzformel zusammengebracht reduziert sich die Erkenntnis dieses Buches: *Gewalt vernichtet Potenzialität - Potenzialität verhindert Gewalt.* Mehr noch: Gewalt und Potenzialität grenzen sich gegenseitig aus. Sie sind die Ufer eines Flusses, in dem wir alle umherschwimmen. Wir streben einem der Ufer zu, weil wir festen Boden unter unseren Füßen haben wollen und nach Luft schnappen. Beide Ufer säumen Menschen mit Rufen nach *Hier, hier entlang!* Die Nebenwirkung der Gewalt ist Angst, die der Potenzialität ist Ichstärke. Alle Herrschaftsprinzipien entschieden sich bisher für die Angst und unterdrückten damit eine sich an ihren Potenzialen erwachsene Gesellschaft. Doch gerade diese benötigen wir Heutigen dringender denn je. Warten Sie nicht darauf, bis sich die dafür notwendigen politischen Reformen einstellen. Hoffen Sie auf sich selbst. Darauf, dass Sie sich aufklären, tatsächlich Mündigkeit von sich abverlangen, ihre Sinne schärfen und sich selbst folgen. Ich kann nur hoffen, die Menschen die das von sich selbst abverlangen, werden immer mehr.

Abschließend noch ein Zitat von JEAN ZIEGLER: »Aber es ist gleichgültig, welcher Mensch an der Spitze eines Konzerns steht. JEAN PAUL SARTRE hat geschrieben *Wer die Menschen lieben will, muss sehr stark hassen was sie unterdrückt – nicht wer sie unterdrückt.* Es geht um die ›strukturelle Gewalt des Kapitals‹.« Alle Jahrhunderte wurden von dieser Struktur der Gewalt zivilisiert, beherrscht oder kolonialisiert. Wir müssen diesen tiefen und ungewohnten Blick in ihre Gewaltfratze wagen *wollen*, denn nur wenn wir uns nicht weiterhin scheuen, sie anzublicken, können wir die Krankheit aller Krankheiten unter der das Menschentier leidet, heilen: die Versklavung unter ihrem Joch und damit die Unterdrückung und Abtötung alles Lebendigem in ihm und seinen Nachkommen. Ihr Heilmittel ist die Optimierung unserer inneren Ressourcen und damit verbunden, die Aktivierung unseres menschlichen Potenzials – in Kooperation, nicht mittels Kampf, Raub, Krieg oder Propaganda. Denn dieses ist das wirkliche Verbrechen: das Verbrechen an *unserer* innen wohnenden Menschlichkeit, die die Kraft der Verbindung kennt. Mit uns und den Anderen.

KURZDEFINITIONEN

Affektive Psychose: Einseitige Stimmungsschwankung ohne Einflussnahme auf die Realität. Irreale Vorstellungen von Bedeutungsgehalten in Situationen, die das Verhalten bestimmen. Die affektive Psychose ist ein Merkmal vieler Gewalttäter, die in ihrer Umwelt Wahrnehmungen herbei konstruieren, die objektiv betrachtet gar nicht vorhanden sind.

Ambulantes Therapietraining: Trainingsmaßnehmen in Schulen, Heimen oder sozialpädagogischen Einrichtungen nennt man ambulante Maßnahmen.

Anthropozentrismus: Den Menschen in den Mittelpunkt allen Handelns zu setzen.

Apoptose: In vielerlei Hinsicht ein eingeleiteter Zelltod im Sinne eines Selbstmordprogramms, der auf Grund interner biologischer Mechanismen ausgelöst.

A priori: vom Früheren her; von der Erfahrung unabhängige Schlussfolgerung; durch die Vernunft gewonnene Schlussfolgerung, die durch die Wahrnehmung unabhängig gültig ist; aus Vernunftgründen. In der Philosophie und den Wissenschaften gebräuchliche Erkenntnis, die allgemeine Gültigkeit besitzt. Schwerkraft wirkt ins Innere seiner Kraft und zieht daher Masse immer zu seinen Mittelpunkt hin. Im Gegensatz zu a priori gelten die von den Erfahrungen abhängigen Erkenntnisse, die a posteriori erfahrbar sind.

Aversion: Abneigung, sich bestimmten Stoffen, Verhalten oder Dingen anzunähern.

Axiom: Oberster Lehrsatz, Grundannahme einer Theorie.

Bagatellisierung/Bagatellisieren: Unbedeutende Sachverhalte mit geringfügigem Inhaltswert. Verdrehungen tatsächlicher Umstände. Aus einer Mücke einen Elefanten oder Dinosaurier konstruieren, um Konflikte zu produzieren, die nicht vorhanden sind.

Big Bang: Urknall, Beginn des Universums.

Circulus vitiosus: Teufelskreis, Regelkreismechanismus, aus dem die eigene Ichschwäche hervorgeht und immer weiter optimiert wird.

Coping-Apparat: Struktur im Gehirn, die nach Bewältigungsmustern sucht und diese in sich abbildet und speichert. Stressabbaumechanismus im Gehirn, der bei Konflikten aller Art, durch Bewältigung des jeweiligen Konfliktes immer besser auf die nachfolgenden Konflikte reagiert und Lösungen dazu im Gehirn bahnt. Im Grunde genommen ist der Coping-Apparat ein

Mechanismus, der die Mandelkerne zu unterdrücken weiß, um vernunftbetontes Handeln auch in größeren Stressmomenten zu ermöglichen.

Coping-Strategie: Verhaltensmuster, das Problem- oder Konfliktbewältigung ermöglicht.

Cui bono: Heute vor allem im juristischen Sprachgebrauch angewandte Formel, die angibt, *nach dem zu suchen, der bei einem Tathergang Vorteile davonträgt.* Denn dieser ist häufig auch der Täter. *Cui bono: wem zu Vorteil, wem nützt der Vorteil etwas – der ist wahrscheinlich auch der Täter, der Verursacher dessen.*

Defizit: Mangel, nicht ausgereifter Zustand einer Ressource oder eines Verhaltens.

Desintegrationsprozess: »Die zentrale These, die WILHELM HEITMEYER in seinem Werk vertritt, ist das sogenannte Desintegrationstheorem, das er gemeinsam mi REIMUND ANHUT in den 1990er Jahren entwickelt hat. Es ist auch als "Bielefelder Desintegrationsansatz" in den Sozialwissenschaften bekannt und bildet die theoretische Basis für das Syndrom der Gruppenbezogenen Menschenfeindlichkeit. Unter Desintegration werden die nicht eingelösten Leistungen gesellschaftlicher Institutionen und Gemeinschaften verstanden, die in der Gesellschaft zur Sicherung der materiellen Grundlagen, der sozialen Anerkennung und der persönlichen Unversehrtheit dienen. Die Grundthese des Theorems lautet, dass mit dem Grad der Desintegrationserfahrungen und -ängste auch das Ausmaß und die Intensität der genannten Konflikte zu- und ihre Regelungsfähigkeit abnimmt.
In Anlehnung an Arbeiten von BERNHARD PETERS versteht man im Desintegrationsansatz unter sozialer bzw. gesellschaftlicher Integration von Individuen und Gruppen ein gelungenes Verhältnis von Freiheit und Bindung, in dem drei spezifische Problemstellungen in adäquater Weise gelöst werden:

1. auf *sozialstruktureller Ebene* muss die Teilhabe an materiellen Gütern (Arbeits-, Wohnungs- und Konsummärkte) gesichert sein. Dies ist die **individuell-funktionale Systemintegration**.
2. auf der *institutionellen Ebene*, der Ebene der Vergesellschaftung muss der Ausgleich zwischen konfligierenden Interessen (Fairness, Gerechtigkeit, demokratisch-rechtsstaatliche Verfahren) gesichert sein. Dies ist die **kommunikativ-interaktive Sozialintegration**.
3. auf der *personalen Ebene*, der Ebene der Vergemeinschaftung, muss die Herstellung emotionaler, expressiver Beziehungen, Sinnstiftung und Selbstverwirklichung gesichert sein. Dies ist die **kulturell-expressive Sozialintegration**.

Der Desintegrationsansatz thematisiert die Herstellung sozialer Integration auf freiwilliger Basis, die in modernen Gesellschaften üblicherweise über Interessensausgleich, Anerkennung und Konsensbildung erfolgt, bzw. erfolgen kann. Damit unterscheidet sich diese Form der Integration von früheren Formen, die häufig auf unfreiwilligen Mechanismen, Zwang und Konformitätsdruck beruhten. Verschiedene Prozesse verschärfen die Integrationsproblematik in modernen westlichen Gesellschaften:

1. Auf der sozialstrukturellen Ebene vermindert soziale Polarisierung die Zugangschancen des Einzelnen zu den unterschiedlichen gesellschaftlichen Teilsystemen. Die Individualisierung erhöht zwar die Freiheit des Einzelnen, gleichzeitig wächst aber auch der Druck sich selbst z.B. auf dem Arbeitsmarkt zu platzieren. Sinkt nun die Wahrscheinlichkeit des Erfolgs auf dem Arbeitsmarkt führt dies bei den Verlierern zu Frustration. Es wird ihnen keine **Positionale Anerkennung** mehr zuteil. Wettbewerb, Ökonomisierung, Konkurrenzdenken und Konsumorientierung fördern eigennutzorientiertes Verhalten (Sich-Durchsetzen, soziale Distinktion und Ausgrenzung).
2. Auf der sozioemotionalen Ebene führt ambivalente Individualisierung zu einer Destabilisierung von Paarbeziehungen, familiärer Desintegration und gefährdet dadurch die Sozialisation von Kindern (erhöhtes Konfliktpotential, emotionale Überforderung der Eltern).« *Quelle: www.wikipedia.org*

Determinismus: Lehre, nachdem alle Zusammenhänge dem Ursache-Wirkungs-Prinzip untergeordnet sind. So sind bspw. unsere alltäglichen Erfahrungen oder Stimmungslagen immer auf irgendeine vorherige Situation zurückzuführen; *einer Einwirkung folgt eine Auswirkung.*

Diskreditieren: Das Untergraben des Vertrauens einer Person als gezielten Akt.

Egoideal: Ein Egoideal ist die Konstruktion eines Überich, dass zum eigenen Prinzip erhoben wird, so sein zu wollen, wie man sich sein eigenes ideelles Ich vorstellt. Das Egoideal bezieht sich auf die perfekte Person, die man sein will. Jedes Kind bildet ein Egoideal aus, wobei es sich dabei ganz natürlich an den eigenen Eltern orientiert und so sein will, wie beispielsweise die Mutter oder der Vater. Pervertiert diese Vorstellung von sich, im Sinne einer Hybridisierung des eigenen Ichs in der Pubertät, dann kann dies für die weitere Entwicklung nachteilige Folgen für die Persönlichkeitsentwicklung haben.

Epigenetik: Lehre in der Biologie (Molekularbiologie), wonach Gene nicht selbstständig aktiv sind oder selbstständig aktiviert werden, sondern eine von außen kommende Information (Welle) benötigen, um angeschaltet oder aktiviert zu werden.

Erlernte Hilflosigkeit: Situationen, bei denen man hilflos und sie als unveränderbar, als durch sich selbst ausgehend oder als allgegenwärtig betrachtet und diese nicht bewältigen kann. Extreme Hilf- und Machtlosigkeit der Situation gegenüber, in die der Mensch steckt. In dieser Hilflosigkeit steckend lernt der Mensch sich auf seine fundamentalen Grundbedürfnisse zu konditionieren und sich mit seinem Schicksal abzufinden.

Eugenik/sozialemotionale Eugenik: Zuchtwahl des Menschen; nach genetischen Wertvorstellungen für die Gesellschaft geplantes und durchgeführte Züchten von besonderen Merkmalen. Sozialemotionale Eugenik bezeichnet hier die Auswahl von bestimmten sozialemotionalen Mustern in der Gesellschaft, durch erlaubtes oder verbotenes Verhalten den Menschen an politische Strukturen anzupassen.

Exeget: Jemand, der sich als Vertreter einer unumstößlichen Lehre ansieht und diese gegen alle anderen Lehrmeinungen vertritt.

Expression: Umsetzen/Entfalten der Information, die in einem Genabschnitt aktiviert wird.

Fanal: Aufmerksamkeit erregendes Ereignis mit bedeutungsschweren Elementen.

Falsifikation: Widerlegung einer Aussage, Handlung oder Darstellung durch ein Gegenbeispiel, das dessen Wahrheitsgehalt zu Fall bringt.

Flow: Fließen, durchfließen. Hier ist damit gemeint, dass man in einem stabilen Kreislauf des positiven Erfolgserlebens eine selbstbestimmende Handlung vollführt, die die Ressourcen anregen.

Forensik: Ursachenforschung; Gerichtsmedizin, psychiatrische Klinik für psychisch kranke Straftäter.

Fraktal: Selbstähnlichkeit von Strukturen, die bei Vergrößerung einer kleineren Struktur immer wieder die ganze Struktur abbildet. Eine Struktur besteht immer wieder aus kleineren Strukturen, die sie selbst abbilden. Der Blumenkohl hat bspw. eine fraktale Struktur.

Gefangenen-Dilemma: In der Spieltheorie bekanntes Dilemma in kooperativen Spielen. Es ist das Vertrauen auf Kooperation zweier Personen zueinander, im Sinne einer für beide angemessenen Entscheidung. Doch liegt die Wahl des jeweils Anderen *im Vertrauen darauf, wie sich der Andere entscheidet.* Und da keiner der beiden dies weiß, sich aber entscheiden muss, kommt im Ergebnis oft ein Resultat vor, das für beide nicht optimal ist. Das ist in Konfliktspielen das Gefangenen-Dilemma, dass in ökonomischen Bereich oftmals als *Grenze der Kapitalwirtschaft ohne Kampf* verkündet wird.

Genozid: Das Vernichten einer menschlichen Rasse, Völkermord.

Gewaltaffektverhalten: In einer Gemütsbewegung leben, die in allem gereiztes und gewaltbereites Verhalten entwickeln lässt.

Gewalt-Hotspots: Mit Hotspots sind Ballungsräume gemeint, in denen besondere Eigenschaften sehr gehäuft auftreten.

Holozän: jüngste Epoche der Erdentwicklung, in die der heutige Mensch, der Homo sapiens sapiens, der sich aus dem Homo sapiens entwickelt hat, entstanden ist. Das Holozän begann vor ca. 12'000 Jahren.

Hybride Ich: Wenn man in seiner persönlichen Entwicklung die Eigenschaften künstlicher Charaktere für wichtiger hält, als sich selbst oder Fantasiefilm- oder Romanfiguren eine so hohe Bedeutung zugemessen werden, dass man sie zu verkörpern anstrebt - sie nachlebt, dann spricht man in der Psychologie von einem hybriden Ich. Man will dann so sein, wie die Fantasiefigur und vernachlässigt seine eigene Person. Die Hybridisierung des Ichs hat gerade bei jungen Menschen enorm zugenommen.

Ichdiffusion: Verwirrender Zustand der Persönlichkeit, die von der Person jedoch nicht als Verwirrtheit wahrgenommen wird. Wo das Ich keinen zusammenhängenden Zustand bilden kann, diffundiert die Persönlichkeit.

Ichkonfrontativer Stil: Um beispielsweise einem Gewalttäter sein Gewaltverhalten vor Augen zu führen, konfrontiert man ihn mit seinen Verhaltensmerkmalen, die er in seinem Ich angelegt und die seine persönliche Motivation zur Gewalt offenlegt. In der Pädagogik wird dieser Begriff jedoch häufig missverstanden und er steht dort im Gegensatz zur Antiautoritären Pädagogik.

Idiom: Sprachstil, spezielle Ausdrucksweise von Personenkreisen, Fachleuten, Regionen, Gruppen.

Immanent: Etwas wohnt dem Ganzen als treibendes Teil inne.

Imperativ: Befehls- oder Aufforderungsform. **Kategorischer Imperativ:** *Handle nur nach derjenigen Maxime, durch die du zugleich wollen kannst, dass sie ein allgemeines Gesetz werde.*

Induktionsschluss: Die Annahme, in den Ereignissen immer dieselben Muster und damit Zuverlässigkeit für die Zukunft abzuschöpfen, es gehe auch immer so weiter, nennt man in der Philosophie einen Induktionsschluss. Die Annahme, man sehe immerfort nur weiße Schwäne und sagt: Alle Schwäne sind Weiß, bis ein schwarzer Schwan gesehen wird. Wir gewöhnen uns an viele Dinge, die für uns stets gleich bleiben, weil wir Struktur brauchen, die uns zuverlässige Voraussagen treffen lässt.

Indikator: Merkmal, Anzeichen oder Umstand, der als Auslöser für etwas bestimmtes steht.

Infallibilität: Unfehlbarkeit, Unfehlbarkeit der Regierung, des Papstes, der Meinungen, des eigenen Weltbildes etc.

Integrationsprozess: Eingegliedertes Verhalten in einer Kultur, oder, eingliedern wollende Strukturen in eine Gemeinschaft. Siehe Desintegrationsprozess.

Intentional: absichtliches Bestreben eines Vorhaben als Zweck einer Handlung um etwas zu erlangen, dass auf eigener Vorstellungskraft zurückgeht.

Kognitiv, Kognition: Alle der Wahrnehmung zugeführten und zur Erkenntnis führenden Sinnesorgane, die zu einer spezifischen Schlussfolgerung, Haltung oder Handlung führen.

Kollaterale: Seiten- oder Nebenäste, die sich aus den Hauptästen entwickeln, Nebenfasern oder Nebenbahnen. Die Kollaterale ergeben sich aus den Hauptlinien und verzweigen sich dann.

Kollateralschäden: In Kauf genommener Schaden (zumeist der Tod von Zivilisten in einem Krieg) für ein großes Ziel. Im Jahr 1999 wurde das Wort zum Unwort des Jahres erklärt.

Konfliktkampfungeist: Konflikte sind unvermeidlich. Die Frage ist nur, wie man gegen oder für sie vorgeht. Nimmt man jeden Konflikt als Aufruf zum Kampf wahr, dann liegt das daran, weil man keinerlei Bewältigungsverhalten erfahren konnte. Dies bildet dann den Geist in den Haltungen zum Kampf und zu den Konflikten, eben dem Ungeist, ab. Sehr viele Menschen besitzen diesen Ungeist und erlernen ihr Leben lang nur wenige oder gar keine Bewältigungsstrategien, um die Ursache all der eigenen Konflikte zu beheben. Streitsucht oder ständig nörgelndes, nach negativer Rechtfertigung für die eigene Situation suchendes Verhalten resultiert daraus, aber auch alle Formen der Gewalt und des Kriegstreibens. Alle Konfliktverkettungen im Menschen sind Ausdruck dieses im Leben erlernten Konfliktkampfungeistes und lassen sich auf seinen Ursprung zurückführen.

Kohärenz: Eine Sache, einen Zustand, ein Lebewesen oder eine Krankheit als aus ihren einzelnen Teilen zusammengehörig zu verstehen, die zunächst einmal als zusammenhanglos verstanden werden, nennt man Kohärenz. In diesem Buch ist damit gemeint, sich selbst mit dem eigenen Lebensprozess zu verknüpfen, verbinden und in Beziehung dazu zu verstehen. Leben ist ein kohärenter Zustand zum Lebendigsein aller Lebensprozesse.

Konsolidierung: Etwas festigen, stärken, vereinigen oder sichern. Einzelne Teile zu einer ganzen Einheit zu binden.

Korrelat/korrelieren: Ein sich gegenseitig bedingendes Ereignis *korreliert* miteinander, ist aber nicht die Folge des einen oder des anderen Ereignisses. Der Zusammenhang mehrerer Faktoren in einem wissenschaftlichen Ergebnis ist zwar gegeben, er ist aber nicht für das Ergebnis zielführend oder maßgebend gewesen.

Kosmopolit: Eine Pflanzen- oder Tierart, die über den gesamten Planeten verteilt vorkommt, ist ein Kosmopolit. Ratten, Rabenvögel, einige Insektenarten, der Mensch und viele Mikroorganismen sind kosmopolitische Wesen und daher extrem anpassungsfähig.

Laissez faire: Den Dingen ihren Lauf nehmen lassen, ohne einzuschreiten.

Legitimationsstrategie: Eine Legitimationsstrategie ist eine Berechtigungsstrategie, aus der zahlreiche Rechtfertigungen konstruiert werden können. Sie ist in diesem Buch nicht gleichzusetzen mit der Rechtfertigungsstrategie, die der Legitimationsstrategie stets nachfolgt. Die Legitimationsstrategie HITLERS, den Zweiten Weltkrieg zu beginnen, lag für ihn im Angriff Polens begründet. Danach folgten zahlreiche Rechtfertigungsstrategien, Europa einzunehmen. Die Rechtfertigungsstrategien sind die Nachhut, die auf die Legitimität, Gewalt anwenden zu dürfen, folgen. Oft clever inszenierte Strategien, denen zahlreiche Rechtfertigungsbotschaften folgen.

Longitudinale Studie: Langzeitstudien, Generationen übergreifende Studien, die oft mehrere Jahrzehnte andauern und Langzeitfolgen bestimmter Wirkungsprozesse bestimmen, die in kurzen Studien nicht vorkommen und gemessen werden können.

Mainblock: gesteigerte Form des Mainstreams. Den Begriff des »Mainblock« habe ich BERND SENF entliehen, der ihn meines Erachtens zum ersten Mal gebrauchte. Gemeint ist damit, dass der Mainstream, also die vorherrschende Meinungsrichtung einer Gesellschaft, derart verfestigt und verdichtet ist, dass sie als Schutzschild gegen alle anderen Meinungen oder Auffassungen missbraucht wird. Der Begriff des Mainblock kann als kollektive Verzerrung der Realitätswahrnehmung verstanden werden.

Maladaptive Bewältigungsstrategien/maladaptive Coping-Strategien: Unangemessene Problemlösungen oder Bewältigungsstrategien (**Coping-Strategien**) in Konflikten, die das Problem oder den Konflikt nicht lösen können, aber von seinem Problemcharakter ablenken und das Problem somit aus dem unmittelbaren Wahrnehmungsbereich verschwinden lassen, es eliminieren, nennt man in der Psychiatrie und der Psychologie maladaptive Bewältigungsstrategien. Maladaptionen sind unangepasste Strukturen im Gegensatz zu Adaptionen, was Anpassungen bedeutet. Adaptive Bewältigungsstrategien sind dem Problem positiv zugewandte anpassungsfähige Lösungsmuster oder Bewältigungen und führen im Gegensatz zu maladaptiven Strategien zu einem Wachstum des Bewältigungsapparates (Coping-Apparates).

Milgrim-Experiment: Psychologisches Experiment der Autoritätswirkung von Untergebenen. Bei dem Experiment wurde ein Schauspieler in eine Kabine mit Elektroden verkabelt. Einer Versuchsperson wurde unter Aufsicht einer Autorität angeordnet, dem Schauspieler Fragen zu stellen. Antwortete er falsch, so sollte er dafür einen Stromstoß bekommen, den die Versuchsperson auf Anordnung der Autorität ausführen sollte. Die Stromstöße wurden immer stärker, sodass je mehr Fragen falsch beantwortet wurden, der Schauspieler vor Schmerzen immer heftiger schrie - oder vor lauter Schmerzen eine Ohnmacht vortäuschte. Was die Versuchsperson nicht wusste, war, *dass sie die Versuchsperson war.* Ihr wurde erklärt, es handle sich bei dem Experiment um ein Lernexperiment und sie habe alle Forderungen der Autorität zu befolgen. Das Experiment wurde in zwanzig unterschiedlichen Varianten durchgeführt, sodass dabei herauskam, dass je näher die Versuchsperson mit dem Schauspieler in Kontakt kam, desto mehr haben das Experiment abgebrochen. Je weiter entfernt die Versuchspersonen vom Schauspieler waren, desto mehr Versuchspersonen haben bis 405 Volt Elektroschocks, die tödlich sind, an den Schauspieler weitergeleitet. 65 Prozent der Versuchspersonen, bei einem Fehrnraum-Experiment, haben die höchste Stufe an Elektroschock am Schauspieler weitergeleitet. Oft spielte der Schauspieler Bewusstlosigkeit vor und die Versuchspersonen drückten trotzdem den Knopf.

Militärisch-Industrieller-Komplex, auch als **Militärisch-industriell-informatischer-Komplex** benannt**.** Ursprünglich in der Abschiedsrede des 34. US-Präsidenten DWIGHT D. EISENHOWER (Präsidentschaft von 1953 bis 1961) als sich verselbstständigende Macht benannt: »Wir waren gezwungen eine Armee von unvorstellbaren Ausmaßen aufzustellen. 3,5 Millionen Männer und Frauen arbeiten in der Rüstungsindustrie. Die Regierung muss aufpassen, dass der gefährliche Einfluss durch den Militärisch-Industriellen Komplex nicht zu groß wird. Wir dürfen diese Bedrohung unserer Freiheit und Demokratie niemals erwachen lassen.« In Ihrem Weltbestseller *Empire - Die neu Weltordnung*, wird er erstmals als *›biopolitische Maschine‹* benannt. → MICHAEL HARDT u. TONI NEGRI.

Neglect: In der Aufmerksamkeit nicht wahrzunehmender Bereich in der Wahrnehmung zu einem Objekt, eines Sachzusammenhangs, der Persönlichkeit oder einer Struktur; Aufmerksamkeits-Vernachlässigungs-Phänomen. In der Psychiatrie vornehmlich als starke psychische Störung bekannt, bei der ein Mensch das vor ihm stehende Objekt angibt, nicht ganz wahrzunehmen. Zeichnet er dieses Objekt, dann zeigt die Zeichnung nur einen Teil des Gesamtobjektes. Befragt man den Patienten aber intensiver und nachhaltiger, dann kann er das ganze Objekt beschreiben. Jeder Mensch kann unter besonderen Umständen seine Aufmerksamkeit stark selektiv auf ein komplexes Geschehen lenken, sodass er dabei nur wahrnimmt, was er wahrnehmen möchte. Dies ist zwar im strengen Sinne kein neglectisches Verhalten, aber mit ihm verwandt. In der Psychiatrie oft als Hirnstörung diagnostiziert, in der Psychologie hingegen als Ausblendungsphänomen bekannt.

Neuroplastizität: Die Fähigkeit unserer Gehirne, seine Nervennetze stets neu zu verbinden, mit dem Gedächtnis zu verknüpfen, immer wieder Neues zu erlernen, sich neuen Umgebungen und Sinnesreizen anzupassen, die Ressourcen immer wieder neu zu verbinden - und zwar ein Leben lang, nennen Hirnforscher Neuroplastizität. Das Gehirn ist ein plastisches Organ und kann sich immer wieder neu strukturieren.

Neuromarketing: Die Methode der Werbestrategie, sich an die Gegebenheiten des Gehirns genauestens anzupassen und dies zu verfeinern, nennt man Neuromarketing. Sie gehört verboten, weil sie die Kenntnisse der Psychologie auf das Gehirn und umgekehrt komplett für den Verkauf von Waren missbraucht. Solche Werbestrategien lassen dem Menschen nicht mehr die Wahl, *ja* oder *nein* zum Produkt zu sagen, sondern, er ist gefangen in seinen Bedürfnissen und will das Produkt oder die Eigenschaft, etc..

Odem: Lebenshauch Gottes, Atem, der das Leben einhaucht.

Omnipotenz: Allmacht der eigenen Person über alle anderen Mitmenschen und alle anderen Interessen.

Operation unter falscher Flagge, auch *False-Flage-Operation*: Wenn man jemand Anderem etwas in die Schuhe schiebt und es selbst war, aber den anderen als Schuldigen und Sündenbock brandmarkt, dann ist dies eine Operation unter Flagge. Das klassische Beispiel ist der Reichtagsbrand der Nazis, um unliebsame Parteien loszuwerden und Morde damit zu rechtfertigen.

Paläanthropologie, Paläanthropologe: Die Forschung nach dem Ursprung der Menschen anhand versteinerter Funde des Frühmenschen und deren Vorfahren, wird Paläanthropologie genannt.

Pathokratie: Die Herrschaft psychopathisch motivierter Führungseliten. Auch *politische Ponerologie* genannt, die Herrschaft des Bösen als weltpolitisch agierende Doktrin.

Pathologien, pathologisch: Pathologien sind Krankheiten.

Peergroup: Gruppe gleichaltriger Kinder oder Jugendlicher

Phänotyp: Äußeres Erscheinungsbild eines Organismus; Wesensmerkmal der Bedingungen, die ein Organismus zu seiner Spezies oder Art zugehörig erscheinen lassen.

Politische Ponerologie: → Pathokratie

Polygamie: Ehe mit mehreren Partnern oder Partnerinnen - Vielehe.

Postulat: notwendige Annahme, die auf ihre jeweiligen Umstände zurückzuführen ist; unabdingbar erscheinende Forderung; eine aufgestellte Behauptung, die unbewiesen aber glaubhaft und einsichtig erscheint.

Prädisposition, prädisponieren: Eine besonders gestärkte und gefestigte Ausrichtung im Verhalten wird in der Verhaltensforschung Prädisposition genannt. Wer ein besonderes Verhalten ausprägt oder sich aneignet prädisponiert dieses Verhalten.

Präemptivkrieg: Angriffskriege, die aus der Vermutung heraus entfesselt werden, *der Feind könnte angreifen,* werden Präemptivkriege genannt. In der Begründung heißt es, *dass man Schlimmeres dadurch verhindern wolle.* Sie haben eine lange Tradition in der Menschheitsgeschichte. Den Teufel mit dem Beelzebub austreiben, könnte man sie auch nennen.

Präventivkrieg: Präventivkriege sind Kriege, die aus vorbeugenden Gründen begonnen werden. Solch ein Szenario wird im Zusammenhang mit dem Iran diskutiert, wenn er nicht seinen Atombombenbau stoppt. Weder Präemptivkriege noch Präventivkriege sind nach heutigen Stand unserer Möglichkeiten, Konflikte zu lösen, noch sinnvoll. Sie sind Legitimationsstrategien - nichts weiter und ein Verbrechen gegen die Menschlichkeit, gerade weil wir heute andere Mittel haben.

Promiskuität: Geschlechtsverkehr mit häufig wechselnden Partnern.

Realistische Selbstverteidigung: Eine spezielle Richtung der Selbstverteidigung, die sich nur mit realistischen Konzepten der Selbstverteidigung auseinandersetzt. Sie hat äußerst verteidigungsnahe Methoden, ist sehr effektiv in ihrem Zweikampfkönnen und den meisten klassischen oder traditionellen europäischen, japanischen, chinesischen und koreanischen Methoden weit überlegen.

Rechtfertigungsstrategie: Rechtfertigungsstrategien werden im Zuge von Legitimationsstrategien angewendet und können sich in zahlreiche Szenarien aufsplittern. Die Legitimationsstrategie: Saddam Hussein habe vor, den Westen zu vernichten, weil ihm unser Lebensstil nicht passt, hat zahlreiche Rechtfertigungsgründe zur Aneignung des Öls durch Krieg heraufbeschworen.

Rigide Erziehung/Rigidität: Unnachgiebige, strenge, starre oder steife Erziehungsmethode.

Salutogenese: AARON ANTONOVSKY, ein israelisch-amerikanischer Medizinsoziologe begründete diesen Begriff in seiner Kohärenztheorie zur Gesunderhaltung als einen Prozess und keinen Zustand, wie ihn die Medizin versteht. Krankheit und Gesundheit beschreibt die Medizin als einen Zustand, nicht als Prozess: Man ist entweder gesund oder krank. In der Salutogenese geht es um die Gesunderhaltung als einen Prozess der Kohärenz. Nach Kohärenz zu streben, sein Leben und die Gesellschaft danach auszurichten, wäre Salutogenese. Im ersten Kapitel dieses Buches bin ich ausführlich auf ANTONOVSKYS *Sense of Coherence* eingegangen: Verstehbarkeit, Handhabbarkeit, Bedeutsamkeit.

Solipsistisches Weltbild, Solipsismus: Der Solipsismus ist die Vorstellung, dass nur die eigene Person existiere, er bezeichnet ein Weltbild, indem nur die eigenen Bedürfnisse wirklich seien, während die gesamte Außenwelt und alle Lebewesen darin nur Bewusstseinsinhalte ohne ein ebenbürtiges Existenzrecht darstellten. *Alle Welt bin ich.*

Stabilität von Kümmernis: Wenn man an seiner Ichschwäche oder am Nichtgebrauch seiner Gehirnressourcen seine Weltsicht aufbaut, dann ist dies im eigentlichen Sinne der Gehirnmöglichkeiten Kümmernis.

Stationäre Therapietrainings: sind Maßnahmen, die in abgeschlossenen oder eingegrenzten Einrichtungen durchgeführt werden. Die psychiatrisch-psychologische Forensik in Vollzugsanstalten, die Landeskrankenhäuser, Psychiatrien oder Kliniken sind stationäre Einrichtungen, bei denen die Behandlung oder Maßnahme an einen festen Standort gebunden ist.

Submissivität, submissive Dominanz: Submissivität ist das Unterwürfigsein einer Person gegenüber einer anderen, um ihr gefallen zu sein. Submissive Dominanz, wie wir sie hier verwenden, bedeutet, dass junge Täter oft ein Verhalten zeigen, dass sie als angemessen gegenüber dem, was ihnen beispielsweise ein Sozialarbeiter anweist, erscheinen lassen. Sie tun dies aber häufig nur, um über dieses positive Feedback beim Sozialarbeiter ihr Verhalten durchzusetzen - und zwar durch die Hintertür. Werden sie dann bei gewalttätigem Verhalten erwischt, weil sie einen Menschen verprügelt haben, dann schützt der Sozialarbeiter seinen Heimbewohner und setzt alle Hebel in Bewegung, um ihn aus der juristischen Mühle herauszubekommen. Wenig später passiert dann Ähnliches wieder usw. Dadurch erreichen die Gewalttäter Schutz über ihre Taten, also Dominanz in ihrem Verhalten. Zur Rede gestellt weichen solche Sozialarbeiter stets aus und es ist schwer, ihre Inkonsequenz ganz allgemein zum Thema zu machen.

Systemkonformismus: Konformismus bezeichnet eine Anpassung an eine Ideologie. Systemkonformismus bedeutet, dass jemand ganz genau so ist, wie ihn das politische System haben will.

Theorem: Lehrsatz, der aus anderen, ihm übergeordneten Prinzipien, Grundsätzen oder Theorien gewonnen wird.

Think Tank: Denkfabrik, Denk- und Diskussionskreis.

Titanismus: Die Ideologie, den um uns vorhandenen Kräften zu trotzen, die Natur zu überwinden, das Größere des uns umgebenden sein zu wollen - das Übermenschliche anzustreben.

Trigger: auslösender Reiz, der eine andere Ursache hat, als die, aus der er augenscheinlich hervorgeht. Zumeist im Verbund mit Posttraumatischen Erlebnissen verbundene *Bewältigungsfehlbahnung* im Gehirn, die irrationales Verhalten bahnt. Wenn sich im Gehirn Nervenzellen (Synapsen) zu einem verhaltensspezifischen Nervenverband zusammenschließt, so »bahnt« die ihr zu Grunde liegende Erfahrung ein Verhalten in Form dieses Nervenverbandes.

Verifikation: Bestätigen einer Theorie, Auffassung, Meinung oder Realitätsannahme mittels seiner Überprüfbarkeit. Das Verifizieren von Theorien widerspricht in vielerlei Hinsicht der *Heisenberg'schen Logik einer Versuchsanordnung, wobei der Experimentator durch die Anordnung des zu messenden Experiments das Ergebnis bestimmt.* Ein berühmtes Beispiel hierfür ist das LIBET-Experiment, dass viele Hirnforscher zum Beweis anführen, dass der Mensch über keinen freien Willen verfügen könne. LIBET selbst hat sich von Anfang an von dieser Behauptung seiner Kollegen distanziert. Die Frage dabei ist nämlich, was wozu und wie gemessen wurde und ob das Gemessene auch exakt das repräsentiert, was es für uns anscheinend als *Messergebnis* aussagt. Der Philosoph Sir KARL R. POPPER hat dies Problem im letzten Jahrhundert am Deutlichsten beschrieben und eine neue Wissenschaftstheorie in seiner *Logik der Forschung* begründet. Ihr jedoch folgen auch heute nur die wenigsten Wissenschaftler, weil mit der Falsifikation nicht so schnell Karriere gemacht werden kann. Denn die Überprüfbarkeit des Messergebnisses setzt bloß die Versuchsanordnung voraus, die zu Fall bringenden Möglichkeiten aber bedürfen im Wissenschaftler ein hinreichend interdisziplinäres Wissen um die ganze Aussagekraft des Messergebnisse. Das fällt vielen Wissenschaftlern schwer. POPPER oder HEISENBERG waren Universalgenies und Begründer ganz großer Ideen.

Vaporisation: Wenn feste Stoffe in einen gasförmigen Zustand übergehen, spricht man von einer Vaporisation. Auch wenn Feststoffe in Feinstaub zerfallen, spricht man von einer Vaporisation.

Zäsur: Unterbrechung des Verlaufs einer Entwicklung durch einen harten Schnitt. Einschneidendes Ereignis, das eine plötzliche Veränderung oder Richtungswechsel verursacht.

QUELLENNACHWEIS

1. LITERATURVERZEICHNIS

ACHBAR, MARK: Noam Chomsky - Wege zur intellektuellen Selbstverteidigung, Medien, Demokratie und die Fabrikation von Konsens, Grafenau 2001

ANTIMILITARISMUS INFORMATION: Herstellung, Verwendung und Folgen von Uranmunition u. Uranmunition in Deutschland, beide Artikel in 31. Jg., Heft 2, Februar 2001 PDF-Datei, (www.antimilitarismus-Information.de)

ANTONOVSKY, AARON: Salutogenese: Entmystifizierung der Gesundheit, Tübingen 1997

BAUER, JOACHIM: Prinzip Menschlichkeit, Hamburg 2007

BAUER, JOACHIM: Das kooperative Gen, Hamburg 2008

BAUER, JOACHIM: SCHMERZGRENZE – VOM URSPRUNG ALLTÄGLICHER UND GLOBALER GEWALT, MÜNCHEN 2011

BESSER, LUTZ ULRICH: Psychotraumata, Gehirn und Suchtentwicklung, in: MÖLLER, CHRISTOPH (Hg.): Drogenmissbrauch im Jugendalter, Ursachen und Auswirkungen, Göttingen 2005

BINHACK, AXEL: Über das Kämpfen, Frankfurt/Main 1998 (Dissertation)

BISCHOF, NORBERT: Psychologie - Ein Grundkurs für Anspruchsvolle, Stuttgart 2008

BLECH, JÖRG: Gene sind kein Schicksal, wie wir unsere Erbanlagen und unser Leben steuern können, Frankfurt am Main, 2010

BUEB, BERNHARD: Lob der Disziplin - Eine Streitschrift, Berlin 2006

BUNDESMINISTERIUM DER VERTEIDIGUNG: Die Bundeswehr und ihr Umgang mit Gefährdungen und Gefahrstoffen - Uranmunition, Radar, Asbest: Bericht des Arbeitsstabes Dr. Sommer, PDF-Datei, Berlin/Bonn 2001

CAPRA, FRITJOF: Wendezeit, Bausteine für ein neues Weltbild, Bern, München, Wien 1983

CAPRA, FRITJOF: Das Tao der Physik, Die Konvergenz von westlicher Wissenschaft und östlicher Philosophie, Sonderausgabe, Bern, München, Wien 2000

CARTER, RITA: Das Gehirn – Anatomie, Sinneswahrnehmung, Gedächtnis, Bewusstsein, Störungen, München 2010

CLAUSEWITZ, CARL VON: Vom Kriege, Stuttgart 1980

CLYNES, MANFRED: Auf den Spuren der Emotionen, Freiburg 1996

COELHO, PAULO: Auf dem Jakobsweg, Zürich 2007
COOK, ROBIN: The struggle against terrorism cannot be won by military means - The G8 must seize the opportunity to address the wider issues at the root of such atrocities, in: The Guardian, Friday 8 July 2005. Im Internet unter: www.guardian.co.uk/uk/2005/jul/08/july7.development
CUBE, FELIX VON: Lust an Leistung, die Naturgesetze der Führung, München 1998
CÜPPERS, RALF: Prof. Dr. Dr. med. Habil SIEGWART HORST GÜNTHER - Uran-Geschosse, PDF-Datei, Flensburg 2004 (www.uranmunition.de)
DER SPIEGEL, WISSEN Nr. 1/2009, *Mein Ich - Das Geheimnis einer besonderen Beziehung*
DEWEY, JOHN: Demokratie und Erziehung, Weinheim und Basel 2000
DIAMOND, JARED: Kollaps - Warum Gesellschaften überleben oder untergehen, Frankfurt am Main 2006
DIAMOND, JARED: Arm und Reich - Die Schicksale menschlicher Gesellschaften, Frankfurt am Main 2007
DÜRR, HANS-PETER: Warum es ums Ganze geht - Neues Denken für eine Welt im Umbruch, München 2009
DWECK, CAROL: Selbstbild, wie unser Denken Erfolge oder Niederlagen bewirkt, Frankfurt/Main 2007
EIBL-EIBESFELDT, IRENÄUS: Krieg und Frieden, München 1984
EIBL-EIBESFELDT, IRENÄUS: Der Mensch - das riskierte Wesen, München 1988
EIBL-EIBESFELDT, IRENÄUS: Die Biologie des menschlichen Verhaltens, Weyarn 1997
EIGEN, MANFRED u. WINKLER, RUTHILD: Das Spiel - Naturgesetze steuern den Zufall, München 1985
ENGELMANN, PETER (Hg.): Postmoderne und Dekonstruktion, Texte französischer Philosophen der Gegenwart, Stuttgart 1990
FAULIOT, PASCAL: Die Kunst zu siegen, ohne zu kämpfen, Kreutzlingen/München 2001
FEST, JOACHIM C.: Hitler, eine Biographie, Frankfurt am Main/Berlin 1987
FERGUSON, NIALL: Der falsche Krieg - Der erste Weltkrieg und das 20. Jahrhundert, München 1998
FISCHER, ERNST PETER (Hg): Mannheimer Gespräche: Ist die Wahrheit dem Menschen zumutbar?, München 1992

FOCUS-MONEY: Wir glauben euch nicht! Ausgabe 2/2010, Seiten: 74 – 78, Autor: OLIVER JANICH

FRANKFURT, HARRY G.: Bullshit (Audio-CD), Franfurt am Main 2006

FRÖHNER, HOLGER: Die Jahrhundertlüge, PDF-Datei, www.jahrhundertlüge.de

GEHIRN & GEIST, Das Magazin für Psychologie und Hirnforschung, Nr 4/2009, Seite 12, *Gut geblufft ist halb entlassen, Psychopathen kommen häufiger vorzeitig aus der Haft frei*

GEHIRN & GEIST, Magazin für Psychologie und Hirnforschung, Nr. 4/2010, Seite 42 - 48, *Intelligenz 2.0,* Autor: CHRISTIAN WOLF u. Seite 49 -31, *Grundlegender Wandel der Denkstrukturen,* Autor: JOACHIM MARSCHALL im Gespräch mit HEINER RINDERMANN

GEHIRN & GEIST, Das Magazin für Psychologie und Hirnforschung, Nr. 5/2010, Seite 11, *Der IQ-Effekt*

GOLEMAN, DANIEL: Emotionale Intelligenz, München 2004

GRANDT, GUIDO: Der Amoklauf von Winnenden: Hintergründe, Widersprüche und Vertuschungen, Berlin 2010

GRIBBIN, JOHN: Auf der Suche nach Schrödingers Katze - Quantenphysik und Wirklichkeit, München 1996

GÜNTER, MICHAEL: Gewalt entsteht im Kopf, Stuttgart 20011

HEILEMANN, MICHAEL u. PROECK, GABRIELE FISCHWASSER-VON: Ich-Optimierung, Loben statt Strafen - Die Abrundung des Anti-Aggressivitäts-Trainings, Lengerich 2005

HARDT, MICHAEL u. NEGRIE, TONI: Empire - Die neue Weltordnung, Frankfurt/Main 2002

HARDT, MICHAEL u. NEGRIE, TONI: Multitude - Krieg und Demokratie im Empire, Frankfurt/Main 2004

HARRIT, NIELS H. et al.: *Acitve Thermitic Discovered in Dust from 9/11 World Trade Center Catastrophe,* in: The Open Chemical Physics Journal, 2009, Volume 2, 7-31. PDF-Datei, Suchbegriff bei Google: *7TOCPJ*

HELBLING, JÜRG: TRIBALE KRIEGE: Konflikte in Gesellschaften ohne Zentralgewalt, Frankfurt am Main 2006

HILL, RALF U.: Das Deutschland Protokoll, Gelnhausen 2007

HITLER, ADOLF: Mein Kampf, München 1938

HÜTHER, GERALD u. KRENS, INGE: Das Geheimnis der ersten neun Monate, unsere frühesten Prägungen, Düsseldorf 2005

HÜTHER, GERALD: Biologie der Angst, Göttingen 2007

HÜTHER, GERALD: Bedienungsanleitung für ein menschliches Gehirn, Göttingen 2007
HÜTHER, GERALD: Wie man sein Gehirn optimal nutzt (Audio-CD), Müllheim/Baden 2008
JENSEN, DERRICK: Endgame, Mord an der Umwelt - Sind wir noch zu retten?, München 2009
KANDEL, ERIC: Auf der Suche nach dem Gedächtnis, München 2006
KEEN, SAM: Die Lust, Ich zu sein, Bergisch Gladbach 1993
KIRSCHNER, MARC W. u. GERHART, JOHN C.: Die Lösung von Darwins Dilemma – Wie die Evolution komplexes Leben schafft, Reinbeck bei Hamburg 2007
KODJOE, URSULA O.- u. KOEPPEL, PETER: The Parental Alienation Syndrome (PAS), in: Der Amtsvormund, Januar 1998, 71. Jahrgang - Monatsschrift des Deutschen Instituts für Vormundschaftswesen e.V.
LEDOUX, JOSEPH: Das Netz der Persönlichkeit, München 2006
LEINFELLNER, WERNER: Das Konzept der Kausalität und der Spiele in der Evolutionstheorie, in: LORENZ, KONRAD u. WUKETITS, FRANK M.: Die Evolution des Denkens, München 1984
LENZ, RÜDIGER: Das Nichtkampf-Prinzip, Lengerich 2005
LENZ, RÜDIGER: Selbstkonfrontation: Selbstschutz als Grundlage von Selbststeuerung, in: HEILEMANN, MICHAEL u. PROECK, GABRIELE FISCHWASSER-VON: Ich-Optimierung, Loben statt Strafen - Die Abrundung des Anti-Aggressivitäts-Trainings, Lengerich 2005
LENZ, RÜDIGER: Deeskalation 2.0 - Die Lehre vom Überwinden des Zweikampfs, Manuskript 2010
LENZ, RÜDIGER: Bericht 15: »Eine Geschichte zum Nachdenken«, in: LEFFLER, ANDREAS u. ACKERMANN, SVEN: Selbstverteidigung - Willkommen in der Realität, München 2010
LIBET, BENJAMIN: Mind Time - Wie das Gehirn Bewusstsein produziert, Frankfurt am Main 2005
LOBACZEWSKI, ANDREZEJ M.: Politische Ponerologie, Eine Wissenschaft über das Wesen des Bösen und ihre Anwendung für politische Zwecke, Castelsarrasin (Frankreich) 2011
LORENZ, KONRAD: Das sogenannte Böse, München 1983
LORENZ, KONRAD: Die Rückseite des Spiegels, München 1987
LORENZ, KONRAD: Der Abbau des Menschlichen, München 1989

Markowitsch, Hans J. u. Siefer, Werner: Tatort Gehirn, auf der Suche nach dem Ursprung des Verbrechens, Frankfurt am Main 2007

Matussek, Matthias: Die vaterlose Gesellschaft - Überfällige Anmerkungen zum Geschlechterkampf, Hamburg 1998

Metzinger, Thomas: Subjekt und Selbstmodell, Paderborn 1999

Metzinger, Thomas: Der Egotunnel - Eine neue Philosophie des Selbst: Von der Hirnforschung zur Bewusstseinsethik, Berlin 2009

Milz, Helmut: Ganzheitliche Medizin - Neue Wege zur Gesundheit, München 1989

Müller, Thomas: Bestie Mensch - Tarnung, Lüge, Strategie, Salzburg 2004

Müller, Thomas: Gierige Bestie - Erfolg, Demütigung, Rache, Salzburg 2006

Nathan, Otto u. Norden, Heinz: Albert Einstein - Über den Frieden, Neu Isenburg 2004

Petri, Horst: Das Drama der Vaterentbehrung, Freiburg im Breisgau 1999

Pepperberg, Irene M.: Alex und ich, Die einzigartige Freundschaft zwischen einer Harvard-Forscherin und dem schlausten Vogel der Welt, München 2009

Pfeifer, Ralf: Mechanik und Struktur der Kampfsportarten, Köln 2001 (Dissertation)

Popper, Karl R.: Die offene Gesellschaft und ihre Feinde 1+2, Tübingen 1980

Popper, Karl R.: Objektive Erkenntnis, Hamburg 1984

Popper, Karl R.: Alles Leben ist Problemlösen, München 2004 (Jubiläumsedition)

Popper, Karl R.: Auf der Suche nach einer besseren Welt, Vorträge und Aufsätze aus dreißig Jahren, 1989 München

Rapoport, Anatol: Kämpfe, Spiele und Debatten - Drei Konfliktmodelle, Darmstadt, 1976

Ratley, John J.: Das menschliche Gehirn – Eine Gebrauchsanweisung, München 2003

Reich, Wilhelm: Christusmord - Die emotionale Pest des Menschen, Frankfurt am Main 2001

Reich, Wilhelm: Die Massenpsychologie des Faschismus, Köln 1986

Riedl, Rupert: Die Strategie der Genesis, München 1986

Rifkin, Jeremy: Access, das Verschwinden des Eigentums - Warum wir weniger besitzen und mehr ausgeben werden, Frankfurt am Main 2002

RHODE, RUDI, MEIS, MONA SABINE, BONGARTZ, RALF: Angriff ... ist die schlechteste Verteidigung – Der Weg der kooperativen Konfliktbewältigung, Paderborn 2003

ROTH, GERHARD: Fühlen, Denken, Handeln, Frankfurt am Main 2003

ROTH, GERHARD: Wie einzigartig ist der Mensch? Die lange Evolution der Gehirne und des Geistes, Heidelberg 2010

RUNGE, BRIGITTE U. VILMAR, FRITZ: Kriegführung mit Urangeschossen - Uranstaub - Schleichender Massenmord, PDF-Datei 2007 (www.Friedenspolitik.com)

SCHLIPPE, ARIST VON u. SCHWEITZER, JOCHEN: Lehrbuch der systemischen Therapie und Beratung, Göttingen 1996

SCHLIPPE, ARIST VON u. KRIZ, WILLY CHRISTIAN: Personenzentrierung und Systemtheorie, Göttingen 2004

SCHULTZE-RHONHOF, GERD: 1939 - Der Krieg, der viele Väter hatte: Der lange Anlauf zum zweiten Weltkrieg, München 2007

SCHUMAKER, JOHN F.: Das manipulierte Glück – Von den trügerischen Verheißungen der Konsumwelt, Berlin 2009

SIEFER, WERNER u. WEBER, CHRISTIAN: Ich, wie wir uns selbst erfinden, Frankfurt/Main 2006

SINOPOLI, SABINE M. GRÜSSER-: Exzessive Computernutzung - Ergebnisse verschiedener Studien PDF-Datei, Charité Campus Mitte, www.verhaltenssucht.de

SINGER, WOLF: Der Beobachter im Gehirn: Frankfurt am Main 2002

SINGER, WOLF: Bindungsprobleme, Neurobiologische Überlegungen (Audio-CD), Köln 2003

SOMMER, GERT U. FUCHS, Albrecht: Krieg und Frieden, Handbuch der Konflikt- und Friedenspsychologie, Weinheim, Basel, Berlin 2004

SORG, EUGEN: LUST AM BÖSEN - Warum Gewalt nicht heilbar ist, München 2011

SPITZER, MANFRED: Selbstbestimmen - Gehirnforschung und die Frage: Was sollen wir tun?, München 2004

SPITZER, MANFRED: Vorsicht Bildschirm! Elektronische Medien, Gehirnentwicklung, Gesundheit und Gesellschaft, München 2006

SPITZER, MANFRED: LERNEN: Gehirnforschung und die Schule des Lebens, Heidelberg 2006

SPITZER MANFRED: Medizin für die Bildung – Ein Weg aus der Krise, Heidelberg 2010

STRUCK, PETER u. WÜRTL, INGO: Vom Pauker zum Coach, München Wien 2001

STRUCK, PETER: Wie schütze ich mein Kind vor Gewalt in der Schule, Frankfurt am Main 2001

STURN, BARBARA SUSANNA: Der Militärisch-industrielle-Komplex und die Privatisierung von Krieg - am Beispiel von Carlyle. Seminararbeit der Universität Wien, Institut für Politikwissenschaften, *Formen privatisierter Gewalt – Von mafiotischer Gewalt bis zur kommerzialisierter Sicherheit,* SoSe 2005 PDF-Datei

THOMASHOFF, HANS-OTTO: Versuchung des Bösen - So entkommen wir der Aggressionsspirale, München 2009

TODENHÖFER, JÜRGEN: Warum tötest Du, Zaid?, München 2008

TOLLE, ECKHART: Jetzt! Die Kraft der Gegenwart, Bielefeld 2006

WAGNER, FRIEDER: Uranbomben: Die verheimlichte Massenvernichtungswaffe, Berlin 2010

WEBER, ANDREAS: Alles fühlt, Mensch - Natur und die Revolution der Lebenswissenschaften, Berlin 2008

WICKERT, ULRICH: Der Ehrliche ist der Dumme, München 1998

WICKERT, ULRICH: Gauner muss man Gauner nennen, München 2008

WILLEMSEN, ROGER: Hier spricht Guantánamo - Interviews mit Ex-Häftlingen, Frankfurt 2006

WINGET, LARRY: Halt den Mund, hör auf zu heulen und lebe endlich, Kulmbach 2007

WINTERHOFF, MICHAEL u. THIELEN, ISABEL: Persönlichkeiten statt Tyrannen, Gütersloh 2010

WOLTERS, JÖRG-MICHAEL: Kampf-Kunst als Therapie, Lüneburg 1997 (Dissertation)

ZIELKE, MANFRED u. MEERMANN, ROLF u. HACKHAUSEN, WINFRIED (Hg.): Das Ende der Geborgenheit? Die Bedeutung von traumatischen Erfahrungen in verschiedenen Lebens- und Ereignisbereichen: Epidemiologie, Prävention, Behandlungskonzepte und klinische Erfahrungen, Lengerich 2003

ZITELMANN, RAINER: Hitler, Selbstverständnis eines Revolutionärs, München 1998

2. FILMNACHWEIS/INTERNETEMPFEHLUNGEN

Das Internet- und Filmverzeichnis enthält zu Grunde gelegte, zitierte, vertiefende und weiterführende Materialien zu den Themen dieses Buches. Unter ***www.google.de*** oder unter ***www.YouTube****.de* können die Doku-Filme fast vollständig gebührenfrei angesehen werden. Sollten die hier aufgelisteten Filmbeiträge nicht mehr dort zu finden sein, so geben Sie einfach denselben Suchbegriff im Suchfenster Ihres Internet-Browsers ein, oder bei der Suchmaschine, die Sie bevorzugen. Hinweis: Die Film- und Internetempfehlungen spiegeln nicht die Meinung des Autors oder die Meinung des Verlages wider.

Bewusstseinsforschung: Hierzu empfehle ich die Vortragsreihe *Philosophie des Bewusstseins* von THOMAS METZINGER, auf DVD über www.auditorium-netzwerk.de zu erwerben oder frei auf YouTube zu sehen unter dem Suchbegriff: *Philosophie des Bewusstseins*. Die Vortragsreihe ist auch schon allein deswegen sehr interessant, weil METZINGER auf zahlreiche Bewusstseinsaspekte verweist und auf zahlreiche weitere Forscher hinweist. So weist er auf die so genannte ›Unaufmerksamkeitsblindheit‹ hin, die im Zusammenhang mit dem 9/11 interessant ist. Geben Sie hierzu auf Google Video einfach den den Suchbegriff Aufmerksamkeitstest ein. Auch auf den Neglect weist METZINGER ausführlich hin. Die DVD besteht aus fünfzehn Vorträgen und geht 22 Stunden 30 Minuten.

Epigenetik: Um die Bedeutung der Epigenetik für unsere Zukunft zu umspannen, sind die beiden DVDs von BRUCE LIPTON wegweisend und auch allemal hinreichend, um das neue Bild der Lebenswissenschaften in seinen Ansätzen zu verstehen. Im Internet ist die DVD *BRUCE LIPTON - Der Geist ist stärker als die Gene*, unter YouTube frei zu sehen, oder bei www.koha-verlag.de zu bestellen. Er führt in 160 Minuten leicht verständlich durch das Thema. Auch sein Vortrag, *Wie wir werden, was wir sind*, ist jedem Interessierten zu empfehlen und auch unter *www.koha-verlag. de* zu bestellen. Dieser Vortrag geht 120 Minuten und ist ebenfalls leicht verständlich gehalten. Ein anderer Doku-Film von FRANK PAPENBROOCK und PETER MOERS, *Wenn Essen auf die Gene schlägt*, der bei YouTube unter dem Suchbegriff: *Wenn Essen auf die Gene schlägt*, frei zu sehen ist, zeigt die Wirkung äußerer Faktoren auf die Wirkung transgenerativer Veränderungen durch Hunger. Im Zusammenhang mit epigenetischen Wirkungen auf die Veränderung unserer Gene ist auch ein Beitrag des SWR interessant, *Betrifft: Die Chemiefalle*.

Dieser Doku-Film von CLAUS HANISCHDÖRFER macht auf die Veränderung des Hormonbildes durch Plastikabfälle in der Umwelt aufmerksam, die als tickende Zeitbombe vor allem unsere Nachkommen gefährdet. Auch er ist frei auf YouTube unter dem Begriff: *Die Chemiefalle* zu sehen.

Finanzsystem/Wirtschaftssystem: *Let's make Money* von ERWIN WAGENHOFER beschreibt unser Finanzsystem auf eindrucksvolle und schockierende Weise. Er ist *der* Film, der die Struktur des globalen Finanzsystems aufzeigt und uns vor Augen führt, was Wohlstand und Globalisierung für die Menschen wirklich bedeutet. Auch der Doku-Film *We feed the World*, der ebenfalls von ERWIN WAGENHOFER stammt, ist ebenso eindrucksvoll und Augen öffnend für einen Einblick in unser Wirtschaftssystem. Beide Filme sind auf YouTube frei zu sehen. Einmal unter dem Suchbegriff *Let's make Money* und unter *We feed the World*. Der Doku-Film *Der Geist des Geldes* geht auf die Historie des Geldes als Wert an sich ein und macht Zusammenhänge deutlich, die so gut wie unbekannt, aber in der Bedeutung äußerst wichtig sind. Er ist unter dem Suchbegriff: *Der Geist des Geldes* auf YouTube frei zu sehen. Ein Bestseller im Internet ist der Doku-Film: *Story of Stuff*. Er erklärt auf so einfache Weise das System der Industrie, der Wirtschaft und wie dieser Kreislauf die Umwelt und schließlich auch uns vergiftet, dass man ihn durchaus Kindern in der ersten Klasse vorführen könnte - so leicht verständlich ist er gemacht. Er ist unter dem Suchbegriff: *Story of Stuff deutsch* auf YouTube frei zu sehen. Ein Vortrag von JÜRGEN VIERHELLER auf YouTube, Suchbegriff: *Jürgen Vierheller - Geld aus dem Nichts Die unentdeckten Geheimnisse der Banken* macht auf sehr verständliche Weise deutlich, wie tatsächlich die Banken Geld aus nichts erschaffen und wieso der Weg des Geldes immer auch zu Kriegen führen kann. Auch der Film *Im Dienst der Wirtschaftsmafia - Ein Geheimagent packt aus*, ist ein Dokufilm über einen *Economic Hitman*, einen Wirtschaftskiller, der für das US-amerikanische Außenministerium und den NSA gearbeitet hat. Er ist auf YouTube unter dem Suchbegriff *Im Dienst der Wirtschaftsmafia - Ein Geheimagent packt aus*, frei zu sehen. Schauen Sie einmal unter dieser Webadresse nach und Sie werden schockartig mit dem konfrontiert, was die BRD tatsächlich ist: **www.deutsche-finanzagentur.de**

Interviews/Vorträge: *Nuoviso im Gespräch mit Christoph Hörstel*, ist der Suchbegriff bei YouTube, bei dem HÖRSTEL Einblicke über Afghanistan und anderes gibt. Unter dem Suchbegriff *Christoph Hörstel - Konfliktlösungen und Strategien für Afghanistan und Pakistan* auf YouTube, kann man einen

Kurzvortrag von Hörstel über Afghanistan und seine Arbeit dort verfolgen. *Christoph Hörstel auf Nuoviso Geopolitik Treffen in Leipzig* ist ein weiterer Vortrag von Hörstel auf YouTube. Unter dem Suchbegriff *NuoViso im Gespräch mit Jochen Scholz* ist ein sehr interessantes Interview mit einem Oberstleutnant der NATO-Luftwaffe über die Ereignisse des elften September 2001, auf YouTube, zu sehen. Ein Interview mit dem beeindruckenden Frieder Wagner ist unter *NuoViso im Gespräch mit Frieder Wagner* auf YouTube zu sehen. Ein weiteres ebenfalls beeindruckendes Statement von Frieder Wagner auf YouTube ist unter dem Suchbegriff *Friedensnobelpreis für Barack Obama* zu sehen.

Manipulation: *Wie sehen heutige Experimente zum Milgrim-Experiment aus?* Ein unglaubliches Experiment dazu unternahm der britische Illusionist und Top-Seminarleiter Derren Brown für Führungskräfte. Dieses Video ist auf YouTube unter dem Suchbegriff *Bewusstseinskontrolle durch NLP* frei zu sehen. Unbewusst beauftragt er einige Teilnehmer dazu, einen Überfall auf einen Geldtransporter zu begehen. Der Dokufilm: *Die Ware Wahrheit – Alternative Internetmedien*, der auf YouTube zu sehen ist, zeigt die einseitige Verzerrung der Wahrheit als Meinungsbildung auf und warum alle anderen Wahrheiten nur dummes Zeug oder als Verschwörung diffamiert wird. **Klimaschwindel:** Sehen Sie dazu auf YouTube unter dem Suchbegriff: *Der Klima-Schwindel – Wie die Öko-Mafia uns abzockt*. Inwiefern heutzutage die Schule als Ort von Bildungs- und Psychomanipulation von Jugendlichen missbraucht wird, zeigt das Video ***Zum Schulsystem der BRD-GmbH*** auf YouTube. In meiner Praxis häufen sich immer mehr Jugendliche mit genau diesem Problem, wobei das Schulsystem die psychologischen Praxissysteme immer mehr für dieses Problem missbraucht und viel zu viele Psychologen diese ekelhafte Spiel mitmachen, weil es die eigene Kasse füllt. Oft ist das System krank – nicht die Jugendliche oder der Jugendliche. Und was sich da abspielt, das ist ein Verbrechen an der Menschlichkeit, getarnt mit dem Begriff der Bildung, die schon längst zu einem *Einnordungssystem für den Gehorsam am System* entartet ist.

Natur- und Menschenzerstörung: Wer einen Blick auf die Auswirkungen des Globus und die Artenvielfalt legen möchte, dem sei der Kinofilm *Home* von Yann Arthus-Bertrand zu empfehlen. Wer hier in die Tiefe gehen möchte, dem seien seine sechs Teile über *Die Erde von oben* zu empfehlen. In ihnen geht er explizit auf die Wirkungen unseres Wohlstandes für Umwelt und Natur ein - dazu, wie bei Yann Arthus-Bertrand üblich, mit atemberaubenden Bildern. *Home* ist unter dem Suchbegriff *Home 2009 DE Deutsch* auf YouTube frei zu sehen. Sein Sechseiler ist nur im Handel erhältlich. Auch der Dokufilm *Unsere Welt* von NICOLAS HULOT ist sehr zu empfehlen. Ein anderer Film, der uns über unseren Lebensstil und über unser Weltbild - wie wir uns in der Welt widerspiegeln, nachdenken lässt, ist auf Google unter dem Suchbegriff *Die Freiheit der Wahl* zu sehen. Ein Kurzfilm, der auf YouTube unter dem Suchbegriff *Filmriss - 5 Minuten Wahrheit.* zu sehen ist, bringt prägnant auf den Punkt, wie unsere Haltungen ständig den Wahnsinn in der Welt erschaffen.

Neurobiologie/Hirnforschung/Bildung/Erziehung: Hier sind vor allem die Beiträge des Göttinger Biologen und Neuropräventionsforschers GERALD HÜTHER richtungsweisend. Sein Seminar *Brainwash: Einführung in die Neurobiologie für Pädagogen, Therapeuten und Lehrer*, das im Auditorium-Netzwerk unter www.auditorium-netzwerk.de erhältlich ist, gibt einen sehr umfassenden Einblick in die Themen Bildung, Erziehung und Präventionspädagogik. Laufzeit: 210 Minuten. Ich empfehle diese DVD auch allen Eltern, da HÜTHER komplexe Sachverhalte allgemeinverständlich erklären kann. Auch sein Seminar: *Was Kinder brauchen - Neue Erkenntnisse aus der Hirnforschung*, ist ein wertvoller Beitrag, ein Bewusstsein für eine andere pädagogische Kultur in unserem Land zu erwirken. HÜTHERS Thema ist Bildung und Erziehung im Einklang mit den neuen Erkenntnissen aus der Hirnforschung zu vereinen. Dieses Seminar umfasst 6 Stunden 29 Minuten und es enthält eine Fülle an interessanten Informationen zu Bildung und Erziehung. Auch diese DVD ist unter www.auditorium-netzwerk.de zu beziehen. Wer einen schnellen und sehr gut gelungenen Einstieg in neuere Methoden der Potenzialentfaltung sucht, ein Impulsvortrag, dem sei die DVD von GERALD HÜTHER, *Herausbildung von Ich-Bewusstheit und Authentizität in einer modernen Gesellschaft*, auf www.auditorium-netzwerk.de zu empfehlen. HÜTHER fasst dort in Kürze, 119 Minuten, sehr prägnant und informativ viele gut gemeinte aber scheinbar völlig falsche Einstellungen auch zu neuen pädagogischen Methoden zusammen. Meine Beispiele hier im Buch über die argentinischen Haus- und Wildesel, über das Gehirn während des simulierten Autofahrens und über den Hirnverlust des Bandwurmes habe ich aus seinen Vorträgen hier im Buch einfließen lassen. MANFRED SPITZERS Klassiker: *Vorsicht Bildschirm! Der Einfluss von Bildschirm-Medien auf die Entwicklung von Kindern und Jugendlichen*, der auch im Internet, auf YouTube, frei zu sehen ist, ist in erster Linie Eltern zu empfehlen. Dieser Vortrag geht 102

Minuten und ist ebenfalls unter www.auditorium-netzwerk.de zu beziehen. Auch seine DVD *Aufklärung 2.0 - Gehirnforschung* ist Eltern zu empfehlen. Sie ist unter www.auditorium-netzwerk.de zu beziehen und geht 76 Minuten. Wer etwas Detailliertes über das limbische System im Gehirn sucht, also über den Sitz unserer Gefühle, dem empfehle ich GERHARD ROTH, *Das limbische System - Sitz des Psychischen*, DVD, 310 Minuten, unter www.auditorium-netzwerk.de. Etwas in die Länge gezogen, aber durchaus mit vielen interessanten und brauchbaren Informationen vollgespickt ist die DVD des Trauma-Experten LUTZ-ULRICH BESSER, der zusammen mit GERALD HÜTHER, STEFAN KRANKE und FRANCO BETTELS den Workshop: *Brainwash - Die Macht der äußeren Bilder* geleitet hat. In dem Workshop geht es vornehmlich um die Gewaltkultur und den unsichtbaren Verbreitungen in den Medien und der Gesellschaft. Die Vorträge sind in ihrer Gesamtlänge 790 Minuten lang und bieten unterschiedliche Themen, auch Computerspiel-Ausschnitte.

Psychopathie: Schauen Sie sich einmal den Dokumentarfilm *Ich bin ein Psychopath* auf YouTube unter selbigem Suchbegriff an.

School Shooting: Hierzu gibt es zwar nur wenig Material, doch auch interessante und gut gemachte Dokumentarfilme im Internet. Der Film von THOMAS SCHADT und KNUT BEULICH *Amok in der Schule - Der Amoklauf des Robert Steinhäuser*, ist im Internet auf YouTube unter dem Suchbegriff: *Der Amoklauf des Robert Steinhäuser* frei zu sehen. Der Doku-Film *Amokläufer im Visier*, von MARITA NEHER, der auf YouTube unter dem Suchbegriff: *Amok im Visier* zu sehen ist, geht auf interessante Einzelheiten ein. Auch der Doku-Film von Spiegel TV-Thema: *Amok in der Schule - Analyse eines tödlichen Phänomens*, der im Internet auf YouTube unter dem Suchbegriff: *Amok in Schule* zu sehen ist, geht auf interessante Hintergrundinformationen ein und beleuchtet Einzelheiten der noch recht jungen Richtung des *School Shooting*.

Uranmunition: *Der Arzt und die verstrahlten Kinder von Basra* ist ein Dokumentarfilm des Filmemachers FRIEDER WAGNER und er zeigt die Geschichte der Aufdeckung und der Folgen dieser von Seiten der Alliierten todgeschwiegene Holocaust-Waffe. Unter dem Suchbegriff *Die verstrahlten Kinder von Basra* kann man diesen Film auf YouTube sehen. Seine verlängerte Version, die Kinoversion, ist unter dem Titel *Deadly Dust, Todesstaub*, auf YouTube frei zu sehen.

9/11: Alle Doku-Filme zu dem Thema sind auf der Internet-Seite **www.NuoViso.Tv** frei zu sehen. Allgemeine Fragen und Ungereimtheiten zum Thema wirft der Filmemacher FRANK HÖFER in seinem Film *Unter falscher Flagge* auf. Er ist auf seiner TV-Internetseite *www.NuoViso.Tv* frei zu sehen oder auf YouTube unter dem Suchbegriff: *Unter falscher Flagge*. Der Doku-Film *Zero: an Investigation into 9/11* der Filmemacher DARIO FO und GIULIETTO CHIESA geht vielen Einzelheiten auf den Grund und wirft die Frage nach der Existenz von USAMA BIN LADEN auf. GIULETTO CHIESA war EU-Abgeordneter und sein Erlebnis über USAMA BIN LADEN habe ich im Buch verwendet. Der Doku-Film *9/11 Mysteries - Die Zerstörung des World Trade Centers* ist ein Doku-Film, der interessante Fragen dazu stellt und diese auch beantwortet. Er ist auf Google unter dem Suchbegriff: *911Mysteries deutsch synchronisiert* frei zu sehen. Der Nachweis über Sprengstoff im World Trade Center ist auf YouTube über den Suchbegriff: *Sprengstoff im Staub vom WTC erwiesen - NIELS HARRIT über Nanothermit* zu sehen. Dort ist HARRIT in einem Interview zu sehen. Einen ausführlichen Vortrag von NIELS HARRIT zu Sprengstoffen im WTC ist auf YouTube unter dem Suchbegriff: *NIESL HARRIT - Vortrag über Nanothermit im WTC-Staub* zu sehen. Dieser Vortrag ist in Englisch gehalten. Der Doku-Film *Blueprint for truth*, von RICHARD CAGE, geht den wissenschaftlichen Fragen des Einsturzes nach und lässt dabei keinen Zweifel aufkommen: Seine wissenschaftlichen Erkenntnisse hat er jüngst auch vor der NIST-Kommission vorgetragen, die den offiziellen Bericht zu den Einstürzen für die US-Regierung verfasst hat. Sie konnten seine Ausführungen nicht widerlegen und waren oft sprachlos oder mussten stotternd hinnehmen, dass CAGE im Recht ist, besser gesagt, *dass die Physik doch Recht behalten hat.* Jedem Zweifler sei diese Doku zu empfehlen. Sie ist auf YouTube unter dem Suchbegriff *9/11 Blueprint for Truth (deutsches voice over)* frei zu sehen. In meinen Ausführungen zum Freien Fall und weiteren Themen zum Jahrhundertverbrechen beziehe ich mich auf diese Dokumentation. Eine weitere Dokumentation *beweist* auf physikalischem Knowhow aufbauend, dass der offizielle Bericht der US-Bundesbehörde, des *National Institute of Standards and Technology NIST*, das den offiziellen Bericht der Bush-Cheney-Regierung verfasste und nach dem alle anderen Regierungschefs, MERKEL und Co. eingeschlossen, in einen Krieg zogen, haltlos, die Physik dazu erfunden und die Weltöffentlichkeit absichtlich einer Verschwörungstheorie der US-Regierung zum Opfer gefallen ist. Auch diesen Bericht kann man unter dem Suchbegriff *1v3-911 Truth NIST Report*

Deutsch auf YouTube frei ansehen. Auf der rechten Seite sehen Sie dann die weiteren zwei Teile dieses Berichtes. Durch Anklicken wird dann das jeweilige Video aktiviert. NIST gibt dort, unter dem Druck der Initiative von RICHARD CAGES Analysen zu, dass der Zusammenbruch des WTC 7 Gebäude einen ***sich beschleunigenden Freien Fall*** erfuhr. Im Klartext: Es wurde nachgeholfen, Schwerkraft und Brand können *a priori* nicht die Ursache dessen gewesen sein, was uns noch immer über die Ereignisse des neunten Elften 2001 von offizieller Seite erklärt wird. Unfassbar, sie lügen uns aber noch immer an und weigern sich, die Konsequenzen anzuerkennen. Wir werden wohl auch weiterhin im Sinne der TV-Sendungen ›History‹ *verknoppert*. Und es steht zu befürchten, dass in den Schul-und Lehrbüchern die Lügengeschichte von einer Truppe auf Donnerbalken sitzenden Verrückten, dass bestbehütetste Sicherheitssystem der Welt ausgetrickst haben und ihr Fanal gegen Demokratie, Freiheit und Menschenrechte in Form einer kompletten Verpulverisierung huldigten. *Subkultur 9/11*, auf YouTube, ist ein Zusammenschnitt eines Dokufilms von FRANK HÖFER (Nuoviso.Tv), der denen zu empfehlen ist, die eine gute Zusammenfassung dessen suchen, was die Fratze dieser neuen Weltordnung ausmacht. Mittlerweile zu einer Generationenbewegung geworden, die »Generation 9/11«, die als Subkultur 9/11 in einer Dokumentation von Frank Höfer als Kultfilm zusammengeschnitten ist, können Sie auf YouTube unter dem Suchbegriff: *Subkultur 9/11* sehen.

Witzige, nachdenkliche und aufklärerische Parodien: Ein lustiges Kurzvideo zum Thema Arbeitshierarchien bietet der Film auf YouTube: ***Die Hierarchie der Unfähigen oder das Peter Prinzip.*** Ein anderes Video zeigt GEORG SCHRAMM, bekannt aus: *Neues aus der Anstalt* und ist auf YouTube unter dem Suchbegriff ***Georg Schramm - Volksverblödung*** frei zu sehen. Auch das Video *Georg Schramm über die Situation in Afghanistan* trifft den Nagel auf den Kopf und kann auf YouTube unter dem Suchbegriff: ***Neues aus der Anstalt vom 13.04.2010 - Georg Schramm über die Situation in Afghanistan*** frei angesehen werden. Schauen Sie sich den Kurzfilm ***Howard Beale - Die Wahrheit und das Fernsehen*** auf YouTube einmal an und versenden Sie ihn an Ihre Freunde und Verwandte.

Weiterführende Dokumentationen zum *Fraktal der Gewalt:* Der Internet-Kultfilm *Zeitgeist* ist auf YouTube unter dem Suchbegriff: ***Zeitgeist*** *(german)* frei zu sehen. Er ist in drei Parts eingeteilt und jeder Part in vier oder fünf Teile gegliedert (rechts erscheinen die jeweiligen Teile). Ein weiterer Film ist sein Nachfolger *Zeitgeist Addendum*. Er ist auf Google unter dem Suchbegriff ***Zeitgeist Addendum*** *Deutsch / German synchronisiert* zu sehen. Unter dem Suchbegriff: ***Invisible Empire A New World Order Defined Full*** ist ein neuer Doku-Film von Jason Bermas zu sehen, der auf Deutsch *Das unsichtbare Imperium* heißt, aber noch nicht in Deutsch synchronisiert oder mit deutschen Untertitel versehen ist. Er ist im April 2010 im Netz erschienen und zeigt die Hintergründe und zahlreiche Originalreden vieler bekannter Politiker auf, die sich für die NWO einsetzen und sie organisieren. Ein Doku-Film mit unbekannten Aussagen einiger Politiker, unter anderem auch von Al Gore, die hier zu Lande für Empörung und Nachdenklichkeit sorgen könnte, weist ***Der Untergang der Republik*** von Alex Jones auf. Er ist auf YouTube unter dem Suchbegriff: *Der Untergang der Republik (Infokrieg.TV)* frei zu sehen. Weitere Doku-Filme, die nicht im deutschen Fernsehen gezeigt werden, sind auf der Internetseite www.NuoViso.tv zu sehen. Der Dokufilm ***Surplus oder Konsumterror*** ist auf Google frei zu sehen. Er ist künstlerisch sehr gut gestaltet und zeigt in Ansätzen auf, was ich die fraktale Gewalt nenne und warum wir sie nicht so deutlich wahrnehmen, wie die Gewalt auf dem Schulhof. Und wer wissen will, mit welch unverfrorener krimineller Energie die Atomlobby den Atomstrom als die sauberste aller Energieformen verkauft, der sollte sich unbedingt einmal den Dokufilm: **Albtraum Atommüll** auf Google ansehen. Immerhin beruht der ganze Konsumterror auf der Verfügbarkeit dieser Form der Energiegewinnung. Journalismus, Medien und warum sie nicht die Wahrheit sagen wollen: Ein Doku-Film, der das sehr gut auf den Punkt bringt, ist auf YouTube unter dem Suchbegriff: ***Kann nicht sein, was nicht sein darf*** zu sehen. Ohne Worte ist ein Kurzbericht auf YouTube unter dem Suchbegriff: ***Die Medien schweigen***. Wie die Generation einer ganz neuen Holocaustwaffe aussehen könnte, zeigt der Doku-Film *Die Anthrax-Dealer* auf YouTube. Er ist dort unter dem Suchbegriff: ***arte - Die Anthrax Dealer (1/6)*** zu sehen. Dort wird auch über die Forschung berichtet, die auf biologischem Wege eine bestimmte Rasse gezielt auslöschen könnte. Auf YouTube kann man einen Pionierfilm des ZDF von 1975 sehen, der der Analyse nachgeht, wie das Fernsehen informiert. Er ist unter dem Suchbegriff ***Wie informiert das Fernsehen? - Ein Film von Berward Wember (1-13)*** zu sehen. Schauen Sie sich einmal auf YouTube den Dokufilm: ***Kriegsbeute Mensch – Wie Regierungen ihre Soldaten verraten*** an. Sie finden ihn unter selbigem Suchbegriff auf YouTube. Ein Film, der einen Teil der Navigationsmaschinerie aufzeigt. Als Letztes noch die komplette Festtagsrede zur Eröffnung der Salzburger Festspiele im

Juli 2011 von JEAN ZIEGLER, wobei JEAN ZIEGLER im letzten Moment wieder ausgeladen wurde. Sie ist auf YouTube unter dem Suchbegriff: ***Jean Ziegler - Festspielrede 2011: Der Aufstand des Gewissens*** frei zu sehen. Aus ihr habe ich zum letzten Absatz hier im Buch ein Zitat eingefügt.

DER AUTOR

Rüdiger Lenz, Jahrgang 1962, ist psychologischer Therapeut mit Schwerpunkt in der Konflikt- und Gewalttherapie. Er leitet eine Praxis in Coppenbrügge - Bessingen, hält Vorträge, gibt Seminare und leitet qualifizierte Ausbildungen für Pädagogen, Sozialarbeiter, Justiz, Psychologen und Führungskräfte. Sein **Nichtkampf-Prinzip** gilt vielen als Leitidee in der Präventionsarbeit mit Tätern.

Kontakt und Infos unter www.Nichtkampf-Prinzip.de

Printed in Great Britain
by Amazon

37790480R00208